Individuelle Förderung in der Ganztagsschule

Soziale Praxis

Herausgegeben vom
Institut für soziale Arbeit e.V.
Münster

Wolfgang Böttcher, Stephan Maykus,
André Altermann, Timm Liesegang

Individuelle Förderung in der Ganztagsschule

Anspruch und Wirklichkeit einer pädagogischen Leitformel

unter Mitarbeit von Dirk Nüsken

Waxmann 2014
Münster • New York

Das Projekt »Individuelle Förderung in Ganztagsschulen – Inwiefern gelingt sie bei Kindern in schwierigen Lebens- und Bildungssituationen?« (01.01.2008 – 31.05.2010) wurde gefördert durch

GEFÖRDERT VOM
Bundesministerium
für Bildung
und Forschung

ESF
Europäischer Sozialfonds
für Deutschland

EUROPÄISCHE UNION

Bibliografische Informationen der Deutschen Nationalbibliothek
Die Deutsche Nationalbibliothek verzeichnet diese Publikation in der Deutschen Nationalbibliografie; detaillierte bibliografische Daten sind im Internet über http://dnb.d-nb.de abrufbar.

Soziale Praxis

ISSN 0932-416X
Print-ISBN 978-3-8309-3059-4
E-Book-ISBN 978-3-8309-8059-9

www.waxmann.com
info@waxmann.com

Umschlaggestaltung: Pleßmann Design, Ascheberg
Umschlagfoto: © contrastwerkstatt – Fotolia.com
Druck: Hubert & Co., Göttingen
Gedruckt auf alterungsbeständigem Papier,
säurefrei gemäß ISO 9706

FSC
www.fsc.org
MIX
Papier aus verantwortungsvollen Quellen
FSC® C016439

Printed in Germany

Inhalt

Einleitung

Kinder, die sich nicht oder allenfalls widerwillig an das schulische Regelsystem anpassen oder die die erzieherischen und kognitiven Anforderungen nicht wenigstens befriedigend bewältigen, vulgo: »schwierige Kinder«, sind eine Herausforderung für die professionelle Pädagogik. Da die Mehrzahl dieser Kinder »bildungsfern« aufgewachsen ist, sind sie die praktische Nagelprobe für die Realisierung von Chancengleichheit. Sie sind die Kinder in schwierigen Lebens- und Bildungssituationen. Die Schule in Deutschland soll eine andere werden, seitdem auch die Öffentlichkeit durch internationale Vergleichsstudien erfahren hat, dass mittels institutionalisierter Bildung durchaus Möglichkeiten bestehen, sozial bedingte Benachteiligungen auszugleichen und damit einen substantiellen Beitrag zur gesellschaftlichen Gerechtigkeit zu leisten. Schule ist nicht dazu verurteilt, sozial bedingte Ungleichheiten zu akzeptieren, zu reproduzieren oder gar zu verstärken. Sie ist aufgefordert, den engen Zusammenhang von Herkunft und Bildungserfolg deutlich zu reduzieren.

Die Schulpolitik beauftragt nunmehr die Lehrerinnen und Lehrer, die Schülerinnen und Schüler individuell zu fördern. Mit der Etablierung »Individueller Förderung«, gleichsam als fachliche Maxime eines »neuen« schulpädagogischen Ansatzes verstanden, ist die Hoffnung verbunden, perspektivisch zu einem wirksamen Ausgleich sozialer Benachteiligung beizutragen. Flankiert und befördert wird dieser im Kontext Schule zunächst originär schulpädagogische Auftrag durch den massiven Ausbau von Ganztagsschulen und zusätzlichen pädagogischen Angeboten. Denn mit der Verlängerung der Anwesenheitszeiten und dem Überwinden einer monoprofessionellen Verfasstheit von Schule soll ein Rahmen geschaffen werden, der die Optionen für pädagogische Interventionen erweitert. Dabei wird die Ganztagsschule nicht nur als ideales »Setting« zur Realisierung eines erweiterten schulpädagogischen Auftrages, sondern potenziell auch als Lösungsstrategie zur Bearbeitung weiterer gesellschaftlicher Herausforderungen – z.B. die Vereinbarkeit von Familie und Beruf – betrachtet. Aber im Kern sollen, zumindest aus der Perspektive der im System Schule tätigen Professionen, originär pädagogische Ziele verfolgt werden. Ihr geht es um »Bildung über den ganzen Tag«, wie der Titel eines DGfE-Workshops im Oktober 2013 verrät. Und dies umfasst den Versuch, das Risiko des Scheiterns für diejenigen Kinder zu reduzieren, die sich eben als »schwierig« erweisen. Es ist evident, dass die mit der Ganztagsschule verbundenen sozialpolitischen und pädagogischen Ziele nicht erreicht werden können, wenn man schlicht im Nachmittag genau das repliziert, was vormittags in der Schule passiert.

Nicht nur passionierte Schulreformer/innen sind der festen Überzeugung, dass sich eine »gute« Ganztagsschule durch mehr auszeichnet, als durch eine Verlängerung der täglichen Schulzeit. Es ist allgemeiner fachlicher Konsens, dass zur Erreichung bildungs- und gesellschaftspolitischer Ziele eine andere Rhythmisierung der Lernzeiten, eine Veränderung innerschulischer Prozesse und Abläufe sowie eine stärkere Berücksichtigung individueller Interessen und Wünsche aber auch lebensweltlicher Hintergründe der Schülerinnen und Schüler notwendig ist. Das neue »fachpolitische Paradigma« ist die »Individuelle Förderung«. Um diesen pädagogischen Anspruch in Ganztagsschulen umfassend zu realisieren, gelten Multiprofessionalität, intra- und interprofessionelle Kooperation sowie die Öffnung der Organisation Schule als unverzichtbare Voraussetzungen einer zu verändernden Praxis. Im Fokus der Ganztagsschulentwicklung steht hierbei insbesondere die Zusammenarbeit von Schul- und Sozialpädagogik.

Das hier vorliegende Buch geht bei der Analyse individueller Förderung in Ganztagsschulen von einer zielgruppenbezogenen Perspektive aus. Hierbei geht es um Kinder in schwierigen Bildungs- und Lebenslagen bzw. Kinder mit besonderem erzieherischen Förderbedarf im Kontext der Ganztagsschule. Die zentralen Fragestellungen der diesem Buch zugrundeliegenden Studie »Individuelle Förderung in Ganztagsschulen – Inwieweit gelingt sie bei Kindern in schwierigen Lebens- und Bildungssituationen?« lauten:

- *Inwiefern ist die für ganztägig organisierte Schulen konstitutive fachliche Maxime der Individuellen Förderung anschlussfähig an das fachliche Handeln und die ihm zugrunde liegenden Förderkonzepte der Lehr- und weiteren pädagogischen Fachkräfte?*
- *Inwiefern gelingt aus Sicht der Professionellen die Individuelle Förderung von Schülerinnen und Schülern in schwierigen Lebens- und Bildungssituationen, also von Kindern mit besonderem pädagogischen Förderbedarf?*
- *Wie arbeiten die Pädagoginnen und Pädagogen – insbesondere solche mit unterschiedlichem pädagogischen Hintergrund – zusammen?*

Wir haben uns den zuvor skizzierten Fragestellungen explorativ angenähert. Die im Text dargestellten Befunde basieren auf 33 leitfadengestützten Interviews mit Lehrkräften und weiteren pädagogischen Fachkräften an Ganztagsschulen der Primar- und Sekundarstufe I in Nordrhein-Westfalen und Bremen. Die subjektiven Sichtweisen der Befragten respektive unsere Interpretationen werden durch Dokumentanalysen gerahmt, die die jeweiligen Landesprogramme, Schulgesetze bzw. Erlasse sowie die Schulprogramme und Ganztagskonzepte der an der Studie beteiligten Schulen beschreiben. Diese Analysen zeigen auf, inwiefern Individuelle Förderung konzeptionell entwickelt und strukturell verankert ist. Den erkenntnisleitenden Theoriebezug im Rahmen des Forschungsvorhabens bilden professionstheoretische Ansätze bzw. Theorien beruflichen Handelns in pädagogischen Feldern.

Ausgehend von unseren Forschungsbefunden, die Licht werfen auf Bedingungsgefüge, Kontexte, Deutungs- und Wahrnehmungsmuster der Befragten, nehmen wir einen Blickwinkel ein, der die Wechselwirkung des professionellen Handelns mit und seine Abhängigkeit von Strukturen und Rahmenbedingungen aufzeigt. Darüber hinaus ist die problemspezifische Sicht der pädagogischen Akteure in den Ganztagsschulen zentral »Inwiefern werden Kinder als »schwierig« angesehen?« Und: »Welches

Handeln ist bei Kindern mit besonderem erzieherischen Förderbedarf aus Sicht der Befragten angemessen?« Dabei werden die Perspektiven von Lehr- und weiteren pädagogischen Fachkräften analysiert und gespiegelt.

Das Forschungsvorhaben zu Chancen und Problematiken besonderer erzieherischer Förderung in Ganztagsschulen wurde von der Westfälischen-Wilhelms-Universität Münster (Institut für Erziehungswissenschaft) und dem Institut für soziale Arbeit e.V. (ISA Münster) in den Jahren 2008–2010 durchgeführt. Gefördert wurde die Begleitforschung vom Bundesministerium für Bildung und Forschung (BMBF) unter Einsatz von Mitteln des Europäischen Sozialfonds (ESF). Begleitet wurde das Projekt durch Frau Dr. Petra Gruner auf Seiten des Mittelgebers. Geleitet wurde das Forschungsprojekt von Prof. Dr. Wolfgang Böttcher (Westfälische-Wilhelms-Universität Münster) und Prof. Dr. Stephan Maykus (Hochschule Osnabrück). Wissenschaftliche Mitarbeiter/innen waren seitens der Westfälischen-Wilhelms-Universität Münster Timm Liesegang und seitens des Instituts für soziale Arbeit e.V. Prof. Dr. Eva Christina Stuckstätte, Prof. Dr. Dirk Nüsken und André Altermann. Besonderer Dank gilt auch Hans-Peter Bergmann (Serviceagentur Ganztägig Lernen Nordrhein-Westfalen), der eine umfängliche Zusammenstellung rechtlicher Rahmungen und Konzepte Individueller Förderung in den Bundesländern Nordrhein-Westfalen und Bremen verfasste. Darüber hinaus danken die Autoren an dieser Stelle Prof. Dr. Dirk Nüsken für die Erstellung des Kapitels »Forschungsdesign und Methoden« und für seine konstruktive Bearbeitung der vorliegenden Gesamtpublikation.

Im Anschluss an das Forschungsprojekt wurden einige Aufsätze veröffentlicht. Aber wie nicht selten im von Drittmitteln abhängigen erziehungswissenschaftlichen Forschungskontext hat sich auch in diesem Fall die Komprimierung des umfassenden Forschungsberichts zu einem kompakteren Buch verzögert. Gerade in Entwicklungsprozessen – und darum handelt es sich ja bei der massiven Erweiterung ganztagsschulischer Angebote in einem halbtagsschulischen Traditionssystem – kann man erwarten, dass Befunde schnell obsolet werden. Angesichts der Langsamkeit von Wandlungsprozessen – nicht nur im pädagogischen Feld – und der allenfalls halbherzigen Unterstützung Individueller Förderung und Kooperation in Ganztagsschulen durch die Schulpolitik sind wir aber der festen Überzeugung, dass wir hier durchaus Befunde vortragen können, die auch im Jahr 2013 typisch sind für die pädagogische Situation von Ganztagsschulen. Auf jeden Fall sind wir sicher, »wunde« Punkte anzusprechen, die zu systematischem Handeln auffordern; jedenfalls dann, wenn das Ziel Individueller Förderung Bestand haben soll und wenn man Kooperation zwischen verschiedenen pädagogischen Fachkräften für ein Mittel zur Zielerreichung hält.

Das Projekt »Individuelle Förderung in Ganztagsschulen – Inwiefern gelingt sie bei Kindern in schwierigen Lebens- und Bildungssituationen?« (01.01.2008 – 31.05.2010) wurde gefördert durch :

GEFÖRDERT VOM

Bundesministerium für Bildung und Forschung

ESF Europäischer Sozialfonds für Deutschland

EUROPÄISCHE UNION

1 Individuelle Förderung in der Ganztagsschule: Theoretische Reflexionen und empirische Befunde

Wir gehen bei unserer Untersuchung von der Annahme aus, dass Ganztagsschulen prinzipiell günstigere Bedingungen für Individuelle Förderung liefern können als Halbtagsschulen. Große Hoffnungen werden dabei mit der Entstehung multiprofessioneller Teams verbunden. Durch eine Kooperation verschiedener pädagogischer Perspektiven werden die Verbesserung der Diagnose- und Förderkompetenzen sowie die Verzahnung von unterrichtlichen und außerunterrichtlichen, mithin schul- und sozialpädagogischen Aktivitäten erwartet. Eine hierfür notwendige Ausdifferenzierung pädagogischer Praxis und Strukturen (vgl. Holtappels 2005) führe zu einem hohen Innovationspotenzial (vgl. Dieckmann/Höhmann 2007:179f). Nicht zuletzt die Chance zur Überwindung von Bildungsungleichheiten werde so gesteigert (vgl. Palentien 2007:284). Sollen die skizzierten Aufgaben bewältigt werden, müssten wenigstens zwei Bedingungen erfüllt sein: Einerseits erkennen Ganztagsschulen Individuelle Förderung als ihre oder wenigstens eine ihrer pädagogischen Leitmaximen an. Sie richten darauf die Organisation, das Personalmanagement und die Lernangebote aus. Andererseits müsste diese Leitorientierung operationalisiert sein: Es sollten also auf Grundlage der strategischen Ausrichtung konkrete Maßnahmen abgeleitet werden, die der Leitmaxime dienlich sein sollen. Man könnte sagen, es wird ein Standard formuliert und gleichzeitig werden Indikatoren beschrieben, die anzeigen, ob Aktivitäten seiner Umsetzung dienen.

1.1 Konturen eines Grundverständnisses mehrdimensionaler Implikationen individueller Förderung

Mit dem Begriff Förderung wird im pädagogischen Milieu seit einigen Jahren häufig der Begriff der Kompetenz verbunden. Die zu fördernden Kompetenzen werden einerseits zunehmend nicht nur auf Fachleistungen, sondern auch auf Sozial- und Selbstkompetenzen bezogen. Es wird ein Synergismus angestrebt, wie es Ehninger und Melzer in einem Modell von Bildungserfolg entwerfen (vgl. Ehninger/Melzer 2005:37ff). Diese umfassende Sicht auf individuelle Kompetenzen durch ein Förderverständnis dominiert und wird als Lernförderung bezeichnet (vgl. Holtappels 2005:15f). Wenn auch Lernförderung mit Blick auf kognitive, manuelle, soziale und emotionale Aspekte gefordert wird, so ist dennoch die Gefahr groß, dass Kompetenz auf fachliches Wissen und Können und ihre Überprüfung reduziert wird. Die Anstrengungen, die die KMK unternimmt, um mit ihrer »Gesamtstrategie zum Bildungsmonitoring« Fachliches abzuprüfen (vgl. KMK 2006), spricht dafür, dass Kompetenz in aller Regel mit kognitiv verkürztem schulischen Lernen gleichgesetzt wird. Wenn diese Ausrichtung dominant ist, werden sich schulische Lernräume nicht öffnen, sondern weiterhin der eigenen Logik folgen, die auf Qualifizierung (und damit der Orientierung an Verwertbarkeit) und einer strengen Selektion der Schülerschaft ausgerichtet ist. Die in den PISA-Studien ermittelte soziale Verwobenheit von Bildungsprozessen und -bedingungen von Schulerfolg und dadurch beeinflusster sozialer Teilhabe (vgl. Merten 2005), ruft aber ein Förderverständnis auf den Plan, das man besser mit dem Begriff »Entwicklungsförderung« fassen kann und das dem Leitziel der Individuellen Förderung eher entspricht: Förderung von Schlüsselkompetenzen (selbstständiges und soziales Handeln, Metareflexion), von Bewältigungskompetenzen, des Erlebens von Selbstwirksamkeit und Selbstbestimmung sowie der Entwicklung und Erfahrungen physischer, sozialer und geistig-seelischer Kompetenzen (vgl. Jerusalem 2005).

»Förderung« bedeutet dabei zunächst eine zielorientierte und intendierte pädagogische Intervention. Sie folgt der Vorstellung von einem Zusammenhang zwischen dem pädagogischen Handeln auf der einen Seite und Kompetenzerwerb auf der anderen Seite – und sie ist damit tendenziell standardisierbar. Der Zusatz »individuell« hingegen betont das Subjekt, den Blick auf das einzelne Kind sowie seine Lebenslage und Bildungsbiografie. Förderung junger Menschen in schwierigen Lebens- und Bildungssituationen heißt darüber hinaus Eindämmung und Ausgleich individueller und sozialer Benachteiligung, die gezielte Mobilisierung von Ressourcen zur Entwicklungsförderung sowie bei Bedarf die Inanspruchnahme von Hilfen (zur Erziehung) aus dem Leistungskatalog der Kinder- und Jugendhilfe. Beide Begriffselemente, »individuelle« und »Förderung«, konstituieren – konzeptionell vereint – spezifische Implikationen, die für Ganztagsschulen von besonderer Bedeutung sind bzw. mit ihren organisatorischen und pädagogischen Merkmalen korrespondieren. Der Begriff Individuelle Förderung hat

1. *konzeptionelle Implikationen*: indem er einer Standardisierung von pädagogischen Aktivitäten widerspricht und die Einzigartigkeit von Kindern und ihren Lebenskontexten, des Erlebens in ihnen betont und lebensweltorientierte Konzepte des pädagogischen Handelns verlangt,
2. *methodische Implikationen*: indem er pädagogische Interventionen adressiert, die vielfältig arrangiert und hinreichend differenziert sein sollen aber ermöglichen, Erfolg oder Misserfolg zu überprüfen;
3. *struktur- und organisationsbezogene Implikationen*: denn der Komplexität von Individueller Förderung als pädagogischem Kontext muss ein komplexes und koordiniertes System an Förderangeboten, Förderpersonen und -settings in ganztägiger Organisation entsprechen;
4. *professionsbezogene Implikationen*: indem es ein Fachlichkeitsverständnis forciert, das soziale Diagnostik, Bildungsplanung, Kooperation und Lebensweltorientierung von den unterschiedlichen Beteiligten verlangt, eine handlungsbezogene Operationalisierung Individueller Förderung (in schwierigen Lebens- und Bildungssituationen) mithin die Fähigkeit, eine »Praxis der Schnittstellen« zu realisieren, die die Konturen der jeweiligen professionellen Handlungskontexte trotzdem wahrt.

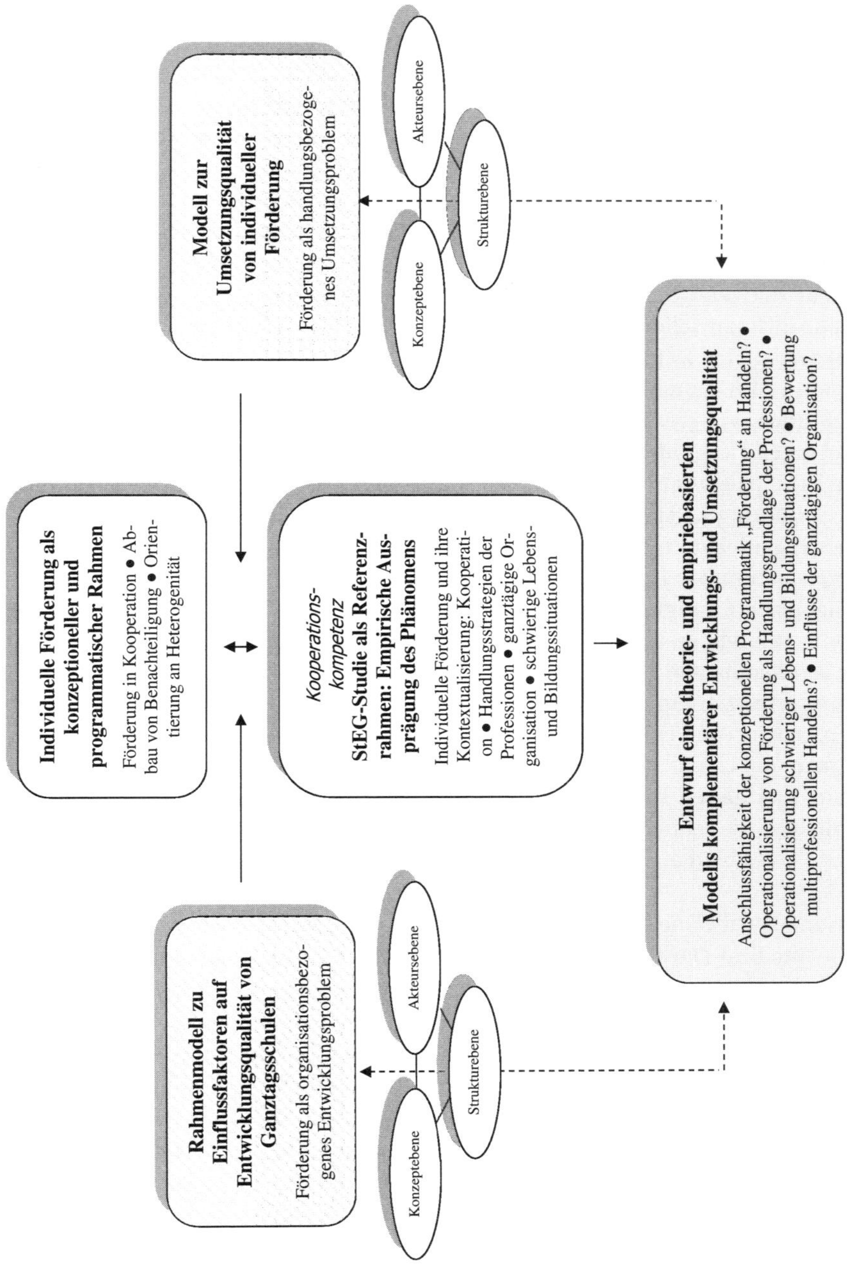

Abbildung 1: Klärungsfelder und -ziele des Bandes im Überblick (Quelle: Eigene Darstellung)

Schulpädagogik und Kinder- und Jugendhilfe bilden dabei zwei wichtige Partner, denn es verbinden sich mit Individueller Förderung (und ihren Implikationen) Perspektiven der Schulöffnung seitens der Schule in die Lebenswelten der Kinder und der Bildungsorientierung seitens der Jugendhilfe. In einem ganztägigen Rahmen sind Fragen ihrer Ergänzung zwingend, die sich in der Halbtagsschule allenfalls theoretisch gestellt haben: Wie wird Ganztagsschule zur Lebenswelt und lebensweltsensiblen Einrichtung mit einem Bildungsanspruch, der sich von der Lebenswelt unterscheidet. Die konzeptionellen, methodischen, organisations- und professionsbezogenen Implikationen Individueller Förderung haben in diesem schulischen Rahmen Chancen auf Umsetzung (vgl. Jerusalem 2005). Die Realisierung dieser Ziele macht es jedoch notwendig, dass die hierfür notwendigen basalen Rahmenbedingungen personeller, qualifikatorischer und sächlich-finanzieller Art bereitgestellt werden und verlässlich zur Verfügung stehen. Ferner ist eine zielorientierte Entwicklung von Kooperationsstrukturen und ihre organisatorische Verankerung von Bedeutung, soll Kooperation zu einer verlässlichen Praxis werden. Vor diesem Hintergrund bietet die sozialpädagogische Sicht auf Kindheit und Jugend Zugänge zur (Ganztags-) Schule sowie neue Ansatzpunkte für konzeptionelle Ziele pädagogischer Angebote (vgl. Böhnisch 1992): dies vor allem bezüglich

- der Gestaltung pädagogischer Orte und Gelegenheitsstrukturen, die jungen Menschen Eigenleben, freies Spielen, offene Gruppenerlebnisse, Entlastung und auch Kompensation von Lernanforderungen, schließlich Regeneration bieten;
- pädagogisch arrangierter Räume, die den Ausgleich zwischen der Zukunftsorientierung von Schule und der Gegenwartsorientierung kindlichen Erlebens eröffnen, so dass entstehende Spannungsfelder und Bewältigungskonstellationen von jungen Menschen sozial-emotional ausgeglichen werden, gerade wenn sie sich in schwierigen Lebens- und Bildungssituationen befinden und
- Räumen, die Überforderungen abfedern, Umlernen ermöglichen, destruktives Verhalten korrigieren helfen, Verhaltensalternativen aufzeigen und ihr Erlernen ermöglichen, die schließlich konkrete Hilfe an den Schnittstellen zur Lebenssituation eines Kindes bieten.

Bedeutsam ist dabei die Verbindung dieser Angebote und Räume in der Ganztagsschule, nicht nur ihre Durchlässigkeit und gegenseitige Nutzbarmachung, sondern auch ihre Verknüpfung mit dem Unterricht. Wichtig ist das Normalisieren der Erfahrungen junger Menschen, statt sie, wenn sie mit der Schule wenig kompatibel sind, als »Fall« oder »Problemkonstellation« zu separieren: Integration und Kooperation sind auch hier die zentrale Leitkategorien der Gestaltung von Individueller Förderung. Ganztagsschulen bieten einen Rahmen für eine verstärkte Individuelle Förderung, sie ist selbst aber allenfalls eine notwendige Bedingung, vielmehr ist sie auszugestalten und in ihren Potenzialen der Förderung jeweils vor Ort zu klären und zu konkretisieren (vgl. Maykus 2006). Denn Individuelle Förderung braucht förderliche Rahmenbedingungen und ihre Integration in Teamarbeit und Einbindung in den Schulalltag, vor allem dann, wenn sie nicht »Maßnahme« für eine bestimmte Gruppe von Schüler/inne/n, sondern Fundament einer neuen Schule sein soll. Erste Einblicke in die damit verbundenen Herausforderungen in der Praxis hat beispielsweise die wissenschaftliche Begleitung zur offenen Ganztagsschule in Nordrhein-Westfalen gegeben (vgl. Beher/Haenisch et al. 2005; 2007): So hat die Forschungsgruppe als ein Ergebnis festgehalten, dass es noch schwierig scheint, eine gezielte Einzel- bzw. Kleingruppenförderung praktisch umzusetzen. Als Gründe dafür werden in den Befragungen der Studie vor allem strukturelle

Bedingungen (große und jahrgangsübergreifende Gruppen, ein geringes Zeitkontingent, fehlende Kontinuität und mangelnde Kapazitäten an Fachkräften) genannt, die eine intensivere Auseinandersetzung mit einzelnen Kindern kaum zulassen. Ebenso erhält die notwendige Klärung von Förderverständnissen und Fördermethoden an der einzelnen Schule noch zu wenig Raum. Hingegen spielt in allen Konzepten der befragten Ganztagsschulen das pädagogische Ziel »Förderung« eine herausragende Rolle – als Ziel und selbst gestellte Herausforderung steht es also nicht mehr in Frage.

Es ergibt sich daher eine zentrale Frage (vgl. Maykus 2006): Wie kommt man vom Leitziel »Individuelle Förderung« zur Praxis der Förderung in der einzelnen Schule? Welchen Beitrag leistet Kooperation dazu? Welche Schritte sind damit verbunden? Welche Voraussetzungen fördern diesen Weg? Was erschwert ihn? Die Anforderung lautet also »Vom Leitbild zur Praxis« – und das soll gleichsam die Linie für die folgenden Ausführungen sein. Dazu können fünf thesenartige Positionen den Blick lenken, die ergänzt werden um je eine Leitfrage für die Entwicklung von Kooperation sowie um notwendige Voraussetzungen dafür (vgl. Tabelle 1). Gedanklich können sich diese Fragen somit einerseits auf die konkrete Situation einer Schule beziehen, anderseits können sie übergreifend betrachtet die Generalisierung der Ergebnisse des vorliegenden Bandes vorbereiten.

	Grundpositionen	Leitfrage für Kooperationsentwicklung	Notwendige Voraussetzungen
1	Individuelle Förderung ist umfassende Entwicklungsförderung junger Menschen	Was verstehen wir unter Förderung?	Räume für gemeinsame Klärungen von Verständnissen, Zielen, Erwartungen
2	Individuelle Förderung verlangt ein integriertes Gesamtkonzept	Was soll und kann von wem eingebracht und zusammengeführt werden?	Weiterentwicklung des Schulkonzeptes, Leitbild und Zielvereinbarungen zwischen Partnern
3	Individuelle Förderung bedeutet Orientierung an Heterogenität	Inwiefern können Förderorte und -angebote ausdifferenziert und qualifiziert werden?	Bedarfsanalyse, Austausch und Beratung, Fortbildungen, Flexibilisierung professioneller Haltungen und handlungsleitender Konzepte
4	Individuelle Förderung bedeutet Netzwerkbildung	Wie kann ein Fördernetzwerk an der Schule aussehen?	Schnittstellen identifizieren, Ressourcen abstimmen
5	Individuelle Förderung verlangt Lernfähigkeit von Schulen und ihren Partnern	Woran erkennt man eine »gute« Förderpraxis und wie überprüft man sie?	Verfahren der kooperativen Qualitätsentwicklung und Selbstevaluation zur Förderung professioneller Handlungsstrategien

Tabelle 1: Entwicklungsfragen von Ganztagsschulen auf dem Weg zur Individuellen Förderung in Kooperation (Quelle: Maykus 2006)

Die Leitfragen bilden ein anspruchsvolles Ziel ab, das gemeinsam von Schule und Kinder- und Jugendhilfe, aber zudem weiteren, auch außerschulischen Partnern, angegangen werden muss. Die gemeinsame Förderung junger Menschen bedeutet basal, gemeinsam zu klären,

- was das Grundverständnis von Förderung kennzeichnen soll,
- was der Gegenstand von Förderung sein soll, wie z.B. eine handlungsleitende Operationalisierung von »schwierigen Lebens- und Bildungssituatione« aussieht,
- wie die Ausdifferenzierung von Fördermöglichkeiten und -bedingungen an der Schule geschehen kann,
- wie der Aufbaus eines Netzwerkes von Förderung an der Schule aussehen kann sowie
- was Qualitätsstandards der Förderung und der Evaluation der gemeinsamen Förderpraxis sein sollen, und inwiefern ihre Ermittlung in eine kontinuierliche Qualitätsentwicklung münden kann.

Mit dem Leitziel der Individuellen Förderung geht eine Orientierung am Prinzip der Heterogenität einher: Schülerinnen und Schüler sollen in ihren unterschiedlichen (!) Lernsituationen, Lernvoraussetzungen und Lebenssituationen gesehen werden, um pädagogische Aktivitäten darauf abzustimmen. Die Gestaltung von Unterricht, des Schullebens sowie von Förderangeboten soll vor diesem Hintergrund den unterschiedlichen Bedürfnissen von Schüler/innen gerecht werden – von der Förderung individueller Begabungen bis hin zur besonderen erzieherischen Förderung von Kindern, die sich in schwierigen Lebenssituationen befinden und in ihrer Bildungsbiografie benachteiligt sind. Individuelle Förderung basiert in diesem Zusammenhang auf einem erweiterten Bildungsverständnis und integriert schul- und sozialpädagogische Ansätze der Entwicklungsförderung junger Menschen. Das Leitziel der Individuellen Förderung muss konsequenterweise wegführen von ziel- und problemgruppenbezogenem Denken und eine Schule entwickeln helfen, die ihre pädagogische Arbeit ausdifferenziert. Denn Ausdifferenzierung der pädagogischen und organisatorischen Aktivitäten der Schule ist die praktische Konsequenz aus der Orientierung an Heterogenität (vgl. Maykus 2006). Auf die unterschiedlichen Förderbedarfe der Kinder an der Ganztagsschule reagieren zu können, bedeutet – wie vorstehend skizziert – entsprechend differenzierte Unterrichtsmethoden, Lernformen und -settings, Förderangebote aber auch Teamstrukturen (die unterschiedliche professionelle Kompetenzen bündeln) zu realisieren. Allerdings muss konstatiert werden, dass in Schulen eher ein konstruierter Blick auf den/die Durchschnitts-Schüler/in handlungsleitend ist und noch nicht einmal eine zielgruppenbezogene Perspektive. Daher wird in diesem Band zunächst die Aufmerksamkeit auf eine exemplarische Zielgruppe gelenkt, bevor Konzepte der Individualisierung konsequent (sprich zielgruppenübergreifend) entworfen werden können.

In der Praxis der Ganztagsschulen fällt Individuelle Förderung schwer

Pädagogische und strukturelle Differenzierung kennzeichnet theoretisch eine Ganztagsschule, die Individuelle Förderung konsequent betreibt. Wie sieht es mit diesem Anspruch in der Praxis aus? Die bislang wenigen empirischen Studien zeigen dieses Bild: Die wissenschaftliche Begleitung zur offenen Ganztagsschule in Nordrhein-Westfalen veranschaulicht, dass Individuelle Förderung in der Praxis noch schwer fällt (vgl. Beher/Haenisch et al. 2005; 2007). Lehr- wie auch weitere pädagogische Fachkräfte äußern in hohem Maße, dass sie nicht in ausreichender Form auf individuelle Bedürfnisse und Unterstützungsbedarfe von Kindern eingehen können. Gründe hierfür lassen sich auf struktureller wie auf fachlicher Ebene ausmachen: Fehlende Zeit, ein hoher Handlungsdruck, geringe Personalressourcen, mangelnde Qualifikation, fehlende Förderkonzepte und Kooperationsstrukturen. Gerade der hohe Handlungsdruck von Lehrkräften und weiteren pädagogischen Fachkräften in Ganztagsangeboten, aber auch die Rahmenbedingungen in Ganztagsschulen, manifestieren augenscheinlich ein zielgruppenorientiertes Denken, das mit dem Anspruch der Individuellen Förderung eigentlich der Vergangenheit angehören sollte. Dabei geraten aus gutem Grund die so genannten »schwierigen Kinder« in den Blick. Sie sind nach Aussagen der Lehrkräfte Belastungsfaktor »Nummer Eins« im beruflichen Alltag. Daraus resultiert ein hoher Fortbildungsbedarf: Der Wunsch, mit Verhaltensauffälligkeiten von Kindern umgehen zu können und methodische Kompetenzen hierfür zu erlangen, rangiert an vorderer Stelle bei der Frage nach dem persönlich eingeschätzten Qualifizierungsbedarf. Gleichzeitig gibt es eine hohe Erwartung an die Kooperation mit sozialpädagogischen Fachkräften. Die Zusammenarbeit soll dazu beitragen, diesen Handlungs- und Problemdruck zu entschärfen. Zu klären ist in diesem Zusammenhang, ob bzw. wie diese Kooperation dazu beitragen kann, Kinder mit besonderem erzieherischem Förderbedarf zu unterstützen und wie sie den Blick auf die Lern- und Lebenssituation des Kindes ermöglichen kann.

Bei der Thematik »Besonderer erzieherischer Förderbedarf« ist von einem multifaktoriellen Kontext auszugehen. In schematischer Sicht verdeutlicht Abbildung 3 die vier Bedingungsfaktoren des Kontextes »Besonderer erzieherischer Förderbedarf«, die in ihren Wechselwirkungen als Erklärungs- und Analysemodell für pädagogische Prozesse zu berücksichtigen sind. Das Modell soll den Blick leiten und die professionellen Wissensbestände der Lehr- und weiteren pädagogischen Fachkräfte im Ganztag einordnen, spiegeln und typisieren sowie pädagogische Interventionen deuten helfen. Vor allem die sozialpädagogische Reformulierung von entwicklungspsychologischen Kenntnissen zu Coping-Prozessen wird hier als zentraler fachtheoretischer Bezugspunkt herangezogen (von Böhnisch vor allem im Sinne von Bewältigungsstrategien der Adressat/inn/en mit Konsequenzen für die Konzeptualisierung sozialpädagogischer Unterstützung und Integration beschrieben (vgl. Böhnisch 1992; 1997); Mack entwirft auf dieser Grundlage eine Pädagogik der Jugendschule als lebensweltsensibler Lern- und Lebensort (vgl. Mack 1999)).

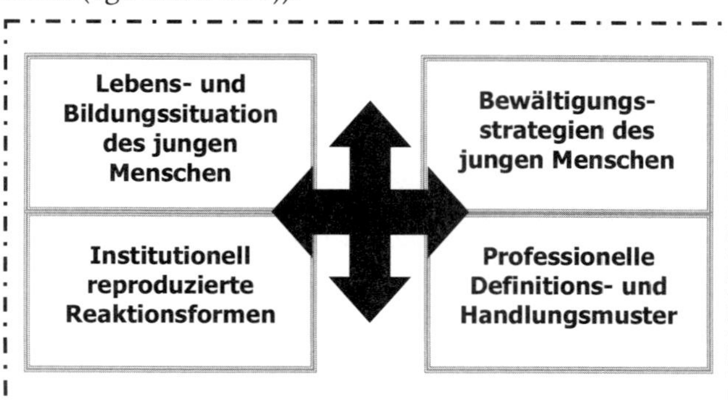

Abbildung 2: Bedingungsfaktoren im Kontext »Besonderer erzieherischer Förderbedarf« (Quelle: Eigene Darstellung)

Dieses Modell ermöglicht einen systematischen Blick auf Schulen als Handlungseinheiten für die Bearbeitung eines spezifischen Handlungsproblems und hilft also, Forschungsfragen zu formulieren. Es kann auch dazu beitragen, nach der Operationalisierung von schulischen Reaktionen auf die Herausforderung zu fragen, die durch »schwierige Kinder« entstehen; und dies, ohne präskriptiv zu sein. Das Modell erzwingt weder bestimmte »richtige« Reaktionen, noch liefert es eine Definition des Sachverhaltes »Kinder in schwierigen Lebens- und Bildungssituationen«. Beides wird hier ausdrücklich nicht angestrebt, es soll lediglich empirisch beschrieben werden, ob und wie die vier Felder des Modells »gefüllt« werden.

Der Gegenstand unserer Untersuchung sind Kinder in sozialen Benachteiligungskontexten. »Benachteiligung könnte [...] verstanden werden als die soziale Position eines Menschen, der im Vergleich zu anderen signifikant schlechtere Chancen in Bezug auf verschiedene Ziele und Möglichkeiten im Leben hat. Benachteiligung lässt sich also als situativ nicht behebbare, schlechtere Ausgangslage im Wettbewerb um z.B. schulischen Erfolg, um eine Ausbildungsstelle, um einen Arbeitsplatz oder eine berufliche Karriere oder allgemeiner: um eine soziale Positionierung innerhalb der Gesellschaft verstehen« (Rauschenbach/Züchner 2001:70). Diese Begriffsdefinition nehmen Rauschenbach und Züchner vor, obwohl sie darauf hinweisen, dass Benachteiligung definitorisch nur unscharf gefasst werden kann und auf Ungleichheit als Bezugsrahmen verweist. Benachteiligung geht von einer strukturellen Ungleichheit zwischen Personengruppen aus, die sich u.a. in ihren Möglichkeiten sozialer Erfahrungen, in dem Zugang zu Lernmöglichkeiten, dem Erwerb von Bildungszertifikaten und ihrer Chancen von Berufskarrieren sowie damit in gesellschaftlicher Teilhabe unterscheiden. Diese Ungleichheiten münden demnach dann in Benachteiligung, wenn die soziale und gesellschaftliche Integration sowie die persönliche Entfaltung von Menschen eingeschränkt sind. Benachteiligung junger Menschen zeigt sich vor allem in sozialisatorischen Defiziten und in daraus erwachsenen systematisch eingeschränkten Zugängen zu Bildung, Ausbildung und Beruf. Diese Betrachtung von Benachteiligung als Strukturkategorie, die Integrationsprozesse und lebenslagenbezogene Kontextbedingungen betont, eröffnet eine entsprechende Perspektive auf Unterstützungsformen und ihre institutionelle Organisation: Bildungsbenachteiligung wird dann als Verknüpfungsproblem beschreibbar (vgl. Schroeder 2004), als fehlende Passung zwischen der Komplexität benachteiligter Lebenssituationen und des persönlichen Erlebens (samt der gewählten Bewältigungsstrategien junger Menschen). Schließlich geht es um die institutionellen Antworten auf diese Situation, mithin also um die Logik von relevanten Organisationen betreffend der Problemsicht und -bearbeitung (»schwierige Schüler/innen«, »schwer vermittelbare Jugendliche«). Nur eine Pluralität von Inhalten, Methoden, Formen und Akteuren der Bildungsförderung und Unterstützung werde, so Schroeder, den kulturellen und lebensweltlichen Kontexten junger Menschen gerecht (ebd. 2004:11ff). Die Analyse von Benachteiligung darf nicht nur die sozialisatorische und individuelle Situation junger Menschen betrachten, sondern muss auch den institutionellen Anteil an deren Reproduktion einschließen.

Die so genannten »schwierigen Kinder« – Kinder in schwierigen Lebens- und Bildungssituationen – sind die praktische Nagelprobe für die Realisierung von Chancengleichheit, die Erlangung des Leitziels der Individuellen Förderung in Ganztagsschulen und gleichzeitig auch für eine damit unmittelbar verbundene Voraussetzung: Multiprofessionalität statt monoprofessioneller Bearbeitung. Im Speziellen ist hier die Kooperation von Schul- und Sozialpädagogik adressiert.

Die Kooperation zwischen beiden pädagogischen Professionen ist aufgrund ihrer Unterschiedlichkeit seit jeher kritisch – und gleichermaßen ein wesentlicher Innovationsfaktor für Ganztagsschulen (vgl. im Kontext der Konzipierung von Ganztagsangeboten an Schulen bereits Böttcher 1992 und aktueller die Befunde der »Studie zur Entwicklung von Ganztagsschulen« (StEG) zu Kooperationsformen in Ganztagsschulen, Arnoldt 2007b). Es geht heute aber trotz einer traditionellen Fremdheit (um nicht Feindschaft zu sagen) zwischen den »zwei Pädagogiken« nicht mehr um das »Ob« oder »Warum« der Kooperation, sondern um das »Wie«, damit multiprofessionelles Handeln in Ganztagschulen eine strukturelle Verankerung erhält.

Umsetzungschancen und -bedingungen einer konsequenten Individuellen Förderung

Der wahrgenommene Problem- und Handlungsdruck von Lehr- und auch weiteren pädagogischen Fachkräften, die erlebte Diskrepanz zwischen den Ansprüchen und ihren Umsetzungschancen, führt zum Blick auf das Auffällige und Abweichende, auf diejenigen Kinder, die im schulischen Kontext Probleme machen. Nur schwer lässt sich im beruflichen Alltag ergründen, welche Probleme sie haben und bewältigen müssen, die für ihr Verhalten mit verantwortlich sein können. Dabei geschieht – so unsere These – eine Unterminierung des Leitziels Individuelle Förderung: Sie scheint nicht für alle möglich, die besondere erzieherische Förderung wird zum Sonderfall (vgl. kritisch Knauer 2007). Das aber widerspricht dem Ziel, alle Förderbedarfe als konstituierend für Individuelle Förderung zu verstehen und einen zielgruppenbezogenen Ansatz zu vernachlässigen. Der vorliegende Band geht vor diesem Hintergrund einen scheinbar paradoxen Weg: Er geht zunächst von einer zielgruppenbezogenen Perspektive – hier die Kinder mit besonderem erzieherischen Förderbedarf – aus und erfasst und analysiert deren Repräsentierung in der Praxis von Ganztagsschulen. Ausgehend von empirischen Befunden, der Erhellung von Bedingungsgefügen, Kontexten, Deutungs- und Wahrnehmungsmustern bezüglich erzieherischer Förderung und Problemkonstellationen, können dann jedoch Empfehlungen für die Realisierung integrierter Förderkonzepte und -praxis formuliert werden. Schließlich können Ansatzpunkte für die konsequente Umsetzung von Individueller Förderung, nicht nur dieser hier betrachteten Zielgruppe, in kooperativen Strukturen an Ganztagsschulen aufgezeigt werden. Der Analysefokus richtet sich dabei auf die Sicht der Professionellen.

Die hier vorliegende Studie geht von der in pädagogischen Kreisen dominanten Annahme aus, dass Ganztagsschulen prinzipiell günstige Bedingungen für Individuelle Förderung liefern können. Denn sie verfügen nicht nur über mehr Zeit, sie können für die Bewältigung von Aufgaben wie Individualisierung, Lebensweltsensibilität und Öffnung externe Kompetenzen hinzuziehen. Grundsätzlich kann in diesem Möglichkeitsrahmen von ganztägig organisierten Schulen ein Zusammenspiel dreier Aspekte sein: der Regelförderung, der Integration von Jugendhilfeleistungen sowie einer sozialräumlichen Vernetzung (siehe Abb. 3).

Die Umsetzungschancen scheinen dabei von strukturellen Rahmenbedingungen genauso abzuhängen wie von pädagogischen Haltungen, vom Wissen über entsprechende Problemkonstellationen und von methodischen Kompetenzen. Die Wechselwirkung des professionellen Handelns mit (und seine Abhängigkeit von) Strukturen und Rahmenbedingungen ist der eine Blickwinkel, der in dieser Studie eingenommen wird. Der andere ist der auf die subjektive Wahrnehmung und Interpretation von »schwierigen Kindern« bzw. von Problemkontexten, in denen Kinder als auffällig bzw. abweichend gesehen werden. Die Sicht der Akteure in den Ganztagsschulen auf diese

Thematik wird hier erörtert: Inwiefern werden Kinder als »schwierig« angesehen? Und: Welches Handeln ist bei Kindern mit besonderem erzieherischem Förderbedarf angemessen? Dabei werden die Perspektiven von Lehr- und weiteren pädagogischen Fachkräften verglichen, um Voraussetzungen für Individuelle Förderung in Kooperation von Schule und Sozialpädagogik zu bestimmen.

Wir sehen den erkenntnisleitenden Theoriebezug im Kontext von Professionstheorien bzw. Theorien beruflichen Handelns und der Professionalisierung in pädagogischen Feldern. In dem hier betrachteten Handlungskontext und seinem Bedingungsgefüge (siehe Abb. 1), der erzieherischen Förderung von Schüler/inne/n in schwierigen Lebens- und Bildungssituationen, stellt sich wie geschildert die Frage nach den Methoden und Konzepten der Förderung sowie nach Förderansätzen, die für Lehrerschaft und weitere pädagogische Fachkräfte in Ganztagsschulen handlungsleitend sind. Der zentrale thematische Fokus dieses Bandes lässt sich zugespitzt als Frage formulieren (siehe dazu Abb. 4):

Inwiefern ist die für ganztägig organisierte Schulen konstitutive fachliche Maxime der Individuellen Förderung anschlussfähig an das fachliche Handeln und die Förderkonzepte der Lehr- und weiteren pädagogischen Fachkräfte? Und: Inwiefern gelingt aus Sicht der Professionellen vor diesem Hintergrund die Individuelle Förderung von Schüler/inne/n in schwierigen Lebens- und Bildungssituationen, von Kindern mit besonderem erzieherischen Förderbedarf?

Dabei gehen wir davon aus, dass die Lehrpersonen und weiteren pädagogischen Fachkräfte in den Ganztagsschulen nicht nur hinsichtlich ihrer individuellen Handlungen – und gleichsam als isoliert – betrachtet werden können. Sie agieren vielmehr im Kontext von Einflussfaktoren, die die Entwicklung und Gestaltung ganztägiger Lernarrangements abbilden. Das vorläufige theoretische Rahmenmodell, das bereits 2007 in der StEG-Studie zur Klärung von Bedingungen für die Ausbauqualität von Ganztagsschulen entworfen wurde (vgl. Holtappels/Rollett 2007:210), soll auch in unserer Studie für die Konzept- und Praxisqualität erzieherischer Förderung in Ganztagsschulen herangezogen werden. Hier wird angenommen, dass Zieldefinitionen und damit

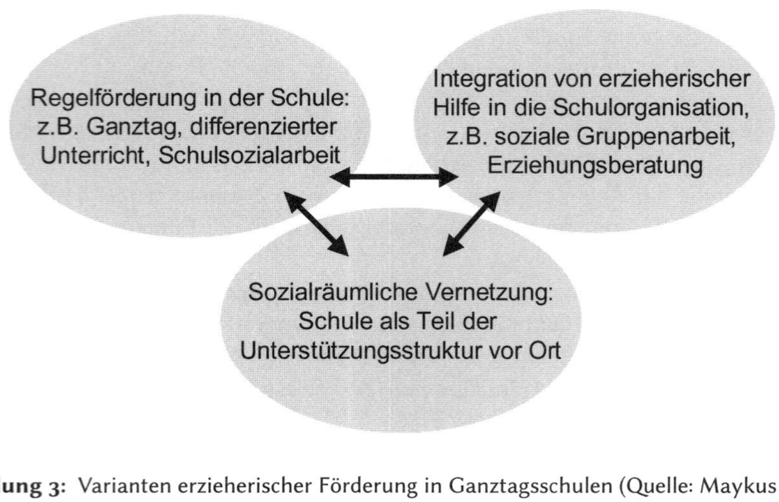

Abbildung 3: Varianten erzieherischer Förderung in Ganztagsschulen (Quelle: Maykus 2008)

verbundene konzeptionelle Grundlagen, schulinterne Qualitäts- und Entwicklungsprozesse, Steuerungsmaßnahmen sowie die Stärkung einer kooperations- und innovationsorientierten Organisationskultur förderlich – wenn nicht gar zwingend notwendig – für eine »gute« Ganztagsschulpraxis sind (vgl. ebd.). Hiermit wären dann auch Variablen für die Entwicklung der Förderpraxis definiert: Inwiefern hängt die praktische Umsetzung der fachlichen Maxime »Individuelle Förderung« (hier zunächst zielgruppenspezifisch auf besondere erzieherische Förderung bezogen) von diesen Faktoren ab? In welcher Intensität und Ausprägung (negativ oder positiv) beeinflussen sie – nach Aussagen und Erfahrungen der Akteure – das pädagogische Handeln? Inwiefern kann die Rekonstruktion von Handlungsmethoden, Förderansätzen und Wissensbeständen der Lehr- und weiteren pädagogischen Fachkräfte die Operationalisierung Individueller Förderung als Handlungsansatz ermöglichen? Kann das im Modell angestrebte Zusammenspiel verschiedener Faktoren dazu beitragen, dass die zunächst ja »offene« bzw. programmatische Formel der Individuellen Förderung fachlich und praktisch strukturiert wird? Und grundsätzlicher: Welche Rahmenbedingungen gibt es in den Schulen, damit alle Schüler/innen entsprechend ihrer unterschiedlichen Unterstützungsbedarfe gefördert werden?

Entlang dieser Fragen versuchen wir die in der StEG-Studie quantitativ angelegte Untersuchung zu ergänzen. Das dort angelegte Rahmenmodell von Bedingungen für eine pädagogisch gewünschte Ganztagsschule soll auf seine Realisierung hin befragt werden und auf seine Anschlussfähigkeit zur Maxime Individueller Förderung an das professionelle Handeln der Lehrer/innen auf der einen und der weiteren pädagogischen Fachkräfte auf der anderen Seite hin geprüft werden.

1.2 Forschungsstand: Exemplarische empirische Befunde

Eine Zwischenbilanz der (Begleit-) Forschung zu Ganztagsschulentwicklungen in den Bundesländern haben Prüß, Kortas und Schöpa vorgelegt (vgl. Prüß/Kortas et al. 2007).

Abbildung 4: Fokus der Analysen im Kontext »besonderer erzieherischer Förderbedarf« (im Abgleich mit Abbildung 2)

Sie kommen zu dem für unsere Fragestellung interessanten Schluss, dass

> »[...] weiterer Untersuchungsbedarf und damit ein weiterer Bedarf an Erklärungsansätzen besteht. So werden beispielsweise Leistungsmessungen auf Bundesebene im Rahmen der Ganztagsschulentwicklung gegenwärtig nicht durchgeführt. Zudem sind in den bundesweiten Forschungsprojekten bisher keine Vergleichsanalysen zwischen Ganztagsschulen und traditionellen Halbtagsschulen vorgesehen. Damit können bislang keine eindeutigen und vor allem wissenschaftlich fundierten Aussagen zur Qualität und insbesondere zur Wirkung des ganztägig organisierten Schullebens getroffen werden. Ob die Ganztagsschule tatsächlich die optimale Möglichkeit ist, die Schul- und Unterrichtsqualität zu verbessern, bleibt also noch offen. Bisherige Ergebnisse zeigen jedoch, dass die Ganztagsschule mehr Chancen zur Individuellen Förderung bietet als die traditionelle Halbtagsschule, was sich aber gegenwärtig nur im Rahmen der Zeitdimension und der entsprechenden Umgestaltung des Schulalltages begründen lässt« (ebd. 2007:131).

Diesem letzten Aspekt wird aus professionsbezogener Perspektive in diesem Band besonderes Gewicht eingeräumt. Dabei interessieren die Sichtweisen von Lehr- und weiteren pädagogischen Fachkräften im Hinblick auf ihre unterschiedlichen Kompetenz- und Aufgabendefinitionen in einer – überspitzt gesagt – multiprofessionellen Organisation. Inwiefern ermöglichen die strukturellen Bedingungen von Ganztagsschulen aus Sicht der pädagogischen Akteure tatsächlich eine bedarfsgerechte Förderpraxis? Inwiefern sind die Förderansätze und professionellen Handlungsmethoden anschlussfähig an den Handlungskontext Ganztagsschule? Inwiefern wird Kooperation unterstützt?

Die multiprofessionelle Perspektive, hier insbesondere der Rekurs auf Sozialpädagogik, erhält im Rahmen der Ganztagsschulforschung eine in mehrfacher Hinsicht erkennbare Relevanz. So grenzen zum einen Maykus und Schulz Ganztagsschulforschung von einem traditionellen Schulentwicklungsverständnis ab und machen eine deutliche Referenzerweiterung aus: Gefragt ist eine integrative Forschungspraxis und eine mehrperspektivische Bildungs- und Schulforschung, die ein Zusammenwirken mehrerer Disziplinen erfordert (vgl. Maykus/Schulz 2007b). Genauso wie eine moderne Ganztagsschule nur dann als Lern- und Lebensort mit neuer Bildungsqualität denkbar ist, wenn sie mit (außerschulischen) Partnern kooperiert, muss auch die Forschung neue Partnerschaften eingehen (vgl. dazu Bettmer/Maykus et al. 2007). Zum anderen liefert der sozialpädagogische Blick auf Schule und seine Integration in die Ganztagsschulforschung die für die hier betrachtete Thematik wichtige Verknüpfung von Struktur und Subjekt und ihre Wechselwirkungen, denn das macht den Kern sozialpädagogischer Theorie aus: Subjektwerdung und ihre Bedingungen hierfür (in Gesellschaft, Institutionen und Lebenslage) werden von ihr vorrangig thematisiert. Damit würde Schulforschung stärker Zugänge der Sozialisationsforschung sowie ihre sozialpädagogische Reformulierung und gleichermaßen die Konsequenzen für Fragen der Professionalisierung und Kompetenzentwicklung berücksichtigen (vgl. Rauschenbach/Thole 1998). Sozialpädagogische Forschung würde im Gegenzug die Bedeutung von Bildung für die individuelle Biografie, wie sie in der schulpädagogischen Bildungsforschung thematisiert wird, in ihre Forschungskonzepte integrieren. Aus unserer Sicht ist diese gegenseitige Ergänzung eine zentrale theoretische und methodische Grundlage zur Erforschung der Praxis Individueller Förderung an Ganztagsschulen.

Coelen (2007) kommt zu einer ähnlichen Einschätzung, indem er aus sozialpädagogischer Perspektive Dimensionen der Ganztagsschulforschung bilanziert sowie als zukünftig zu verfolgende Forschungsfragen entwirft. Er analysiert Schnittstellen zwischen der bisherigen schul- und sozialpädagogischen Forschung entlang der Dimensionen Handlungsfelder, Institution/Organisation, Personal/Professionen, Adressat/inn/en sowie Disziplin/Theorie. Dabei macht Coelen (ebd.) deutlich, dass die institutionen- und organisationsbezogene Forschung momentan dominiert, jedoch im Sinne einer Profil- und Strukturanalyse (Bestandsaufnahme schulischer Profile und der schulbezogenen Jugendhilfe) und im Sinne einer »Kooperationsforschung«, die Bedingungen, Inhalte, Formen und Erfahrungen von Kooperation zwischen Lehr- und Fachkräften in unterschiedlichen thematischen Zusammenhängen analysiert (jüngst z.B. die Studie des DJI »Schulkooperationen« (vgl. Behr-Heintze/Lipski 2005)). Übergreifende Zusammenhänge zwischen Organisationsstrukturen und (multiprofessionellen) Handlungsprozessen der Akteure seien demgegenüber, so Coelen, bislang zu selten Gegenstand empirischer Forschung (a.a.O. 2007). Ebenso sei der professionsbezogene Blick bislang unterbelichtet. So werden zwar Qualifikation und Statusgruppen, das Aufgabenprofil, Kooperationsformen und -erfahrungen sowie Arbeitsbedingungen erforscht (so auch in der StEG-Studie und der wissenschaftlichen Begleitung zur offenen Ganztagsschule in NRW; vgl. Höhmann/Bergmann et al. 2007; Beher/Haenisch et al. 2007). Coelen kommt jedoch zu einem bemerkenswerten Ergebnis: »Eine der größten Forschungslücken klafft erstaunlicherweise auf der Personalebene: Über diejenigen Akteure, die die Schule überhaupt erst ganztägig machen, wissen Schul- und Sozialpädagogik am wenigsten« (Coelen 2007:67). Und aus unserer Sicht ergänzt: Wir wissen wenig über ihre professionellen Wissensbestände und pädagogischen Handlungsmethoden, die ihre Förderpraxis, v.a. bezüglich spezifischer Adressaten und ihrer Förderbedarfe leiten. Mit dem Fokus dieser Untersuchung gesprochen: Individuelle Förderung – inwiefern gelingt sie, inwiefern gelingt sie insbesondere bei Kindern in schwierigen Lebens- und Bildungssituationen?

Betrachtet man die Forschung zur Kooperation von Jugendhilfe und Schule, so fällt auf, dass sie im Themenbereich der »besonderen erzieherischen Förderung von jungen Menschen« durch »institutionelle« Fragestellungen geprägt war. Sie behandelte im Wesentlichen die Integration erzieherischer Hilfe in Schule bzw. die Kooperation zwischen »Hilfen zur Erziehung« als Leistungsbereich der Kinder- und Jugendhilfe einerseits und Schule andererseits. Bolay (2004) bilanzierte den Stand der schulbezogenen Jugendhilfeforschung vor der Welle der Ganztagsschul-Expansion: Es dominierten demnach Studien zu den Bereichen Schulsozialarbeit, Jugendarbeit und Schule sowie (noch in begrenztem Umfang) zu Betreuungsangeboten an Schulen. Letzteres wird im Zuge der Einführung von Ganztagsangeboten zukünftig stärker Gegenstand von Forschung werden; erste Studien mit diesem Fokus liegen bereits vor und thematisieren schwerpunktmäßig Erscheinungsformen der Ganztagsschule sowie Kooperationsformen und -erfahrungen mit außerschulischen Partnern (vgl. Beher/Haenisch et al. 2005; 2007; Wahler/Preiß et al. 2005).

Die Kooperation von Jugendamt und Schule wurde bislang nur in wenigen Studien analysiert: In der Arbeit von Oelerich (1998) wurden die Bezüge des Jugendamtes (soziale Dienste, Fachgebiet Erziehungshilfen) zur Schule systematisch betrachtet. Dabei zeigte sich, dass eine Kooperation im Sinne eines gemeinsamen und abgestimmten

Vorgehens beider Seiten nicht vorlag. Stattdessen reduzierte sich die Begegnung von Schule und Jugendhilfe auf den Informationsaustausch zu einzelnen Schüler/inne/n bzw. auf die Einleitung einer schnellen, externen Problembearbeitung durch die Jugendhilfe. In dieser Art der Kooperation bleiben dem Sozialen Dienst Einsichten in die Ressourcen der Schule verschlossen. Schule wird dann als reine Unterrichtsstätte angesehen, deren Potenziale für die Begleitung und Betreuung von Schüler/inne/n nicht in Erwägung gezogen wird und damit auch nicht zum Gegenstand von Kooperationsentwicklung werden kann. Eine gemeinsame fachliche und adressatenbezogene Perspektive, die als Basis für ein partnerschaftliches Zusammenwirken angesehen wird, wurde laut der Studie von Oelerich nicht eingenommen (vgl. ebd.).

Diese Verhältnisbestimmung lässt sich auch in den empirischen Befunden der Dauerbeobachtung von Jugendhilfeentwicklungen erkennen, die vom DJI (vgl. van Santen/Mamier et al. 2003) regelmäßig dokumentiert werden: Schule ist inzwischen zum bedeutendsten Kooperationspartner für das Jugendamt geworden. Die Kooperation bezieht sich jedoch schwerpunktmäßig auf Einzelprojekte bzw. Problemlagen einzelner Schüler/inne/n. Die systematische Zusammenarbeit im Jugendhilfeausschuss oder in Arbeitsgruppen nach § 78 SGB VIII wird von den befragten Jugendämtern schon wesentlich seltener benannt (vgl. ebd.:365). Die Studie »Was tun, damit die Kooperation von Jugendhilfe und Schule gelingt?« im Rahmen des Modellprojektes »Praxisentwicklung durch Fortbildung: Qualifizierte Kooperation von Jugendhilfe und Schule im (Vor-) Feld von Hilfen zur Erziehung« (ISM, 2007) ermittelt anhand der Befragung von Fachkräften der Kinder- und Jugendhilfe (hier speziell für den Bereich Hilfen zur Erziehung) und ausgewählten Schulen gemeinsame Bedarfe für Fortbildungen, mit dem Ziel einer gelingenden Kooperation. Die Ergebnisse dieser Studie zeigen, wie gering der Informationsstand der Fachkräfte bezogen auf das jeweils andere System ausgeprägt ist und in welch begrenztem Umfang bislang Möglichkeiten zur Vermeidung von Problemeskalationen genutzt werden.

Ganztagsschulen könnten durch ihren organisatorischen Rahmen diese Situation überwinden helfen und sowohl eine veränderte Wahrnehmung unterschiedlicher professioneller und institutioneller Kontexte ermöglichen als auch erweiterte (niederschwellige, konzeptionell verankerte und frühzeitig wirksame) Kooperationsmöglichkeiten befördern.

Die Erkenntnis- und Verwendungsziele unserer vorliegenden Arbeit lassen sich vor diesem Hintergrund wie folgt pointieren:

- *Forschungsbezogen* betonen wir eine Akzentverschiebung der bisher dominanten Schulforschung hin zu einer erweiterten professionsbezogenen Sicht auf spezifische pädagogische Probleme oder Handlungsfelder (hier: der besonderen erzieherischen Förderung bzw. Individuellen Förderung von Kindern in schwierigen Lebens- und Bildungssituationen). So sollten schulpädagogische und sozialpädagogische Zugänge in (z.B. qualitativ-rekonstruktive) Forschungsdesigns einfließen, so dass Ganztagsschulforschung in diesem empirischen Ausschnitt im Zusammenwirken von Struktur, Handeln und Wissen die Thematik in einem pädagogischen Kontextbezug verortet.
- Mit Blick auf die *theoretische Präzisierung* von Modellen der »guten« Ganztagsschule und ihrer Bedingungen schlagen wir vor, die zu bearbeitende pädagogische Aufgabe (hier: Qualität der Individuellen Förderung »schwieriger« Kinder) in den Mittelpunkt der Modellbildung zu stellen. Erst ein operationalisiertes pädagogisches Ziel lässt eine Bewertung der Angemessenheit von Faktoren der Problemlösung zu.

Diese doppelte Perspektive ist eine notwendige Vorbereitung für eine (wünschenswerte) wirkungsorientierte Forschung in diesem Themenbereich. Um es nur kurz zu erläutern: Ob Ganztagsschulen erfolgreich sind, hängt davon ab, welche Wirkungserwartungen formuliert werden. Allein deshalb, weil verschiedene Professionen (von Interessensgruppen einmal völlig abgesehen) unterschiedliche Erwartungen und Zielvorstellungen haben, darf die eine Perspektive nicht – zumindest nicht undiskutiert – dominant sein. Zweitens sind pädagogische Interventionen nicht »an und für sich« zu bewerten, sondern allenfalls im Hinblick auf (bestimmte) Ziele. Im Kontext einer komplexen Organisation haben wir es in aller Regel nicht nur mit einer großen Anzahl von Zielen zu tun, diese Ziele können sich durchaus auch widersprechen oder gar gegenseitig ausschließen. Ohne hier eine organisationssoziologische Debatte auslösen zu wollen, kann man sagen, dass damit auch Konfliktlinien für die Gestaltung der Organisation (auf allen Ebenen: Ressourcen, Prozesse, Strukturen) entstehen werden. Ein bestimmtes Strukturprinzip z.B. kann dem einen Ziel dienlich, für ein anderes schädlich sein. Ein Qualitätsmodell der Ganztagsschule (begriffen als Organisation und Kontext für pädagogisches Handeln) sollte deshalb die Parallelität verschiedener Organisationsausprägungen innerhalb einer Organisation thematisieren können. Um mit der Gestaltung von Kindertagesstätten ein Beispiel aus einem ähnlichen Feld zu nennen: Die Zielsetzung der »Betreuung« von Kindern berufstätiger Familien und die damit wünschenswerte Flexibilität von Betreuungszeiten kann mit der für Bildungsprozesse notwendigen Kontinuität des Ziels, Bildungseinrichtung zu sein, kollidieren. Die Organisation einer Kita ist also nur im Hinblick auf die Entscheidung für das eine oder andere Ziel oder der (expliziten) Versöhnung beider zu bewerten.

Empirische Ausprägung von Förderung und Kontextualisierung ihrer Umsetzung

Eine intensive und faire, auf Synergieeffekte eines verzahnten Handelns beider Gruppen – Lehrkräfte hier, sozialpädagogische Fachkräfte dort – zielende Kooperation zum Zwecke der Förderung junger Menschen ergibt sich nicht automatisch. Es bedarf einer gründlichen Vorbereitung sowie der Absicherung von Kooperation ermöglichenden und sichernden Rahmenbedingungen, die die Akteure darin bestärken, eine gemeinsame Praxis zu gestalten. Dies ist bislang eher gering ausgeprägt, wie sowohl die StEG-Studie als auch die wissenschaftliche Begleitung der offenen Ganztagsschule in Nordrhein-Westfalen zeigt (vgl. Dieckmann/Höhmann et al. 2007; Beher/Haensich et al. 2007). Und das ist der Fall, obwohl sich die Frage geradezu aufdrängt, ob Ganztagsschulen so etwas sein können wir der »Motor« für gelingende Zusammenarbeit, die es bislang nicht gab.

Die Studie zur Entwicklung von Ganztagsschulen in Deutschland (vgl. Holtappels/Klieme et al. 2007) zeigt, dass Kooperationsbeziehungen unter dem Dach einer erweiterten und konzeptionell veränderten Schule durchaus an Relevanz gewinnen, gleichzeitig aber noch deutliche Entwicklungserfordernisse bestehen. Die Kinder- und Jugendhilfe ist Partner für rund 25% der Kooperationsbeziehungen in Ganztagsschulen. Dabei hat das Personal einen vergleichsweise hohen Wochenstundenumfang, so dass im Prinzip von einem erkennbaren Potenzial nachhaltiger Mitgestaltung des Schullebens ausgegangen werden kann (vgl. Arnoldt 2007a:88). Die Arbeitsschwerpunkte der Kinder- und Jugendhilfe liegen bei der Unterstützung sozialen Lernens, der Einzelfallhilfe, der Hausaufgabenbetreuung und Freizeitgestaltung (vgl. ebd.:94). Die Beweggründe für Kooperation liegen vor allem in den folgenden Zielsetzungen: Individuelle Förderung soll verstärkt umgesetzt, eine sinnvolle Freizeitgestaltung realisiert und Kompetenzen der Schüler/innen gefördert werden, die in schulischen Handlungskontexten weniger zur Geltung kommen. Die Kinder- und Jugendhilfe ist daher auch in Ganztagsschulen als der konzeptionell wichtigste Partner anzusehen, um eine neue Lehr- und Lernkultur mittels der Verzahnung unterschiedlicher Bildungsqualitäten zu entwickeln (vgl. Maykus 2005:16).

Ganztagsschulen bieten zwar programmatisch einen besseren Rahmen für Kooperation, aus Sicht der empirischen Forschung findet man jedoch wenig Belege für eine systematische Umsetzung. Freilich befinden wir uns in einem Prozess, weshalb man auf strukturelle Intensitätsveränderungen von multiprofessioneller Zusammenarbeit durchaus hoffen kann und eine gewisse Dynamik von der StEG-Studie tendenziell aufgezeigt wird. Grundsätzlich sind in der Ganztagsschule die Faktoren für Kooperationsentwicklung von Bedeutung, die bereits im Kontext von Halbtagsschulen diskutiert und auch empirisch belegt wurden (vgl. exemplarisch Thimm 2006; Knauer 2006). Kooperation wird von den Akteuren in Ganztagsschulen als signifikant besser eingeschätzt, wenn eine Teilnahme an der Lehrerkonferenz möglich ist, wenn Akzeptanz und Gleichberechtigung in der Zusammenarbeit wahrnehmbar ist, wenn es konzeptionelle Festlegungen der pädagogischen Arbeit gibt und eine ausdrückliche Vereinbarung Grundlage der Kooperation ist (vgl. Arnoldt 2007b:129ff.). Dies sind Aspekte, die in der Forschung zur Kooperation von Jugendhilfe und Schule relativ ausführlich bearbeitet sind. Die wissenschaftliche Begleitung zur offenen Ganztagsschule in Nordrhein-Westfalen ermittelte zudem, dass Kooperation die Verzahnung von Unterricht und Ganztagsangeboten deutlich unterstützt und dadurch gleichzeitig auf Seiten der Lehrkräfte Einstellungswandel und Perspektivenwechsel angeregt werden (vgl. Beher/Haenisch et al. 2007:105). Damit würde der Kooperation eine hohe Bedeutung bei der Erreichung eines der zentralen Ziele von Ganztagsschulen beigemessen: die konzeptionelle Verzahnung von unterrichtlichen und außerunterrichtlichen Aktivitäten und damit auch der sich ergänzenden Bildungsqualitäten als Kernmerkmal der pädagogischen Arbeit in ganztägigen Lernarrangements. Das Gelingen von multiprofessioneller Kooperation, die diesen Ansprüchen gerecht wird, hängt laut Arnoldt vor allem von den Ausgangsbedingungen der Partner für Kooperation ab: Motive für das Zusammenwirken, Erfahrungen, Haltungen und Einstellungen sowie der antizipierte Nutzen (vgl. Arnoldt 2007b). Unsicher ist, ob auf Seiten der Lehrkräfte positive Ausprägungen dieser Merkmale vorhanden sind. Bereits zwischen den Lehrkräften lassen sich häufig gewisse Kommunikationsbarrieren ausmachen, Teamarbeit ist unter ihnen gering ausgeprägt und organisatorisch kaum verankert (vgl. Dieckmann/Höhmann et al. 2007:181ff). Eine Hinwendung zu multiprofessioneller Kooperation dürfte deshalb doppelt herausfordernd sein. Wer professionsintern kaum Kooperation gewohnt ist, wird sich vermutlich externer Kooperation nur schwer öffnen können. Auch Ganztagsschulen schaffen für das professionsinterne Kooperationsdefizit der Lehrkräfte bislang noch keinen Rahmen, der die Situation merklich verändern könnte. Multiprofessionelle Kooperation gilt als zentrales Innovationsinstrument, das zum Tragen kommt, wenn eine veränderte Struktur und Rhythmisierung des Tages und damit die Entwicklung von »guten« Ganztagsschulen sowie die Qualität von Förderangeboten erreicht werden sollen. Sie ist aber in der Praxis noch deutlich zu optimieren. Daten aus der wissenschaftlichen Begleitung der offenen Ganztagsschule in Nordrhein-Westfalen dokumentieren, dass die Häufigkeit der Kooperation zwischen Lehr- und weiteren Fachkräften noch gering ausgeprägt ist. Dennoch finden sich Varianzen. Die Verzahnung der beiden Angebotsbereiche variiert laut Haenisch zwischen eng abgestimmten, locker verbundenen und eher auf das Schulleben allgemein hin bezogenen Vernetzungen (vgl. 2009:26). Gemeinsame Gremien, Hospitationen oder das Abstimmen der Förderziele einzelner Kinder werden als begünstigende Faktoren für die Verzahnung von Unterricht und außerunterrichtlichen Angeboten identifiziert (vgl. ebd.). Interessant ist aber, dass auch inhaltlich deutliche Unterschiede bei der Zusammenarbeit bestehen. Unterrichtsbezogene Kooperation wird von beiden Seiten weniger gewünscht als die hausaufgabenbezogene Mitarbeit.

Fischer, Radisch und Stecher beschreiben Faktoren, die Einfluss auf die Entscheidung von Schüler/innen bzw. deren Eltern über die Teilnahme am Ganztagsangebot haben (vgl. 2007:280ff). Dies sind positiv erlebte Beziehungen zwischen Lehrkräften und Schüler/inne/n, ein positiv bewertetes Klima an der Schule, Schülerorientierung sowie Selbstwirksamkeitserfahrungen von Lehrkräften, die Sinn und Nutzen von Unterrichtsprozessen und deren Verzahnung mit den außerunterrichtlichen Angeboten vermitteln. Das Teilnehmerprofil lässt keine sozialen Schwerpunktsetzungen erkennen, keine Konzentration auf bestimmte Adressatengruppen, Problemphänomene oder Förderanlässe (vgl. Züchner/Arnoldt et al. 2007:112ff; Züchner 2007:321ff). Der Anteil von Kindern an den Angeboten aus Alleinerziehenden-Haushalten, aus Familien mit Migrationshintergrund oder Familien, in den beide Elternteile erwerbstätig sind, machen einen erkennbaren Umfang aus, lassen auch Förderbedarf ableiten, sind jedoch keine herausgehobene Adressat/inn/engruppe. Andere Lebensformen, familiäre und soziale Hintergründe von Kindern sind ebenso vertreten, so dass man durchaus von einer heterogenen Adressat/inn/engruppe ausgehen kann.

Heterogenität als Kontext für pädagogisches Handeln: Eine soziale und lebenslagenbezogene Heterogenität ist damit durchaus in den Ganztagsschulen gegeben und wichtige Basis für Individuelle Förderung, so dass sich mit Blick auf die vorliegende Untersuchung die Fragen stellen: Inwiefern findet diese Situation auch ihre pädagogische Entsprechung durch eine differenzierte Förderung der Kinder? Sind den Lehr- und pädagogischen Fachkräften die familiären und sozialen Hintergründe der Kinder, die daraus ableitbaren Motive für die Teilnahme am Angebot und resultierende Förderbedarfe hinreichend bekannt, um sie in die Konzipierung pädagogischen Handelns einzubeziehen? Hierzu kann die StEG-Studie aufgrund ihrer Anlage keine Aussage treffen. Man könnte die Vermutung äußern, dass der dort ermittelte Grad an Schülerorientierung in den Ganztagsschulen als Gradmesser für Individuelle Förderung gelten kann. Laut Radisch et al. geht es jedoch vor allem um eine schüleraktivierende Aufgabenorientierung des Unterrichts, Motivierung im Unterricht, Lebensweltbezug der Aufgaben; das Thema Förderung wird also sehr unterrichtsbezogen operationalisiert (vgl. Radisch/Stecher et al. 2007:235ff). Bei der Analyse sozialer Beziehungen ist die Bereitschaft der Lehr- und pädagogischen Fachkräfte abgebildet worden, Schüler/inne/n Hilfe anzubieten, wenn sie sie benötigen. Aber auch hier wird Hilfe auf Lernschwierigkeiten bezogen. Übergreifende Aspekte einer Hilfe, die schwierigen Lebenssituationen und Biografien mit der aktuellen Bildungssituation verknüpft, sind eher nicht gemeint. Unsere qualitative Studie versucht daher ergänzende Analysen, die eine erweiterte Perspektive auf Förderung thematisieren.

Die drei skizzierten Kontexte für Individuelle Förderung – Kooperation, Adressat/inn/enorientierung, Heterogenität – werfen ein Licht auf wesentliche Orientierungspunkte für praktisches Handeln, ohne jedoch dieses Handeln selbst zu beschreiben. Es dürfte ein positiver Zusammenhang zwischen der Entwicklungsqualität von Ganztagsschulen – festgemacht an konzeptionellen, organisatorischen und strukturellen

Innovationen – und Optionen für die Umsetzung von Individueller Förderung und ihrer Qualität geben.

Das in Abbildung 5 gezeigte Rahmenmodell zur Analyse der Ausbauqualität von Ganztagsschulen bildet die skizzierten Zusammenhänge ab (vgl. Holtappels/Klieme et al. 2007:210). Dieses Modell kann auch der Überprüfung der Umsetzungschancen für besondere erzieherische und Individuelle Förderung in Ganztagsschulen dienen. Eine abgestrebte neue Qualität der Ganztagsschule muss sich aus geänderten Zieldefinitionen und konzeptionellen Grundlagen, schulinternen Entwicklungsprozessen und Steuerungsmaßnahmen sowie einer kooperations- und innovationsorientierten Organisationskultur ergeben. Es ist aus unserer Perspektive zu fragen, ob diese sich in der Praxis angestrebten Entwicklungen auch eine Individuelle Förderpraxis stärken. Inwiefern hängt die praktische Umsetzung der fachlichen Maxime »Individuelle Förderung« (hier: zielgruppenspezifisch auf besondere erzieherische Förderung bezogen) von diesen Entwicklungsfaktoren ab? In welcher Intensität beeinflusst ihr jeweiliger Entwicklungsstand sie das pädagogische Handeln – negativ oder positiv? Werden im Prozess der Ganztagsschulentwicklung die Chancen dafür erhöht, dass die Offenheit bzw. Unbestimmtheit der programmatischen Formel »Individuelle Förderung aller Schüler/innen« entsprechend ihrer unterschiedlichen Unterstützungsbedarfe »operationalisiert« wird. In unserer Studie befragen wir Lehrerinnen und Lehrer einerseits und die weiteren – in der Regel für den Ganztag verantwortlichen – pädagogischen Fachkräfte andererseits. Uns interessieren ihre Meinungen und Erfahrungen zur Frage, inwiefern Ziele, Organisation und Entwicklungsprozesse ihrer Schulen die Ausbauqualität zur Ganztagsschule gestärkt haben und ob in diesem Kontext pädagogische Methoden, Förderansätze und Wissensbestände darauf ausgerichtet wurden, die Operationalisierung der Individuellen Förderung zu befördern – und so eine vage Formel in einen praktischen Handlungsansatz zu überführen. Es sei vorweggenommen: Individuelle Förderung bleibt eine Programmformel mit einem erheblichen Operationalisierungsdefizit, denn wie sie konkret erfolgen und gelingen kann, ist nicht einheitlich darstellbar.

Die bisherigen Studien zur Erforschung von Ganztagsschulen unterstützen die These, dass Entwicklungen in den grundlegenden drei Dimensionen die Ausbauqualität steigern, die Entwicklungsfaktoren sich also in der Praxis ergänzen und nicht konkurrieren.

Unsere Fragestellung ist allerdings deutlich fokussierter als Versuche, die »Füllungen« der Dimensionen und ihre Bedeutung für das komplexe Konstrukt »Ausbauqualität« empirisch zu beschreiben. Wir fragen danach, inwieweit sich das Verhältnis des Organisationsprinzips »multiprofessionelle Kooperation« (hier in der Dimension Organisationskultur verortet) auf ein spezifisches Angebot der Schule, nämlich das der Individuellen Förderung »schwieriger« Kinder (das seinen Platz in der Dimension Ausbauqualität hat) gestaltet. Wichtig ist der Hinweis darauf, dass wir diese Förderung als »Angebot der Schule« erwarten – und nicht als Intervention der (am Nachmittag tätigen) Sozialpädagog/inn/en oder anderer außerschulischer Akteure.

1.3 Zusammenfassung

Das zentrale Thema unserer Studie, die Individuelle Förderung »schwieriger« Kinder, betrifft aus unserer Sicht die zwei großen beteiligten Professionsgruppen gleichermaßen. Sie ist in der Konzeption einer »guten« Ganztagsschule Aufgabe der Kooperation von Schul- und Sozialpädagogik. Individuelle Förderung sollte dabei auf einer wissenschaftlich reflektierten, konzeptionellen und durch Fachwissen geleiteten Basis aufbauen. Die pessimistische Hypothese hingegen könnte vermuten, dass eher ein situatives, auf aktuelle Herausforderungen reagierendes spontanes Handeln wahrscheinlich ist; dass also keine dauerhaften (und evaluierbaren) Konzepte des Handelns existieren.

Die Umsetzung Individueller Förderung hängt nicht nur von pädagogischem Wissen und Können – also von Professionalität – ab, sondern wesentlich auch von den Bedingungen, die durch Ziele und Konzepte, Organisationskultur und Entwicklung geformt werden. Uns interessieren die Rahmenbedingungen der Schule, die Individuelle Förderung und die Arbeit mit Kindern in schwierigen Lebens- und Bildungssituationen beeinflussen. Hier interessieren insbesondere die Möglichkeiten – »Räume« im übertragenen und wörtlichen Sinn –, die Kooperation zweier Professionen zu befördern, die zum Gelingen dieser (gemeinsamen) Aufgabe Unterschiedliches beitragen können. Wir wissen, dass strukturelle Gegebenheit wie Klassengröße, Lehrplanvorgaben, Zeitdruck, Prüfungen oder bauliche Barrieren Möglichkeiten der internen Teamarbeit und multiprofessioneller Kooperation behindern. Ohne diese Bedingungen zu ignorieren, werden wir jedoch versuchen, hinter solchen oberflächlichen Gründen möglicher Kooperationsverhinderung weitere zu thematisieren.

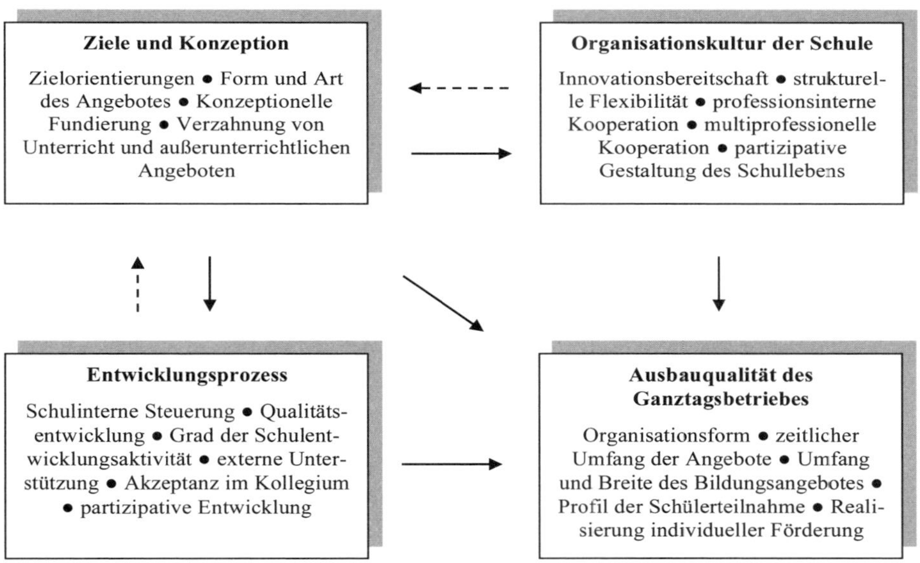

Abbildung 5: Vorläufiges theoretisches Rahmenmodell zur Analyse von Bedingungen der Ausbauqualität von Ganztagsschulen (Quelle: im Original bei Holtappels/Klieme et al. 2007:210; eigene, z.T. veränderte Darstellung)

2 Individuelle Förderung, »schwierige« Kinder, Profession und Kooperation

In den folgenden Abschnitten des zweiten Kapitels werden wir ein wenig genauer als bisher auf die vier grundlegenden Konstrukte unserer Studie eingehen. Zunächst erläutern wir, was wir mit »Kinder und Jugendliche in schwierigen Lebens- und Bildungssituationen« meinen (2.1). Daran anschließend soll die Idee der »Individuellen Förderung« soweit erläutert werden, wie es im Kontext dieser Arbeit als nötig erscheint (2.2). Um die Forderung nach multiprofessioneller Kooperation genauer beschreiben zu können (2.4), werden wir vorher einige grundlegende Überlegungen zur Theorie der Profession im Allgemeinen und zu den in der Ganztagsschule arbeitenden Professionsgruppen anstellen (2.3).

2.1 Kinder und Jugendliche in schwierigen Lebens- und Bildungssituationen

Allein ein Scheitern an Leistungsstandards ist in einem hierarchischen und auf Selektion aufgebauten Schulwesen kaum Anlass für besondere Aufmerksamkeit und anschließende Interventionen gewesen. Mit Befunden der internationalen Schulleistungsvergleiche, die deutlich machten, dass das Scheitern reduziert und Kompetenzdefizite ausgeglichen werden können, hat sich zwar langsam eine an Lernförderung orientierte Haltung verstärkt, aber noch nicht wirklich durchgesetzt. Allein die Expansion der Nachhilfeinstitute sollte Indiz dafür sein, dass – trotz der schulpolitischen Aufforderung an die Schulen, stärker (individuell) zu fördern und kompetenzorientiert zu unterrichten – Schulen die Verantwortung für mangelnden Lernerfolg den Adressat/inn/en zurechnen.

Wenn Kinder oder Jugendliche, die sich in schwierigen Lebenssituationen bewegen, von den schulischen Akteuren wahrgenommen werden, so geschieht dies zumeist erst, wenn sie ihre Benachteiligung durch externalisierende Verhaltensweisen zum Ausdruck bringen (vgl. Liesegang/Maykus et al. 2009). Ein von institutionalisierten, im Wesentlichen formalisierten und vom schulischen Personal eingeforderten »gruppenimmanenten Standards« (Mutzeck 2007:11) abweichendes Verhalten wird als Störung angesehen. Die Organisation Schule hat verschiedene Möglichkeiten, auf solche Bedrohungen der Ordnung zu reagieren. In der Regel aber folgt sie dem Prinzip der individuellen Schuldzuschreibung, wonach die Störer/innen oder Abweichler/innen als solche »etikettiert« werden; dies mit meist erheblichen Folgen für die Betroffenen (vgl. ebd.).

In diesem Zusammenhang verweist Wiater (2009) darauf, dass die Klagen der Lehrkräfte über Unterrichtsstörungen und nicht tolerierbare Verhaltensweisen seit Jahren stetig zunehmen und als extremer Belastungsfaktor an erster Stelle gesehen werden. Ähnliches gilt für die integrative Beschulung von Schüler/inne/n mit Beeinträchtigungen oder Behinderungen. In der Praxis erweist sie sich häufig als schulpädagogisches Problem (vgl. Goetze 2007). Insbesondere die Schülergruppe im Förderschwerpunkt emotionale und soziale (em-soz) Entwicklung wird – auch im europäischen Vergleich – zumeist als die am schwierigsten zu integrierende betrachtet (vgl. European Agency 2003; Preuss-Lausitz 2006).

Das Phänomen auffälligen oder abweichenden Verhaltens äußert sich in einer Vielzahl unterschiedlicher Verhaltensweisen und Erscheinungsformen. Eine übersichtliche Klassifikation von Erziehungsschwierigkeiten aus situativen schulischen Kontexten schlägt Havers (1978) vor. Hierzu zählen

- Konzentrations- und Aufmerksamkeitsstörungen
- Verstöße gegen Interaktionsregeln (gegen Mitschüler/innen bzw. Lehrer/innen)
- Verstöße gegen Normen von Schule und Klasse
- Residuale Verhaltensabweichungen (psychische, nervöse Störungen u. ä.)

Myschker listet – ohne Anspruch auf Vollständigkeit – über 150 Symptome und Erscheinungsformen auf. Sie lassen sich in vier Klassen von Verhaltensstörungen zusammenfassen, wobei insbesondere die ersten beiden auf der Basis empirischer Forschung validiert sind (vgl. Myschker 2005:48f).

Gruppierung	**Symptomatik**
1. Kinder und Jugendliche mit externalisierendem, aggressiv-ausagierenden Verhalten	Aggressiv, überaktiv, impulsiv, exzessiv streitend, aufsässig, tyrannisierend, regelverletzend, Aufmerksamkeitsstörungen
2. Kinder und Jugendliche mit internalisierendem, ängstlich-gehemmten Verhalten	Ängstlich, traurig, interesselos, zurückgezogen, freudlos, somatische Störungen, kränkelnd, Schlafstörungen, Minderwertigkeitsgefühle
3. Kinder und Jugendliche mit sozialunreifem Verhalten	Nicht altersentsprechend, leicht ermüdbar, konzentrationsschwach, leistungsschwach, Sprach- und Sprechstörungen
4. Kinder und Jugendliche mit sozialisiert-delinquentem Verhalten	Verantwortungslos, reizbar, aggressiv-gewalttätig, leicht erregt, leicht frustriert, reuelos, Normen missachtend, risikobereit, niedrige Hemmschwellen, Beziehungsstörungen

Tabelle 2: Klassifikation von Kindern und Jugendlichen mit Verhaltensstörungen (Myschker 2005:52)

2.1.1 Häufigkeit und Erklärungsansätze des Phänomens

Inwieweit das Phänomen auffälliger Mädchen und Jungen insgesamt zunimmt, ist wissenschaftlich nicht endgültig geklärt. Folgt man Mutzeck, so ist das durchschnittliche Ausmaß der im sozialen und emotionalen Bereich förderungswürdigen Schüler/innen zwar in etwa gleich geblieben, allerdings hat die Zahl der Kinder stark zugenommen, die bereits mit Verhaltensstörungen eingeschult werden (vgl. Mutzeck 2007). Preuss-Lausitz vermutet einen Polarisierungsprozess, »bei dem der größere Teil der Kinder heute eher unaggressiver, kommunikativer und glücklicher aufwächst, auch gern zur Schule geht, aber ein kleinerer Teil, aufgrund mehrfacher Belastungen, sein Leiden und seine innere Wut umso stärker sowohl aggressiv nach außen richtet, gegen die Gleichaltrigen, die Lehrer, die Eltern, die Erwachsenen im öffentlichen Raum, als auch nach innen, also gegen sich selbst« (2005:16, vgl. auch Preuss-Lausitz 2004). In einer von Arnold (2004) zusammengestellten Studienübersicht zu berichteten Häufigkeiten von Verhaltensstörungen in der Schule durch Lehrkräfte zeigen sich zwar beträchtliche Unterschiede, insgesamt aber bleiben die Quoten auch unter Berücksichtigung möglicher Überschätzungen auf einem Niveau, welches mit der tatsächlichen faktischen em-soz-Förderquote »extrem auseinander« fällt (vgl. ebd.:28). Mit Blick auf nationale als auch internationale klinisch-psychologische Untersuchungen zeigt sich bei Kindern und Jugendlichen hier ein deutlich ausgeprägtes Niveau der Prävalenz psychischer Auffälligkeiten. Barkmann und Schulte-Markwort (2004) berichten unter Rückgriff auf deutsche Prävalenzstudien eine mittlere Prävalenz von 17,2%, Ihle und Esser (2002) mit vergleichendem Blick auf internationale epidemiologische Studien einen Median von 18%. Zusammenfassend spricht Arnold deutlich von einer »offenkundigen Unterversorgung«. Demnach »müsste die Quote von em-soz-Förderfällen bei ca. 6% liegen – und damit sechs Mal höher sein, als dies derzeit unter günstigen Bedingungen der Fall ist« (Barkmann/Schulte-Markwort 2004:30).

Nun ist dieses Phänomen kein Ausdruck ausschließlich unserer heutigen Zeit, sondern findet sich »in allen Kulturen und zu allen Zeiten« (Myschker 2005:17; vgl. auch Schmidt 1996). So vermag die Fülle von Konzepten zur Beschreibung und Erklärung des Gegenstandes kaum zu überraschen. Ein Vergleich von Interpretationen der Ursachen offenbart zudem, dass Betrachtungsweisen von den jeweils eigenen forschungslogischen Schwerpunktsetzungen der an diesem Forschungsgegenstand beteiligten Disziplinen geprägt sind (vgl. hierzu z.B. Goetze 2001; Myschker 2005; Stein 2008; Leitner/Ortner et al. 2008).

2.1.2 Verständnis von »Kindern in schwierigen Lebens- und Bildungssituationen«

Aus Sicht der Schulpädagogik kann das Phänomen der Verhaltensabweichung und Störung zwar als Bedrohung des Bildungsauftrags angesehen werden, denn schulisches Lernen erfordert die Unterwerfung unter die schulische Ordnung. Im Kern aber handelt es sich um eine Herausforderung für den schulischen Erziehungsauftrag. An den einschlägigen Richtlinien der letzten vier Jahrzehnte lässt sich ablesen, wie die Entwicklung des Phänomens gesehen und interpretiert wurde. Als erster Meilenstein gilt die Festlegung auf den Begriff der Verhaltensstörung durch die Politikberatung des Deutschen Bildungsrates im Jahr 1974, der Beschreibungen wie beispielsweise »Entwicklungsgestörte« und »Schwererziehbare« ersetzte (vgl. Arnold 2004:24). Dieser ersetzende Begriff, in der Umgangssprache zumeist mit einem stigmatisierenden Negativetikett besetzt, birgt die Gefahr der Ausklammerung systemisch-interaktiver Aspekte (vgl. Preuss-Lausitz 2005; Goetze 2001; Schlee 1993). Kritisch zu betrachten ist zudem der meist defizitorientierte Bezug auf Normen.

So entschied sich die Kultusministerkonferenz 1994 in ihren allgemeinen Empfehlungen zur sonderpädagogischen Förderung fortan, den Förderbereich zu benennen und somit auf Eigenschaftsbegriffe zu verzichten. Im Kontext des em-soz-Förderschwerpunktes findet der Oberbegriff der Verhaltensstörung in den entsprechenden Konkretisierungen aus dem Jahr 2000 keine Verwendung mehr: »Sonderpädagogischer Förderbedarf ist bei Kindern und Jugendlichen mit Beeinträchtigungen der emotionalen und sozialen Entwicklung, des Erlebens und der Selbststeuerung anzunehmen, wenn sie in ihren Bildungs-, Lern- und Entwicklungsmöglichkeiten so eingeschränkt sind, dass sie im Unterricht der allgemeinen Schule auch mit Hilfe anderer Dienste nicht hinreichend gefördert werden können« (KMK 2000:349).

Mutzeck macht diesen Paradigmenwechsel in der schulischen Erziehungshilfe vor allem an folgender Aussage fest: »Während früher von ›Sonderschulbedürftigkeit‹ gesprochen wurde, ist heute der Begriff ›Individueller sonderpädagogischer Förderbedarf‹ handlungsleitend« (2007:39). Nach Arnold sind insbesondere drei Merkmale der ausführenden Empfehlungen dieses Schwerpunktes kennzeichnend (vgl. 2004:25):

- Systemische Auffassung: Verhaltensauffälligkeit wird sowohl als Merkmal von Schüler/inne/n als auch der Interaktion von Anderen (Mitschüler/innen, Lehrer/innen, Personen des sozialen Umfeldes) mit den Schüler/innen aufgefasst.
- Dynamische Auffassung: Verhaltensauffälligkeit ist ein erworbenes und veränderbares Merkmal.
- Syndromatische Auffassung: Verhaltensauffälligkeit bezeichnet das gemeinsame Auftreten mehrfacher Auffälligkeiten. Allerdings könnte die aufgeführte Symptomliste (Defizite in der Lernmotivation, Aufmerksamkeit und Konzentration) als fragwürdige Gruppendominanz im em-soz-Klientel interpretiert werden.

Allerdings verstehen sich die KMK-Empfehlungen nicht als Versuch einer wissenschaftlichen Definition, sie beinhalten keine diagnostischen Präzisierungen und umfassen auch nicht grundsätzlich alle Kinder und Jugendlichen mit Schwierigkeiten, »sondern nur jene, denen in einem rechtlich transparenten Verfahren schulamtlich integrativ innerhalb von Regelschulen zusätzliche (sonderpädagogische) Förderung zugebilligt wird oder die in eine Sonderschule für Erziehungshilfe überwiesen werden« (Preuss-Lausitz 2005:17). Somit werden sowohl jene ausgeschlossen, die aufgrund von Entwicklungsproblemen außerschulische Hilfemaßnahmen in Anspruch nehmen, als auch diejenigen, »die von Lehrern jenseits der sonderpädagogischen Förderung als schwierig eingeschätzt werden« (ebd.). In Anlehnung an Preuss-Lausitz (2005) sprechen wir in dieser Studie daher von »schwierigen« Kindern, wenn wir alle auffälligen und belasteten Kinder in den Blick nehmen. Mit der Erweiterung der Terminologie auf »Kinder in schwierigen Lebens- und Bildungssituationen« verdeutlichen wir den zu berücksichtigenden multifaktoriellen Hintergrund der Thematik. Wir wollen damit auch deutlich machen, dass individuelles Verhalten immer von den sozialen, kulturellen und ökonomischen Bedingungen des Aufwachsens außerhalb der Schule mitbestimmt ist.

2.2 Individuelle Förderung

In jüngerer Zeit wird Förderung zunehmend als Leitidee für die Gestaltung professioneller pädagogischer Handlungszusammenhänge betrachtet (vgl. Winkler 2008). Zwar geschieht dies aus verschiedenen – auch fachlichen – Perspektiven heraus, aber mit der Dominanz der internationalen Leistungsvergleichsstudien richtet sich der Blick insbesondere auf die Qualität und Ergebnisse schulischer Lernprozesse. Auf bildungspolitischer Ebene zeigt sich diese besondere Betonung sowohl in einer durch Schulgesetze und Erlasse der Bundesländer verstärkten Rechenschaftspflicht der Schulen durch Fremd- und Selbstevaluation sowie in Beschlüssen der Kultusministerkonferenz zum Bildungsmonitoring (vgl. KMK 2006; vgl. Kunze 2008). Die kompetenzorientierten Bildungsstandards, die den schulischen Unterricht erfolgreicher gestalten und auf individuelle Förderung umstellen sollen, umfassen im Kern fachliches Wissen und Können.

Diese Fokussierung auf fachlich zu erbringende Leistungen ist in unserem thematischen Zusammenhang, der pädagogischen Arbeit an Ganztagsschulen, erweitert, auch wenn das zunächst nicht unbedingt deutlich wird. Im Zuge des Investitionsprogramms »Zukunft, Bildung und Betreuung« (IZBB) manifestiert sich Individuelle Förderung als ein zentrales qualitatives Kriterium und Leitziel, an welchem sich das pädagogische Konzept einer Ganztagsschule orientieren sollte. Inhaltlich soll sie durch eine Pädagogik der Vielfalt die unterschiedlichen Stärken und Lernvoraussetzungen von Schülerinnen und Schülern berücksichtigen (vgl. BMBF 2003). In diesem Zusammenhang empfiehlt die Sachverständigenkommission des 12. Kinder- und Jugendberichtes Individuelle Förderung als grundlegenden Maßstab des Aus- und Umbaus ganztägiger Angebote heranzuziehen (vgl. BMFSFJ 2005:350). Auch Eltern versprechen sich von diesen in hohem Maße eine bessere Förderung ihres Kindes (vgl. Beher/Haenisch et al. 2007; Dieckmann/Höhmann et al. 2008), wobei die geäußerten Erwartungen mit Blick auf die StEG-Daten oftmals noch nicht hinreichend erfüllt werden: In der Beurteilung des Ganztagsbetriebes sehen zwei Drittel der Elternschaft hier viel bzw. dringenden Veränderungs- und Verbesserungsbedarf (vgl. Rollet/Tillmann 2009:139). Von didaktischer Seite her zählt Meyer (2004) Individuelle Förderung zu den zehn Merkmalen guten Unterrichts, auch Helmke (2003) betrachtet Individualisierung als zentrales Merkmal von Unterrichtsqualität.

Die erhobenen Ansprüche sind also groß, scheinen aber den Erwartungen – zumindest momentan – nur bedingt gerecht zu werden. Vor dem Hintergrund unserer Studie gilt es zunächst, das Konzept genauer zu erörtern, bevor sich der Blick auf Umgang und Umsetzung und damit verbundene Schwierigkeiten und Chancen richtet.

2.2.1 Unklares Verständnis von »Individueller Förderung«

Trotz reichlicher Verwendung der Begrifflichkeit der »Individuellen Förderung« mangelt es sowohl in der öffentlichen als auch in der fachlichen Debatte bisher weitgehend an einem gemeinsamen Verständnis und einer allgemeingültigen und anerkannten Definition. Die der Klärung bedürfende Mehrdeutigkeit führt gerade bei Lehrkräften nicht selten zu Unsicherheiten, Irritationen und Abwehrhaltungen. Schließlich sind sie es, die zu einer der Programmatik angemessenen Praxis des Handelns aufgefordert sind. Zur gemeinsamen Verständigung über ein allgemeines pädagogisches Ganztagsschulkonzept, die Erweiterung von Aufgabenstellungen, die Veränderung von Arbeitszeiten und einer Vielzahl von pragmatischen Herausforderungen, die sich durch den Ausbau der Halbtags- zur Ganztagsschule ergeben, addiert sich die zentrale pädagogische Herausforderung: Jede Schule muss im Sinne eines Klärungsprozesses für sich definieren, was Individuelle Förderung konkret auszeichnet und welchen Stellenwert sie in der unterrichtlichen und außerunterrichtlichen Arbeit erhalten soll.

Der Begriff »Individualisierung« lässt sich in schulischen Kontexten auf zweierlei Ebenen verorten: Auf organisatorischer Ebene bezieht er sich auf die Möglichkeit der Schüler/innen, individuell unterschiedliche Bildungsgänge einschlagen zu können sowie in der (relativ) freien Wahl bezüglich angebotener Fächer und Kurse. Auf unterrichtlicher Ebene wird er als didaktische Maxime eines individualisierten Unterrichts interpretiert (vgl. Bräu 2005:29). Diese Form von Binnendifferenzierung bzw. innerer Differenzierung beinhaltet die zumindest zeitweilige Teilung einer Klasse in einzelne Gruppen, Partner wie auch Einzelpersonen, die – weiterhin im Klassenverband – »je nach ihren Voraussetzungen unterschiedliche Aufgaben bearbeiten, in einem unterschiedlichen Lerntempo vorangehen oder in den Zielen und Anforderungen differieren« (ebd.:130). In konsequenter Form verlangt ein solcher individualisierter Unterricht die Orientierung an jedem Einzelnen, dies z.B. in Form zu erreichender Ziele, Methoden, Hilfen, Aufgaben oder auch der Lernzeit und Lernorte.

Der Begriff der »Förderung« richtet sich in einem allgemeinen pädagogischen Verständnis »auf das konkrete Individuum in seiner Besonderheit und Eigentümlichkeit« (Winkler 2008:173). Im Zuge der mit dem Ganztagsschulausbau angestrebten Entwicklung einer neuen Lern- und Lehrkultur ist mit Individueller Förderung auch das bildungspolitische Ziel verknüpft, herkunftsbedingte Benachteiligungen auszugleichen und präventiv möglicherweise (oder gar wahrscheinlich) misslingenden Bildungskarrieren entgegenzuwirken. Eine solche Förderung kann demnach nicht verkürzt auf unterrichtsbezogene kognitive Lernleistungen beschränkt werden, zumal diese in ihrer Diagnose »stets mit Maßstäben von Normalität und Abweichung verbunden [sind, Anm. d. Verf.]« (Winkler 2008:176). In der schulpädagogischen Debatte gerät mit Fokussierung auf diagnostische Testverfahren fachlicher Kompetenzen allerdings »die Komplexität von Lebenssituationen aus dem Blick [...], die in der Sozialpädagogik entstandenen biographischen Modelle für Diagnosen werden kaum zur Kenntnis genommen« (Winkler 2008:176f).

Diese Kritik verweist auf ein breiteres Verständnis Individueller Förderung in einer Ganztagsschule mit dem erweiterten Zeitrahmen. Für Ganztagsschulen ist also nunmehr die Forderung verknüpft, das Konzept der Individuellen Förderung als Handlungsprinzip zu begreifen, »das ganztägige Bildungsangebote generell bestimmt« (BMFSFJ 2005:329). Gelingende Förderung »als pädagogische Organisation eines umfassenden Erfahrungs- und Erlebnisfeldes, das den lebensweltlichen Hintergrund von Kindern aufnimmt und die Aufmerksamkeit auf den ganzen Prozess biographischer Entwicklung richtet« (Winkler 2008:180), muss in diesem Sinne in einem über die in Lehrplänen standardisierten Inhalte hinausgehen. Individuelle Förderung geschieht zudem nicht nur in unterrichtsspezifischen Kontexten und einzig durch Lehrkräfte, sondern vielmehr integriert, einem erweiterten Bildungsverständnis folgend von schul- und sozialpädagogischen Ansätzen der Entwicklungsförderung junger Menschen. Als Entwicklung der »ganzen Persönlichkeit« gedacht, führt sie mit der Ausdifferenzierung ihrer pädagogischen Arbeit konsequenterweise weg von einem engen ziel- und problemgruppenbezogenen Denken und richtet sich somit nicht nur an die leistungsschwachen Schüler/innen auf der einen Seite des Spektrums und an die besonders begabten an seinem anderen Ende. Ihr integrativer Charakter soll einen Verzicht auf Selektion ermöglichen. Die im Sinne der »Sonderstellung im pädagogischen Prozess« (Winkler 2008:180) oftmals damit einhergehenden unterrichtsexternen Fördermaßnahmen für spezifische Personen oder Gruppen führen in der Praxis zu Stigmatisierungen und zusätzlichen Belastungen bei den Betroffenen (vgl. Stolz/Arnoldt 2007; Kaufmann 2007). Individuelle Förderung bezieht sich programmatisch auf alle Schüler/innen. Ausgehend von einer wertschätzenden Haltung soll Individuelle Förderung nicht nur den Erwerb derjenigen komplexen Kompetenzen sicherstellen, die zu einer erfolgreichen gesellschaftlichen Teilhabe befähigen, sondern darüber hinaus den Neigungen, Interessen, Fähigkeiten und Begabungen der einzelnen Schülerinnen und Schüler im größtmöglichen Maß Rechnung tragen.

2.2.2 Umgang mit Heterogenität

Eine Bildung, welche individuelle Lernvoraussetzungen und Lernvorgänge intensiv und systematisch berücksichtigen möchte, bedarf einer grundlegenden Voraussetzung: Pädagoginnen und Pädagogen müssen – stärker als in der Vergangenheit – die Tatsache der Heterogenität der Schülerschaft wahrnehmen und anerkennen. Bevor sich der Blick auf eine Umsetzung dieser Vorstellung im Kontext institutionalisierter Bildung richtet, gilt es zunächst, die Kategorien zu klären, nach denen sich Heterogenitätsfaktoren strukturieren lassen. Heyer, Preuss-Lausitz und Sack identifizieren acht Heterogenitätsbereiche (vgl. 2003:57f; dazu auch Wenning 2007:25f.; Schumacher/Möller-Bach 2006:8):

1. Unterschiede in den kognitiven Lernvoraussetzungen;
2. Unterschiede in den sprachlichen Kompetenzen im Allgemeinen und in der deutschen Verkehrssprache im Besonderen;
3. Unterschiede in den sozialen Kompetenzen;
4. Unterschiede in den Interessen und Neigungen, in der Leistungsmotivation und den Erwartungen an Lehrer/innen, Gleichaltrige und Schulinhalte;
5. Unterschiede in den physischen und gesundheitlichen Voraussetzungen;
6. Unterschiede im Alter;
7. Unterschiede in den Traditionen, Wertmustern und Normen, die durch den sozialen und kulturellen Hintergrund der Familien in die Schulen mitgebracht werden;
8. Unterschiede, die sich aus der geschlechtsspezifischen Sozialisation ergeben.

Höhmann verweist darauf, dass auch neuere Modelle der Hochbegabung als Heterogenitätsmodelle lesbar sind, da auch diese jene Faktoren zugrunde legen, welche die Unterschiede von Schüler/inne/n sowie ihren Lernprozessen ausmachen (vgl. Höhmann 2009). In Anlehnung an Urban (1990) entwickelt sie ein Heterogenitätsmodell, welches sich an den mit der Arbeit an Kindern grundsätzlich zugrundeliegenden pädagogischen Postulaten der Interaktionskomplexität, Prinzipien der Ganzheitlichkeit und Mehrdimensionalität orientiert und das Sortieren der diversen Heterogenitätsfaktoren erleichtern kann (vgl. Abb. 8). Gleichsam ließen sich diese Faktoren auch zwischen nicht oder kaum veränderbaren und stark veränderbaren bzw. definitionsabhängigen unterscheiden (vgl. Höhmann 2009:29), womit die Relativität der Begrifflichkeit »Heterogenität« deutlich wird: So können Gruppen niemals an sich homogen oder heterogen sein, sondern deren Feststellung ergibt sich durch einen auf einen Maßstab bezogenen Vergleich in Form eines Kriteriums (vgl. Wenning 2007:23). Wird Heterogenität als Differenz zu einer Norm aufgefasst, so vollzieht sich Integration in diesem Verständnis über das Einbeziehen des »Andersartigen« (Brügelmann 2002:31), eine Differenzierung erfolgt als »Sonderbehandlung gegenüber der Normgruppe« (ebd.). Entgegen dieser Orientierung können Gruppen im Sinne eines erweiterten Bildungsverständnisses auch ohne Normbezug als heterogen bezeichnet werden: Unter der Annahme der Einzigartigkeit jedes Menschen wird Verschiedenheit zum Normalfall, Heterogenität wird schlicht »Unterschiedlichkeit« (ebd.:32). Integration als »Gemeinsamkeit« vollzieht sich so über eine Differenzierung, die »Raum für die Individualität aller« bietet (vgl. ebd.).

Nun gibt es von schulpädagogischer Seite her zum Lehren und Lernen unter Heterogenitätsbedingungen eine Vielzahl unterschiedlicher didaktischer Konzepte und Methoden. Insbesondere zählen hierzu äußere und innere Differenzierung, Formen Offenen Unterrichts, Rhythmisierung, Förderdiagnostik und -planung sowie Teamarbeit (vgl. Giesecke-Kopp 2006). Als Orientierung für nordrhein-westfälische Schulen, die sich für das 2006 eingeführte »Gütesiegel Individuelle Förderung« bewerben möchten, hat das dortige Schulministerium anhand eines Rahmenkonzeptes einen entsprechenden systematisierenden Kriterienkatalog vorgestellt, der vier wesentliche Handlungsfelder Individueller Förderung identifiziert (vgl. ausführlich MSW 2006):

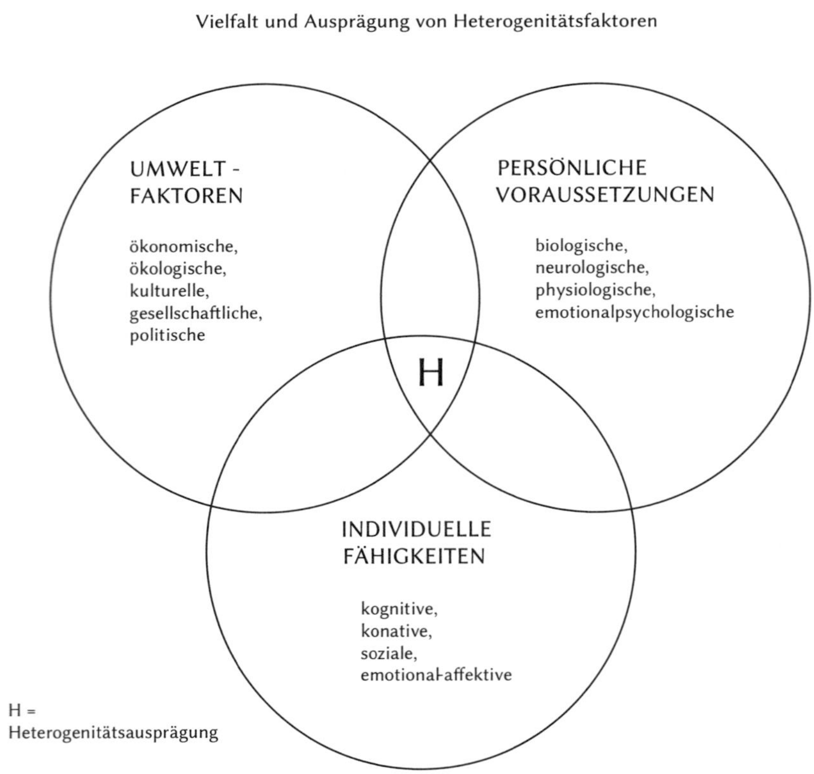

Abbildung 6: Heterogenitätsmodell (vgl. Höhmann 2009:29)

- *Grundlagen schaffen* – das Bemühen, die jeweilige Lernausgangslage, den Lernstand und Lernbedarf der Schülerinnen und Schüler zu ermitteln und dazu die geeigneten Instrumente und Verfahren anzuwenden;
- *Mit Vielfalt umgehen* – die konzeptionell geleitete Unterstützung, Förderung und Begleitung der jeweiligen Lernprozesse;
- *Übergänge begleiten* – eigene Förderangebote auch aus der Perspektive des nachfolgenden Systems zu betrachten, um die Anschlussfähigkeit des Wissens sicherzustellen und Übergänge gezielt vorzubereiten;
- *Wirksamkeit prüfen* – die Dokumentation und Auswertung der Fördermaßnahmen, die schulinterne Überprüfung ihrer Wirksamkeit und die Weiterentwicklung der Förderkonzepte.

In Schule und Unterricht selbst werden diese Ansätze allerdings kaum systematisch umgesetzt, da für Lehrer/innen oftmals persönliche Einstellungen, subjektive Theorien – und somit auch die subjektiv (meist unvollständig) wahrgenommene Heterogenität – bestimmende Faktoren für das Alltagshandeln und die konkrete Gestaltung von Individueller Förderung darstellen (vgl. Kunze/Solzbacher 2009). Zudem ist für die Mehrheit der Lehrenden primär, wenn nicht ausschließlich die kognitive Leistung der wahrgenommene und ausschlaggebende Heterogenitätsfaktor, so dass eine weite, umfassende Förderung nicht gelingen kann (vgl. Höhmann 2009:31; Kaufmann 2007). An dieser Stelle bedarf es nach Ratzki insbesondere einer Änderung der Einstellung und Haltung der Lehrkräfte. Von entscheidender Bedeutung sei demnach die »Rollenerweiterung von der Wissensvermittlung [...] hin zur Lernberatung« (2007:75).

Dieses Problem zu personalisieren, indem Lehrkräften einseitig die Aufgabe einer pädagogischen Innovation zugeschrieben wird, würde allerdings der Komplexität der Sache nicht gerecht werden. Mit Blick auf die Rolle der Schulpolitik betont Ratzki, dass solch eine Neuorientierung »eng mit den Vorgaben der Schulgesetze und ihren integrativen oder selektiven Zielsetzungen« zusammenhängt (vgl. ebd.:76). Wird also hier das Verhältnis von Förderung und Selektion nicht neu geklärt, fehlt eine Absicherung für ein alternatives pädagogisches Handeln. Wischer verweist darauf, dass die mit den Einstellungen und subjektiven Theorien verknüpften Handlungsroutinen »keineswegs nur als Persönlichkeitsvariablen der einzelnen Lehrkraft, sondern auch als Ausdruck der professionsbezogenen Anforderungen zu betrachten [sind, Anm. d. Verf.]« (2007:38) – und somit als Lösungsstrategie zur Bewältigung von komplexen Unterrichtssituationen im Hinblick auf mitunter ungünstige institutionelle Rahmenbedingungen und Anforderungen wenn nicht pädagogisch optimal, so doch funktional sind (vgl. ebd.).

Zwar darf der Verweis auf schwierige Arbeitsbedingungen und unklare Arbeitsaufträge nicht zur Abwehr neuer Unterrichtsreformen führen, andererseits ist der Einfluss materieller und personaler Ressourcenprobleme hinsichtlich der Optimierung Individueller Förderung im ganztagsschulischen Kontext eben auch nicht von der Hand zu weisen (vgl. Kaufmann 2007). Nicht zuletzt setzt der Umgang mit Heterogenität bei den Lehrkräften vielfältige Kompetenzen voraus, die über Diagnostik und Methodik weit hinausreichen (vgl. Berntzen/Rabenow et al. 2006). Um einen partiellen Rollenwechsel vom »Belehrenden« hin zu einem Verständnis der Beratung und Lernbegleitung zu erreichen, sind prozessbegleitende Fortbildungen zwingend. Hierzu gehört neben dem Erlernen didaktischer Konzepte auch ein Haltungswandel, sich selbst als Lernender zu begreifen (vgl. Stolz 2007:174). Im Rahmen unserer Vorstudie zeigte sich, dass Lehrkräfte die einschlägigen Konzepte und Ansätze unterschiedlich schnell »verarbeiten« und adaptieren (vgl. Liesegang/Maykus et al. 2009). Es gilt es also nicht nur mit Blick auf Schüler/innen, sondern auch mit Blick auf Lehrer/innen in einem Weiterbildungsprogramm, deren Heterogenität zu akzeptieren und als Chance der Entwicklung auf dem Weg zur Umsetzung einer Individuellen Förderung der Schülerschaft zu begreifen.

2.3 Profession, Professionalität und professionelles Handeln

Die mit der vorliegenden Publikation angestrebte Debatte um das Verhältnis innerschulischer Akteure aus unterschiedlichen pädagogischen Traditionen verbindet Überlegungen zur Professionalität mit Fragen zur strukturellen Ausbauqualität. Professionstheoretische Überlegungen sollen dabei den Blick auf die Qualität der schul- und sozialpädagogischen Praxis leiten.

Auch wenn die im Kontext der Ganztagsschule tätigen pädagogischen Berufsgruppen intern nicht homogen sind, weisen sie doch hinsichtlich ihrer je spezifischen Ausbildung und beruflichen oder professionellen Entwicklungen deutlich unterschiedliche Charakteristika auf. Die Berufsgruppe der Schulpädagog/inn/en hier, die der Sozialpädagog/inn/en dort: Sie sind deutlich unterscheidbar. Diese Differenz war in der Vergangenheit das dominante Thema, wenn es um die Beschreibung des Verhältnisses beider ging. Wenn sie nun in der Ganztagsschule den gleichen Arbeitsort haben, wird das Verbindende wichtiger: die Auseinandersetzung mit individuellen, personenbezogenen Problemlagen. Aber sie bilden, beraten, erziehen, helfen, unterstützen nicht nur »irgendwelche« Individuen, im Kontext der Ganztagsschule geht es um die identischen Personen. Das pädagogische Handeln beider Professionen zeigt sich nun konkret an Max, der seit Tagen unentschuldigt fehlt, an Simone, die ständig ihre/n Lehrer/in belügt oder Laura, die gelangweilt ist, weil sie sich offenbar unterfordert fühlt. Lehrkräfte und das außerunterrichtliche Personal handeln auf der Grundlage je berufsspezifischer Wissenskomplexe und bearbeiten in besonderen Interaktionsbeziehungen »existenziell relevante Probleme individueller Personen (Klienten)« (Tacke 2005:169). Diese Personen sind nun für beide unmittelbar »sichtbar«.

Die nachfolgenden Betrachtungen über Professionalität und professionelles Handeln gelten für alle Akteure in der Ganztagsschule, denn professionelles Handeln und Professionalität sind Selbstanspruch, Umwelterwartung und funktionale Voraussetzung zielgerichteter Interaktion zugleich. Für das in Ganztagsschulen tätige Personal, gleichgültig ob Lehrkräfte oder weiteres pädagogisch tätiges Personal, ist Professionalität gleichzeitig Prätention und Intention. Darüber hinaus besteht auf Seiten der Gesellschaft die implizite Annahme, dass in Bildungseinrichtungen Professionelle tätig sind. Professionalität wird vorausgesetzt. Und letztendlich gehen Forschung und Praxis einvernehmlich von der Prämisse aus, dass eine spezifische Form von Professionalität eine notwendige Voraussetzung für die Realisierung zielgerichteter Arbeit mit Menschen ist.

Doch was bezeichnen die Begriffe Profession, Professionalität und professionellem Handeln? Mehr als den Wunsch, dass die Akteure »gut« arbeiten? Die nachfolgenden Ausführungen sollen verdeutlichen, mit welchen professionstheoretischen Vorannahmen der spezifische Handlungsmodus »Individuelle Förderung in Ganztagsschulen« von uns betrachtet wurde. Es besteht selbstverständlich nicht der Anspruch, die

Geschichte professionstheoretischer Debatten mit allen unterschiedlichen Ansätzen nachzuzeichnen. Vielmehr wird der Fokus auf neuere handlungstheoretische Ansätze gelegt, welche die Besonderheiten der professionellen Leistungen hervorheben.

Es dürfte unstrittig sein, dass die Entwicklung des Lehrerberufs als Geschichte beständiger Steigerung des Anforderungsprofils beschreibbar ist (vgl. Giesecke 2001). Weniger durch empirisch fundierte Fortschritte einer schul- und unterrichtsbezogenen Pädagogik als vielmehr durch die gesellschaftlich erzeugten neuen, oft problematischen Sozialisationsbedingungen sehen sich Lehrerinnen und Lehrer mit einer Ausweitung ihres Tätigkeitsspektrums konfrontiert, die in diesem Ausmaß einzigartig im Feld klassischer Professionen sein dürfte. Nicht, dass andere Professionen nicht ebenfalls mit einer erhöhten Komplexität ihrer Umwelten konfrontiert wären, aber in keinem anderen Feld ist auf diese Herausforderung auf vergleichbare Weise reagiert worden.

Professionen kennzeichnen sich dadurch, dass sie zentrale gesellschaftliche (und gesellschaftlich anerkannte) Funktionen erfüllen und Themenbereiche von hoher gesellschaftlicher Relevanz bearbeiten (Glauben, Gerechtigkeit, Gesundheit und Erziehung) (ausführlicher Hoyle 1952:12, vgl. zum Folgenden auch Kurtz 2004; 2000). Nicht zuletzt deshalb ist mit der Ausbildung zum/zur »Professionellen« auch eine Sozialisation in ein professionelles Wertesystem (code of ethics) verbunden. Letztendlich ist in der sozialwissenschaftlichen Diskussion unter Profession eine spezifische Form der Organisation von Arbeit zu verstehen. Profession ist hier aber nicht als Komplement zum Beruf zu verstehen, vielmehr ist eine Profession in ihrem Kern Beruf. »Profession« wird als »besonderer Beruf« (Oevermann 1996; Stichweh 2005; 1996; Sprondel 1972) bezeichnet. Dabei resultiert die Besonderheit aus einem spezifischen historischen Werdegang von Professionen, ihrem kulturellem Verständnis und ihrem besonderen »Arbeitswerkzeug« – dem professionellen Wissen.

Die klassischen Professionen (Medizin, Jura, Theologie und wenn auch mit Abstrichen – Schulpädagogik) arbeiten an den Problemen von individuellen Personen und sie lösen Probleme in Interaktionskontexten, also im Prinzip fallorientiert. Als zentrales Merkmal des Professionsbegriffs kann gerade deshalb die besonders anforderungsreiche Ausbildung mit entsprechend anspruchsvollen Qualifikationen – einem spezifischen Können und Wissen – gelten. Knapp gesagt definiert sich eine Profession durch eine spezifische (wissens- und könnensbasierte) Form der Bearbeitung von existentiellen Problemen von Individuen – im Sinne einer Fallbearbeitung (vgl. Rolff 1993).

Aus der Konstruktion der Profession als »besonderer Beruf« mit spezifischen Kompetenzprofilen ergibt sich die Frage, ob man das Phänomen Profession in einer berufs- oder einer professionssozilogischen Perspektive betrachtet. Dewe unterscheidet beide Forschungsstränge, indem er auf den unterschiedlichen Blickwinkel beider Theorien hinweist: »Während – vereinfachend gesagt – sich die Berufstheorien vornehmlich mit den jeweils erforderlichen Qualifikationen und den sozialen Rahmenbedingungen der praktischen Berufsausübung beschäftigen, zielen die Professionstheorien auf die Aufhellung der spezifischen Handlungsgrammatik unmittelbar personenbezogener Dienstleistungen« (Dewe 2006:23).

Aber auch innerhalb professionstheoretischer Diskurse bilden unterschiedliche thematische Schwerpunkte und Forschungsansätze eine breite »theoretische Landschaft« ab. So sind die eingangs eingeführten Begriffe Professionalisierung, Professionalität und Profession zwar in allen berufspolitischen Diskursen grundlegende Kategorien zur Beschreibung beruflicher Besonderheiten, aber sie stehen in ihrer inhaltlichen Differenz auch für unterschiedliche Zugänge zu theoretischen Fragestellungen. Während Profession als Strukturkategorie in die Diskussion einfließt, sind Professionalität als Handlungstheorie und Professionalisierung als Macht- und Prozesskategorie voneinander zu unterscheiden (vgl. Nittel 2000:19f). Wie bereits eingangs erläutert, interessiert im Rahmen dieser Untersuchung weniger die kollektive Ebene, auf der professionstheoretische Ansätze Professionen unter dem Gesichtspunkt ihrer Leistungen für die Gesellschaft (Zentralwertbezug), ihrer gesellschaftlichen Einbettung (Monopolisierung von Handlungsfeldern), ihren gesellschaftlichen Funktionen und Zuständigkeitsbereichen betrachten, als vielmehr eine individuelle Ebene, die das berufliche Handeln des Professionellen in den Fokus rückt.

Professionalität beschreibt hier »den Mikrobereich professionellen Handelns [...]«. Forschungsleitend ist bei dieser Betrachtungsweise »die Wissensbasis einer spezifischen situativ zu verausgabenden Kompetenz der beruflich handelnden Praktiker zu ermitteln« (Dewe 2006:24). Ergänzend dazu, auch mit Blick auf eine strukturelle Unbestimmtheit des Begriffs »Professionalität«:

> »›Professionalität‹ schließlich lässt sich als eine Zuschreibung begreifen, die keineswegs ›einfach‹ aus Professionszugehörigkeit hervorgeht, sondern welche vielmehr – im Verstande einer spezifischen, institutionalisierten Kompetenz – die Deckung der Komponenten ›Befugnis‹, ›Bereitschaft‹ und ›Befähigung‹ voraussetzt. Die Frage, aufgrund welcher (Arten und Weisen von) Darstellungen wir Akteuren Professionalität attestieren, eröffnet dergestalt ein noch weitgehend unergründetes Forschungsterrain, auf dem z.B. alltagssprachliche Konnotationen der Attribuierung und Qualifizierung von Haltungen und Handlungen als ›professionell‹ keinesfalls ignoriert werden dürfen.« (Deutsche Gesellschaft für Soziologie, Sektion Professionssoziologie, o. J.)

Gleichwohl hier die Bedeutung einer professionsspezifischen Wissensbasis hervorgehoben wird, ist damit nicht nur wissenschaftlich fundiertes Wissen gemeint. Die Professionalität eines Akteurs geht über die bloße regelgerechte Anwendung akademischen Wissens hinaus, denn Professionalität im Sinne von professionellem Handeln ist »nicht mit einer technokratischen Applikation von Wissen auf Problemlagen im Sinne eines subsumtionslogischen Vorgehens der Regelbefolgung gleichzusetzen« (Pfadenhauer 2003:36; vgl. Oevermann 1996). In diesem Sinne ist das Resultat professionellen Handelns eher Problemdeutung als Problemlösung (vgl. Oevermann 1996). Generell bearbeiten professionelle Probleme, die unbestimmt und deshalb im eigentlichen Sinn nicht routinisierbar sind (vgl. Perrow 1967). Es gibt unter dieser Voraussetzung für die Bearbeitung dieser spezifischen Problemlagen keine (oder allenfalls in Ansätzen) standardisierten Verfahren. In diesem Sinne ist professionelles Wissen stets abstrakt und liegt weitestgehend in Form eines universellen Regelwissens vor. »Es kann nicht routineförmig und im technischen Sinne angewendet werden, sondern hat im Rahmen der professionellen Falldeutung lediglich eine orientierende Funktion« (Tacke 2005:170). Professionelles Wissen ist, wie bereits gesagt, nicht mit akademischem Wissen gleichzusetzen. Professionelles Wissen ist einerseits durch systematisches, wissenschaftliches Wissen gekennzeichnet, andererseits verfügen Professionelle auch über ein Berufswissen, welches als professionsinternes Wissen, eine »Kombination aus ›tradierten Erfahrungswissen‹ und ›kognitiven normativen Regeln der Berufsausübung‹« (Pfadenhauer 2003:34) darstellt. Die Wissensbasis des/der Professionellen unterscheidet sich im Gegensatz zum/zur Wissenschaftler/in durch einen direkten Handlungsbezug (Dewe 2006; Stichweh 2005; 1996). In dieser Sichtweise kommt dem professionellen Handlungswissen eine herausragende Bedeutung zu.

Handlungswissen in Kombination mit akademischem Wissen bildet die Basis der professionellen Kompetenz. »Professionelle Kompetenz konstituiert sich […] erst im berufsförmigen, d.h. routinisierten und habitualisierten Praxisvollzug, während wissenschaftliches Regelwissen als Komplex notwendiger, aber nicht hinreichender Vorkenntnisse einzustufen […]« (Pfadenhauer 2003:34) ist. Der Konflikt zwischen den Ideen der defizitären Wissensbasis, fehlender Standardisierbarkeit und gleichzeitiger Notwendigkeit, Professionshandeln an Routinen auszurichten, ist offensichtlich.

Die große Bedeutung akademisch-theoretischen Wissens in funktionalistischen oder merkmalsorientierten Professionstheorien schwindet im Rahmen der später einsetzenden Verwendungsforschung zunehmend zugunsten der nun herausgestellten Bedeutung des spezifischen Handlungs-, Prozess-, Interaktions- und Situationswissen der Professionen (vgl. ebd.).

Mit der Betonung der Bedeutung der besonderen Wissensbasis soll der/die Professionelle aber nicht mit Expert/inn/en gleichgesetzt werden, denn die Wissensbasis der Expertin/des Experten unterscheidet sich von der des/der Professionellen durch den »technischinstrumentellen Charakter« (Schaeffer 1990, zitiert nach Walkenhorst 2008:130). Hermeneutische Kompetenzen bilden die Grundlage professionellen Wissens, das sich durch eine explizite »Handlungsrationalität« (ebd.) auszeichnet. Das Expertentum ist somit als hochspezialisiertes Wissen charakterisiert. »Dagegen beinhaltet professionelles Handeln Kompetenzanteile, die sowohl durch Wissen als auch durch ›Intuition‹, ›Erfahrungswissen‹ und ›Weisheit‹ gekennzeichnet sind und die Interaktion mit einem Klienten voraussetzen« (Schäfer 1990; Schütz 1972; Müller 2002; zitiert nach Walkenhorst 2008:130f).

Walkenhorst weist darauf hin, das mit der Betonung der Handlungsbezogenheit deutlich wird, das es sich bei professionellem Wissen im Kern, auch wenn es eine besondere Wissensbasis aufweist, um ein »berufliches Wissen« handelt (vgl. Walkenhorst 2008). »Berufskulturelles Wissen« (Dewe 2006) ist »ein Wissen, das sich neben methodischem Verfahrenswissen und berufsfeldbezogenem Wissen auch aus ›Routinewissen, lokalem Organisationswissen und intuitiven Wissensformen‹ (Dewe 2006) konstituiert […]« (Walkenhorst 2008:131). Berufskulturelles Wissen ist »zeit- und situationsbezogen« und wesentlicher Bestandteil des Handlungswissens (internalisiertes Wissen/Tacit knowledge).

Ergänzend sei erwähnt, dass das »Nicht-Wissen« bzw. der Umgang mit selbigem für die/den wissenschaftlichen Expertin/Experten und auch für den Professionellen eine ebenso bedeutende Rolle spielt wie die Verfügbarkeit einer handlungsleitenden Wissensbasis. »Nichtwissen verweist auf unbekannte und unerwartete Handlungs- und Entscheidungsfolgen jenseits kalkulierbarer Risiken und abschätzbarer Ungewissheiten des Wissens« (Wehling 2001:465). Nichtwissen ist immer auch Produkt des Wissens und bedarf der Beachtung durch den Wissensproduzenten (dazu ausführlicher Wehling a.a.O.).

Aus den vorangegangenen Ausführungen wird deutlich, dass der Begriff Professionalisierung sich hier von einer klassischen professionssoziologischen Lesart unterscheidet. In frühen, durch die historische Entwicklung beeinflussten professionstheoretischen Abhandlungen wird Professionalisierung als Prozess der »sozialen Verfestigung von Berufsrollen« verstanden. Dies insbesondere »durch die Systematisierung eines Wissensgebietes, die Länge und Komplexität der (institutionell spezialisierten) Ausbildung, die Beglaubigung beruflicher Kompetenzen in institutionellen Kategorien (Lizenzen) und ein Geflecht von auf Sonderwissen bezogenen Selbst- und Fremdtypisierungen […]« (Pfadenhauer 2003:30). Professionen wurden hierbei anhand von spezifischen Indikatoren (merkmals- oder indikatorenorientierte Professionsansätze) beschrieben, Professionalisierung hier quasi als ein Abarbeiten an diesen Kriterien verstanden. Inhaltlich geht es diesen Ansatz häufig um »die Begründung und ideologische Legitimation eines sozialen Status innerhalb der gesellschaftlichen Hierarchie« (Dewe 2006:26). Anders als es die Ansatzbezeichnung impliziert, handelt es sich hierbei weniger um eine Theorie im eigentlichen Sinne, als vielmehr um eine bloße Aufzählung von Professionsattributen (Pfadenhauer 2003; Dewe 2006, Bollinger 2005). Eine (sozialwissenschaftliche) Theorie dagegen hat den Anspruch, (soziale) Phänomene zu »erklären«. Die Indikatorenansätze beschreiben aber allenfalls das Phänomen Profession und bleiben hinter einer sozialwissenschaftlichen Erklärung zurück. Neuere Ansätze wie die interaktionistische- oder reflexions-theoretische Professionstheorie verwerfen die Vorstellung differenzierter Entwicklungsgrade von Professionen, wie sie in den Begriffen »Semi- und Leit-Professionen« zum Ausdruck kommen und betonen die Spezifität professionellen Handelns. »So stellt Meuser zur Diskussion, eine grundsätzliche ›Abkoppelung der Erforschung professionellen Handelns von der Professionssoziologie‹ vorzunehmen und damit einen deutlichen Unterschied zwischen den Begrifflichkeiten Professionen und professionellem Handeln herzustellen bzw. eine ›Reformulierung‹ des möglicherweise immer weniger zeitgemäßen Professionsbegriffs vorzunehmen […]« (Walkenhorst 2008:139). Professionalisierung hat hier nicht unbedingt die Gründung einer Profession zur Folge, sondern ist in prozesshafter Weise als Berufsentwicklung zu verstehen.

Professionalität und professionelles Handeln sind im Kontext von Schule zentrale Kategorien zur Beschreibung von (Schul-) Qualität. Professionalität wird hierbei häufig als ein spezifischer »Modus im Vollzug des Berufshandelns […] [definiert, Anm. d. Verf.], der Rückschlüsse sowohl auf die Qualität der personenbezogenen Dienstleistung als auch auf die Kompetenz des beruflichen Rollenträgers erlaubt« (Nittel 2000:71).

Dabei sind professionelle Handlungen als »eine besondere Form planvoller und damit selbstbewusster Handlungen im Hinblick auf ein explizites Ziel [zu verstehen, Anm. d. Verf.], das unter Anwendung professioneller Verfahren der Problembearbeitung zu erreichen versucht wird […]« (Obrecht 2009:60f). In dieser Definition sind Professionelle »Handelnde einer besonderen Art, nämlich solche, die im Hinblick auf die Lösung praktischer Probleme über professionelles Wissen und Können verfügen und dieses Wissen zur Bearbeitung solcher Probleme nutzen« (ebd.:61).

Im Mittelpunkt steht hier also ein spezifischer Handlungstyp, der in potenziell asymmetrischen Sozialbeziehungen (z.B. Lehrer/innen- Schüler/innen-Interaktionen) eingebettet ist und sich durch handlungsspezifische Paradoxien oder Spannungsverhältnisse (z.B. Nähe und Distanz) auszeichnet. In der Schule realisiert sich der pädagogische Fall originär in besonderen Interaktionen (Unterricht), die darauf zielen, Wissen und Können, also etwas »Brauchbares für den Lebenslauf« (Luhmann 2002:143) zu vermitteln. Faktisch findet der pädagogische Prozess in relativ großen Gruppen statt, eine Individualisierung ist damit eher strukturell verhindert. Diese Diskrepanz zwischen professionellem Auftrag und Rahmenbedingungen ist eines unter vielen Beispielen, in denen die Ambiguität professionellen Handelns im Kontext Schule – und damit auch in der Ganztagsschule – zum Ausdruck kommt.

Zentral für die Beschreibung widersprüchlicher operativer Pflichten ist auch die Konkurrenz zweier so unterschiedlicher Kernaufgaben der Schule wie der Förderung von Lebenschancen bei gleichzeitiger Selektionsverpflichtung. Die für Deutschland beschämende – und seit vierzig Jahren unveränderte – enge Verkoppelung von sozialer Herkunft und Schulerfolg zeigt, dass dieses Dilemma einseitig gelöst wird. Auch die der Schule als Aufgabe gestellte Stiftung sozialer Integration und Kohäsion leidet unter dem Zwang der Bewertung von Kompetenzen in ein System, das nicht nur Leistungshierarchien (in Form von Schulnoten) erzeugt, sondern das radikal – und für die Lebenschancen der Bewerteten äußerst bedeutsam – »dichotomisiert«: in »bestanden« oder »nicht bestanden« klassifiziert.

Als eines der klassischen Dilemmata der Schulpädagogik (hierzu vgl. Oelkers 1995) kann auch die (auch noch um »Beratung« zu ergänzende) doppelte Verpflichtung zu Bildung und Erziehung angesehen werden. Die zwischen beiden angelegte Spannung hat sich in den letzten Jahren dramatisch entwickelt, so dass Kritiker bereits den Bildungsauftrag bedroht sehen (vgl. Giesecke 1996). In der Tat sind die sozialen Schwierigkeiten, die Kinder in die Schule importieren, in manchen Schulen so groß dimensioniert, dass hier Lehrer/innen beklagen, das Unterrichten sei gar nicht mehr möglich. So ist es verständlich, dass die Standards für den bildungswissenschaftlichen Teil der schulpädagogischen Ausbildung den Kompetenzbereich Erziehen umfassend beschreiben: »Die Absolventinnen und Absolventen kennen pädagogische, soziologische und psychologische Theorien der Entwicklung und der Sozialisation von Kindern und Jugendlichen«, sie »erkennen Benachteiligungen und realisieren pädagogische Hilfen und Präventionsmaßnahmen«, sie »wissen, wie Schülerinnen und Schüler im Umgang mit persönlichen Krisen- und Entscheidungssituationen unterstützt werden« (KMK 2006:9). Zudem finden, so die programmatische Forderung, Lehrerinnen und Lehrer »Lösungsansätze für Schwierigkeiten und Konflikte in Schule und Unterricht« (ebd.:10) bis hin zum Umgang mit Gewalt. Sie erkennen auch »Formen von Hoch- und Sonderbegabung« (ebd.:11).

Schließlich – und in eigentümlichem Kontrast zur oben bereits skizzierten Aufgabenerweiterung – konnten TIMSS und PISA belegen, dass Schulen selbst ihren professionellen Kernauftrag nicht mehr zufriedenstellend erfüllen. Das Niveau der Leistungen der Schüler/innen in den Kernfächern gilt als unbefriedigend. Gerade angesichts der auch im pädagogischen Milieu konstant problematisierten Qualifikationsschwäche der Schulen im Kontext globalen Drucks durch erfolgreich konkurrierende Wirtschaftssysteme, wird sich die deutsche Schule letztlich an erzielten akademischen Leistungen messen lassen müssen. Nicht nur die Standards der schulpädagogischen Ausbildung thematisieren deshalb diesen Aspekt. Auch die (fachlich orientierten) Bildungsstandards der KMK definieren Schülerleistungen im Sinne von Erwartungen bezüglich der Kenntnisse und Fähigkeiten, die Schüler/innen erwerben sollen (vgl. Döbrich/Klieme et al. 2003). Das Reformziel ist es, mittels inhaltlicher Richtmaße die Unterrichtspraxis so zu verändern, dass sich Schülerleistungen verbessern. Sie sollen mithin die professionelle Kerntätigkeit der Lehrer/innen entwickeln. Entgegen dem ersten Anschein soll diese Standardisierung eben nicht pädagogische Prozesse standardisieren, sondern im Gegenteil soll die Orientierung an gemeinsamen Zielen erst dazu beitragen, den Unterricht individualisieren zu können.

Die steigende Komplexität von gesellschaftlichen und individuellen Anspruchs- und Problemlagen, die pädagogisch bearbeitet werden sollen, hat einerseits zu einer massiven Expansion anderer pädagogischer Berufe und Berufsfelder als dem der Lehrkraft geführt. Die besondere Bedeutung der Schule im Spektrum der Bildungseinrichtungen wird durch vorgelagerte, parallele und nachgelagerte (private und staatliche) pädagogische Institutionen, durch externe pädagogische Konkurrenz gewissermaßen, relativiert. Andererseits: Die Realität der Schule selbst ist durch diese Entwicklung kaum verändert worden, sieht man davon ab, dass Schule wie selbstverständlich eine Vielzahl von Aufgaben übernimmt und sie den Lehrer/innen zumutet – auch solche, die von anderen pädagogischen Berufsgruppen professionell bearbeitet werden. Das hat einerseits die Abwertung der Kompetenzen dieser Pädagogik zur Folge, wenn ihre Aufgaben – mehr oder weniger leicht – zusätzlich erledigt werden können. Die Lehrerschaft übernimmt gleichsam nebenbei diese Aufgaben. Das führt aber auch zur impliziten Abwertung ihrer grundständigen Kompetenzen – fachliche und didaktische. Logisch betrachtet ist dies widersprüchlich. Denn gleichzeitig erfordert ja der institutionalisierte internationale Schulvergleich die Fokussierung auf Indikatoren, die hier zur Messung der Schulqualität herangezogen werden: Wissen und Können in Fächern oder fachlichen Domänen.

Interessant für unsere Forschungsfragen ist, dass diese Entwicklung mit Blick auf die Pädagogik in hohem Maße deren Professionalität gefährdet oder gar zur Deprofessionalisierung führen kann. Lehrer/innen übernehmen Aufgaben, die dem professionellen Kern fremd sind (vgl. Tacke 2004; Böttcher/Terhart 2004), die anderen Pädagog/inn/en, Erzieher/innen oder Sozialpädagog/inn/en erleben, dass ihre beruflichen Aufgaben im Prinzip von Mathematiklehrer/inne/n zu lösen sind. Zwei alternative Antworten sind hier denkbar.

Zum einen lassen sich Anregungen einer »Organisationspädagogik« aufnehmen (vgl. z.B. Göhlich 2001; Böttcher 2002; Brüsemeister 2004; Böttcher/Terhart 2004; Rosenbusch 2005; Göhlich/Hopf et al. 2005; Helsper/Busse et al. 2006), die eine Differenzierung des Systems Schule nahelegen. Dies kann zum Beispiel durch den Aufbau von die professionelle Lehrer-Arbeit unterstützenden Systemen innerhalb der Organisation erfolgen. Wie in anderen Organisationen üblich, könnten z.B. Abteilungen oder Funktionsstellen mit spezifischen Kompetenzen ausdifferenziert werden. Für die Schule – als Organisation – wäre also die Übernahme komplexerer Aufgaben kein prinzipielles Problem, wenn sie das täte, was fast alle Organisationen in der Gesellschaft tun: Sie kombinieren unterschiedliche Personaltypen entsprechend der Programmanforderungen. Für die Lehrerprofession wird dies jedoch deshalb zum Problem, weil Schulen im Unterschied zu den meisten anderen Organisationen in der Gesellschaft traditionell professionelle Monokulturen oder »monoberufliche Funktionssysteme« (Stichweh 1997) darstellen (vgl. Tacke 2004): Die Einheit des Systems wird durch nur eine Berufsgruppe gebildet. Das hier skizzierte Problem verweist auf die mangelnde Unterscheidung zwischen Profession und Organisation. Weniger theoretisch als praktisch bringt es Brandt auf den Punkt: »Überhaupt scheint es angezeigt, zwischen dem Auftrag der Schule und dem des Lehrers eine Unterscheidung vorzunehmen« (Brandt 1994:54).

Eine zweite denkbare Antwort ist die Modifikation des schulpädagogischen Professionsprofils, ohne dadurch in die Falle der De-Professionalisierung zu laufen, wie sie in einer »All-Inclusive-Kompetenz« von Lehrer/inne/n virulent ist. Alternativen zum Profil der Lehrerin/des Lehrers als Unterrichtsbeamtin/-beamter, wie sie in Begriffen des »Mentors«, des »Lernbegleiters« oder des »pädagogischen Profis« (vgl. Bauer/Kopka 1994) eingefangen sind, werden die gesellschaftlichen Forderungen nach erweitertem Wissen und neuen Fähigkeiten schulischer Absolventen kaum ignorieren. Im neuen Profil müssten die im »fördernden Fallbezug« angelegten Professionsanteile zugunsten der diskriminierenden und selektierenden gestärkt werden.

In der aktuellen Debatte zur Schulreform findet man beide Aspekte, nämlich sowohl die organisationale als auch die pädagogische Antwort. Sie bleiben aber angesichts der Trägheit der Organisationsstrukturen und dem Ausbleiben einer breit angelegten diagnostisch-didaktischen Nachschulung der Lehrkräfte appellativ.

Eine materiale Entsprechung jedoch findet die doppelte Antwort im Konzept und der Umsetzung der Ganztagsschule. Hier geht es (unter anderem) nämlich sowohl um die pädagogische Kooperation von durchaus feindlichen Schwestern, nämlich der Schul- und der Sozialpädagogik, zum anderen ist hier die Professionsentwicklung des Lehrerberufes mit Blick auf individualisierte Diagnose und Förderung – und damit verbundene Erweiterung des Bildungs- und Lernbegriffs – konstitutiv (vgl. z.B. Holtappels 2006). Beide Aspekte sind auch im ersten Bericht der StEG-Studie als Gegenstände notwendiger Forschung markiert (vgl. Holtappels/Klieme et al. 2007). Unter den vielfältigen Forschungsdesiderata sind aus unserer Sicht besonders solche Fragen einschlägig, die auf die Kooperation der unterschiedliche Personen- und Berufsgruppen zielen sowie die sich daraus ergebenden Veränderungen der Anforderungen an die Lehrerschaft (vgl. ebd.:379). Hiermit eng verknüpft sind die Fragen, die sich auf die Neubalancierung von Bildungs- und Erziehungsauftrag beziehen (vgl. ebd.:378).

Die mit Blick auf das Leitbild »Individuelle Förderung« notwendigen Anpassungsleistungen des Ganztagspersonals können in einer berufspolitischen Perspektive als Professionalisierung des Berufshandelns interpretiert werden. Dabei ist im Kontext Ganztagsschule Professionsentwicklung oder Professionalisierung als reziproke Erweiterung professioneller Handlungskompetenz des schulischen und des außerschulischen Personals zu begreifen. Professionalisierung in diesem Sinne beschreibt hier nicht den Versuch eines beruflichen Abgleichs mit vorgegebenen Professionskriterien, sondern ist in prozesshafter Weise als Berufsentwicklung zu verstehen. Dabei bleibt es derzeit offen, in welcher Weise sich diese Entwicklung für die jeweiligen Berufsgruppen oder Funktionssysteme im Ganztag auswirken werden. Festzustellen ist, dass das System Ganztagsschule durch interprofessionelle Kooperation auf der konkreten Handlungsebene eine Erweiterung seiner monoberuflichen Verfasstheit erfährt. Unklar bleibt indes, inwieweit sich auf der Systemebene das monoberufliche Funktionssystem Schule zugunsten eines durch interprofessionelle Kooperation geprägten Gesamtsystems verändern wird. Denkbar sind verschiedene Alternativen. Zum einen sind seit Jahrzehnten auch in der Halbtagsschule verschiedene Professionen tätig – z.B. Schulsozialarbeiter/innen, Schulpsycholog/inn/en und weitere –, ohne dass sich an der inneren Systemlogik, hier monoberufliches Funktionssystem, etwas verändert hätte. Nach wie vor sind es schulpädagogische Konzepte, Wahrnehmungen und Theorien, die maßgeblich das System Schule formen. Allerdings kann die geringe Zahl des nichtlehrenden Personals ja bereits das Fehlen des Wandels erklären. Mit der Ganztagsschule verschieben sich die quantitativen Verhältnisse, wodurch die Wahrscheinlichkeit stärkerer Effekte steigen könnte. Auch ist die Ganztagsschule, anders als die Halbtagsschule, programmatisch erheblich stärker durch interprofessionelle Kooperation gekennzeichnet. Und dennoch: Sie bleibt nach wie vor von ihrer inneren Logik her »Schule«. Soll heißen: Wir können im System Schule eine fortschreitende funktionale

Differenzierung beobachten, aber nicht unbedingt von einer Diversifikation des relevanten, bzw. systemleitenden Wissensbestandes ausgehen. In diesem Sinne kann man von einer Schließung gegenüber konkurrierenden Wissenssystemen sprechen. »Diese Schließungstendenz von Professionen verbindet sich mit dem Moment der professionellen Hierarchie. Dies bedeutet, dass andere Professionen in derselben Wissensdomäne nur dann akzeptiert werden, wenn sie bereit sind, sich in subordinierter Position in eine Hierarchie professioneller Arbeit einzufügen« (Stichweh 2005:39). Denkbar wäre aber auch eine Alternative, in der es zu Verlusten der professionellen Autonomie und traditionell gesicherter Privilegien der Lehrerschaft kommt. »Die fortschreitende interne Differenzierung und die professionelle Pluralisierung in Funktionssystemen löst die faktische und normativ gestützte Kontrolle nur einer Leitprofession über ganze Funktionssysteme auf. Es ist genau die Stelle, an der die Sozialform Organisation übernimmt und die Arbeitsteilung in einem Funktionssystem reorganisiert« (ebd.:41). Für die »Semiprofession« (Etzioni 1969) der Lehrkräfte bedeutet dies, dass Entscheidungsspielräume und eine professionelle Autonomie nicht nur durch bürokratische Vorgaben übergeordnete Schulbehörden vorgegeben, sondern zunehmend stärker auch durch die Organisation Schule eingeschränkt werden. Anhaltspunkte für solch eine De-Professionalisierung ergeben sich auch aus vielen Schul-Reformprojekten mit dem Ziel managementorientierte Instrumentarien aus der Wirtschaft zu implementieren (vgl. Tacke 2005).

Wie eingangs deutlich wurde, bietet die Ganztagsschule einen konkreten (und keinen nur programmatischen) Kontext, in dem sich eine neue individualisierende sowie Bildung und Erziehung zusammenführende Praxis etablieren könnte. Neue Zeitmodelle, neu geordnete Organisationsstrukturen, die Neubewertung von non-formaler und extra-curricularer Bildung, Individualisierung und Kooperation und dem damit eingeführten Ansatz der Schule als einer multiprofessionellen Einrichtung bieten der Lehrerprofession hoch bedeutende Chancen zur Neuorientierung. Forschungsrelevante Fragen sind, ob dieses Potenzial bei den schulpädagogischen »Professionals« ankommt und was gegebenenfalls nötig ist, um das Potenzial der Ganztagsschule auch tatsächlich zum Wandel umzusetzen. Wie also steht es zum Beispiel mit dem pädagogischen Wissen und Können der Lehrer/innen und ihren Selbsteinschätzungen (vgl. Terhart 1994)? Wie beurteilen sie die Chancen der Förderung durch Pädagogik, und wie verhält es sich mit ihren Ansichten und Wünschen, den Wandel zu gestalten und ihn mit konkreten, Chancengleichheit fördernden Zielen zu verbinden? Solche Ziele sind durchaus radikal, wenn man sie an der »Institutionellen Diskriminierung« (Gomolla/Radtke 2002) durch die deutsche Schule und die rigorose Selektion derjenigen misst, die nicht oder nur unter großen Schwierigkeiten in der Lage sind, die schulischen Lern- und Verhaltensbotschaften zu dechiffrieren: Schüler und Schülerinnen in schwierigen Lebens- und Bildungssituationen. Und in wieweit entwickeln sich im Prozess der Arbeit an Ganztagsschulen neue, auf Individualisierung und Kooperation abzielende Kompetenzen? Inwieweit trägt die Alltagsarbeit an Ganztagsschulen dazu bei, das am fiktiven Durchschnittsschüler orientierte schulpädagogische Skript (vgl. Gruschka 1997) und die Orientierung der Leistungsbeschreibung der Schüler/innen an der Gaußschen Normalverteilung abzubauen? Inwiefern gelingt also die Individuelle Förderung von »schwierigen« Kindern? Und schließlich: Lässt sich diese belastete Profession durch die Sozialpädagogik inspirieren?

Was kennzeichnet demnach das Professionalitätsverständnis der Kinder- und Jugendhilfe als veranstaltete Sozialpädagogik und wie anschlussfähig ist es an die beschriebenen schulpädagogischen Kontexte? Eine lebensweltorientierte Jugendhilfe erfordert von den sozialpädagogisch Tätigen einen betont reflexiven Zugang zum Handeln, es wird gleichsam eine Schlüsselkategorie des methodischen Handelns (vgl. Maykus 2001; Hansbauer 2001), das die eigene Person, die Anforderungen des Falles, die eingesetzten Methoden und formulierten Ziele sowie die Bedingungen, unter denen gehandelt wird, stets durchdacht, überprüft, abgestimmt und gegebenenfalls situationsadäquat modifiziert wissen will. Die Situationsadäquatheit bezieht die Beachtung der Schule als eine gefestigte Organisationsform mit ein. Eine solche zentrale Anforderung ist nur als methodisches und strukturiertes Handeln realisierbar. Es sollte mit Blick auf die Tätigkeit der Mitarbeiter/innen in den Ganztagsschulen, auf die Arbeit mit den Adressaten, gleichsam auf die »Basisarbeit« bezogen folgende Schritte berücksichtigen (erweitert nach von Spiegel 2002:582f):

- Analyse der lebensweltlichen Konstellationen und Bedingungen eines Falles bzw. eines pädagogischen Handlungskontextes,
- Analyse und Konkretisierung des Unterstützungsanlasses junger Menschen sowie der resultierenden Aufgaben und Handlungsmöglichkeiten,
- Entwicklung von fallspezifischen Zielen und pädagogischen Interventionen,
- Vergegenwärtigung und Planung von Handlungsschritten und -regeln, Vereinbarungen,
- pädagogischer Handlungsprozess und Zielerreichung als begründetes und strukturiertes Handeln (auf der Basis von pädagogischen Förderkonzepten) sowie
- Evaluation des Handelns und der erreichten Ziele auf der Grundlage der fallspezifischen Zielformulierung sowie der Bedingungen der Umsetzung.

Methodisches Handeln ist Ausdruck von professioneller Handlungskompetenz und verlangt diese gleichzeitig als Voraussetzung. Dabei lassen sich drei in Wechselwirkung stehende Bausteine unterscheiden, die gleichsam die Grundlagen von Handlungskompetenz – auch im Bereich der Individuellen Förderung junger Menschen in Ganztagsschulen – darstellen (wiederum verändert nach von Spiegel 2002:595f):

Baustein 1: Wissen

Hiermit ist die Verfügbarkeit von Fachwissen gemeint, das in Handlungssituationen abgerufen werden kann bzw. seine Reflexion und Realisierung fördert. Dabei sind Kenntnisse zur Strukturierung und Kategorisierung von Situationen wichtig (z.B. hinsichtlich von Ressourcen und Stärken der Adressaten, Charakteristika von Lebenslagen oder beeinträchtigenden sozialen Strukturen) und Wissen zur Erklärung von Problemzusammenhängen, Entstehungsbedingungen und ihren Auswirkungen. Für den Bereich der Förderung junger Menschen in schwierigen Lebenssituationen umfasst dies vor allem eine soziologische sowie sozial- und entwicklungspsychologische Einordnung von Bedingungen des Aufwachsens junger Menschen, möglichen Benachteiligungsstrukturen und -effekten sowie Bewältigungsproblemen, die dann Anlass für erzieherische Förderung sein können. Nicht zuletzt, weil das Handeln im Kontext der Schule stattfindet, ist das Wissen um ihre organisationale und manageriale Elemente wichtig. Ferner sind die Kenntnis sozialpädagogischer Fachmaximen (z.B. Lebensweltund Sozialraumorientierung) in ihrer Auswirkung auf das Handeln sowie relevanter sozialpädagogischer Methoden und Verfahren von Bedeutung; schließlich das Wissen um rechtliche und administrative Grundlagen der Arbeit, um die eigenen Kompetenzen sowie die regionale Angebots- und Hilfestruktur, mithin eine sozialräumliche und Feldsensibilität (vgl. zu Kategorien des Fachwissens auch Peters 2002).

Baustein 2: Können

Zunächst spielt an dieser Stelle die Fähigkeit zum Einsatz der eigenen Person eine Rolle, die personale Dimension des sozialpädagogischen Könnens. Sie drückt sich aus in Empathie, des gedanklichen Perspektivenwechsels, der Reflexion von Deutungsmustern sowie dem Ausbalancieren von Nähe und Distanz in pädagogischen Beziehungen. Klarheit über die eigene Rolle und ihre Gestaltung sind nicht nur Resultat dieser Fähigkeit, sondern auch Voraussetzung für das Aushalten offener und wenig kalkulierbarer pädagogischer Prozesse. Des Weiteren ist das Handeln im engeren Sinne gemeint, die Beherrschung der Grundoperationen des zielorientierten und methodischen Handelns im oben genannten Sinne. Besonders hervorzuheben sind hierbei die multiperspektivische Fallarbeit (vgl. Müller 1993) sowie Strategien der Selbstevaluation als Grundlage und Impuls für die Weiterentwicklung und Optimierung des Handelns (vgl. Heiner 1996).

Baustein 3: Berufliche Haltungen

Hier wird der Arbeit an der eigenen beruflichen Haltung eine hohe Bedeutsamkeit beigemessen. Dies kann mittels der Reflexion eigener beruflicher Handlungsmuster und Wertestandards, der Reflexion des Kontaktes und der pädagogischen Begegnung mit den Adressaten geschehen. Hinzu kommt die Orientierung an deren Autonomie und Kompetenz. Vor diesem Hintergrund stellt sich das Konzept des Empowerment (vgl. Stark 1996) als zentrale fachliche Leitlinie dar, die einerseits als methodischer Zusammenhang fungieren kann, andererseits aber vor allem eine Einstellung und berufliche Maxime ausdrückt, die die Unterstützung und Befähigung der Adressaten meint, die Förderung ihrer Selbstorganisation und Eigenverantwortung. Betont werden hierbei die Stärken und Fähigkeiten der Adressaten sowie die Ressourcenorientierung als Ausgangspunkt der pädagogischen Arbeit (vgl. Hansbauer 2001:366). Im Sinne der Wechselwirkungen der Bausteine von Handlungskompetenz resultiert aus den Bausteinen 1 und 2 eine Grundhaltung der sach-, ziel- und personenbezogenen Sensibilität für die Ausgestaltung der erzieherischen Förderung.

Die im Arbeitsfeld »Ganztägiges Lernen« zu bearbeitenden Probleme weisen eine erhebliche Komplexität auf und sollten von den professionellen Akteuren als solche auch wahrgenommen und konzeptuell aufgegriffen werden. Diese Komplexität bezieht sich auf die je individuelle biografische Lage des Kindes, auf ihre aktuelle Situation in organisierter Bildung und ihre außerschulischen Lebensräume. Es geht in der Bearbeitung schwieriger Bildungssituationen also – zumindest häufig – nicht um durch technokratisch definierte Interventionen lösbare Einzelprobleme. Wichtig wird der lebensweltliche Blick auf die Bedürfnisse der Adressaten, auf ihr Bedürfnis, relevanten Erwachsenen zu begegnen, sie in ihrem persönlichen Profil zu erfahren, im gemeinsamen Tun, im Sichauseinandersetzen und Konfliktlösen statt einer arrangierten Künstlichkeit und Einengung des professionellen Blickwinkels auf standardisierte Erziehungsarrangements.

Eine darauf fußende professionelle Handlungskompetenz macht die Fähigkeit aus, den komplexen und vielschichtigen Anforderungen erzieherischer Förderung gerecht zu werden und sich gleichsam in einem Wechselspiel der drei Bausteine stetig zu stabilisieren wie auch weiterzuentwickeln. Damit können der Alltag und Routinen

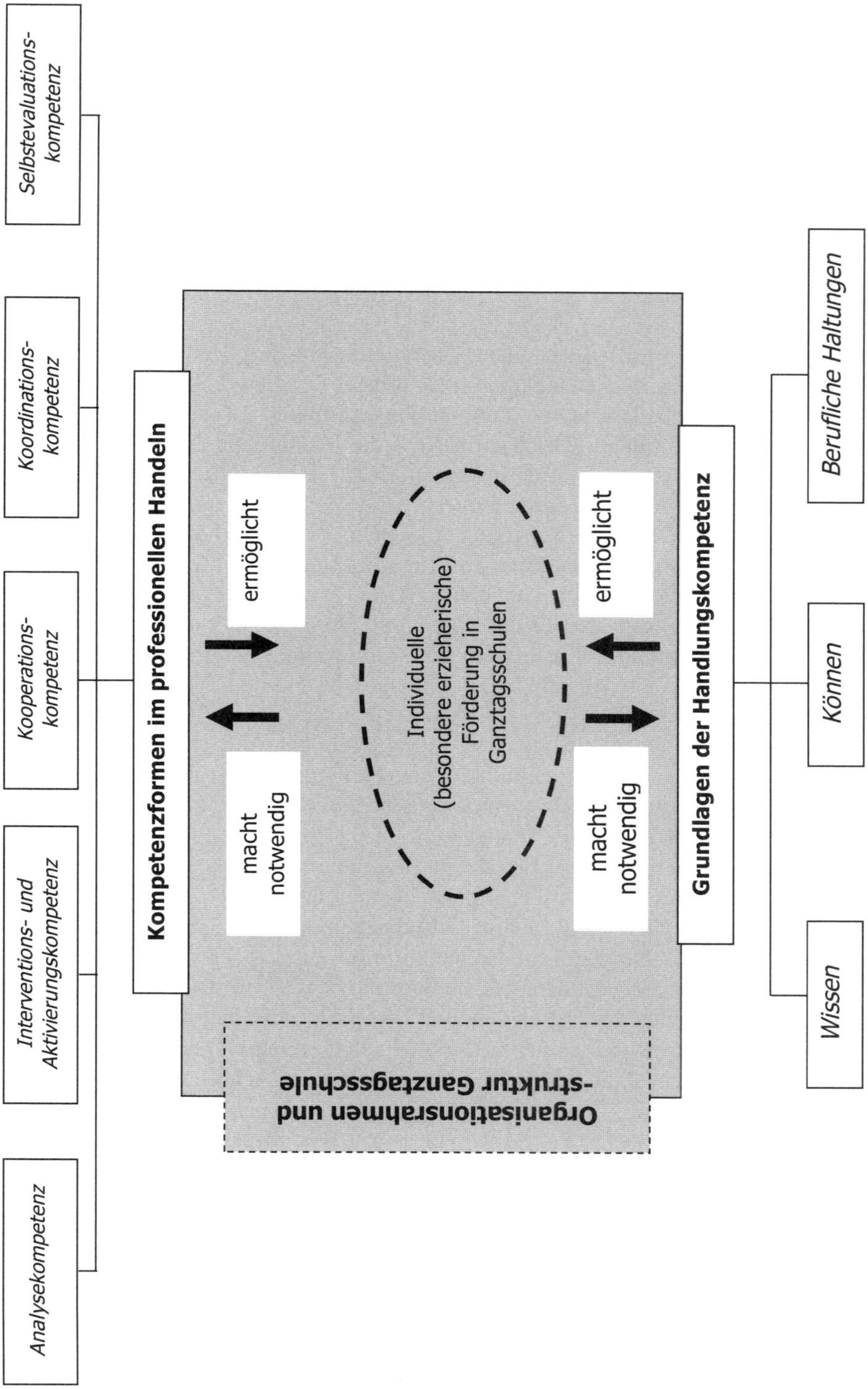

Abbildung 7: Grundlagen der Handlungskompetenz und Kompetenzformen – Professionelles Handeln in der erzieherischen Förderung an Ganztagsschulen (erweitert nach Maykus 2003)

adäquat bearbeitet, aber auch neue Anforderungen auf der Grundlage eines fachlichen »Rüstzeuges« und Selbstverständnisses bewältigt werden. Diese Grundlagen der Handlungskompetenz sorgen für eine Entwicklungsfähigkeit des Handelns und konkretisieren sich in spezifischen Kompetenzen – sie sollen hier Kompetenzformen der erzieherischen Förderung genannt werden. Unmittelbar anknüpfend an die vorstehenden Ausführungen lassen sich fünf solcher Kompetenzformen unterscheiden (vgl. Maykus 2003) und auf den hier betrachteten Fokus übertragen (vgl. Abb. 7).

2.4 Multiprofessionelle Kooperation

Die Entwicklung bzw. der Ausbau der Ganztagsschulen ist untrennbar mit dem Ausbau der Kooperation zwischen Schule und Umwelt (Stichwort: Öffnung der Schule) aber auch mit einem Anstieg der Kooperationsaktivitäten innerhalb des Funktionssystems Schule verbunden. Gleichzeitig stellt die Maxime der Individuellen Förderung neue und erweiterte Anforderungen an die in Ganztagsschulen tätigen Akteure und erfordert im Prinzip eine damit einhergehende neue Sicht auf den pädagogischen Selbst- und Fremd-Anspruch. Neben der Aneignung neuer Methoden und Instrumente und neben Anpassungsleistungen an neue innerschulische (Zeit-) Strukturen und Prozesse bedeutet dies vor allem auch eine Veränderung von professionsspezifischen Sicht- und Handlungsweisen auf die eigene und die Arbeit der anderen Pädagogen. Die Öffnung des »monoprofessionellen Funktionssystems Schule«, die Kooperation mit Institutionen der Kinder- und Jugendhilfe und die damit einhergehende Integration sozialpädagogischer Kompetenzen, Fertigkeiten und Sichtweisen, verlangen nach Anpassungsleistungen schulischer und außerschulischer Akteure. Insbesondere die Auseinandersetzung mit dem Leitbild Individuelle Förderung wirft die Frage nach der Effektivität und Exklusivität des professionellen Handelns sowohl von schul- als auch von sozialpädagogisch tätigem Personal auf.

Die Unterscheidung der Ganztagsakteure in schul- und sozialpädagogisches Personal oder in Funktionsgruppen wie »Lehrkräfte und außerunterrichtliches Personal« ist eine in vielen Studien anzutreffende Hilfskonstruktion, die es ermöglichen soll, die Charakteristika der »Parteien« der Kooperation in Ganztagsschulen herauszustellen. Trotz der Probleme, insbesondere das »außerunterrichtliche Personal« als homogene Profession zu klassifizieren, ist es dennoch berechtigt, von multiprofessioneller Kooperation als einem herausragendem Merkmal von Ganztagschulen zu sprechen. Eine ihrer Besonderheiten ist die geforderte Zusammenführung schul- und sozialpädagogischer Wissenssysteme.

Kooperation wird zur konstitutiven Basis von Ganztagsschulen (vgl. Grothues 2010). Die Zusammenarbeit von Ganztagsschulen mit Organisationen der Kinder und Jugendhilfe, Vereinen, Verbänden und anderen Institutionen außerhalb des Systems Schule ist mit der Zielsetzung verbunden, durch ihre je spezifischen Leistungen und deren Verknüpfung, einen zusätzlichen Beitrag zur Persönlichkeitsentwicklung der Schüler/innen zu leisten. Ganztagsschulen erweitern dadurch ihr Angebotsspektrum und können so potenziell flexibel auf die Bedürfnisse der Zielgruppe (Schüler/innen und Eltern) reagieren. Kooperationspartner leisten somit einen zusätzlichen Beitrag zur Individuellen Förderung in einem erweiterten Bildungsverständnis jenseits eines verkürzten, auf unterrichtsbezogene Leistungen fokussierten Bildungsbegriffs (vgl. Arnoldt 2009:64). Neben formalen werden also häufig auch non-formale und informelle Lerngelegenheiten angeboten. Dabei soll systematisch an »den Lebensalltag sowie Erfahrungs- und Bildungsräume der Kinder und Jugendlichen« (Arnoldt 2009:65) angeknüpft werden. Individuelle Förderung wird hier als umfassendes Bildungskonzept verstanden, das den gesamten Prozess der biographischen Entwicklung der Kinder und Jugendlichen in den Blick nimmt (vgl. ebd.).

Kooperation vollzieht sich hier auf zwei Ebenen. Auf der Organisationsebene lässt sich beobachten, dass Schulen verstärkt die Zusammenarbeit mit Anbietern komplementärer Dienstleistungen suchen oder suchen sollen. Der Schule fehlende Kompetenzen werden aus der Umwelt »akquiriert« und finden Anschluss an innerschulische Prozessabläufe. Hier sind insbesondere die Kompetenzen und Leistungen von Trägern der Kinder- und Jugendhilfe von Relevanz. Auf der Handlungsebene öffnet sich Schule, indem zielgerichtet schulfremde Berufs- und Funktionsgruppen integriert und die Kooperation zwischen den beteiligten Akteuren durch das Management der Schul- und Ganztagsleitung forciert wird. Indem sozialpädagogisch tätiges Personal – häufig Beschäftigte eines schulexternen Trägers – in den Schulen arbeitet, verschafft sich die Ganztagsschule neben dem schulpädagogischen Kern eine Kompetenzerweiterung. Interdisziplinäre Kooperation wird in aller Regel als ein basaler Baustein in der Konzeption ganztägiger Bildung verstanden. Die Vorstellung einer konstruktiven Zusammenführung von schul- und sozialpädagogische Kompetenzen mit dem Ziel, »die Handlungs- und Problemlösefähigkeit« (Haenisch 2010:31) des Funktionssystems Schule zu erweitern und »Förderangebote nachhaltiger zu gestalten« (ebd.), ist also konstitutiv für das Konzept. Ganztagsschule ist nicht einfach nur »mehr Schule«. Verstanden als Verschränkung oder Zusammenführung von unterschiedlichen Bezugswissenschaften und Handlungsorientierungen, kann mit Kooperation aber auch mehr gemeint sein. Genauer betrachtet handelt es sich beim Konzept der Kooperation nicht unbedingt darum, »nur« zusätzliche Leistungen anzubieten. Im pädagogischen Milieu wird damit auch die Erwartung verknüpft, eine neue Qualität zu erzeugen, gewissermaßen eine Synergie zweier »Pädagogiken«.

Wenn durch Kooperation auf der Handlungsebene eine Ergänzung, Erweiterung oder sogar eine neue Qualität der pädagogischen Arbeit angestrebt ist, dann kann gefragt werden, was, jenseits der intuitiven Differenz, genau unter Kooperation zu verstehen ist. Zur Beurteilung der konkreten Ausgestaltung innerschulischer Kooperation bietet es sich an, spezifische Ausprägungsgrade von Kooperation zu unterscheiden.

Allgemein gesprochen lassen sich unter Kooperation unterschiedliche Formen der Zusammenarbeit zwischen Akteuren (Individuen und kollektive Akteure) subsumieren. Die einfachste Form der Kooperation umfasst den (wechselseitigen) Informationsaustausch, der gleichzeitig Grundlage der nächst höheren Kooperationsniveaus ist: dem arbeitsteiligen Vorgehen (Absprache) bis hin zu »einer strukturellkonzeptionellen Verbindung« (Haenisch 2010:31). In der Praxis sind viele verschiedene Mischformen und Abstufungen dieser Kooperationsniveaus feststellbar. Unterschiedliche Formen der Kooperation sind womöglich weniger in Abstufungen beschreibbar, sondern vielmehr als Kontinuum zu denken. An einem Pol steht Informationsaustausch, am anderen die komplexe Zusammenarbeit, die durch gemeinsame Beschreibung eines »Falles« und eine abgestimmte Bearbeitung gekennzeichnet ist. Will man über die Kooperation von außerunterrichtlichem Personal und Lehrkräften sprechen, bietet es sich auch an, die Kooperation innerhalb dieser Gruppen zu betrachten. Denn die innerprofessionellen Kooperationserfahrungen dürften die Erwartungen an inter- oder multiprofessionelle Kooperation beeinflussen (vgl. Abb. 8).

Zudem ist die Bedeutung von Ressourcen und Rahmenbedingungen auf die Qualität der Kooperation evident und in der Literatur mehrfach benannt (u.a. Arnoldt 2007; Maykus 2009; Mack 2009). Eine gelungene Kooperation zwischen den Professionen setzt ausreichend Zeit, eine förderliche Zeitstruktur und kontinuierlich gestellte Austauschmöglichkeiten wie gemeinsame Konferenzen oder Teamsitzungen voraus. Insbesondere die Alltagsabläufe müssen kooperationsförderlich gestaltet sein. Der Blick auf soziale Konstellationen innerhalb der Organisation Schule lässt auch leicht die Unterschiede der formalen wie informellen Durchsetzungsmacht erkennen. Sie rahmen die organisationsinterne Mikropolitik. Gesellschaft wirkt zum Beispiel über vorherrschende Vorstellung in die strukturelle und inhaltliche Ausgestaltung auf Ganztagsschulen ein, indem sie ein Bild der zentralen Aufgaben der Institution Schule transportiert. Institution soll hier im soziologischen Sinne als übergreifende Erwartungsstruktur aufgefasst werden, die einen entscheidenden Einfluss auf die Bewertung von angemessenem Handeln ausübt (vgl. Hasse/Krücken 1999).

2.5 Entwurf eines Modells von Entwicklungs- und Umsetzungsqualität

Mit der hier vorliegenden Studie beabsichtigen wir, einen ergänzenden Beitrag zur Forschung über die Ganztagsschule zu liefern. Wir orientieren uns dabei an einem von der StEG-Studie vorgegebenem Rahmenmodell von Einflussfaktoren, die die Entwicklungsqualität von Ganztagsschulen erfassen sollen. Es listet mit Zielen und Konzeption, Organisationskultur, Entwicklungsprozess sowie Ausbauqualität des Ganztags

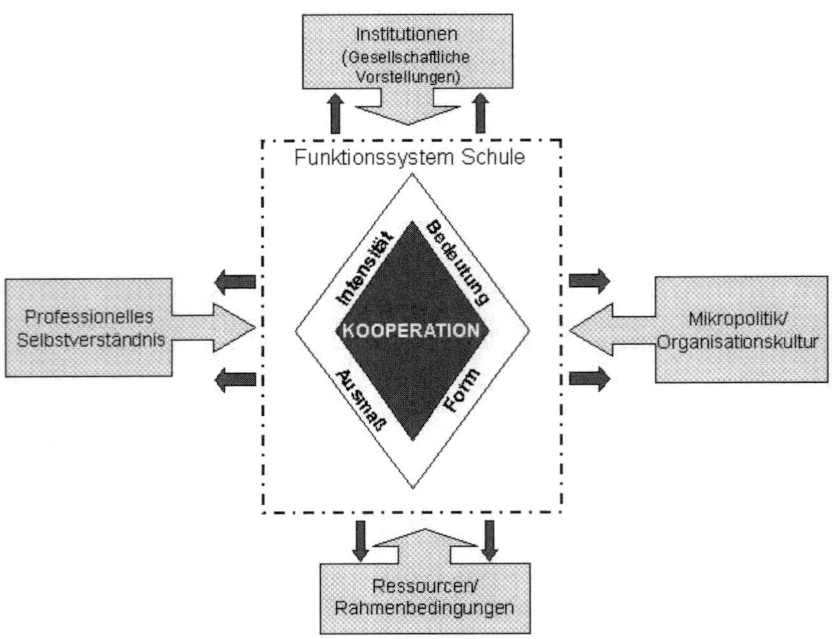

Abbildung 8: Einflussfaktoren kooperativer Interaktion (Quelle: Eigene Darstellung)

vier Dimensionen auf. Diese lassen sich mit Fragen näher beschreiben und füllen, die empirisch beantwortbar sind.

Dieses Modell unterlegen wir auf Grundlage unserer zentralen Forschungsfrage mit einer dreifachen sowie das Modell spezifizierenden Perspektive. Wir wollen die Frage, wie sich Individuelle Förderung von »schwierigen« Kindern in Ganztagsschulen gestaltet und welche Rolle die Kooperation unterschiedlicher »Pädagogiken« dabei spielt, aus den Perspektiven Konzept, Akteure und Strukturen bearbeiten (siehe die Abb. 9). Wir versuchen, in einer Befragung von Lehrer/innen sowie weiterem pädagogischen Personal in Ganztagsschulen herauszufinden, inwieweit sich das Konzept der Individuellen Förderung einer besonderen Schülergruppe in konzeptionellen Überlegungen aufspüren lässt, diese sich dann in Handlungen und Vorstellungen der Akteure widerspiegeln und sich schließlich auch von strukturellen Maßnahmen gestützt werden.

Ein besonderes Augenmerk richten wir dabei auf die Frage der Kooperation der pädagogischen Akteursgruppen und der individuellen Akteure, die diese Gruppen repräsentieren. Und es geht letztlich darum, wenigstens eine Idee davon zu bekommen, wie Individuelle Förderung implementiert ist. Dabei ist uns bewusst, dass wir uns in unserer Studie lediglich auf die Wahrnehmungen und Interpretationen der befragten Pädagoginnen und Pädagogen, eine womöglich nicht völlig zuverlässige Quelle, beziehen können.

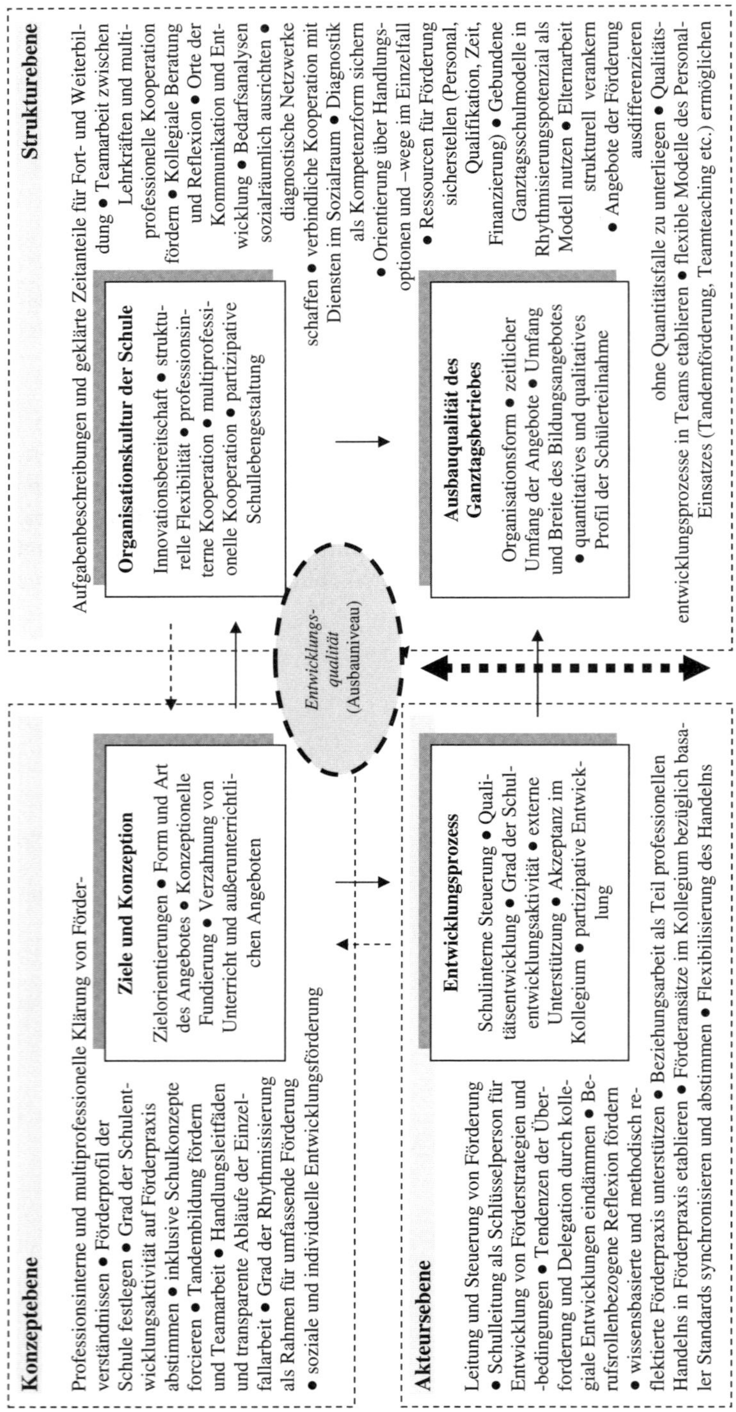

Abbildung 9: Entwurf eines komplementären Modells von Entwicklungs- und Umsetzungsqualität Individueller Förderung in Ganztagsschulen (Quelle: Eigene Darstellung)

3 Forschungsdesign und Methoden

Das folgende Kapitel stellt die der Untersuchung zugrunde liegenden Erhebungsmethoden, die Datengrundlage sowie die Auswertungsmethoden vor. Kern der Untersuchung waren leitfadengestützte Interviews, so dass hier eine entsprechend Fokussierung erfolgt.

3.1 Erhebungsmethoden

Expert/inn/engespräche

Im Vorfeld der 33 im Laufe des Jahres 2009 durchgeführten leitfadengestützten Interviews fanden in 2008 im Rahmen einer explorativen Vorstudie jeweils zwei forschungsthemenbezogene Expert/inn/engespräche mit Schulleitungen und Ganztagsleitungen bzw. -koordinatoren statt. An den Gesprächsrunden nahmen insgesamt acht Akteure teil. Ziel dieser Expert/inn/enrunde war es, Aspekte der Ganztagsschulstrukturen und Organisationsmerkmale wie auch der Kooperationserfahrungen, der Schulprogramme und der Bedeutung der Thematik für Organisations- und Personalentwicklung zu erfassen. Diese Expert/inn/engespräche waren durch einen Leitfaden strukturiert und wurden digital bzw. analog aufgezeichnet. Die Auswertung erfolgte durch eine Globalanalyse (vgl. Legewie 1987). Hierbei standen insbesondere häufige bzw. typische Elemente im Fokus der Analyse, die mit ihrem zusammenfassenden Charakter der Vorbereitung der geplanten Interviews der Hauptstudie dienten.

Dokumentenanalyse

Ziel der vorgelegten Dokumentenanalyse war es, mittels einer qualitativen Textanalyse aufzuzeigen, inwieweit individuelle, insbesondere erzieherische Förderung in Ganztagsschulen konzeptionell entwickelt und verankert ist. Dieser Sachverhalt spiegelt sich zum einen in den einschlägigen schulrechtlichen Regelungen, die die bildungspolitischen bzw. -administrativen Rahmenvorgaben darstellen. Hier wurde zunächst im direkten Zugriff nach Schlüsselbegriffen wie »Förderung«, »Individualisierung«, »Erziehung« etc. recherchiert, im Weiteren aber auch nach affinen Begriffsfeldern, die Ansätzen, Förderzielen, Zielgruppen, Maßnahmen oder auch Akteuren zugeordnet werden können. Hierunter fallen Begriffe wie

- »Lernförderung«, »Entwicklungsförderung«, »Bildungsförderung«, »Förderkonzept«, »Lerndiagnostik«, »Leistungsdiagnostik«, »pädagogische Diagnostik«, »Pädagnostik« etc.;
- »Persönlichkeit«, »Persönlichkeitsentwicklung«, »personale Kompetenz«, »soziale Kompetenz«, »Lernkompetenz«, »Sprachkompetenz«, »Lesekompetenz« und weitere, fachliche bzw. überfachliche Kompetenzbegriffe, »Schullaufbahn«, »Klassenziel«, »Abschlüsse«, »Schulerfolg«, »Integration«, »Berufsvorbereitung« etc.;
- »Heterogenität«, »Migrationshintergrund«, »bildungsferne Milieus«, »Schulverweigerung«, »verhaltensauffällige Schüler/innen«, »Teilleistungsschwächen«, »Lerndefizite«, »besondere Begabungen« etc.;
- »Förderkonzept«, »Beratung« »Projekt«, »Förderunterricht«, »Förderplanung«, »Förderprogramme«, »Fördergruppen«, »Arbeitsgemeinschaften«, »Elternarbeit« etc.;
- »Lehrerinnen und Lehrer im Ganztag«, »(sonder)pädagogische Fachkräfte«, »(Schul-)Sozialarbeiter/innen«, »Kooperationspartner«, »Beratungsstellen«, »Netzwerke« etc.

Die jeweiligen Fundstellen wurden zunächst im Hinblick auf das zu Grunde liegende Verständnis von Individueller Förderung und ihren Stellenwert für die Schulorganisation und -entwicklung speziell im Ganztagsschulbereich interpretiert. Dies geschah in Anlehnung an die von Seewald vorgelegte Typisierung von Paradigmen des Förderbegriffs, Modellen Individueller Förderung und Ansätzen pädagogischer Diagnostik (vgl. Seewald 2006). Berücksichtigt werden muss jedoch, dass in juristischen Texten kein konsistenter pädagogischer Theoriebezug erwartet werden kann, Suchbegriffe deshalb oftmals nicht definitorisch trennscharf benutzt werden und Interpretationen zwangsläufig unter dieser Unschärfe leiden müssen.

Zum zweiten eröffneten die Schulkonzepte (Förderkonzepte) der untersuchten Schulen den Blick auf die Umsetzung Individueller Förderung innerhalb des jeweiligen bildungspolitisch-administrativen Bedingungsrahmens. Die Textquellen werden anhand der vorliegenden spezifischen Fragestellungen des Interview-Leitfadens der Expert/inn/eninterviews analysiert. Auch hier wurden Hinweise auf die Realisierung eines besonderen erzieherischen Förderbedarfs herausgearbeitet und schulform- sowie länderbezogen verglichen.

Expert/inn/eninterviews

Zur Analyse der dargestellten Hypothesen und ausgeführten Fragestellungen wurde für die Hauptuntersuchung ein interdisziplinär orientierter qualitativer Forschungsansatz gewählt. Die theoretische Analyse der Bedingungsfaktoren im Kontext von besonderem erzieherischen Förderbedarf hat gezeigt, dass zur Erhellung der Frage nach der Umsetzung dieses Leitziels Fragen nach den Haltungen und dem Wissen, nach dem Können und dem methodischen Handeln und den Kontexten und Strukturen, in denen die Akteure der Ganztagsschulen besondere erzieherische Förderung realisieren, im Fokus stehen. Das Forschungsinteresse richtet sich damit auf die subjektiven und institutions- bzw. organisationsspezifischen Theorien zu den genannten Themenstellungen.

Zur Analyse solcher Theorien bieten sich methodologisch insbesondere Befragungen, Feldforschung und Dokumentenanalysen an. Dokumentanalysen wurden, wie bereits geschildert, im Rahmen dieses Forschungsprojektes bezüglich der Landesprogramme (Erlasse) sowie bezüglich der Schulprogramme durchgeführt. Sie haben aufgezeigt, inwiefern Individuelle Förderung konzeptionell entwickelt und verankert ist. In welcher Art und Weise diese konzeptionellen Grundlegungen auch in tatsächliches Alltagshandeln umgesetzt werden, bleibt dabei zunächst offen (Akzeptanzfrage, Kontingenzspielräume). Zudem bergen Dokumentenanalysen ohne weitere Befragung die Gefahr der Fehlinterpretation aufgrund möglicher impliziter Deutungsmuster, die nur den Autor/inn/en und/oder Adressat/inn/en vertraut sind (vgl. Weick/Bourgon 1986:113). Methoden der Feldforschung, wie z.B. teilnehmende Beobachtung, zielen indessen darauf ab, Haltungen, Strukturen, Verhaltensweisen und kulturelle Praxen zu analysieren (vgl. Friebertshäuser 2003a:504) und erlauben damit, Verhalten in vivo, »am lebenden Objekt«, zu erfassen und zu dokumentieren. Sie bedürfen aber in der Regel der ergänzenden bzw. zusätzlichen Befragung, um die hinter Handlungen stehenden Sinnstrukturen erfassen zu können (vgl. Lamnek 1995:243f). Die Kombination einer Befragung, die auf die Ermittlung von Einstellungen, Meinungen, Vorstellungen und Verhaltenserwartungen abzielt mit einer teilnehmenden Beobachtung von alltäglichen Verhaltensweisen und kulturellen Praxen wäre damit hinsichtlich der ausgeführten Fragestellungen ein methodisch zu favorisierender Untersuchungsansatz (vgl. Nüsken 2008:166). Forschungsökonomische, speziell zeitliche und lokale Begrenzungen sowie zu erwartende Restriktionen des Feldes sprachen im Rahmen dieser Studie allerdings deutlich gegen einen Einsatz von Methoden der Feldforschung. Zentrale Bedeutung hatte es hingegen, Fachkräfte von Ganztagsschulen dafür zu gewinnen, von ihren Erfahrungen, Wahrnehmungen und Handlungsoptionen im Umgang mit »schwierigen« Schülerinnen und Schülern, also Kinder und Jugendliche mit besonderem erzieherischem Förderbedarf, zu berichten. Stärker noch als bei einer Kombination von teilnehmender Beobachtung und Befragung stellt sich somit zwar die Frage nach der möglichen Differenz von Schilderung zu Analysezwecken und tatsächlichem Alltagshandeln (vgl. Flick 1995:43). Allerdings kann aus sozial-konstruktivistischer Perspektive ohnehin nicht davon ausgegangen werden, dass eine Realität existiert, die außerhalb von subjektiver oder sozial geteilter Sichtweise untersucht werden kann (vgl. Nüsken 2008:167). »Vielmehr muss davon ausgegangen werden, dass Wirklichkeit von den Beteiligten aktiv über die Bedeutung hergestellt wird, die bestimmten Ereignissen und Phänomenen beigemessen wird, und dass Sozialforschung mit diesen Bedeutungen konfrontiert ist, wenn sie sich mit sozialen Realitäten beschäftigen will« (Flick 1995:45). Geht man mit Hopf davon aus, dass sich qualitative Sozialforschung durch

- Interesse an der Analyse von Deutungen, Wahrnehmungen und komplexen Deutungssystemen,
- Interesse an der Analyse von in sich strukturierten sozialen Gebilden
- und durch das Interesse an einer möglichst umfassenden Analyse der Handlungskontexte von Individuen

auszeichnet, so geraten hinsichtlich des genannten Erkenntnisinteresses qualitative Interviewverfahren in den Blick (vgl. Hopf 1979:18). »Der Konstitutionsprozess von sozialer Realität wird durch das qualitative Interview hervorragend dokumentiert, rekonstruiert, interpretiert und letztlich auch erklärt. [...] Die zu einem bestimmten Zeitpunkt gegebenen Antworten der Befragten sind nicht einfach Produkt einer unabänderlichen Auffassung, Meinung oder Verhaltensweise, sondern sie sind prozesshaft generierte Ausschnitte der Konstruktion und Reproduktion von sozialer Realität« (Lamnek 1995:62).

Hinsichtlich der Wahrnehmungs- und Verarbeitungsmuster der Lehrer/innen und der außerunterrichtlich tätigen (pädagogischen) Fachkräfte sowie der Organisationsprogramme der Ganztagsschulen bedurfte es, nicht zuletzt aus Gründen der späteren Vergleichbarkeit, im Zuge dieser Untersuchung einer notwendigen Struktur der Interviewführung. Allerdings musste weder die Reihenfolge von Fragestellungen vorab zwingend festgelegt werden, noch waren Fragestellungen stets wörtlich vorzutragen. Bedeutender war es, gelingende Erzählimpuls zu den einzelnen Themenfeldern zu setzten, die es den interviewten Fachkräften ermöglichten, relevante Konstellationen offen und möglichst anschaulich zu schildern. Die Notwendigkeit einer späteren Vergleichbarkeit schloss die Wahl ausschließlich narrativ orientierter Interviews für diese Erhebung aus. Neben der Vergleichbarkeit sprachen im Rahmen dieser Studie die theoretisch begründete Eingrenzung der Interviewthematik und die anvisierten Themenkomplexe für den Einsatz einer leitfadenorientierten Interviewtechnik. Der verwendete Leitfaden sollte dabei den Charakter einer »Fragenpalette« haben (vgl. Friebertshäuser 2003b:375), die in jedem Interview angesprochen wird, allerdings ohne Festlegung der Reihenfolge und mit der Möglichkeit der thematischen Ergänzung.

Die Wahl der jeweiligen Interviewmethode hat sich insbesondere an dem Erkenntnisinteresse einer Untersuchung auszurichten. So war es im Rahmen der vorgelegten Studie besonders relevant, eine bestimmte Wissenskonfiguration rekonstruieren und analysieren zu können. Diese Wissenskonfiguration zeichnet sich nicht allein durch technisches Informationswissen aus, sondern meint im besonderen Maße Deutungswissen (z.B. die Wahrnehmung von schwierigen Schüler/inne/n und von besonderen erzieherischen Hilfebedarfen), welches sich durch soziale Relevanz, also konkrete Wirkmächtigkeit, von einer »Sammlung von Sachinformationen« unterscheidet. Im Rahmen ihrer Definition von Expert/inn/eninterviews beschreiben Bogner und Menz eben jene Wirkmächtigkeit, die soziale Relevanz, als zentrales Kennzeichen des Expert/inn/enwissens (vgl. Bogner/Menz 2002:45). Expert/inn/eninterviews verbinden sich somit nicht zwangsläufig mit einem bestimmten Erhebungsdesign, sondern sie definieren sich über den Forschungsgegenstand bzw. die Interviewpartner/innen.

Zentrales Charakteristikum der Expert/inn/enschaft ist nach Bogner und Menz die (zumindest in Teilen gegebene) Gestaltungsmacht innerhalb der thematisierten Bezüge (vgl. Bogner/Menz 2002). Expert/inn/enwissen ist demnach nicht allein professionelles Fach- und Sonderwissen hinsichtlich eines Handlungsfeldes, sondern es weist zu großen Teilen den Charakter von Praxis- und Handlungswissen auf, in das verschiedene und durchaus disparate Handlungsmaximen und individuelle Entscheidungsregeln, kollektive Orientierungen und soziale Deutungsmuster einfließen. Das Wissen der Expert/inn/en, ihre Handlungsorientierungen, Relevanzen usw. weisen zudem – und das ist für Bogner und Menz entscheidend – die Chance auf, in der Praxis in einem bestimmten organisationalen Funktionskontext hegemonial zu werden, d.h. die/der Expertin/Experte besitzt (zumindest in Teilen) die Möglichkeit zur Durchsetzung seiner/ihrer Orientierungen (ebd.). Als Expert/inn/en gelten demnach Menschen, die – vorwiegend aufgrund ihrer beruflichen Stellung – über besonderes Wissen verfügen und das Handeln ihrer Institutionen mitbestimmen (vgl. Nüsken 2008:173).

Wie ausgeführt, ist es im Zuge dieser Studie nicht nur bedeutsam, Sachinformationen zur Wahrnehmung und zum Umgang mit besonderem erzieherischen Förderbedarf zu erhalten, sondern im Zentrum stehen Deutungsmuster und Erfahrungen von Lehrer/innen und sozialpädagogischen Fachkräften, in deren alltäglicher Arbeit erzieherische Förderung als Herausforderung aufscheint und sich gegebenenfalls auch realisiert. Zur Anwendung kommt im Zuge dieser Studie somit das wissenssoziologische bzw. theoriegenerierende Expert/inn/eninterview, wie es von Bogner und Menz vertreten wird. Forschungslogisch verfolgt der Einsatz der hier gewählten Expert/inn/eninterviews zunächst den Zweck, Strukturen und Strukturzusammenhänge des Expert/inn/enwissens bzw. -handelns zu analysieren. Anschließend gilt es, das Überindividuell-Gemeinsame im Vergleich mit anderen Expert/inn/en herauszuarbeiten, d.h. Aussagen über Repräsentatives, über gemeinsam geteilte Wissensbestände, Relevanzstrukturen, Wirklichkeitskonstruktionen, Interpretationen und Deutungsmuster zu generieren.

3.2 Datengrundlage und Durchführung

Die Expert/inn/eninterviews fanden in einem ausgewählten Sample von Ganztagsschulen in Nordrhein-Westfalen und Bremen statt. Kriterien zur Auswahl der Schulen waren neben den zwei Bundesländern u.a. die Schulform (Primar- und Sekundarbereich I) sowie das sozial-strukturelle Umfeld (Siedlungstyp, Sozialstruktur etc.) der Schule. In Nordrhein-Westfalen wurden aus sechs Schulen des Primarbereiches sowie zweien des Sekundarbereiches jeweils zwei Mitarbeiter/innen befragt. In Bremen wurde die Untersuchung entsprechend an fünf Schulen des Primarbereiches sowie vier des Sekundarbereiches durchgeführt.

Neben Lehrkräften wurden an den Schulen jeweils weitere pädagogische Mitarbeiter/innen aus dem Ganztag und der Schulsozialarbeit interviewt. Da diese alle über eine ausgewiesene pädagogische Expertise verfügen (z.B. Sozialarbeiter/innen, -pädagog/inn/en und Erzieher/innen), sprechen wir hier vom *›weiteren pädagogischen Personal‹* bzw. synonym vom *›außerunterrichtlichen Personal‹*.

Von den ursprünglich geplanten und im Vorfeld zugesagten 48 Interviews konnten aufgrund von Terminschwierigkeiten einiger Schulen nur 33 durchgeführt werden. Es zeigte sich, dass der Schulalltag die langfristige Planung der Schulen aufgrund von vielen Unwägbarkeiten, wie krankheitsbedingtem Personalausfall, unvorhergesehenen Problemen auf Seiten der Schülerschaft etc., vor eine große Herausforderung stellt.

Zu allen Interviewten wurde im Vorfeld des Interviews Kontakt aufgenommen, und sie erhielten ausführliche Informationen zum Hintergrund der Forschungsfragen, zum Zweck und zur Durchführung der Interviews sowie eine Interviewvereinbarung, in der u.a. die freiwillige Teilnahme und die Zusicherung der Anonymisierung der erhobenen Daten schriftlich festgehalten wurde. Die Interviews wurden in den jeweiligen Schulen durchgeführt. Vor Beginn der Interviews wurde die Interviewvereinbarungen besprochen und unterzeichnet und es wurden die Grunddaten der Interviewten (Anschrift für Rückfragen, Funktion, Ausbildung, Erfahrung in Berufsjahren, Zuständigkeiten) in Form eines Kurzfragebogens erfasst. Die Interviews wurden digital aufgezeichnet und transkribiert und hatten eine durchschnittliche Dauer von 60 bis 120 Minuten. Neben den Kriterien eines Expert/inn/eninterviews sind die Interviews damit durch die verwendeten Instrumente Kurzfragebogen, Leitfaden, Audioaufzeichnung und Postscriptum (Interviewprotokoll) gekennzeichnet (vgl. Witzel 2000). Der vorgeschaltete Kurzfragebogen diente in diesem Zusammenhang dazu, einen ersten Überblick zu erhalten, organisationsbezogene Daten zu erfassen und um die folgenden Interviewfragen zu reduzieren und das Interview somit zu entlasten. Der eingesetzte Leitfaden wurde mittels eines Pretests auf Handhabbarkeit geprüft. Das unmittelbar nach dem Interview erstellte Postscript enthält Angaben des Interviewenden zu Zeit und Ort sowie zum Zustandekommen des Interviews, aber auch Eindrücke zur Kommunikation, zur Person und zum Verhalten des Interviewten sowie zu möglichen Störungen, thematischen Auffälligkeiten oder erste Interpretationsideen. Die Gestaltung des Interviewprozesses erfolgte zum einen durch erzählgenerierende Kommunikationsstrategien, zum anderen durch verständnisgenerierende Strategien der spezifischen Sondierungen (ebd.). Die Fragenkomplexe der Interviews waren:

Haltungen und Wissen

- Was sind Situationen und Kontexte (z.B. im Unterricht, in Ganztagsangeboten, in weiteren schulischen Situationen), in denen das Phänomen »besondere erzieherische Förderung« repräsentiert ist? In welchen Kontexten werden Kinder als »schwierig« angesehen?
- Wie wird dieses Phänomen definiert und erklärt (handlungsleitendes Professionswissen)?
- Was sind Wahrnehmungs- und Deutungsmuster?

Können und methodisches Handeln

- Wie wird in diesen Kontexten gehandelt? Was sind bisherige Reaktionsmuster (Handlungskonzepte)?
- Was sind Erfahrungen mit Diagnose und Förderplanung? Wie vollziehen sie sich bislang?
- Welche Erfahrungen mit multiprofessioneller Kooperation werden in diesem Zusammenhang gemacht (schulintern und extern)? Was sind Erwartungen an Kooperationsbezüge?

Kontexte und Strukturen

- Welche Unterstützungsressourcen werden für Kinder schulintern und -extern wahrgenommen?
- Welche Unterstützungsressourcen werden für das eigene berufliche Handeln wahrgenommen? Wie werden die eigenen beruflichen Kompetenzen in diesem Kontext eingeschätzt?
- Inwiefern fördern (erschweren) die Strukturen und Rahmenbedingungen der Ganztagsschule besondere erzieherische Förderung von Kindern?

3.3 Auswertungen der Expert/inn/eninterviews

Die Auswertung der Interviews erfolgte gleichermaßen mittels einer Kodierung und der qualitativen Inhaltsanalyse. In beiden Analysemethoden strukturiert ein Kategorienschema bzw. ein Auswertungsraster den Analyseprozess, und in beiden Methoden werden dem Text Informationen in Form von Textstellen entnommen und anschließend gemäß dem jeweiligen Erkenntnisinteresse interpretiert. Während allerdings im Rahmen einer qualitativen Inhaltsanalyse das Kategoriensystem ex ante entwickelt wird, also (zumindest weitestgehend) bereits vor der Analyse feststeht, ist eine Kodierung auch mit induktiv, aus dem Text heraus entwickelten Kategorien möglich. Zum Einsatz kam eine strukturierte Inhaltsanalyse. Diese kennzeichnet sich nach Mayring durch die genaue Formulierung von Definitionen, durch den Ausweis typischer Textpassagen – sogenannter Ankerbeispiele – und die Formulierung von Kodierregeln zu einem Kodierleitfaden, der die Strukturierungsarbeit des Textes entscheidend formt (vgl. Mayring 2000:473). Die Definition der Analysekategorie »Heterogenität« innerhalb der Analysegruppe »Individuelle Förderung« lautet beispielsweise:

> *Heterogenität*
>
> **Erläuterung:** Sätze, Textsegmente und keywords in context werden dieser Kategorie zugeordnet, wenn die Interviewpartner (IP) von Unterschieden berichten, die sie bei den Schülerinnen und Schülern ihrer Schule wahrnehmen. Dies ist beispielsweise dann der Fall, wenn die IP sich zu wahrgenommenen Unterschieden im Lern- oder Sozialverhalten oder zu Unterschieden bedingt durch die Lebenslagen der Eltern der Kinder äußeren.
>
> **Ankerbeispiel:** »Wir haben einige Kinder, also relativ viele mit Migrationshintergrund, wobei denen, die zumindest ein Teil der Eltern kein Deutsch spricht – die dann zuhause überhaupt nicht gefördert werden. Die haben eine ganz erhöhte Erwartungshaltung an uns, dass wir die Kinder ganz stark fördern sollen. Sie sollen sogar in der Freizeit nicht mehr spielen, sondern nur noch von uns lerntechnisch betreut werden – was wir natürlich ablehnen Es sind ja noch Kinder. Dann haben wir sehr viel sozial auffällige Kinder. ADS, ADHS ist ganz stark vertreten, oder Kinder, die schlichtweg schlecht erzogen sind.«
>
> **Abgrenzung:** Hier geht es um die von den IP wahrgenommen Unterschiede. Werden diese als Begründung für Individuelle Förderung benannt, so ist die Textstelle der Kategorie »Notwendigkeit Individueller Förderung« zuzuordnen.

Das beschriebene Interviewschema und die entwickelten Definitionen der Auswertungskategorien waren Grundlage der Kodierung der transkribierten Interviews mittels der Software »MAXqda2«.

Analyse und Interpretation erfolgten in folgenden Schritten:
1. Probekodierung von drei Interviews gemeinsam durch zwei Kodierer/innen,
2. Kodierbesprechung und Abgleich der »Codings«,
3. Modifikation des Kategoriensystems,
4. Hauptkodierung der einzelnen Interviews mittels MAXqda2 gemäß dem revidierten Kodierschema,
5. Abstimmung über die Zusammenfassung (Extraktion) der Codings nach inhaltlichen Gesichtspunkten,
6. Erfassung der Anzahl der Codings, auf denen die jeweilige Zusammenfassung beruht, und Kennzeichnung von Differenzen zwischen den Interviews einer Gruppe (z.B. Lehrer/innen vs. Sozialpädagog/inn/en),
7. Vergleichende Analyse der zusammengefassten Codings insgesamt und bei inhaltlichen Unterschieden pro Gruppe,

8. Zusammenfassung und abschließende Interpretation der Datenanalyse bezogen auf die Forschungsfragen.

Zur Überprüfung der Praktikabilität und zur Präzisierung der Kategoriendefinitionen wurden zunächst vier nach dem Zufallsprinzip ausgewählte Interviews probekodiert. Textsegmente, deren Kodierung unklar blieb, und die zu berücksichtigende Abgrenzung der Kategorien voneinander wurden von zwei Kodierern analysiert und interpretiert. Zur Anwendung kamen nach der Revision des Kategorienschemas sechs Analysegruppen mit insgesamt 35 Analysekategorien[1]. Als Gütekriterien qualitativer Forschung führen Mayring und Flick u.a. die Verfahrensdokumentation und Regelgeleitetheit einer Untersuchung, die Nähe zum Gegenstand, die kommunikative Validierung und die Intercoderreliabilität an (vgl. Mayring 1995:105; Flick 1995:239ff). In der vorliegenden Studie wurde die intersubjektive Überprüfbarkeit vergebener Codings durch eine Probekodierung mit anschließender Revision des Kategorienschemas gewährleistet. Ziel dieser vorgelagerten Kontrolle war die Sicherstellung der Replizierbarkeit des Kategoriensystems mittels Überprüfung der Kodiererabhängigkeit der Kategorien.

Darüber hinaus entspricht die Analyse der Interviews dem Gütekriterium der Verfahrensdokumentation, die hier in der Beschreibung der Analysemethoden mündet, sowie der Regelgeleitetheit, die sich durch die Orientierung am Ablaufmodell einer strukturierten Inhaltsanalyse auszeichnet.

1 Das im Rahmen dieser Studie verwendete und von Mayring entwickelte Verfahren zur Anpassung des Kategoriensystems an den Text (vgl. 1995:96ff) wird von Gläser und Laudel zwar aus methodologischen und technischen Gründen kritisiert, jedoch plädieren auch diese Autoren, wenn auch in abgewandelter Form, für ein offenes Kategoriensystem, welches während der Extraktion verändert werden kann (vgl. Gläser/Laudel 2004:193ff; ebd.:199). Die Frage, ob sämtliche theoretisch generierten Kategorien erhalten werden müssen und lediglich Ergänzungen vorgenommen werden dürfen (vgl. ebd.), oder ob Kategorien entfernt werden können, die dem Material nicht entsprechen (vgl. Mayring 1995), erscheint uns mit Blick auf die von Gläser und Laudel geforderte Aufrechterhaltung des Spannungsverhältnisses von Theorie und Daten insofern als vernachlässigungsfähig, da im Zuge der hier diskutierten Auswertung sämtliche Oberkategorien erhalten bleiben und lediglich einige nicht oder nur in wenigen Einzelfällen kodierte Kategorien vor der Hauptkodierung entfernt wurden.

4 Befunde

Im vierten Kapitel der vorliegenden Arbeit referieren wir die Befunde, die wir in der Dokumentenanalyse und den Expert/inn/eninterviews mit Stand des Jahres 2010 generieren konnten. Die Darstellung der Ergebnisse der Interviews systematisieren wir thematisch. Wir berichten zunächst über die Kooperation zwischen Lehrpersonal und anderem pädagogischem Personal. Danach geht es um den individuellen Förderbedarf.

4.1 Teilstudie Dokumentenanalyse: Erfassung der bildungspolitischen Ausgangsbedingungen Individueller Förderung in Nordrhein-Westfalen und Bremen

Ziel der vorliegenden Analyse ist es, mit dem Instrument der qualitativen Dokumentenanalyse aufzuzeigen, inwieweit individuelle, insbesondere erzieherische Förderung in Ganztagsschulen konzeptionell entwickelt und verankert ist. Dazu werden im Abschnitt 4.1.1 einschlägige Rechtstexte aus beiden Bundesländern sowie in den Folgeabsätzen (4.1.2ff) Schulkonzepte der an der Studie beteiligten Schulen untersucht.

Die gewählte Vorgehensweise lehnt sich methodologisch an die qualitative Inhaltsanalyse nach Mayring (1995; 2000) an. Dabei wird in Kapitel 4.1.1 überwiegend zusammenfassend gearbeitet, da die zu untersuchenden Rechtstexte einen relativ hohen Grad an inhaltlicher Strukturiertheit und sprachlicher Formalisierung aufweisen. In Kapitel 4.1.2 werden sehr unterschiedlich verfasste Texte zum Gegenstand der Analyse, so dass hier in stärkerem Umfang explizierende und ggf. typisierend-strukturierende Arbeitsschritte vorgenommen wurden.

Individuelle Förderung in (Ganztags-) Schulen ist nicht ausschließlich fachlicher Anspruch pädagogischen Handelns, sondern darüber hinaus, gewissermaßen auf einer Metaebene, auch als ein expliziter bildungspolitischer Auftrag formuliert, der seinen Niederschlag in der Regel in Landesgesetzen, Erlassen und weiteren offiziellen Dokumenten findet. Ergänzt wird dieser bildungspolitische Auftrag auf der Mesoebene – der einzelnen Ganztagsschule – durch schulspezifische Konzepte, die häufig eine Operationalisierung des jeweiligen Förderverständnisses zum Ziel haben und somit dem pädagogischen Personal Orientierung geben. Die Dokumentenanalyse diente dazu, diese bildungspolitischen Rahmenbedingungen, bezogen auf die mit dieser Studie in den Blick genommenen Bundesländer Nordrhein-Westfalen und Bremen, anhand einer Analyse von Schulgesetzen, Qualitätstableaus und Schulkonzepten ausgewählter Schulen aus dem Primarbereich und Sekundarstufe 1 zu rekonstruieren bzw. gegenüberzustellen.

Konkret ging es darum, mittels einer qualitativen Textanalyse aufzuzeigen, inwieweit individuelle, insbesondere erzieherische Förderung in Ganztagsschulen konzeptionell entwickelt und verankert ist. In den Blick geraten damit zum einen einschlägige schulrechtlichen Regelungen, die die bildungspolitischen bzw. -administrativen Rahmenvorgaben darstellen (zur Erhebungsmethodik vgl. 3.1). Des Weiteren eröffneten die zusätzlich analysierten Schulkonzepte (Förderkonzepte) der untersuchten Schulen den Blick auf die Umsetzung Individueller Förderung innerhalb des jeweiligen bildungspolitisch-administrativen Bedingungsrahmens. Die Textquellen wurden anhand spezifischer Fragestellungen des Interview-Leitfadens analysiert, der im vorliegenden Projekt zum Einsatz kam. Ebenso wie in den offiziellen juristischen Texten wurden auch hier Hinweise auf die Realisierung eines besonderen erzieherischen Förderbedarfs herausgearbeitet und schulform- sowie länderbezogen verglichen. Im Rahmen der Analyse einschlägiger Rechtstexte fanden vorrangig justiziable Texte, also Gesetze, Erlasse und Verordnungen sowie zugehörige Verwaltungsvorschriften und Ausführungsbestimmungen Berücksichtigung, weil sich dort belastbare Aussagen zu Rahmenbedingungen des Ganztags und Individueller Förderung vorfinden lassen. Programmatische Texte, die im Feld der Bildungspolitik häufig auftreten, besitzen diese Eigenschaft nicht oder nur eingeschränkt und sind deshalb hier nicht Untersuchungsgegenstand, es sei denn, sie werden durch die Landesregierung in explikatorischer oder interpretierender Funktion mit einem Gesetzestext verknüpft veröffentlicht. Zusätzlich werden für beide Bundesländer die Qualitätstableaus analysiert, die die Grundlage für die externe Evaluation der Qualitätsentwicklung an Schulen (Qualitätsanalyse, QA) durch vom Land eingesetzte Schulinspektionen bilden.

Datengrundlage der zuvor benannten Analyse schulspezifischer Förderkonzepte bildeten sechs Schulkonzepte aus dem Primarbereich sowie fünf Konzepte aus dem Sekundarbereich 1 aus Nordrhein-Westfalen und Bremen.

4.1.1 Vergleich einschlägiger Rechtstexte auf Länderebene

4.1.1.1 Schulgesetze und -erlasse in Nordrhein-Westfalen

Die Textrecherche erfolgte für das Land Nordrhein-Westfalen über eine Stichwortsuche in der gedruckt vorliegenden »Bereinigten Amtlichen Sammlung der Schulvorschriften« (BASS) in der Fassung vom 14.08.2009 durch einen Abgleich mit der aktuelleren Online-Version und durch eine Suche auf der Internetpräsenz des Ministeriums für Schule und Weiterbildung nach einschlägigen aktuellen Texten. Im Folgenden werden zunächst das für alle Schulformen geltende Schulgesetz sowie die Ausbildungs- und Prüfungsordnungen für die Primarstufe und die Sekundarstufe I analysiert. Anschließend wird das Qualitätstableau untersucht. Ergänzend werden spezielle Verordnungen in den Blick genommen, die Vorschriften zu Individueller Förderung enthalten. In den nachfolgenden Ausführungen werden nicht alle Fundstellen rezipiert, da es an dieser Stelle nicht um eine erschöpfende Darstellung geht, sondern um Tendenzen, Schwerpunkte und Unterschiede, die hier aufgezeigt werden sollen.

Individuelle Förderung besitzt offensichtlich in Nordrhein-Westfalen einen hohen Stellenwert. Bereits im § 1 Abs. 1 des Schulgesetzes für das Land Nordrhein-Westfalen (SchulG) wird sie als individueller Rechtsanspruch der Schülerinnen und Schüler verankert:

> »**§ 1 Recht auf Bildung, Erziehung und Individuelle Förderung**
> (1) Jeder junge Mensch hat ohne Rücksicht auf seine wirtschaftliche Lage und Herkunft und sein Geschlecht ein Recht auf schulische Bildung, Erziehung und Individuelle Förderung. Dieses Recht wird nach Maßgabe dieses Gesetzes gewährleistet« (ebd.).

Individuelle Förderung wird hier nicht unter herkömmliche schulpädagogische Kategorien wie »Erziehung und Bildung« subsumiert, sondern als zusätzliche »dritte Kategorie« benannt und kann als eigenständiger Anspruch verstanden werden, der sich sowohl auf Bildung als auch auf Erziehung bezieht. In § 2 Abs. 4 SchulG wird dieser Anspruch aus institutioneller Perspektive als Bildungsauftrag der Schule weiter konkretisiert. Hier heißt es:

> »Die Schule vermittelt die zur Erfüllung ihres Bildungs- und Erziehungsauftrags erforderlichen Kenntnisse, Fähigkeiten, Fertigkeiten und Werthaltungen und berücksichtigt dabei die individuellen Voraussetzungen der Schülerinnen und Schüler. Sie fördert die Entfaltung der Person, die Selbstständigkeit ihrer Entscheidungen und Handlungen und das Verantwortungsbewusstsein für das Gemeinwohl, die Natur und die Umwelt« (ebd.).

In Absatz 5 des gleichen Paragraphen werden »Richtziele« formuliert, die als Lern- und Entwicklungsziele gedacht sind – *»Selbständigkeit«, »Eigenverantwortlichkeit«, »eigene Wahrnehmungs-, Empfindungs- und Ausdrucksfähigkeit inkl. musisch-künstlerischer Fähigkeiten entfalten«* etc. (vgl. §1 Abs. 5 SchulG). Des Weiteren findet sich der Begriff »Individuelle Förderung« auch in § 19 (Sonderpädagogische Förderung) und § 20 (Orte der Sonderpädagogischen Förderung), wobei hier körperliche, seelische und geistige Behinderungen bzw. Beeinträchtigungen des Lernvermögens den Anlass zur Feststellung eines individuellen, sonderpädagogischen Förderbedarfs geben. Das pädagogische Ziel ist hier stark auf die Erreichung der Ziele des Bildungsgangs fokussiert und zielt deutlich weniger auf eine ganzheitliche Entfaltung der Persönlichkeit ab.

Die bis hier ausgewerteten Fundstellen beziehen sich auf alle Schulstufen und -formen in Nordrhein-Westfalen und sind nicht ganztagsspezifisch. Förderungsbezogene Aussagen zum Ganztag macht das SchulG in § 9. Allerdings bleiben dort Art, Ziel, pädagogischer Charakter und Individualbezug der »besonderen Förderung« weitestgehend unbestimmt bzw. werden nicht näher ausgeführt.

4.1.1.2 Ausbildungsordnung Grundschule (AO-GS)

Für die Grundschulen in Nordrhein-Westfalen finden sich in der Ausbildungsordnung Grundschule (AO-GS), in § 4 (Individuelle Förderung, Lernstudio) weitere Hinweise auf die institutionelle Einbindung Individueller Förderung. Allerdings wird an dieser Stelle stark auf eine Förderung schulischer Inhalte im klassischen Sinn Bezug genommen. In Ziffer (1) wird Individuelle Förderung auf die Sicherstellung erfolgreicher Mitarbeit im Unterricht bezogen. »Maßnahmen der inneren und äußeren Differenzierung« sind unmittelbar unterrichtsbezogen, »zusätzliche Förderangebote« können weiter gefasst sein, stehen aber in demselben Zielkontext. In Ziffer (2) wird mit dem »Lernstudio« eine besonders intensive Form äußerer Differenzierung angesprochen, die wegen der Ausgliederung der Schüler/innen einer Begrenzung ihres Umfangs bedarf.

Die Verfahrensvorschriften (VV) zur AO-GS schreiben die Entwicklung eines schuleigenen Förderkonzepts vor, das Lernstandsdiagnostik, Förderplanung und Unterrichtsorganisation erfassen und bei äußerer Differenzierung in Lernstudios für jedes Kind durch einen individuellen Förderplan konkretisiert und dokumentiert werden soll (vgl. VV zu § 44 Abs. 1f). Die Dauer einer Förderung im Rahmen äußerer Differenzierungsmaßnahmen wird hier auf i.d.R. weniger als ein Schuljahr begrenzt, da das Förderziel die erfolgreiche Teilnahme am Unterricht und damit das Erreichen des Klassenziels ist.

Mit Blick auf Kinder in schwierigen Lebenssituationen regelt die Ausführungsbestimmung weitere Unterstützungsmöglichkeiten, indem – immer noch unter der Zielsetzung des Unterrichtserfolgs – der Einsatz zusätzlicher Personalressourcen in Aussicht gestellt wird. Dies kann sowohl Lehrkräfte als auch sozialpädagogische Fachkräfte umfassen (vgl. BASS 11–11 Nr. 6, Quelle N10). Ob dieser Anweisung ein erweitertes Förderverständnis zugrunde liegt, wird hier allerdings nicht explizit.

4.1.1.3 Ausbildungs- und Prüfungsordnung Sekundarstufe I – APO-S I

Für die Hauptschule wird zur Durchführung Individueller Förderung in der Ausbildungsordnung festgelegt, dass der Wochenpflichtstundenrahmen in geringem Umfang je nach Förderbedarf variiert werden darf und dass von den insgesamt 13 Ergänzungsstunden, die i.d.R. hauptfachbezogen genutzt werden sollen, mindestens fünf für Individuelle Förderung eingesetzt werden sollen (vgl. § 3 Abs. 1 APO-S I). In diesem Sinn betont der § 3 APO-S I das Recht auf Individuelle Förderung, wenn auch mit deutlichem Bezug auf curriculare Inhalte. Parallel zu den Bestimmungen für die Grundschule wird der Schule darüber hinaus die Erstellung eines allgemeinen Förderkonzepts mit dem Ziel aufgegeben, entweder Defizite auszugleichen (Versetzungsgefährdung, Schulformwechsel) oder besondere Begabungen zu unterstützen (vgl. § 3 Abs. 4 APO-S). Indes ein expliziter Auftrag zur Entwicklung eines individuellen Förderplans, wie er für die Grundschule vorgeschrieben ist, ist für die Hauptschule auch in den zugehörigen Verwaltungsvorschriften nicht zu finden. Auch auf Kinder in schwierigen Lebenssituationen wird hier kein Bezug genommen.

4.1.1.4 Qualitätstableau für die Qualitätsanalyse an Schulen in Nordrhein-Westfalen

Qualitätstableaus, wie sie in vielen Bundesländern zurzeit eingesetzt oder entwickelt werden, sind keine Gesetzestexte. »Das Qualitätstableau ist insbesondere Bezugsrahmen für die externe Evaluation von Schulqualität, gibt aber auch Impulse für die interne Evaluation. Es ist damit Grundlage für die qualitätsorientierte Selbststeuerung der Schulen wie auch für die Verfahren und Instrumente der Qualitätsanalyse« (MSW 2006:2). Als für alle Schulen gültige und verbindliche Leitlinie der Schulentwicklung gewinnt es eine hohe normative Kraft und bestimmt die Umsetzung von u.a. Förderkonzepten mindestens ebenso wirkungsvoll wie Gesetze und Erlasse. Weil es auf die Qualität schulischer Praxis ausgerichtet ist, lässt das Qualitätstableau pädagogisch substanziellere Aussagen erwarten als ein Gesetzestext. Aus diesen Gründen wird es in die vorliegende Dokumentenanalyse einbezogen. Das nordrhein-westfälische Qualitätstableau weist zurzeit allerdings keine expliziten Hinweise zu Ganztagsschulen auf. »Das Qualitätstableau benennt sechs Qualitätsbereiche, denen insgesamt 28 Qualitätsaspekte zugeordnet sind. Konkretisiert werden die Qualitätsaspekte durch 153 Qualitätskriterien« (MSW 2006:2f). Diese Merkmale sind sinngemäß auch auf Ganztagsschulen anzuwenden. Direkte oder indirekte Hinweise auf Individuelle Förderung finden sich an diversen Stellen. Unter der Überschrift »Ergebnisse der Schule« wird unter anderem die Unterstützung der Entwicklung personaler Kompetenzen und – davon abgehoben – »Schlüsselkompetenzen« gefordert (vgl. MSW 2006:4f). Der Text beschränkt sich an dieser Stelle vornehmlich auf die outcome-orientierte Benennung von Kompetenzen. Hinsichtlich der Prozessgestaltung bleibt er an dieser Stelle bewusst sehr vage. Mit der unscharfen, stereotyp eingesetzten Formulierung »z.B. durch ein Konzept, durch Projekte, im Unterricht« (MSW 2006:4f) lassen sich fast alle Handlungsbereiche der Ganztagsschule mit einschließen.

Im Qualitätsaspekt »Lernen und Lehren – Unterricht« finden sich unter den Aussagen zu Leistungskonzept und Unterricht als Lernprozessbegleitung folgende Hinweise auf Individuelle Förderung:

> »**2.2 Leistungskonzept – Leistungsanforderung und Leistungsbewertung**
>
> **2.2.1** Die Schule hat für alle Fächer Grundsätze zur Leistungsbewertung festgelegt.
>
> **2.2.2** Alle Beteiligten (u.a. Schülerinnen und Schüler) kennen die vereinbarten Grundsätze zur Leistungsbewertung.
>
> **2.2.3** Die Lehrkräfte der Schule halten sich an die Grundsätze zur Leistungsbewertung.
>
> **2.2.4** Die Schule honoriert besondere Leistungen der Schülerinnen und Schüler« (MSW 2006:6).

Mit der hier geforderten konsensuellen Transparenz von Leistungsanforderungen ist eine wichtige Voraussetzung eigenverantwortlichen Arbeitens und Lernens gesetzt. Dieses lässt sich wiederum begreifen als notwendige (allerdings bei weitem nicht hinreichende) Bedingung innerhalb von Konzepten Individueller Förderung, die auf der Entwicklung von Eigenverantwortung und Lernkompetenz aufbauen (vgl. Zöllner/Vollstädt 2008). Gleiches gilt für die unter 2.4 ff gefassten Qualitätsmerkmale »Schüler/innenaktivierung«, »kooperative Lernformen«, »Berücksichtigung individueller Lernwege« und »Selbständigkeit« (vgl. MSW 2006:7) oder die unter 3.2 ff als Anforderung formulierten Möglichkeiten der Schüler/innenpartizipation und ein Arbeitsklima, das von Vertrauen, Respekt und gegenseitiger Verantwortung geprägt ist (vgl. ebd.:8). Explizit findet sich der Begriff Individueller Förderung in einem eigenen Qualitätsaspekt:

> »**2.6 Individuelle Förderung und Unterstützung**
>
> **2.6.1** Die Schule verfügt über Instrumente und Kompetenzen zur individuellen Lernstandsdiagnose und Förderplanung.
>
> **2.6.2** Die Schule verwirklicht ein Konzept zur systematischen Förderung leistungsschwächerer Schülerinnen und Schüler.
>
> **2.6.3** Die Schule unterstützt die systematische Förderung eines individualisierenden, differenzierenden Unterrichts.
>
> **2.6.4** Die Schule fördert Schülerinnen und Schüler mit besonderen Begabungen.

2.6.5 Die Schule verwirklicht ein Konzept zur systematischen Sprachförderung.
2.6.6 Die Schule verwirklicht ein Konzept zur Leseförderung.« (ebd.:7)

Gefordert werden hier zunächst Instrumente zur Lernstandsdiagnose und Konzepte zur individuellen Förderplanung im Bereich schulischer Defizite und besonderer Begabungen sowie sprachlich-instrumenteller Fertigkeiten. Auffällig ist, dass der Förderbegriff wieder ausschließlich auf die formelle Bildungsarbeit im traditionell schulischen Kerngeschäft des Unterrichts bezogen wird. Diese Engführung wird allerdings im folgenden Qualitätsaspekt der Betreuung wieder etwas ausgeweitet. Hier heißt es:

»**2.7 Schülerbetreuung**
2.7.1 Die Schule stimmt im Rahmen eines nachmittäglichen Angebotes Unterricht und Betreuung aufeinander ab.
2.7.2 Die Schule verwirklicht ein akzeptiertes Beratungskonzept für persönliche und schulische Probleme der Schülerinnen und Schüler.
2.7.3 Die Schule kooperiert mit außerschulischen Beratungsstellen.
2.7.4 Die Schule führt regelmäßig Schullaufbahnberatungen in Abstimmung mit aufnehmenden Schulen und Betrieben durch.
2.7.5 Die Schule führt regelmäßig Berufsberatungen und Praktika zur Berufsorientierung durch« (ebd.).

Bedeutsam ist hier der Absatz 2.7.2, der ein Beratungskonzept einfordert, das nicht nur schulische (vermutlich auf unterrichtliche und schullaufbahnbezogene Belange gerichtet gedacht), sondern auch persönliche Probleme abdeckt und die Kooperation mit außerschulischen Beratungsstellen einbezieht. Zusammenfassend überwiegt jedoch auch in diesem eher auf Realisierung und Evaluation gelebter pädagogischer Praxis ausgerichteten Text der Eindruck eines traditionell-formellen Bildungs- und Förderverständnisses.

4.1.1.5 Offene Ganztagsschule im Primarbereich (BASS 12 - 63 Nr. 4)

Im Erlass für die Offene Ganztagsgrundschule wird der Begriff Individueller Förderung als Zielvorstellung an erster Stelle eingebunden. Hier heißt es:

»**1. Ziele und Grundsätze der offenen Ganztagsschule**
1.1 Die offene Ganztagsschule im Primarbereich soll durch die Zusammenarbeit von Schule, Kinder- und Jugendhilfe, gemeinwohlorientierten Institutionen und Organisationen aus Kultur und Sport sowie weiteren außerschulischen Partnern eine Lernkultur entwickeln, die die Schülerinnen und Schüler in ihren Begabungen und Fähigkeiten unterstützt, fördert und fordert. Sie bietet mehr Zeit für Bildung und Erziehung, eine bessere Rhythmisierung des Schultages sowie umfassende Angebote zur Individuellen Förderung, zur musisch-künstlerischen Bildung, zu Bewegung, Spiel und Sport und zur sozialen Bildung. Sie sorgt für ein umfassendes Bildungs- und Erziehungsangebot, das sich an dem jeweiligen Bedarf der Kinder und der Eltern orientiert, sowie eine Stärkung der Erziehungskompetenz der Familie.
1.2 Die offene Ganztagsschule bietet zusätzlich zum planmäßigen Unterricht an Unterrichtstagen, an beweglichen Ferientagen und bei Bedarf auch in den

Ferien Angebote außerhalb der Unterrichtszeit (außerunterrichtliche Angebote). In Kooperation mit einer Vielzahl von Partnern, insbesondere aus der Kinder- und Jugendhilfe, des Sports und der Kultur soll sie zur Erfüllung des Bildungs-, Erziehungs- und Betreuungsauftrags eine entsprechende Förderung für alle Kinder, insbesondere auch aus bildungsbenachteiligten Familien, ermöglichen. Die offene Ganztagschule eröffnet Schülerinnen und Schülern Hilfen zur Selbstständigkeit und Eigenverantwortung und unterstützt Eltern bei der Vereinbarkeit von Familie und Beruf und in ihrer Erziehungsarbeit.

1.3 Ziel ist es, die offene Ganztagsschule im Primarbereich zu einem attraktiven und qualitativ hochwertigen Angebot weiter zu entwickeln. Hierzu ist es erforderlich, die gezielte und Individuelle Förderung der schulischen, sozialen und persönlichen Entwicklung von Kindern systematisch zu stärken und durch die Beschäftigung pädagogisch qualifizierten Personals sicherzustellen. Die enge Zusammenarbeit von Schule, Kinder- und Jugendhilfe, Kultur, Sport und weiteren Partnern ist eine zentrale Grundlage. Sie soll fortgeführt und noch intensiviert werden« (ebd.).

Dabei wird »Individuelle Förderung« begrifflich abgegrenzt gegenüber »musisch-künstlerischer Bildung«, »Bewegung, Spiel und Sport« sowie »sozialer Bildung«. Das ließe auf ein curricular verengtes Förderverständnis schließen, das selbst die Schulfächer Kunst, Musik und Sport nicht umfasst (vgl. Abs. 1.1). Allerdings wird im folgenden Absatz 1.2 die Kooperation mit Partnern »insbesondere aus der Kinder- und Jugendhilfe, des Sports und der Kultur« als Voraussetzung für Förderung benannt. In demselben Kontext werden »Selbstständigkeit und Eigenverantwortung« als Ziele angeführt. Dies lässt sich als Hinweis auf ein erweitertes Förderverständnis deuten. In ähnlicher Weise fordert Abs. 1.3 »die gezielte und Individuelle Förderung der schulischen, sozialen und persönlichen Entwicklung von Kindern systematisch zu stärken«. Auch hier meint der Förderbegriff offensichtlich eine umfassendere Entwicklungsförderung. Bei der Inhaltsbestimmung für außerunterrichtliche Angebote wird gleichfalls die Fokussierung sowohl curricularer als auch informeller Kontexte der Förderung deutlich, wenn es heißt:

»**2.8** Die außerunterrichtlichen Angebote der offenen Ganztagsschule sollen je nach Bedarf insbesondere umfassen:

- über den in der Stundentafel verankerten Förderunterricht hinausgehende Förderangebote für Schülerinnen und Schüler mit besonderen Bedarfen und für besonders begabte Schülerinnen und Schüler (z.B. Sprachförderung, Mathematik und Naturwissenschaften, Englisch),
- qualifizierte Hausaufgabenbetreuung und -hilfe,
- themenbezogene, klassen- und jahrgangsstufenübergreifende Aktivitäten, Arbeitsgemeinschaften und Projekte (z.B. Kunst, Theater, Musik, Werken, Geschichtswerkstätten, naturwissenschaftliche Experimente, Sport usw.) in unterschiedlich großen und heterogenen Gruppen,
- Angebote zur musisch-künstlerischen Bildung und Erziehung sowie Bewegung, Spiel und Sport einschließlich kompensatorischer Bewegungsförderung,

- Projekte der Kinder- und Jugendhilfe, vor allem der außerschulischen Jugendarbeit (beispielsweise mit geschlechtsspezifischen, interkulturellen und ökologischen Angeboten)« (ebd.).

Während die ersten drei Spiegelstriche einen deutlichen Schulfachbezug aufweisen, sind mit »kompensatorischer Bewegungsförderung« und Projekten der außerschulischen Jugendarbeit überfachliche, entwicklungsbezogene Förderziele verknüpft. Dieses erweiterte Verständnis Individueller Förderung kommt auch in den Bestimmungen zum Personaleinsatz zum Tragen. Hier heißt es:

> »3. **Das Personal für die außerunterrichtlichen Angebote**
> **3.1** Die Qualifikation des Personals sowie die Intensität des jeweiligen Personaleinsatzes in der offenen Ganztagsschule richten sich nach den Förder- und Betreuungsbedarfen der Kinder. Die für die außerunterrichtlichen Angebote zur Verfügung gestellten Lehrerstellenanteile sind für Angebote zu nutzen, die geeignet sind, die Kinder ergänzend zum Unterricht individuell zu fördern und zu fordern (z.B. Hausaufgabenhilfe, Sprachförderung, Mathematik und Naturwissenschaften, Englisch). Diese Lehrerstellenanteile sind zur Hälfte ausschließlich mit Lehrkräften zu besetzen.
>
> Soweit Lehrerstellen nicht in Anspruch genommen werden, gewährt das Land an Stelle von Lehrerstellen gem. § 94 Abs. 2 SchulG Zuschüsse für pädagogische Fachkräfte anderer Professionen mit entsprechenden beruflichen Qualifikationen oder langjährigen Berufserfahrungen. [...]« (ebd.)

4.1.1.6 Erlass zur Qualitätsoffensive Hauptschule (BASS 11–02 Nr. 21)

Die Qualitätsoffensive Hauptschule zielt auf »die Entwicklung eines neuen Leitbildes für die Schulform Hauptschule«, sie wird durch QE-Maßnahmen begleitet und mit zusätzlichen Finanzmitteln unterstützt, die für investive Maßnahmen teilweise aus geöffneten IZBB-Mitteln geschöpft werden. Individuelle Förderung soll hier insbesondere zur Verbesserung der Chancengleichheit beitragen. Besonders in den Blick genommen werden dabei die Unterstützung »Lernschwächerer und Schülerinnen und Schülern aus bildungsfernen Milieus« sowie mit Blick auf Jugendhilfe und außerschulische Partner die »Persönlichkeitsbildung und [...] Förderung der Ausbildungs- und Berufsreife« (ebd.). Wie im Primarbereich werden unter Bezug auf unterschiedliche professionelle Kompetenzen sowohl unterrichtliche als auch außerunterrichtliche Bereiche Individueller Förderung fokussiert.

4.1.1.7 Erlass Ganztagsschulen in der Primarstufe und in der Sekundarstufe I/Neue erweiterte Ganztagshaupt- und Ganztagsförderschulen (BASS 12–63 Nr. 2)

Unter den Zielsetzungen für den Ganztagsbetrieb rangiert der Gedanke Individueller Förderung auch in diesem Erlass an erster Stelle. Zielsetzung ist der Ausgleich von Bildungs- und Berufszugangschancen mit besonderem Gewicht auf spezifische Stärken sowie Lernrückstände. Hier heißt es:

> »**1.1** Zentrale Ziele für die Gestaltung des Ganztagsbetriebs in Schulen gemäß § 9 Abs. 1 Schulgesetz (BASS 1–1) sind

- die Schaffung verbesserter Bildungs- und Abschlusschancen durch Individuelle Förderung der Stärken und durch den Ausgleich von Lernrückständen insbesondere von Lernschwächeren
- der Ausgleich von Benachteiligungen von Schülerinnen und Schülern aus bildungsfernen Milieus
- die Verbesserung der Chancen beim Übergang in Ausbildung und Beruf nach Abschluss der Sekundarstufe I
- die Förderung der Vereinbarkeit zwischen Beruf und Familienarbeit durch verlässliche Unterrichts- und Betreuungszeiten am Vormittag und am Nachmittag« (ebd.).

Im Hinblick auf Kinder in schwierigen Lebenssituationen ist der zweite Spiegelstrich interessant (wenngleich die Beziehung begrifflich nur vage unterstützt wird), da hier Schüler/innen aus bildungsfernen Milieus kompensatorisch adressiert werden.

In der nachfolgenden Auflistung zielführender Maßnahmen finden sich zahlreiche Merkmale Individueller Förderung, die auf ein recht umfassendes und nicht nur curricular bezogenes Förderverständnis schließen lassen:

»**1.2** Ganztagsschulen tragen dazu bei insbesondere durch
- eine sinnvoll rhythmisierte Verteilung von Lernzeiten auf den Vormittag und den Nachmittag, die erfolgreiches Lernen unterstützt
- bedarfsgerechte Förderkonzepte und -angebote zur Stärkung fachlicher und überfachlicher Kompetenzen und der Persönlichkeitsbildung
- Förderung der Schülerinteressen durch zusätzliche fachbezogene oder fächerübergreifende Lernangebote
- die Schaffung zusätzlicher Lernzugänge und Bildungsangebote, z.B. durch gestalterische, handwerkliche, experimentelle, musikalische und künstlerische und sportliche Arbeitsgemeinschaften
- Hausaufgabenhilfen und Schaffung von Möglichkeiten zum Üben und zur Entwicklung der Fähigkeit zum selbstständigen Lernen und Gestalten
- eine frühzeitige Orientierung auf Aspekte der Berufs- und Ausbildungsreife« (ebd.)

Insbesondere fallen hier die Nennung »überfachlicher Kompetenzen und der Persönlichkeitsbildung«, »Förderung der Schülerinteressen« sowie »die Schaffung zusätzlicher Lernzugänge und Bildungsangebote« durch »gestalterische, handwerkliche, experimentelle, [...] und sportliche« Bildungsangebote auf. In den nachfolgenden Passagen werden die Förderschwerpunkte für die erweiterte Ganztagshauptschule klassenstufenbezogen weiter ausdifferenziert (vgl. 2.2.3).

4.1.1.8 Weitere spezielle gesetzliche Regelungen

Im Nachfolgenden werden weitere landesrechtliche Regelungen und Erlasse kurz aufgeführt, da sie einen inhaltlichen Bezug zum Thema Individuelle Förderung aufweisen. Diese sollen aber an dieser Stelle nicht weiter ausgeführt werden.

1. Förderung von Schülerinnen und Schülern bei besonderen Schwierigkeiten im Erlernen des Lesens und Rechtschreibens (LRS)

Ein traditionelles und gut beforschtes Feld Individueller Förderung betrifft die Entwicklung der Lese- und Rechtschreibkompetenz. Der LRS-Erlass des Landes Nordrhein-Westfalen enthält daher recht differenzierte Regelungen zu einer systemisch angelegten Lerndiagnostik und Förderplanung, die auch explizit die Zusammenarbeit mit außerschulischen Expert/inn/en vorsieht. Darüber hinaus enthält der LRS-Erlass detaillierte Regelungen zur Bildung der Fördergruppen sowie zu Inhalten und Organisationsform der Förderung insgesamt.

2. Förderung von Kindern und Jugendlichen mit Migrationshintergrund; Verwendung der Stellen für Integrationshilfen (BASS 14—01 Nr. 4)

Das Land NRW stellt für die Zielgruppe der Schüler/innen mit Migrationshintergrund gesondert Fördermittel bereit, die der Integration und Sicherung des Schulerfolgs dienen sollen. Die Zuweisung ist an die Entwicklung eines Förderkonzepts mit Fokus auf Sprach- und Lesekompetenzen sowie das Sozialverhalten gebunden. Die Qualitätsindikatoren des Förderkonzepts sind an formelle Aspekte des Schulerfolgs (Verweildauer, Versetzungshäufigkeit, Übergangsquoten, qualifizierte Schulabschlüsse – mithin Output-Daten) gebunden. Mit der Stärkung des Sozialverhaltens werden jedoch auch kaum quantifizierbare Erfolgsindikatoren von Bildung und Erziehung (Outcome) bedacht.

3. Zusätzliche Stellen für besondere Förderung und für Vertretungsaufgaben in der Grundschule (BASS 11—11 Nr. 6)

Das Land NRW weist mit Beginn des Schuljahres 2009/2010 den Grundschulen (nicht nur den Ganztagsgrundschulen!) *»1.000 Stellen für besondere Förderung und für Vertretungsaufgaben«* zu, die nach einem festgelegten Sozialindex verteilt werden sollen. *»Diese zusätzlichen Stellen sollen vorrangig den Schulen zugewiesen werden, die in einem schwierigen sozialräumlichen Umfeld arbeiten und einen überdurchschnittlich hohen Anteil von Kindern unterrichten, die besondere Individuelle Förderung benötigen«* (ebd.).

Da die Erstellung eines solchen Sozialindexes auf Schulebene derzeit noch nicht möglich ist, soll auf die »vorhandenen schulaufsichtlichen Erfahrungen« unter Anwendung spezifischer, festgelegter Grundsätze (vgl. ebd.) zurückgegriffen werden. Bemerkenswert ist hierbei, dass hier prinzipiell von einem erhöhten Bedarf an »besonderer Individueller Förderung« bei Kindern in einem »schwierigen sozialräumlichen Umfeld« ausgegangen wird.

4. Beschäftigung von Fachkräften für Schulsozialarbeit in Nordrhein-Westfalen (BASS 21—13 Nr. 6)

Der bedarfsorientierte Einsatz von Fachkräften für Schulsozialarbeit wird hier mit Abstimmungsprozessen in der Schulentwicklungs- und Jugendhilfeplanung auf kommunaler Ebene verknüpft. Die Finanzierung erfolgt hier teils über kommunale Mittel der Kinder- und Jugendhilfe, teils über die Kapitalisierung von Lehrerstellenanteilen. Innerhalb der Schulen sollen dazu integrativ und kompensatorisch wirkende Fördermaßnahmen konzipiert werden, ohne dass die Verordnung an dieser Stelle eine spezifische Zielgruppe explizit erwähnt. Aufgeführt sind allerdings explizite Ziele, bspw.:

»4.1 Fachkräfte für Schulsozialarbeit steuern die Kooperation mit bildungsrelevanten außerschulischen Partnern und vertreten die Schule in Netzwerken mit außerschulischen Partnern im Sozialraum der Schule und im Lebensraum der Kinder und Jugendlichen. Sie wirken bei der Bildungs- und Erziehungsarbeit der Schule mit und unterstützen sie durch Planung und Durchführung der den Unterricht ergänzenden schulischen Angebote. Dazu zählen insbesondere:
4.1.1 schulische Förderprogramme zur Stärkung der Persönlichkeitsentwicklung
[...]
4.1.3 Freizeitangebote
4.1.4 Aktivitäten für feste Schülergruppen (z.B. in Arbeitsgemeinschaften außerhalb des Unterrichts, Fördergruppen, Gesprächskreisen)
4.1.5 Angebote in Schüleraufenthaltsräumen außerhalb der Unterrichtszeiten (z.B. Übermittagsbetreuung und Silentien)
4.1.6 Projekte im Rahmen des Unterrichts, im Rahmen der Öffnung von Schule und im Rahmen schulkultureller Veranstaltungen« (ebd.).

Der Rahmen formeller Bildungs- und Erziehungsarbeit wird hier mit dem Gedanken außerunterrichtlicher, angebots-, sozialraum- und stärkenorientierter Förderung in Bildungsnetzwerken wesentlich ausgeweitet. Der Einsatz sozialpädagogischer Hilfen geschieht sowohl zielgruppen- wie einzelfallbezogen unter Einbeziehung des sozialen Umfelds und externer Kooperationspartner: Deutlich wird in diesem Zielkatalog die Forderung nach »systemisch angelegten Förderkonzepten« aufgestellt, welche einerseits defizitorientiert mit »Lernschwierigkeiten, Lernstörungen«, aber auch ressourcenorientiert mit »besonderen Begabungen« das Kerngeschäft des Unterrichts fokussieren. Andererseits sollen sie mit »Verhaltensstörungen«, »Entfaltungsmöglichkeiten [...] im schulischen und außerschulischen Kontext«, »speziellen Hilfen für Kinder, Jugendliche und deren Familien« in Kooperation mit Kinder- und Jugendhilfeeinrichtungen und der »Verbesserung der sozialen Kompetenz« ein schon recht umfassendes Förderverständnis realisieren (vgl. ebd.).

4.1.2 Teilauswertung relevanter Dokumente in Nordrhein-Westfalen

Verständnis Individueller Förderung

Abgesehen von der Richtzielebene (vgl. § 2 SchulG) zielt Individuelle Förderung in den Gesetzestexten zunächst und vorrangig auf Bildungsförderung in einem eng gefassten, formellen Bildungsverständnis. Das Erreichen des Klassenziels ist zugleich Ziel individueller Fördermaßnahmen, die an Lern- und Leistungsdefiziten bemessen werden (vgl. § 50 Abs. 3 SchulG; § 4 Abs. 1 AO-GS; § 3 APO-SI; BASS 11 – 02 Nr. 21). Eine defizitorientierte Sichtweise überwiegt, und ressourcenorientierte Vorstellungen sind nur in wenigen Fällen zu erkennen und beziehen sich dann auf »besondere Begabungen« (vgl. § 3 APO-SI; BASS 12 – 63 Nr. 2, Ziff. 1.1; Qualitätstableau Ziff. 2.6.4). In gleicher Weise wird auch sonderpädagogische Förderung unter das Ziel einer möglichst umfassenden Erreichung der Ziele des Bildungsgangs gestellt (vgl. §§ 19 u. 20 APO-SI). Diagnostik wird in diesem Sinne fast ausschließlich als Lernstands- und Leistungsdiagnostik verstanden (vgl. VVZAO-GS § 4.12; Qualitätstableau Ziff. 2.6.4). Stärker systemisch setzt nur der LRS-Erlass bei der Erfassung des Bedingungsgefüges der LRS an.

Der Erziehungsbegriff wird im Schulgesetz von Nordrhein-Westfalen kaum aus pädagogischer Sicht gefüllt, sondern vorwiegend als Ordnungsgröße im Dienst des geregelten Unterrichtsbetriebs verwendet (vgl. § 53 SchulG); weitere Erlasstexte verwenden ihn nicht explizit. Lediglich im Erlass zur Schulsozialarbeit wird er, hier dafür in einem sehr umfassenden, systemischen, präventiven und sozialraumbezogenen Verständnis, zum einen als Bestandteil eines »umfassenden Bildungs- und Erziehungsangebots«, zum anderen auch im Kontext der »Hilfen zur Erziehung« im Bedarfsfall angeführt. In den ganztagsbezogenen Erlassen findet jedoch eine Erweiterung dieses unterrichts- und defizitorientierten Förderverständnisses statt, indem individuelle Stärken, Schüler/inneninteressen, Persönlichkeitsbildung, musisch-künstlerische Bildung, Bewegung, Spiel und Sport, naturwissenschaftliche und handwerkliche Aktivitäten und soziale Bildung bzw. soziale Entwicklung zumindest neben den eng gefassten Begriff der Individuellen Förderung gestellt werden (also semantisch nicht als seine Elemente behandelt werden).

Bezogen auf spezifische Aufgaben des Defizitausgleichs (z.B. LRS, Sprachdefizite) lassen sich recht konkrete regulatorische Aussagen vorfinden. Konkretisierungen in Hinsicht auf einen erweiterten Bildungsbegriff und die Erziehungsarbeit an den Schulen sind dagegen auf Gesetzesebene weniger zu finden und bleiben dann meistens eher vage. Erst auf Erlassebene werden Vorgaben konkreter und juristisch belastbarer. Positiv gewendet entstehen dadurch relativ weite Handlungsspielräume, deren Ausfüllung aber nicht obligatorisch ist und dem Engagement der einzelnen Schule überlassen bleibt.

Insbesondere der LRS-Erlass zeigt, dass dort, wo es um Defizitausgleich im traditionellen Kerngeschäft des Unterrichts in Kulturtechniken geht, offensichtlich auch die vorliegenden Forschungsbefunde mehr oder weniger konsistent rezipiert worden sind. Der Umstand, dass sich dies in den anderen Feldern Individueller Förderung nicht in dieser Form abbildet, könnte sowohl auf einen noch unzulänglich etablierten Theorie-Praxis-Transfer auf den bildungspolitischen und -administrativen Diskurs als auch auf eine noch zu bearbeitende Erweiterung des institutionellen Selbstverständnisses von Schule hinweisen.

Individuelle Förderung wird zwar häufig als hochrangige Zielvorstellung gesetzt, aber in der textlichen Konkretisierung weniger einzelfallbezogen, sondern eher zielgruppenspezifisch gedacht. Eine individuelle Förderplanung ist nur für Fälle externer Förderung in Lernstudios in der Primarstufe gefordert. Lediglich der Erlass zur Schulsozialarbeit sieht Einzelfallarbeit vor.

4.1.2.1 Individuelle Förderung für Kinder und Jugendliche in schwierigen Lebens- und Bildungssituationen

Kinder in schwierigen Lebenssituationen werden nicht explizit als Adressat/inn/en Individueller Förderung benannt, es lassen sich aber Zielgruppenmerkmale identifizieren. Hierzu zählen z.B. Kinder mit Migrationshintergrund, die aber vorwiegend unter dem Gesichtspunkt angenommener Sprachdefizite gefördert werden, Schüler/innen in einem »schwierigen sozialräumlichen Umfeld« oder Schüler/innen aus bildungsfernen Milieus.

Auf Erlassebene wird z.B. in den Erlassen zu zusätzlichen Stellen für besondere Förderung und zur Beschäftigung von Fachkräften für Schulsozialarbeit dennoch deutlich, dass sozialpädagogische Bedarfslagen durchaus erkannt werden und Anstrengungen unternommen werden, diese durch Maßnahmen besonderer erzieherischer Förderung

auch einzelfallbezogen bis hin zu Maßnahmen der Erziehungshilfe zu bedienen. Auf Gesetzesebene bleiben derartige Bezüge jedoch sehr vage. Die Annahme liegt nahe, dass es schwierig ist, »förderwürdige« Zielgruppen- oder Einzelfallmerkmale justiziabel trennscharf und belastbar zu beschreiben.
Die multiprofessionelle Zusammenarbeit von Lehrkräften mit sozialpädagogischen Fachkräften innerhalb und außerhalb der Schulen sowie die Vernetzung mit Beratungs- und Unterstützungsinstitutionen werden sowohl gefordert als auch ermöglicht. Somit ist letztendlich in den Rechtsgrundlagen der Ganztagsschule – wenn auch nicht besonders explizit oder an prominenter Stelle – erzieherische Förderung in unterschiedlichen Varianten zumindest auf Erlassebene repräsentiert:

- *als Regelförderung in der Schule (wenngleich hier noch sehr deutlich unter der Zielsetzung eines geregelten Gangs des unterrichtlichen Kerngeschäfts und der schulischen Abschlüsse),*
- *als sozialräumlich vernetzte Unterstützungsstruktur vor Ort und*
- *als in die Schulorganisation integrierte erzieherische Hilfen.*

4.1.2.2 Rahmenbedingungen Individueller Förderung im Ganztag

Das Land Nordrhein-Westfalen fördert Ganztagsschulen über Mittel- und Stellenzuwendungen. Sachkosten werden anteilig aus Kommunal- und Landesmitteln abgedeckt (zuletzt standen noch in begrenzten Umfang Restmittel aus dem auslaufenden IZBB-Förderprogramm des Bundes zur Verfügung). Zusätzlich legt das Land Investitionsförderprogramme wie das »1000-Schulen-Programm« für alle Schulformen der Sekundarstufe I auf (BASS 11 – 02 Nr. 25).

Im Bereich der Personalressourcen werden den Ganztagsschulen gem. Ganztagserlass Stellenzuschläge zugewiesen, die in ihrem Umfang von Schülerzahl und Umfang des Ganztagsangebots abhängen und die zu einem Drittel zur Finanzierung außerunterrichtlich tätigen Personals kapitalisiert werden können. Zusätzlich fließen »Zuwendungen für die Durchführung außerunterrichtlicher Angebote offener Ganztagsschulen im Primarbereich« (BASS 11 – 02 Nr. 19), Mittel für die Förderung von Kindern und Jugendlichen mit Migrationshintergrund (BASS 14 – 01 Nr. 4) sowie Mittel für 1000 »zusätzliche Stellen für besondere Förderung und für Vertretungsaufgaben in der Grundschule« (BASS 11 – 11 Nr. 6).

In den untersuchten Texten finden sich jedoch kaum Aussagen darüber, welche Anteile dieser Mittel für Individuelle Förderung bzw. für die Förderung von Kindern und Jugendlichen in schwierigen Lebens- und Bildungssituationen eingesetzt werden sollen. Lediglich für den Primarbereich wird im Erlass »Offene Schule im Primarbereich« (BASS 12 – 63 Nr. 4) expressis verbis festgelegt:

> **»3. Das Personal für die außerunterrichtlichen Angebote**
> **3.1** [...] Die für die außerunterrichtlichen Angebote zur Verfügung gestellten Lehrerstellenanteile sind für Angebote zu nutzen, die geeignet sind, die Kinder ergänzend zum Unterricht individuell zu fördern und zu fordern (z.B. Hausaufgabenhilfe, Sprachförderung, Mathematik und Naturwissenschaften, Englisch). Diese Lehrerstellenanteile sind zur Hälfte ausschließlich mit Lehrkräften zu besetzen.
>
> Soweit Lehrerstellen nicht in Anspruch genommen werden, gewährt das Land an Stelle von Lehrerstellen gem. § 94 Abs. 2 SchulG Zuschüsse für pä-

> dagogische Fachkräfte anderer Professionen mit entsprechenden beruflichen Qualifikationen oder langjährigen Berufserfahrungen« (ebd.).

Dies bezieht sich auf den Stellenzuschlag von 0,2 Lehrerstellen pro 25 Kinder, die zur Hälfte für pädagogisches Fachpersonal kapitalisiert werden können, und einen Grundfestbetrag in Höhe von € 615 pro Kind; bei Kindern mit sonderpädagogischem Förderbedarf verdoppeln sich die Stellen- und Geldzuwendungen (vgl. BASS 11 – 02 Nr. 19). Für die Sekundarstufe wird ein Stellenzuschlag in Höhe von 20% der Grundstellenzahl (bzw. 30% bei Schulen mit erweitertem Ganztagsangebot) gewährt, der wiederum zu einem Drittel kapitalisiert werden kann (Programm »Geld oder Stelle«), um Personal außerschulischer Träger zu finanzieren. Hier ist aber lediglich über die allgemeinen Zielsetzungen des Ganztags eine vom Umfang her nicht ganz eindeutig bestimmbare Zweckbindung für Individuelle Förderung herzuleiten.

Deutlich förderungsbezogen und im Sinne des Forschungsprojekts auch für die Frage der Förderung von Kindern und Jugendlichen in schwierigen Lebens- und Bildungssituationen interessant ist der Erlass zur Förderung von Kindern und Jugendlichen mit Migrationshintergrund (BASS 14 – 01 Nr. 4), über den die Zuweisung zusätzlicher Stellen für Integrationshilfen möglich ist. Der Erlass enthält aber keine Aussagen über den Umfang der zugewiesenen Stellen. Gleiches gilt für den Erlass über »zusätzliche Stellen für besondere Förderung und für Vertretungsaufgaben in der Grundschule« (BASS 11 – 11 Nr. 6), die nach einem Sozialindex zugewiesen werden. Der Erlass zur »Beschäftigung von Fachkräften für Schulsozialarbeit in Nordrhein-Westfalen« (BASS 21 – 13 Nr. 6) zielt ebenfalls auf die Förderung von Kindern und Jugendlichen in schwierigen Lebens- und Bildungssituationen. Die Finanzierung erfolgt hier über die Kapitalisierung der Ganztags-Stellenzuschläge, der Umfang liegt im Ermessen der Schule.

Über die bislang angeführten Ressourcen hinaus können außerschulische Beratungsstellen und Netzwerkpartner (z.B. schulpsychologische Beratungsstellen, Kompetenzzentren für sonderpädagogischen Förderbedarf und Träger der öffentlichen Jugendhilfe) für Förderzwecke und Hilfen zur Erziehung in Anspruch genommen werden.

4.1.2.3 Individuelle Förderung im Vergleich der Schulformen

Zunächst einmal weisen die gesetzlichen Bestimmungen für beide hier betrachtete Schulstufen weitgehende Übereinstimmung auf. Schulgesetz und Qualitätstableau sind für alle Schulstufen und -formen gleichermaßen gültig, ebenso wie der LRS-Erlass. Einige Abweichungen finden sich in den schulstufenspezifischen Ausbildungsordnungen und den schulstufenbezogenen Ganztagserlassen. Diese Unterschiede betreffen die Förderziele, aber auch den Organisationsrahmen der Individualisierung.

4.1.2.4 Organisationsrahmen

Beide Schulstufen sind zur Entwicklung eines schuleigenen Förderkonzepts verpflichtet, das Maßnahmen der inneren und äußeren Differenzierung sowie zusätzliche Förderangebote umfassen kann. Maßnahmen der inneren und äußeren Differenzierung sind unmittelbar unterrichtsbezogen; zusätzliche Förderangebote können weiter gefasst sein, stehen aber vorrangig in demselben Zielkontext.

Mit dem »Lernstudio« ist für beide Schulstufen eine besonders intensive und deshalb zeitlich in der Regel auf die Dauer eines Schuljahres begrenzte Form äußerer Differenzierung angesprochen, die für maximal die Hälfte der Regelwochenstundenzahl anstelle des Klassenunterrichts oder diesen ergänzend angesetzt wird.

Für die Grundschule schreiben die Verwaltungsvorschriften die Erstellung eines individuellen Förderplans durch die Klassenlehrerin oder den Klassenlehrer vor, wenn ein Kind im Lernstudio gefördert wird. Dieser Plan umfasst Aussagen zur Lernstandsdiagnostik, zur Förderplanung und zur Unterrichtsorganisation der Fördermaßnahme und wird als Lerndokumentation fortgeschrieben. Für die Sekundarstufe fehlt diese Vorschrift.

Für Grundschulen in einem schwierigen sozialen Umfeld mit einem hohen Anteil von Kindern mit besonderem Förderbedarf können zusätzliche Personalressourcen zur Verfügung gestellt werden. Diese werden für Förderung im Lernstudio oder durch Doppelbesetzung im Rahmen der Stundentafel eingesetzt. Besonderer Wert wird auf die Schuleingangsphase gelegt. Für die Schulen der Sekundarstufe I legt die entsprechende Ausbildungsordnung fest, dass der Wochenpflichtstundenrahmen in geringem Umfang je nach Förderbedarf variiert werden darf und dass von den insgesamt 13 Ergänzungsstunden, die i.d.R. hauptfachbezogen genutzt werden sollen, mindestens fünf für Individuelle Förderung innerhalb des Klassenverbands sowie in anderen (z.B. klassen- oder jahrgangsübergreifenden) Lerngruppen eingesetzt werden sollen.

4.1.2.5 Förderziele

Die besonderen Möglichkeiten Individueller Förderung in Ganztagsschulen kommen in den Ganztagsschulerlassen hinsichtlich der Zielsetzungen deutlich zum Ausdruck. Dabei sind zunächst weitgehende Übereinstimmungen festzustellen, aber auch schulformspezifische, vorwiegend bildungsbiografisch begründete Ausdifferenzierungen.

Der OGS-Erlass stellt als Ziel der Ganztagsschule besonders heraus, »die gezielte und Individuelle Förderung der schulischen, sozialen und persönlichen Entwicklung von Kindern systematisch zu stärken«. Außerunterrichtliche Angebote in Kooperation mit Partnern aus Kinder- und Jugendhilfe, Sport und Kultur sollen »Förderung für alle Kinder, insbesondere auch aus bildungsbenachteiligten Familien, ermöglichen« und »Hilfen zur Selbstständigkeit und Eigenverantwortung« bieten. Es geht darum, eine »Lernkultur [zu, Anm. d. Verf.] entwickeln, die die Schülerinnen und Schüler in ihren Begabungen und Fähigkeiten unterstützt«. Inhaltlich wird mit Sprachförderung, Mathematik und Naturwissenschaften, Englisch, Kunst, Theater, Musik, Werken, Geschichte, Sport, Spiel und (auch kompensatorische) Bewegungsförderung der gesamte Bildungskanon der Schule auch in den außerunterrichtlichen Angeboten nicht nur bedient, sondern auch erweitert.

Der Erlass zu den erweiterten Ganztagshaupt- und Förderschulen liegt mit seinen Zielbildern weitgehend parallel dazu, wobei ein starkes Gewicht auf die Förderung fachlicher und überfachlicher Kompetenzen, selbstständigen Lernens sowie eine Orientierung an Schülerinteressen gelegt wird.

Während die Grundschule über »Projekte der Kinder- und Jugendhilfe, vor allem der außerschulischen Jugendarbeit« mit beispielsweise »geschlechtsspezifischen, interkulturellen und ökologischen Angeboten« weitere non-formale Bildungs- und Erziehungsziele anvisiert, treten an deren Stelle für den Sekundarbereich stärker Aspekte verbesserter Chancen beim Übergang in Ausbildung und Beruf in den Vordergrund. Dementsprechend finden sich im Verbund der sonstigen außerschulischen Partner nunmehr Wirtschaft und Handwerk, die mit ihren Angeboten die Ausbildungs- und Berufsreife der Jugendlichen fördern sollen.

4.1.3 Schulgesetze und -erlasse in Bremen

Die Textrecherche erfolgte für das Land Bremen über die Suche nach einschlägigen aktuellen Gesetzen, Verordnungen und Erlassen auf der Internetpräsenz der Senatorin für Bildung und Wissenschaft, in der Online-Version des Bremer Schulblatts und in der Sammlung bremischer Gesetzestexte in der Online-Rechtstextesammlung des C.H. Beck-Verlags. Da erheblich weniger Dokumente als in Nordrhein-Westfalen ausfindig gemacht werden konnten, wurde die Einschlägigkeit und Vollständigkeit der Sammlung mittels telefonischer Rücksprache mit Verantwortlichen für den Ganztagsschulbereich in Bremen sichergestellt. Nachfolgend werden ausschließlich Dokumente rezipiert, die inhaltlich Bezüge zum Thema Individuelle Förderung aufweisen. Anders als in den Rechtstexten aus Nordrhein-Westfalen lassen sich nicht in allen Dokumenten Fundstellen ausweisen. Im bremischen Schulverwaltungsgesetz (BremSchVwG) oder in der bremischen Verordnung über die Ganztagsschule vom 30. Januar 2007 lassen sich z.B. keine Textstellen ausweisen, die einen Bezug zum Thema herstellen.

4.1.3.1 Schulgesetz (BremSchulG)

Mit dem im Sommer 2009 verabschiedeten Bremischen Schulgesetz[1] ist die Sekundarstufe fortan zweigliedrig angelegt: An die vierjährige Grundschule schließen die »Schularten« Oberschule und Gymnasium an. Beide Schularten führen bis zum Abitur, das Gymnasium in einem achtjährigen, die Oberschule in einem neun- oder achtjährigen Bildungsgang. Die Oberschule bestimmt sich durch ein hohes Maß an Differenzierung[2].

> »**§ 20 Oberschule**
> **(2)** Ihr Unterrichtsangebot ist auf die unterschiedlichen Abschlüsse ausgerichtet. Der Unterricht in der Oberschule berücksichtigt die Neigungen und die Lernfähigkeit der einzelnen Schülerinnen und Schüler durch eine zunehmende Differenzierung auf unterschiedlichen Anforderungsniveaus und führt zu den entsprechenden Abschlüssen« (ebd.).

Für die Grundschule gilt ein umfassendes Individualisierungsgebot, das fakultativ sogar die Aufhebung der Jahrgangsklassen ermöglicht.

> »**§ 18 Grundschule**
> **(2)** Die Grundschule vermittelt ihren Schülerinnen und Schülern grundlegende Kenntnisse und Fertigkeiten und entwickelt die unterschiedlichen Fähigkeiten in einem für alle Schülerinnen und Schüler gemeinsamen Bildungsgang. Grundlage der Unterrichtsgestaltung sind die individuellen Entwicklungen der Schülerinnen und Schüler mit ihren unterschiedlichen kognitiven, sozialen, emotionalen und motorischen Voraussetzungen. […]

---

1 Ggf. relevante abweichende Regelungen des übergangsweise bis zum Schuljahr 2010/11 noch in Kraft befindlichen bremischen Schulgesetzes vom 28. Juni 2005 werden in einer Fußnote angeführt.

2 Anstelle der Oberschule standen neben dem Gymnasium die Sekundarschule (Klasse 5–10) und die Gesamtschule (Klasse 5–10 mit Übertrittmöglichkeit in die gymnasiale Oberstufe). Entsprechende Differenzierungsangebote fanden sich in der Gesamtschule.

> **(4)** Der Unterricht in der Grundschule kann jahrgangsstufenübergreifend erteilt werden. Er kann auch jahrgangsstufenunabhängig der individuellen Lernentwicklung der Schülerinnen und Schüler entsprechend organisiert werden« (ebd.)

Das Schulgesetz formuliert in seinem ersten Kapitel zum Auftrag der Schule einige grundlegende Positionen zur Schulentwicklung. In § 3 Abs. 3 und Abs. 4 werden multiprofessionelle Kooperation und Inklusion als Maxime für alle Schulen des Landes festgeschrieben. Hier heißt es in Absatz (3):

> »Die Schule soll ihren Auftrag im Zusammenwirken von Schülerinnen und Schülern, Erziehungsberechtigten, Lehrkräften, nichtunterrichtendem Personal sowie betrieblichem Ausbildungspersonal mit dem Ziel einer größtmöglichen Konsensbildung auch unterschiedlicher Interessen und Positionen verwirklichen« (ebd.).

In § 2 Abs. 5 bestimmt das bremische Schulgesetz, was unter »nichtunterrichtendem Personal« zu verstehen ist. Im Kern sind das *»alle an einer Schule beschäftigten sozialpädagogischen Fachkräfte, die an einer Schule erzieherisch und sozialpädagogisch tätig sind und die Schülerinnen und Schüler bilden und betreuen ohne zu unterrichten oder zu unterweisen sowie Personen, die im Rahmen von unterrichtsergänzenden und außerunterrichtlichen Angeboten Schülerinnen und Schüler betreuen«* (ebd.). Natürlich lässt sich an dieser Stelle darüber streiten, ob die funktionale Trennung, die das Gesetz hier vorsieht, in der Praxis tatsächlich so gegeben ist. Zumal im sogenannten unterrichtsergänzenden oder außerunterrichtlichen Bereich mitunter auch Lehrerinnen und Lehrer tätig sind und z.B. eine Hausaufgabenbetreuung ohne ein gewisses Maß an Unterweisung nicht denkbar ist. Bedeutsam ist aber an dieser Bestimmung die Erweiterung des Bildungsbegriffs, die deutlich über den Bezug auf curriculare Inhalte hinausgeht.

Inhaltlich verknüpft sind die Themen »Individuelle Förderung« und »Inklusion«. Nun ist Inklusion nicht Kernthema der Dokumentenanalyse, es sei aber an dieser Stelle dennoch erwähnt, dass Bremen das erste Bundesland ist, das die UN-Konvention zur Inklusion nach der Ratifizierung durch den Bundestag in seinem Schulgesetz umgesetzt hat. In § 3 Abs. 4 heißt es hierzu:

> »**(4)** Bremische Schulen haben den Auftrag, sich zu inklusiven Schulen zu entwickeln. Sie sollen im Rahmen ihres Erziehungs- und Bildungsauftrages die Inklusion aller Schülerinnen und Schüler unabhängig von ihrer ethnischen Herkunft, ihrer Staatsbürgerschaft, Religion oder einer Beeinträchtigung in das gesellschaftliche Leben und die schulische Gemeinschaft befördern und Ausgrenzungen einzelner vermeiden« (ebd.).

Dieser Konstruktion von Inklusion findet sich auch im Auftrag zur eigenständigen Schulprogrammentwicklung (vgl. § 9 BremSchulG) wieder, wird hier aber stärker mit der Thematik Individuelle Förderung verknüpft.

> »**(2)** Der Unterricht und das weitere Schulleben sollen für alle Schülerinnen und Schüler gemeinsam sein, eine Benachteiligung bestimmter sozialer, ethnischer oder kultureller Gruppen vermeiden und zum Abbau sozialer Schranken

beitragen. Inklusive Unterrichtung und Erziehung sollen Maßnahmen der Individuellen Förderung und Herausforderung sowie des sozialen Lernens ausgewogen miteinander verknüpfen. Die Förderung von behinderten Schülerinnen und Schülern soll im gemeinsamen Unterricht erfolgen« (ebd.).

In § 5 werden hierzu weitergehende Zielvorstellungen formuliert, die zwar allgemeine *»Bildungs- und Erziehungsziele«* sind, in denen sich aber der »Inklusionsgedanke« an vielen Stellen wenigstens implizit wiederfinden lässt (vgl. § 5 Abs. 3; 2 BremSchulG).

Schulorganisatorisch werden die bisher bestehenden sonderpädagogischen Förderzentren in dezentral an den allgemeinbildenden Schulen installierte »Zentren für unterstützende Pädagogik« überführt. Aufgabe dieser Zentren ist es, *»die allgemeine Schule in allen Fragen sonderpädagogischer und weiterer unterstützender pädagogischer Förderung zu beraten und zu unterstützen«* (§ 22 Abs. 2 BremSchulG).

In § 23 des Schulgesetzes wird festgehalten, dass alle allgemeinbildenden Schulen als Ganztagsschulen in gebundener Form organisiert sein können. Inhaltlich wird für den gebundenen Ganztag an dieser Stelle zwischen obligatorischen Lernzeiten und zusätzlichen, ganz oder teilweise verpflichtenden Betreuungsangeboten unterschieden. Die für alle Schülerinnen und Schüler verpflichtende (vgl. § 23 Abs. 3 BremSchulG) *»Lernzeit«* ist zu verstehen als eine pädagogische »Organisationsform«, *»die Unterricht und unterrichtsergänzende Angebote zu einer pädagogischen und organisatorischen Einheit (Lernzeit) an Vor- und Nachmittagen«* (§ 23 Abs. 2 BremSchulG) verbindet.

4.1.3.2 Der Bremer Orientierungsrahmen Schulqualität (BOS)

Zur Analyse des Bremer Qualitätstableaus wurde auf die im Herbst 2007 aufgelegte Erprobungsfassung zurückgegriffen, die bis einschließlich 2009 für alle Schularten Gültigkeit besaß und danach fortgeschrieben werden sollte. Das Qualitätstableau formuliert Qualitätsmerkmale, die Input-, Prozess- und Outputstandards gleichermaßen erfassen und für die Evaluation von Qualitätsentwicklungsprozessen aus vier unterschiedlichen Akteursperspektiven betrachtet werden sollen (»Stadionmodell«): aus der Perspektive der einzelnen Schule (interne Evaluation), aus der der Schulinspektion (externe Evaluation), aus der der Schulaufsicht (Controlling) und aus der Perspektive überregionaler Schulleistungsvergleiche (wissenschaftliche Evaluation).

Die insgesamt 24 angeführten Qualitätsbereiche werden in fünf Dimensionen zusammengefasst (Input und Kontextmerkmale, Lernkultur, Schulkultur, Schulmanagement sowie Output und Ergebnisse) und in jeweils fünf bzw. vier Qualitätsaspekte untergliedert, denen wiederum ein Set von Zielbeschreibungen und Merkmalen (Indikatoren) zugeordnet ist. Diese werden explizit als exemplarisch bezeichnet und bilden somit keine »Checkliste« mit Vollständigkeitsanspruch ab. Jede Schule kann für sich innerhalb des nach innen entwicklungsoffenen Gesamtrahmens eigene Schwerpunktsetzungen vornehmen und ist im Sinne ihres Eigenständigkeitsauftrags sogar dazu aufgefordert.

Unter den Inputstandards werden sozialräumliche Besonderheiten als Bedingungsfaktoren der Qualitätsentwicklung in zweierlei Hinsicht berücksichtigt: Zum einen werden Ressourcenzuweisungen davon abhängig gemacht, zum anderen wird eine sozialräumlich und an den Besonderheiten der Zusammensetzung der Schülerschaft orientierte pädagogische Konzeption der Schule auch in Bezug auf Konzepte Individueller Förderung erwartet:

»1.2.1 **Soziales Umfeld**
Das jeweilige soziale Umfeld einer Schule prägt die schulische Prozess- und Ergebnisqualität in einem erheblichen Maß. Die Senatorin für Bildung und Wissenschaft berücksichtigt die daraus entstehende unterschiedliche Anforderung schulischer Aufgaben durch sozialindikatorbezogene Elemente in der Ressourcenzuweisung.

1.2.2 **Zusammensetzung der Schülerschaft**
Die Zusammensetzung der Schülerschaft gilt als ein zentraler Faktor der pädagogischen Arbeit. Schulen berücksichtigen die Schülermerkmale – insbesondere Migrationshintergrund, Sprachkenntnisse, individuellen Förderbedarf etc. – als Basis pädagogischer Arbeit, in der Gestaltung der schulinternen Curricula sowie bei der Entwicklung ihrer Schulkultur und des Schullebens« (ebd.).

Neben einer explizit kompetenz- und standardorientierten Unterrichtsentwicklung kommt auch der Transparenz von Unterrichtszielen und Erreichungskriterien eine hohe Bedeutung zu. Hierzu heißt es in 2.1.1, die Unterrichtsplanung soll sich »an den kompetenzorientierten Standards und fachdidaktischen Konzepten der Bildungspläne« orientieren. Sie »sichert die fachliche Qualität des Unterrichts und unterstützt inhaltliche und Zielklarheit. Die Lehrkräfte erläutern die Unterrichtsziele und die Kriterien ihrer Erreichung. Das Erreichen und die Sicherung der Unterrichtsziele wird am Ende der Arbeitsphasen reflektiert« (Senatorin für Bildung und Wissenschaft 2007:6). Im Hinblick auf Individuelle Förderung ist hier eine Verschränkung fachlichen Lernens mit dem Erwerb überfachlicher Kompetenzen, Zieltransparenz und Lernwegreflexion hervorzuheben. Im daran anschließenden Kapitel »2.1.2 –Unterrichtsgestaltung, Lehrerhandeln im Unterricht« werden diese Aspekte weiter ausgeführt.

»Klarheit über individuelle und gemeinsame Lernausgangslagen begründet die inhaltliche und Verlaufsstruktur eines Unterrichtsabschnitts. Das Thema erschließt sich Schülerinnen und Schülern im Kontext von Erfahrung. Der Unterricht ist so strukturiert, dass »der rote Faden« für Lehrkräfte und Schülerinnen und Schüler deutlich erkennbar ist. Struktur und Schrittigkeit behindern nicht die Ganzheitlichkeit von Inhalten und Lernprozessen« (ebd.).

Die Orientierung der Unterrichtsplanung an »individuellen und gemeinschaftlichen Lernausgangslagen«, Ziel- und Methodentransparenz und Sinnbezug des Lernens wird an dieser Stelle deutlich hervorgehoben. Dies ist im Kontext von Konzepten Individueller Förderung bedeutend, die auf der Entwicklung von Eigenverantwortung und Lernkompetenzen aufbauen (vgl. Zöllner/Vollstädt 2008). Diese Aspekte werden im darauffolgenden Kapitel »2.1.3 – Förderung des selbstständigen Lernens« weiter ausgeführt. Pädagogische Ziele wie »Eigenverantwortung« werden hier zusammen mit den in diesem Kontext gleichfalls relevanten Begriffen »Schüleraktivierung«, »multiprofessionelle Unterstützung«, »Regelbezug« und »kooperative Lernformen« explizit als Qualitätsmerkmale hervorgehoben.

»Mit Blick auf die Anforderungen von Arbeitswelt und Gesellschaft und auf die Notwendigkeit lebenslangen Lernens fördert die Schule systematisch selbständiges und selbstorganisiertes Lernen. Gemeinsame Reflexion der Arbeits-

> prozesse und -ergebnisse fördern eine realistische Selbsteinschätzung. Die Schülerinnen und Schüler übernehmen Verantwortung für ihren eigenen Lernprozess« (ebd.).

Daran anknüpfend wird unter dem Gesichtspunkt der Nachhaltigkeit von Lernprozessen auf individualisierte Lern- und Übungsformen, auf langfristige und selbstverantwortete Lerndokumentationen mit Gebrauchswert (z.B. Portfolio) sowie auf Freiarbeitsräume und Förderprogramme im Ganztag verwiesen (vgl. 2.1.4 Förderung der Nachhaltigkeit von Lernprozessen). Dabei wird bei der Gestaltung von Lernarrangements Wert auf Individualisierung gelegt. Hierzu heißt es in »2.1.5 – *Umgang mit Heterogenität als methodisch vielfältige Gestaltung von Lernarrangements*«:

> »Lernarrangements berücksichtigen und nutzen die Heterogenität jeder Lerngruppe. Sie stellen geeignete Variationen von Kontexten, Aufgabenstellungen, Arbeitsmaterial, Lernwegen (Methoden) und Sozialformen zur Verfügung, um ein möglichst hohes Maß an Individualisierung des Lernens in dennoch gemeinsamen Arbeitsprozessen zu ermöglichen« (ebd.).

Versteht man Individuelle Förderung in einem erweiterten Verständnis als umfassende Förderung der Persönlichkeit, dann bieten Ganztagsschulen prinzipiell günstige Voraussetzungen. Gebundene Modelle sind wegen ihrer höheren Verbindlichkeit in dieser Hinsicht offenen Formen womöglich überlegen. Die Chancen für multiprofessionelle Kooperation sowie eine sinnvolle Verzahnung von schulischen und nicht-schulischen Inhalten ist hier strukturell erleichtert. Der Bremer Qualitätsrahmen formuliert ausdrücklich die Forderung, unterrichtliche und außerunterrichtliche Lehr-Lernsituationen zu verzahnen und im Austausch mit Lehrkräften und anderem (sozial-)pädagogischen Personal zu gestalten (vgl. 2.1.8 – *Gemeinsame Unterrichtsvor- und -nachbereitung als Instrument der Unterrichtsentwicklung).*

> »Lehrkräfte planen, reflektieren und werten ihre Lernangebote gemeinsam aus. Durch Feedback, Evaluation oder Lernkontrollen erworbenes Wissen über die Wirksamkeit und Akzeptanz von Lernangeboten begründet gemeinsame Unterrichtsentwicklung. Wirksamkeit und Nachhaltigkeit dieser Arbeit werden erhöht durch die gezielte Verzahnung unterrichtlicher und anderer Lernsituationen und -zeiten und ggf. die Einbeziehung der übrigen pädagogischen und sozialpädagogischen Fachkräfte der Schule« (ebd.).

In Kapitel 2.2.1 des Qualitätsrahmens findet man Aussagen zur Individuellen Förderung. Individuelle Förderung wird hier unter dem Qualitätsaspekt »2.2 Schülerunterstützung im Lernprozess und in der Persönlichkeitsentwicklung« subsumiert (vgl. ebd.:11). In der nachfolgenden Textpassage wird deutlich, dass Individuelle Förderung als allgemeines Unterrichtsprinzip aufgefasst wird, das nur in besonderen Gefährdungsfällen durch gezielte zusätzliche Maßnahmen ergänzt werden soll und sich inhaltlich somit nicht ausschließlich auf curriculare Inhalte bezieht. Vielmehr lässt sich ein sehr umfassendes zugrunde liegendes Verständnis von Förderung als Entwicklungsunterstützung erkennen, das in dieser Textpassage eher ressourcen- als defizitorientiert interpretiert wird.

> »Individuelles Fördern heißt, jeder Schülerin, jedem Schüler die Chance zu geben, ihr/sein motorisches, intellektuelles, emotionales und soziales Potenzial umfassend zu entwickeln und diese Entwicklung mit geeigneten, auch spezifischen Maßnahmen zu unterstützen.
> - Individuelles Fördern wird als allgemeine Aufgabe im Schultag und im Unterricht angesehen, die nicht durch zusätzliches Fördern ersetzt wird.
> - Es gibt nach Leistungsvermögen, Thema, Interessenschwerpunkten unterschiedliche Lernmaterialien und Arbeitshilfen, unterschiedlich angebotene Lernzeit, Lernschleifen, zusätzliche Hilfen.
> - Individuelles Fördern ist eingebunden in die Sozialformen des Lernens und bedient sich auch der Stärken von Schülerinnen und Schülern.
> - Leistungseinbrüche und die Gefährdung der kontinuierlichen Schullaufbahn (drohende Nichtversetzung) führen zu gezielter Förderung« (ebd.).

Eine wesentliche Voraussetzung zur Realisierung Individueller Förderung sind diagnostische Fähigkeiten. Das Qualitätstableau weist hierzu im Kapitel »2.2.2 Systematische Förderung von leistungsstärkeren und leistungsschwächeren Schülerinnen und Schülern« Ansätze auf, die sowohl Stärken als auch Defizite erfassen sollen. Es werden allerdings im Text die Begriffe »individuelle Förderpläne/-maßnahmen«, »Differenzierungsmaßnahmen«, »Zielgruppen«, »Risikogruppen« und Leistungsträger so nebeneinander gestellt, dass nicht klar wird, wie »individuell« die Förderung wirklich gestaltet werden soll.

> »Die systematische Förderung von leistungsstärkeren und leistungsschwächeren Schülerinnen und Schülern setzt eine Diagnose ihrer Lernausgangslage voraus. Daraus sind individuelle Fördermaßnahmen und Differenzierungsmaßnahmen zu entwickeln.
> - Ein schuleigenes Förderkonzept, das auf die Heterogenität der Schülerschaft und auf Erfordernisse ihrer besonderen Stärken und Schwächen eingeht, ist aufgestellt.
> - Die Zielgruppen von Förder- und Förderbedarfen sind identifiziert; das Förderkonzept bezieht sich auf Risikogruppen wie auf Leistungsträger.
> - Die Schule vereinbart mit Schülerinnen und Schülern und ihren Erziehungsberechtigten die aktive Wahrnehmung und Unterstützung der besonderen Förderbemühungen der Schule.
> - Die individuellen Förderpläne beruhen auf einer Diagnose.
> - Die Schule stimmt sich im Hinblick auf besondere Fördermaßnahmen mit Fachleuten, Beratungsstellen sowie mit den Eltern und Ausbildungsbetrieben ab.
> - Schülerinnen und Schüler mit besonderen Begabungen oder mit speziellen Defiziten erhalten entsprechende Lern- bzw. Unterrichtsangebote.
> - Es gibt Lehrkräfte, die sich in den Bereichen Diagnostik, Beratung und Entwicklung von Förderplänen qualifiziert haben und entsprechend eingesetzt werden.
> - Die Schule überprüft regelmäßig die Wirksamkeit ihrer Fördermaßnahmen« (ebd.).

Dazu wird ein schuleigenes Förderkonzept eingefordert, das Erziehungsberechtigte und externe Partner einbindet und die Erstellung diagnostisch abgesicherter individueller Förderpläne umfasst. Im Qualitätsrahmen ist diesbezüglich ein eigenes Kapitel ausgewiesen. In »3.5.1 Hilfen bei persönlichen und schulischen Problemen« heißt es:

> »Um Schülerinnen und Schüler in Problemsituationen zu unterstützen, macht die Schule Angebote für persönliche Beratungsgespräche, entwickelt Konzepte zur Prävention – auch in Kooperation mit dem Zentrum für schülerbezogene Beratung – und sichert bei Bedarf eine kollegial abgestimmte Beobachtung der schulischen bzw. persönlichen Entwicklung. Abgebende und aufnehmende Schulen informieren sich bei Problemen gegenseitig über die schulische bzw. persönliche Entwicklung der Schülerinnen und Schüler. Die Lehrkräfte nehmen bei Problemen rechtzeitig Kontakt untereinander, mit den Eltern bzw. Ausbildungsbetrieben auf« (ebd.).

Das an dieser Stelle geforderte Beratungskonzept ist sowohl interventiv als auch präventiv gedacht und vernetzt Schule, Elternhaus, Jugendamt und das »Zentrum für schülerbezogene Beratung«.

Besonderes Gewicht wird einzelnen Förderzielbereichen zugemessen. Dazu gehört die Sprachförderung. Hier fällt auf, dass Sprachförderung fachunabhängig betrieben wird und das familiäre Umfeld in das Förderkonzept eingebunden ist.

> **»2.2.3 Sprach- und Leseförderung der Schülerinnen und Schüler**
> Zur Integration von Schülerinnen und Schülern nicht deutscher Herkunftssprache oder aus sozial schwachen bzw. ›bildungsfernen‹ Familien deutscher Muttersprache ist in allen Schularten und in allen Fächern eine systematische Sprach- und Leseförderung erforderlich.
> - Sprach- und Leseförderung werden als Aufgabe jedes Faches angesehen und praktiziert.
> - Es ist ein abgestimmtes Konzept zur Sprach- und Leseförderung vorhanden, in das das familiäre Umfeld einbezogen ist« (ebd.).

Als weitere Förderziele sind die Unterstützung sozialen Lernens, des Regelbewusstseins und der Verantwortungsübernahme (vgl. 2.2.4 – Förderung sozialen Lernens und der Verantwortungsübernahme) sowie die Unterstützung der Persönlichkeitsentwicklung (vgl. 2.2.5 Unterstützung der Persönlichkeitsentwicklung) benannt. Somit weisen die Förderziele insgesamt eine starke Orientierung am einzelnen Kind und Jugendlichen auf. Der individuelle Blick auf die Schülerin, den Schüler ermöglicht erst die Realisierung der Förderziele.

> »Die schulische Bildungsarbeit zielt auf eine ganzheitliche Persönlichkeit, die sich in politischen, sozialen und kulturellen Gesellschafts- und Lebenskontexten, in ihrer privaten Sphäre sowie in ihrer Erwerbsbiografie sinnhaft und erfolgreich verwirklichen kann. Der schulische Bildungs- und Erziehungsauftrag richtet sich wesentlich auch auf die Unterstützung des Erwerbs personaler Kompetenzen« (ebd.).

Zusammenfassend ergibt sich aus der Sichtung des Bremer Qualitätstableaus der Eindruck einer stark pädagogisch geprägten, komplexen und in sich konsistenten Konzeption von Schule, die mit inklusionspädagogischen Leitgedanken, Akzentuierung von Schülerverantwortung, wertschätzendem und entwicklungsunterstützendem Umgang mit Potenzialen und Leistungen der Schülerinnen und Schüler argumentiert. Er umfasst sowohl defizit- als auch stärkenorientierte und systemisch aufgefasste Förderansätze. Individuelle Förderung ist inhärentes Prinzip, nimmt ausdrücklich und erkennbar auch Kinder in schwierigen Lebenssituationen in den Blick.

4.1.3.3 Weitere offizielle Dokumente in Bremen

Im Nachfolgenden werden weitere landesrechtliche Regelungen und Erlasse kurz aufgeführt, da sie einen inhaltlichen Bezug zum Thema Individuelle Förderung aufweisen. Diese sollen aber an dieser Stelle nicht vertiefend ausgeführt werden.

Orientierungshilfe »Fördern in der Grundschule«

Die Orientierungshilfe stammt aus dem Jahre 1997, ist also noch vor der vorletzten Fassung des Bremischen Schulgesetzes aus dem Jahre 2005 veröffentlicht worden. Auf die Grundschule hin ausgerichtet werden hier Grundsätze einer individuellen, ganzheitlich ausgerichteten Förderung konkretisiert.

> »Grundschule versteht sich als Lebens-, Lern- und Erfahrensraum für alle Schülerinnen und Schüler. Es sollte Raum vorhanden sein für Individualität und individuelle Entwicklungsarbeit. Jedes Kind ist entsprechend seinen Lernvoraussetzungen in der Lerngruppe zu fördern.
>
> Unterricht zielt auf ganzheitliche Förderung des Kindes. Er umfasst den sozialemotionalen, den psychomotorischen wie den kognitiven und kreativen Bereich. Die Kinder gewinnen Sicherheit, entwickeln Vertrauen in die eigenen Fähigkeiten und werden zur Übernahme von Verantwortung für das eigene Lernen ermutigt.
>
> Grundlegend für den Erwerb der Schriftsprache und den Erwerb quantitativer Begriffe und Verfahren (Mathematik) ist ein strukturierter Erstunterricht, der die individuellen Lerndispositionen berücksichtigt und frühzeitig Lernschwierigkeiten erkennen lässt« (ebd.).

Der letzte Satz lässt vermuten, dass das Kernziel auch dieses ganzheitlichen Ansatzes der Lernerfolg in den Lernbereichen Sprache und Mathematik ist. Die Richtlinie legt für den Fall sich abzeichnender Lernschwierigkeiten eine multifaktorielle, im Verlauf der Förderung mehrfach durchgeführte und inner- wie außerschulische Wirkzusammenhänge berücksichtigende Statuserhebung als förderdiagnostische Grundlage fest. Wenngleich hierbei von einem defizitären Status des Kindes ausgegangen wird, soll die Förderung unter Einbeziehung der Eltern umfassender und erfolgsorientiert aufgebaut werden. Als Förderziele werden benannt:

- »die Stärken von Schülerinnen und Schüler herauszufinden, sie ihnen bewusst zu machen und Erfolgs- und Könnenserlebnisse zu vermitteln,
- Lernhemmungen und Blockaden abzubauen und Lernmotivation zu fördern,
- individuell angemessene Arbeits- und Lernstrategien zu entwickeln,

- im Unterricht auf Leistungsrückstände Rücksicht zu nehmen und mit geeigneten Fördermaßnahmen vorhandene Leistungsmöglichkeiten zu nutzen. Fördermaßnahmen können nur in ermutigenden Lernsituationen wirksam werden.

Für das Gelingen der Förderung sind der regelmäßige Kontakt, das Gespräch und die Zusammenarbeit mit den Eltern unabdingbar« (ebd.).

Die nachfolgenden Ausführungen zur Förderorganisation nehmen an dieser Stelle allerdings vieles von dem hier zum Ausdruck gebrachten Individualisierungsanspruch wieder zurück, indem sie auf Verfahren der inneren und äußeren Differenzierung zurückverweisen:

> »Fördermaßnahmen erfordern verschiedene Lernangebote, die die unterschiedlichen Aneignungsformen der Schülerinnen und Schüler berücksichtigen. Sie werden in differenzierten Unterrichtsangeboten innerhalb eines Klassenverbandes von der Klassenlehrerin oder dem Klassenlehrer bzw. der Fachlehrerin oder dem Fachlehrer durchgeführt.
>
> Zusätzliche Fördermaßnahmen können eingerichtet werden. Je nach Förnotwendigkeit in den Klassen können Förderstunden/Teilungsstunden organisiert werden, auch wenn zeitweilig die Schülerpflichtstundenzahl in Anspruch genommen wird. Es können auch klassen- und jahrgangsübergreifende Fördermöglichkeiten eingerichtet werden« (ebd.).

Richtlinien zur Förderung von Schülerinnen und Schülern mit besonderen Schwierigkeiten im Lesen und Schreiben (LRS-Erlass)

Auch das Land Bremen hat die traditionelle Förderung von Kindern mit Lese-Rechtschreibschwäche in einem eigenen Erlass erfasst, der schulstufendifferenziert Regelungen zu diagnostischen Voraussetzungen und Planung der Förderung, zur Charakteristik schulischer Individueller Förderung, zu außerschulischen Hilfen und zur Zusammenarbeit mit den Erziehungsberechtigten enthält:

> »Die Beobachtung der Lernausgangslage in der Klassenstufe 1 ist von grundlegender Bedeutung. Um mit der Förderung möglichst frühzeitig beginnen und einen individuellen Förderplan entwickeln zu können, müssen Lernschwierigkeiten frühzeitig erkannt werden. Grundlage eines Förderplans sind die differenzierte Beschreibung des Leistungsstandes und der spezifischen Fehlermuster beim Lesen, Schreiben und Rechtschreiben, eine Einschätzung der Lernvoraussetzungen und -bedingungen und eine gezielte Beobachtung des Lernverhaltens. Bei der Bewertung dieser Beobachtungen sind die individuellen Lernentwicklungen und die jahrgangsbezogenen Lernzielvorgaben zu berücksichtigen« (ebd.).

Langzeitbeobachtungen und Screenings sind die Basis für Früherkennung der LRS in der Eingangsklasse der Primarstufe und für die Erstellung individueller Förderkonzepte, die als langfristige Lernentwicklungsdokumentation fortgeschrieben werden. Einem systemischen Therapiekonzept der Legasthenie folgend, werden Erziehungsberechtigte in die Förderplanung und -maßnahmen eingebunden. Die Förderplanung der Grundschule wird in der Sekundarstufe aufgenommen und fortgeschrieben. Erforderlichenfalls werden auf beiden Schulstufen erweiterte diagnostische Schritte durch externe Expert/inn/en vorgenommen. Die eingesetzten Methoden richten sich ausdrücklich nach den individuellen Entwicklungsmöglichkeiten des Kindes. Eventuell im Kontext der Teilleistungsstörung auftretende kompensatorische Verhaltensstrategien und Entwicklungsprobleme werden in Kooperation mit Jugendhilfeeinrichtungen aufzufangen versucht, und auch Erziehungsberechtige werden in geeigneter Weise in die Fördermaßnahmen möglichst aktiv eingebunden.

Arbeitshilfen zum Vorgehen bei Schulvermeidungsverhalten

Die Arbeitshilfe gibt Richtlinien zum pädagogischen Umgang mit Schulverweigerern und ist damit im Kontext der Problematik von Kindern in schwierigen Lebenssituationen interessant. Sie rekurriert auf die schulische, »in der Verfassung begründete Pflicht, lebenswichtige soziale Fähigkeiten und Fertigkeiten zu vermitteln, insbesondere, wenn die Familie dies nicht (mehr) leisten kann« (ebd.). Schulverweigerung wird als »vielfache Folge gravierender persönlicher Probleme« angesehen, wobei »struktur- oder persönlichkeitsbedingt [...] die Schule selbst auch Ursache für Schulvermeidungsverhalten sein« (ebd.) kann.

Die Orientierungshilfe beschreibt verschiedene Formen des Schulvermeidungsverhaltens und führt handlungsleitende Ratschläge zu präventiven und interventiven Maßnahmen auf. Dabei steht eine umfassende ursachenbezogene Fallanalyse unter Einbeziehung möglichst aller schulisch und außerschulisch beteiligten Bezugspersonen und die Abwägung und Festlegung von pädagogischen Handlungsoptionen im Vordergrund. Dabei geht es insbesondere um die Vernetzung bzw. frühzeitige Zusammenarbeit mit außerschulischen Angeboten wie dem Schulpsychologischen Dienst, dem Ausländerreferat, dem Schulermittlungsdienst, dem Schulärztlichen Dienst, der Kinder- und jugendpsychiatrischen Beratungsstelle und weiteren Einrichtungen der Kinder- und Jugendhilfe.

Die Orientierungshilfe hat einerseits den Charakter einer Ordnungsmaßnahmenregelung, andererseits sind jedoch auch viele Züge eines erzieherischen Förderprogramms enthalten, das allerdings im Einzelfall pädagogisch konkretisiert werden muss.

4.1.4 Teilauswertung relevanter Dokumente in Bremen

4.1.4.1 Verständnis Individueller Förderung

Vor allem mit dem neuen bremischen Schulgesetz und dem zeitlich parallel dazu entwickelten Qualitätstableau für die Inspektion zeichnet sich eine komplexe Konzeption Individueller Förderung ab, die auf eine ganzheitliche Bildungs- und Entwicklungsförderung in einem umfassenden Bildungsverständnis ausgerichtet ist. Eine wesentliche Rolle spielt der Anspruch, die UN-Konvention zur Inklusion durchgängig im Schulwesen umzusetzen (vgl. §§ 3 und 9 BremSchulG). Der Inklusionsbegriff wird dabei sowohl auf soziale, ethnische oder kulturelle Diversität als auch auf Behinderungen bezogen (§ 9 Abs. 2 BremSchulG). Der Inklusionsgedanke verknüpft »Individuelle Förderung und Herausforderung« in ausgewogener Weise mit sozialem Lernen (vgl. ebd.).

Für die Sekundarstufe kommt in der neuen Fassung des Schulgesetzes die bedeutende Strukturveränderung hinzu, dass die Oberschule alle Schulabschlüsse anbietet und als einzige Schulart neben dem Gymnasium steht. Sie muss für eine relativ heterogene Schülerschaft hochgradig anforderungs- und neigungsdifferenziert arbeiten (vgl. § 20 Abs. 2 BremSchulG).

Für die Grundschule sieht das Schulgesetz fakultativ die Aufhebung der Jahrgangsklassen vor, was ebenfalls eine stärkere Orientierung des Unterrichts an individuellen Lernentwicklungen erfordert (vgl. § 18 Abs. 4 BremSchulG). Dem entsprechend werden »individuellen Entwicklungen der Schülerinnen und Schüler mit ihren unterschiedlichen kognitiven, sozialen, emotionalen und motorischen Voraussetzungen« als »Grundlage der Unterrichtsgestaltung« bezeichnet (vgl. § 18 Abs. 2 BremSchulG) und BOS Ziff. 1.2.2). Auch sonderpädagogischer Förderbedarf wird zunehmend mit Hilfe der in den Schulen integrierten Zentren für unterstützende Pädagogik so weit wie möglich im gemeinsamen Unterricht abgedeckt (vgl. § 22 BremSchulG).

Multiprofessionelle Zusammenarbeit insbesondere zwischen Lehrkräften und »nichtunterrichtendem Personal« ist expressis verbis gefordert und unterstützt den ganzheitlichen Bildungs- und Förderansatz (vgl. §3 Abs. 3 BremSchulG).

Die bildungsadministrativen strukturellen Rahmenbedingungen erfordern damit zwingend die integrale Verankerung Individueller Förderung im umfassenden Sinne der Bildungs- und Entwicklungsförderung für alle Schularten der Primar- und Sekundarstufe, und zwar unabhängig vom Ganztagsstatus der Schule.

Die für alle Schularten gültigen Bildungs- und Erziehungsrichtziele verknüpfen fachliches Lernen mit dem Erwerb überfachlicher Kompetenzen und persönlicher Entwicklung (vgl. § 5 BremSchulG). Im Qualitätstableau kommt das noch deutlicher zum Ausdruck (vgl. BOS Ziff. 2.1). Auch hier wird der ganzheitliche Bildungs- und Förderansatz unterstützt und gestärkt. Sozialraumorientierung, Vernetzung mit außerschulischen Instanzen (Familie, Ausbildungsbetriebe etc.) und Partizipation sind Merkmale eines systemischen Förderkonzepts. Auch der besonders hervorgehobene Zielbereich der Sprach- und Lesekompetenzförderung wird individualisiert, fachübergreifend und unter Einbindung des familiären Umfelds angegangen (vgl. BOS Ziff. 2.2.3). Diese Auffassung findet sich auch in den Richtlinien zur Förderung von Schülerinnen und Schülern mit besonderen Schwierigkeiten im Lesen und Schreiben (LRS-Erlass) wieder.

Der Orientierungsrahmen lässt deutlich erkennen, dass Schülerinnen und Schüler häufiger ressourcen- als defizitorientiert individuelle Unterstützung sowohl im Lernprozess als auch in der Persönlichkeitsentwicklung erfahren sollen (vgl. BOS Ziff. 2.2.1).

Auf die Prozessqualität von Unterricht bezogene Qualitätsmerkmale des BOS wie Sinnkontexte des Lernens, Ziel- und Methodentransparenz, Kompetenzorientierung, Lernwegreflexion, Selbststeuerung des Lernprozesses, individualisierende und kooperative Methoden, Nachhaltigkeit, Verzahnung unterrichtlicher und außerunterrichtlicher Lehr-Lern-Situationen, Feedbackkultur, multiprofessionelle Kooperation, soziales Lernen und Verantwortungsübernahme kennzeichnen einen lernkompetenzorientierten Förderansatz (vgl. BOS Ziff. 2.1; 2.2; 2.3; 3.1; 3.3).

Aber auch der pädagogisch-diagnostische Ansatz der Bildungs- und Förderplanung ist im Qualitätstableau repräsentiert. Diagnostik wird hier gleichermaßen ressourcen- und defizitbezogen verstanden und findet in Abstimmung zwischen (teilweise speziell fortgebildeten) Lehrkräften und »Fachleuten, Beratungsstellen sowie mit Eltern und Ausbildungsbetrieben« statt (vgl. BOS Ziff. 2.2.2). Im Rahmen eines schuleigenen Förderkonzepts, das »Zielgruppen für Förder- und Forderbedarfe […] identifiziert« (ebd.), werden auf diese Weise möglichst umfassend diagnostisch abgesicherte individuelle Förderpläne erstellt. Der Individualisierungsanspruch wird hier allerdings begrifflich etwas verunklärt.

Im LRS-Erlass wird Förderung gleichfalls systemisch und nachhaltig angelegt. Die aus dem Jahre 1997 stammende »Orientierungshilfe ›Fördern in der Grundschule‹« setzt zwar an Lerndefiziten an (vgl. Abs. 1), fordert aber eine begleitende, systemische Förderdiagnostik als Basis einer ermutigenden und erfolgsorientierten Förderung (vgl. Ziff. 2; 3), die allerdings nur mit dem Anspruch einer inneren oder äußeren Differenzierung umgesetzt wird – also nicht zwingend individualisierend (vgl. Abs. 4).

4.1.4.2 Individuelle Förderung für Kinder und Jugendliche in schwierigen Lebens- und Bildungssituationen

Das Bremische Schulgesetz geht nicht ausdrücklich auf Kinder und Jugendliche in schwierigen Lebens- und Bildungssituationen ein. Mit dem umfassenden Inklusionsanspruch sind diese aber zwangsläufig mit erfasst.

Der Orientierungsrahmen Schulqualität enthält jedoch Hinweise auf Hilfeplanungen gemäß Kinder- und Jugendhilfegesetz, die die Kooperation mit dem Jugendamt erfordern (vgl. BOS Ziff. 3.4.3). Zudem fordert er ein interventiv und präventiv wirkendes Konzept für Schüler- und Elternberatung zur »Hilfe bei persönlichen und schulischen Problemen«, das gleichfalls alle Bildungs- und Erziehungspartner vernetzend einbezieht (vgl. BOS Ziff. 3.5.1).

Im LRS-Erlass findet sich ein Hinweis auf außerschulische Hilfen durch Einrichtungen der Jugendhilfe bei sekundären Entwicklungsproblemen, seelischen Störungen oder kompensatorischen Verhaltensauffälligkeiten (vgl. LRS-Erlass Abs. 3).

Am deutlichsten werden Kinder und Jugendliche in schwierigen Lebens- und Bildungssituationen in den »Arbeitshilfen zum Vorgehen bei Schulvermeidungsverhalten« angesprochen. Schulverweigerung als »Folge gravierender persönlicher Probleme« wird präventiv und interventiv, ursachenbezogen und fallanalytisch unter Berücksichtigung aller schulisch und außerschulisch Beteiligten im Rahmen eines erzieherischen Förderprogramms behandelt. Erziehungsförderung ist damit sehr grundsätzlich, wenngleich nur wenig explizit auf Kinder in schwierigen Lebens- und Bildungssituationen bezogen. Sie ist als Leitgedanke in Schulgesetz und Qualitätstableau verankert und wird auf Erlassebene weiter beschrieben. Dies gilt für alle allgemeinbildenden Schularten und -stufen; die Ganztagsschule ist nicht besonders hervorgehoben.

4.1.4.3 Rahmenbedingungen Individueller Förderung im Ganztag

Individuelle Förderung wird in den Bremischen Rechtstexten als integraler Bestandteil von Schule und Unterricht betrachtet. Besondere Rahmenbedingungen Individueller Förderung sind daher nicht feststellbar. Lediglich im Hinblick auf Lerndefizite, spezielle Teilleistungsstörungen (LRS) und Schulvermeidungsverhalten sind die allgemein gültigen Leitideen durch Maßnahmen und Verfahrenshinweise spezifiziert.

Für sonderpädagogischen Förderbedarf stehen jedoch die schulinternen »Zentren für unterstützende Pädagogik« zur Verfügung (früher externe Förderzentren). Darüber hinaus können außerschulische Expert/inn/en und Beratungsinstitutionen wie z.B. der Schulpsychologische Dienst, das Ausländerreferat, der Schulermittlungsdienst, Schulärztlicher Dienst, die Kinder- und Jugendpsychiatrische Beratungsstelle, der »Sozialdienst Kinder und deren Familien«, der »Sozialdienst Jugendliche und deren Familien« und die Erziehungsberatungsstelle konsultiert werden. Weder in Bezug auf Individuelle Förderung noch auf Ganztagsschulen allgemein machen die Rechtstexte Aussage zu besonderen Mittelzuwendungen. Es bleibt unklar, mit welchen zeitlichen, sächlichen und personellen Ressourcen im Kontext Individueller Förderung entstehende Aufwände z.B. bei Kooperationen mit außerschulischen Institutionen abgedeckt werden. Auch zur Finanzierung »nichtunterrichtenden Personals« oder zusätzlichen Stellenbedarfs in Ganztagsschulen finden sich in den ausgewerteten Texten keine Aussagen. Allerdings wird der Ganztagserlass weiter überarbeitet.

4.1.4.4 Individuelle Förderung im Vergleich der Schulformen

In den analysierten Bremer Schulrechtstexten finden sich nur wenige für unseren Projektauftrag relevante schulstufenspezifische Differenzierungen. Schulgesetz und Qualitätstableau sowie die Arbeitshilfe zum Schulvermeidungsverhalten sind für alle Schulstufen und Schularten verbindlich.

Das Schulgesetz stellt für die Grundschulen besonders die Einheitlichkeit des Bildungsgangs für sämtliche Schülerinnen und Schüler heraus, ermöglicht die Aufhebung der Jahrgangsstufen bzw. -klassen und verbindet damit einen umfassenden Auftrag besonderer Individueller Förderung. In der Sekundarstufe sind (auch innerhalb der Oberschule) unterschiedliche Bildungsgänge und -abschlüsse möglich; die Option der Jahrgangsstufenaufhebung ist hier aber nicht gegeben. Inklusionsmaxime und Individualisierungsauftrag gelten aber auch hier.

Der LRS-Erlass ist gleichfalls für die Primar- wie für die Sekundarstufe gültig, hebt jedoch für die Grundschule einen Auftrag zur Früherkennung über Screeningverfahren und Langzeitbeobachtungen und gegebenenfalls zur Aufstellung eines individuellen Förderplans hervor, der als Langzeitdokumentation auch in der Sekundarstufe fortgeschrieben wird.

Die Orientierungshilfe »Fördern in der Grundschule« ist acht Jahre vor der vorletzten Fassung des Bremischen Schulgesetzes entstanden. Sie bildet exklusiv für die Grundschule ein zwar schon weitgehend ganzheitliches und systemisches, aber noch eher unterrichts- und defizitorientiertes Förderverständnis ab und ist damit durch die weiter reichenden Positionen des neuen Schulgesetzes und des Qualitätstableaus überholt. Letztere gelten, wie gesagt, für alle Schulstufen und -arten.

Weder hinsichtlich der Bildungs- und Förderziele noch hinsichtlich des Organisationsrahmens der Individuellen Förderung werden schulstufenspezifischen Unterscheidungen vorgenommen. Auch eine Unterscheidung von Halbtags- und Ganztagsbetrieb wird nicht getroffen.

4.1.5 Zusammenfassung: Vergleich der rechtlich-konzeptionellen Basis für Bremen und Nordrhein-Westfalen

Insbesondere beim Vergleich der Schulgesetze und Qualitätstableaus entsteht der Eindruck, dass die Bremer Regelungen und Ausführungen vom Bildungs- und Förderverständnis her umfassender, pädagogisch anspruchsvoller und konsistenter formuliert sind als die nordrhein-westfälischen. Das ist sicherlich großenteils der zeitgleichen Verfassung beider Texte in Bremen geschuldet, bei der die schulpädagogisch-konzeptionelle Perspektive des Orientierungsrahmens Schulqualität die administrative Sicht des Schulgesetzes beeinflussen konnte. Aber auch die Tatsache, dass das neue Bremische Schulgesetz auf der Basis einer erziehungswissenschaftlichen Expertise erstellt wurde, trägt zu diesem Eindruck bei. Verstärkt wird er auch aufgrund der Präsenz einer übergeordneten Leitidee, die zu großen Teilen durch die Umsetzung des Inklusionsgedankens der UN-Konvention zur Inklusion gespeist wird. Die Anzahl weiterer regulierender Erlasse ist in Bremen deutlich niedriger als in Nordrhein-Westfalen. Dieser Umstand kann sicherlich zumindest teilweise mit dem Status und dem geringeren Regulierungsbedarf eine Stadtstaates gegenüber einem Flächenland erklärt werden, aber auch mit einer vereinfachten und einheitlicheren Struktur des Schulwesens. Die nordrhein-westfälischen Rechtstexte hingegen sind zu recht unterschiedlichen Zeiten aus bildungspolitisch unterschiedlichen Ansätzen heraus entstanden und beziehen sich auf eine größere Vielfalt an Schulformen und Ganztagsschultypen. Insbesondere die Ganztagsschulerlasse müssen hier die Aufgabe leisten, das in Schulgesetz und Qualitätsrahmen eher noch formelle, unterrichts- und bildungsgangorientierte Bildungs- und Förderverständnis zu erweitern. Dies geht zu Lasten eines in sich einheitlichen Leitbildes von schulischer Bildung und Förderung.

4.1.5.1 Ganztagsschule im Vergleich der Länder

Alle Schulen der Primar- und Sekundarstufe in Bremen können als gebundene Ganztagsschulen betrieben werden. Mit dem Ganztagsstatus einer Schule sind in den untersuchten Texten keine hervorgehobenen Wirkungserwartungen verknüpft. Es sind keine herausgehobenen Regelungen oder Mittelzuwendungen für Ganztagsschulen gegenüber Halbtagsschulen aus den untersuchten Dokumenten ablesbar. In Nordrhein-Westfalen steht gleichfalls allen allgemeinbildenden Schulen der Ganztagsbetrieb als Option offen. Diese Entwicklung wird mit großem Engagement seitens des Landes z.B. im Rahmen von »Qualitätsoffensiven« vor allem für die Sekundarstufe I propagiert und sowohl in der Primarstufe als auch in der Sekundarstufe I mit beachtlichem Aufwand an Personal- und Sachmitteln unterstützt. Dieser Mitteleinsatz wird verbunden und legitimiert mit herausgehobenen Wirkungserwartungen in Bezug vor allem auf Individuelle Förderung, auf Verbesserung und Ausgleich von Bildungs-, Abschluss- und Berufseintrittschancen besonders auch für Kinder und Jugendliche aus bildungsfernen Milieus sowie auf Betreuungsverlässlichkeit.

Der Auftrag zur Verzahnung unterrichtlicher und unterrichtsergänzender Angebote »zu einer pädagogischen und organisatorischen Einheit« ist für alle allgemeinbildenden Schulen explizit formuliert und schließt auch »geeignete Unterstützungs- und Förderangebote für behinderte Schülerinnen und Schüler« ein.

Auch in Nordrhein-Westfalen besteht die Erwartung einer bildungswirksamen Verzahnung von Unterricht und außerunterrichtlichen Angeboten. Die Rahmenbedingungen dafür sind jedoch unterschiedlich: In gebundenen Ganztagsschulen (dies betrifft die meisten Ganztagshauptschulen) ist die Schaffung von Lernzeiten mit unterrichtlichen und unterrichtsergänzenden Angeboten und die Entwicklung von Konzepten Individueller Förderung für alle Schülerinnen und Schüler weitaus leichter zu realisieren als im offenen Ganztag (in diesem Modell sind die meisten Grundschulen organisiert).

4.1.5.2 Individuelle Förderung im Vergleich der Länder

Da Inklusion schon im bremischen Schulgesetz zur Maxime für alle Schularten erhoben ist, finden sich Konzepte des Umgangs mit Heterogenität, der Individualisierung und der Förderung als notwendiger Bestandteil jeglichen unterrichtlichen wie unterrichtsergänzenden Lehr-Lernprozesses in fast allen Qualitätsbereichen des Qualitätstableaus wieder. Die Zielsetzungen und Regelungen des Schulgesetzes erfordern zwingend die integrale Verankerung Individueller Förderung im umfassenden Sinne der Bildungs- und Entwicklungsförderung für alle Schularten der Primar- und Sekundarstufe, und zwar unabhängig vom Ganztagsstatus der Schule.

Auch wenn die Bildungsziele des nordrhein-westfälischen Schulgesetzes und der Ganztagserlasse die umfassende Förderung der Persönlichkeitsentwicklung in ihren kognitiven, emotionalen und sozialen Aspekten fordern, wird Individuelle Förderung auf der Ebene des Qualitätstableaus und der einschlägigen Erlasse im Sinne von Lernförderung immer wieder stark in den Dienst unterrichtsfachlichen Lernens gestellt. Vom Ansatz her ist sie in diesem Kontext eher defizitorientiert gedacht; Stärkenorientierung bezieht sich vornehmlich auf besondere Begabungen. Als Forderung in einem erweiterten Bildungsverständnis wird Individuelle Förderung in den ganztagsbezogenen Erlassen mit der Ganztagsschule verknüpft. Inklusive Formen des Unterrichts werden in Nordrhein-Westfalen zwar auch realisiert, beziehen sich aber eher auf gemeinsamen Unterricht mit Schüler/innen mit Behinderung und stellen auf Rechtstextebene noch nicht den Regelfall dar.

In Bremen vereinfacht das für alle Schulen geltende gebundene Modell des Ganztags die Entwicklung von Konzepten Individueller Förderung für alle Schülerinnen und Schüler. In Nordrhein-Westfalen trifft dies in gleichem Maße nur für die Hauptschulen zu, die den Ganztag im Regelfall gebunden organisieren; die Grundschulen arbeiten zumeist im offenen Ganztag.

Eine vernetzende, systemische Sicht von Förderung, die Eltern, schuleigenes pädagogisches und sozialpädagogisches Personal, außerschulische Kooperationspartner und Expert/inn/en gleichermaßen einbindet, ist in beiden Bundesländern festzustellen. Bremen betont dies als Notwendigkeit jedoch durchgängig sowie häufiger und konsistenter als Nordrhein-Westfalen.

Hinsichtlich der eingangs skizzierten Förderstrategien finden sich für beide Bundesländer Hinweise auf beide Förderansätze. Für Nordrhein-Westfalen lässt sich feststellen, dass der diagnostische Ansatz oft noch auf Lerndiagnostik und Lernförderplanung verengt ist. Bremen setzt hier umfassender im Sinne einer pädagogischen Diagnostik und Bildungsförderplanung an. Besonders die Qualitätstableaus beider Länder weisen aus, dass auch die an Unterrichtsentwicklung und Lernkompetenzförderung ansetzende Förderstrategie angestrebt wird.

4.1.5.3 Individuelle Förderung von Kindern und Jugendlichen in schwierigen Lebens- und Bildungssituationen mit besonderem erzieherischen Förderbedarf im Vergleich der Länder

In Hinsicht auf die Individuelle Förderung für Kinder und Jugendliche in schwierigen Lebens- und Bildungssituationen finden sich spezifische Aussage in beiden Bundesländern nur auf der Ebene einzelner zielgruppenbezogener Erlasse (Migrationshintergrund, schwieriges soziales Umfeld, Schulvermeidungsverhalten). Allerdings erfasst Bremen – wenn auch abstrakt – mit der Inklusionsmaxime schon viele mögliche Bedarfslagen.

Auf Erlassebene werden in beiden Bundesländern vor allem Förderbedarfslagen aufgrund problematischer soziokultureller Integration und Schulvermeidungsverhalten bedacht und einzelfallbezogen, ressourcen- und sozialraumorientiert sowie systemisch angegangen.

Während das nordrhein-westfälische Schulgesetz Ordnungsmaßnahmen mit dem Begriff der »erzieherischen Einwirkung« verknüpft, dies aber nur eingeschränkt als pädagogische Fördermaßnahme verstanden werden kann (§ 53 SchulG), wird im bremischen Schulgesetz bei Ordnungsmaßnahmen nur eine nicht näher definierte »pädagogische Begleitung« gefordert (§ 47 Abs. 3 SchulG).

Insofern ist erzieherische Förderung, zumindest auf Erlassebene, in beiden Ländern in unterschiedlichen Varianten repräsentiert – als Regelförderung in der Schule (wenngleich hier in Nordrhein-Westfalen noch sehr deutlich unter der Zielstellung eines geregelten Gangs des unterrichtlichen Kerngeschäfts und der schulischen Abschlüsse), als sozialräumlich vernetzte Unterstützungsstruktur vor Ort sowie als in die Schulorganisation integrierte erzieherische Hilfen.

Darüber hinaus sind in beiden Bundesländern keine spezifischen Grundlagen für besondere individuelle erzieherische Förderung zu verzeichnen. Die Fundstellen sind auch nicht besonders prominent. Ein bereits eingangs angedeuteter, möglicher Erklärungsansatz kann darin liegen, dass es für die Autoren der analysierten Rechtstexte schwierig sein kann, in diesem Feld der Individuellen Förderung für Kinder und Jugendliche in schwierigen Lebens- und Bildungssituationen zu einer justiziablen Typisierung sehr unterschiedlich geprägter Problemlagen zu finden, der dann Fördermaßnahmen zugeordnet werden könnten.

4.1.6 Schulkonzepte: Realisierungsansätze Individueller Förderung in Nordrhein-Westfalen und Bremen

Wie eingangs erläutert, soll mit der Analyse von ausgewählten Schulkonzepten aus dem Primarbereich und Sekundarstufe 1 in Bremen und Nordrhein-Westfalen der Versuch unternommen werden, die fachlichen Rahmenbedingungen im Hinblick auf eine Realisierung Individueller Förderung zu rekonstruieren und anschließend gegenüberzustellen. Dazu wurden alle an der Studie beteiligten 24 Schulen um ihre Schulkonzepte gebeten. Aus Bremen lagen schließlich sechs Dokumente von Schulen der Primarstufe und fünf Schulen der Sekundarstufe I vor. Aus Nordrhein-Westfalen konnten Konzepte aus jeweils vier Grund- und Hauptschulen einbezogen werden. Einige Schulen hatten zum Zeitpunkt der Untersuchung noch kein Konzept, andere verwiesen auf eine gerade erfolgende Überarbeitung, die keine zeitnahe Übermittlung eines aktuellen Konzeptes ermöglichen würde. Nachfolgend sind die Ergebnisse in zusammengefasster Form zunächst einzeln nach Bundesland getrennt dargestellt. Abschließend erfolgt ein Ländervergleich.

4.1.6.1 Auswertung der Grundschulkonzepte in Nordrhein-Westfalen

Heterogenität wird in den Konzepten von drei der vier untersuchten Schulen vorwiegend auf die soziokulturellen Hintergründe der Schülerinnen und Schüler bezogen, in einem Fall ist der Bezug nur schwach. Eine Schule führt starke Unterschiede im Sozialstatus der Herkunftsfamilien an. Genderdifferenzen werden von zwei Schulen angeführt. Alle Grundschulen benennen die unterschiedlichen Lernvoraussetzungen (Interessen, Kenntnisse, Erfahrungen, Lernkompetenzen) sowie Sozialisationsdefizite als Ansatzpunkte und Handlungsfelder für Individuelle Förderung.

Das Förderverständnis aller Schulen ist (in unterschiedlich klarer Formulierung) ganzheitlich und entwicklungsbezogen akzentuiert und zielt auf die Entwicklung personaler, sozialer, fachlicher und methodischer Kompetenzen. Dem entsprechend werden sowohl Unterricht als auch die vielfältigen unterrichtsergänzenden Angebote als wirksam in einem umfassenden Bildungsverständnis gesehen. Alle Schulen legen Wert auf den Ausgleich fachlicher Defizite und reagieren darauf mit der Öffnung von Unterricht, individualisierenden Lehr-Lernkonzepten und zusätzlichen Förderangeboten (meist im Bereich der Hausaufgabenhilfe). Eine Schule setzt eine Eingangsdiagnostik

ein, zwei arbeiten mit individuellen Förderplänen und dem Lernstudio, eine setzt ein Lerntagebuch ein.
Zugleich wird diese defizitorientierte Sichtweise jedoch in allen Schulen ergänzt durch das Anliegen, besondere Stärken zu fördern; dies geschieht in der Regel über Neigungsgruppen im Ganztag.

Die Förderung sozial-emotionaler Kompetenzen wird in allen Schulen, die Unterstützung kultureller Integration in einer Schule explizit betont.

Multiprofessionelle Kooperation ist zumeist auf den Nachmittagsbereich beschränkt und unterschiedlich tief implementiert bzw. in den Konzepten kaum dokumentiert. Ähnlich ist die Befundlage zur sozialräumlichen Vernetzung der Schulen: Bei zwei Schulen ist die Vernetzung der Beschreibung zufolge sehr gut, zwei Schulen machen dazu keine Angaben.

Zur Individuellen Förderung von Kindern in schwierigen Lebens- und Bildungssituationen macht nur eine Schule Angaben. Diese Schule sieht die Ursachen im Migrationshintergrund der betreffenden Kinder, woraus Persönlichkeits- und Integrationsprobleme sowie Sprach- und Sozialisationsdefizite und zum Teil belastende biografische Erfahrungen resultieren. Die Schule reagiert darauf mit verstärkten Förderangeboten in diesen Bereichen sowie mit gemeinsamen Aktionen, die mit Eltern und externen Kooperationspartnern im Sozialraum durchgeführt werden.

4.1.6.2 Auswertung der Hauptschulkonzepte in Nordrhein-Westfalen

Lediglich zwei der vier untersuchten Hauptschulen treffen explizit Aussagen zur Heterogenität ihrer Schülerschaft im Hinblick auf den Sozialstatus, den Migrationshintergrund und die familiäre Situation. Eine Schule macht keine Angaben zu Heterogenität, führt aber in fünf Jahrgängen jeweils eine Klasse im gemeinsamen Unterricht.

Für alle Schulen gilt ein ganzheitliches und entwicklungsorientiertes Förderverständnis, das die Entwicklung von Körper- und Genderbewusstsein, Selbstkonzept und sozialer Verantwortung ebenso einschließt wie formelle Bildung. In der Umsetzung wird schwerpunktmäßig in allen Schulen auf die Entwicklung eines selbstständigen, eigenverantwortlichen Lern- und Arbeitsverhaltens gesetzt, dass eine individuelle Selbstförderung durch erweiterte Lernkompetenz ermöglichen soll. Dazu werden Maßnahmen der methodischen Öffnung von Unterricht, individualisierte Lehr-Lernkonzepte und zusätzliche Förderangebote mit dem Ziel eingesetzt, sowohl defizitausgleichend als auch stärkenfördernd zu wirken. Zwei Schulen arbeiten mit Wochenplänen, eine davon (im Kontext des GU) mit individuellen Förder- und Entwicklungsplänen; eine Schule lehnt den Anspruch Individueller Förderung dezidiert ab und versucht leistungshomogene Lerngruppen zu formen.

Der zweite Schwerpunkt liegt in der Förderung angemessenen Sprach- und Sozialverhaltens. Alle Schulen arbeiten mit Sozialtrainings und einem Streitschlichterprogramm, zwei setzen das Trainingsraumkonzept ein.

Kooperation ist für eine Schule innerhalb des Lehrerkollegiums im Zusammenhang mit Epochen- und Projektunterricht, für eine andere im Kontext der multiprofessionellen GU-Klassen-Teams dokumentiert. Darüber hinaus gibt es keine Hinweise auf multiprofessionelle Kooperation, obwohl alle Schulen zumindest eine Schulsozialarbeiterstelle führen.

Die Individuelle Förderung von Kindern in schwierigen Lebens- und Bildungssituationen wird expressis verbis nur von einer Schule dokumentiert. Die Schule versucht, für diese Kinder vor allem im Ganztag einen pädagogischen Raum zu realisieren, in dem individuelle Fördermaßnahmen im Bereich sprachlicher, sozialer und kultureller Kompetenzen angeboten werden, in die teilweise auch Eltern mit einbezogen werden. Zu sozialräumlicher Vernetzung und externen Kooperationsbeziehungen machen nur zwei Schulen Angaben. Bei allen »Fehlmeldungen« ist allerdings zu berücksichtigen, dass eine Quelle unvollständig ist.

4.1.6.3 Vergleich der Schulstufen innerhalb Nordrhein-Westfalens

Obwohl aufgrund der sozialräumlichen Rahmenbedingungen bei allen Schulen von einem hohen Maß an Heterogenität in der Schülerschaft auszugehen ist, machen nur drei der vier untersuchten Grund- und zwei der vier untersuchten Hauptschulen Aussagen dazu. Hauptbezüge sind schulisches Leistungsvermögen und Lernvoraussetzungen, soziokulturelle und familiäre Hintergründe und Sozialstatus.

Für alle Schulen gilt ein ganzheitliches und entwicklungsorientiertes Förderverständnis. Alle Schulen legen Wert auf die Entwicklung eines selbstständigen, eigenverantwortlichen Lern- und Arbeitsverhaltens, das eine individuelle Selbstförderung durch erweiterte Lernkompetenz ermöglichen soll, sowie auf defizitausgleichende und stärkenunterstützende Maßnahmen in fachlicher Hinsicht. Ansatzpunkte werden vorwiegend in der methodischen Öffnung des Unterrichts gesehen. Im engeren Sinne individualisierende Konzepte wie Portfolios, Log- oder Lerntagebücher, individuelle Förderpläne oder Lernkontrakte etc. werden in unterschiedlichem Maße eingesetzt: Zwei Grundschulen und drei Hauptschulen haben solche Konzepte programmatisch verankert, eine Grundschule arbeitet mit einer Eingangsdiagnostik. Eine Hauptschule lehnt den Anspruch Individueller Förderung dezidiert ab und versucht möglichst bedarfshomogene Fördergruppen zu bilden. Interessen- und neigungsorientierte Förderangebote finden sich in allen Schulen vorwiegend im »Nachmittags«-Bereich.

Die Förderung sozial-emotionaler und sprachlicher Kompetenzen wird in allen Schulen wahrgenommen, eine Grundschule setzt einen zusätzlichen Schwerpunkt im Bereich kultureller Integration.

Auf eine Verstetigung multiprofessioneller Kooperation gibt es in beiden Schulstufen nur schwache Hinweise, obgleich alle Hauptschulen über Sozialarbeiterstellen verfügen.

Zur sozialräumlichen Vernetzung und zu externen Kooperationsbeziehungen finden sich nur bei zwei Grund- und zwei Hauptschulen Aussagen in den Schulkonzepten.

Die Individuelle Förderung von Kindern in schwierigen Lebens- und Bildungssituationen wird nur von jeweils einer Grund- bzw. Hauptschule thematisiert und ist mit gezielten Förderprojekten, verstärkter Elternarbeit und der Gestaltung der Schule als pädagogischen Raum vorwiegend auf die Bearbeitung von Sprach- und Sozialisationsdefiziten ausgerichtet.

4.1.6.4 Auswertung der Grundschulkonzepte in Bremen

Alle sechs untersuchten Schulkonzepte beziehen die Heterogenität der Schülerschaft auf den Migrationshintergrund der Herkunftsfamilien. In der Summe nehmen die Schulen einen hohen Prozentsatz an Familien mit Migrationshintergrund wahr. Heterogenität äußert sich in einer hohen sprachlichen, ethnischen und kulturellen Diversität wider. Viele Familien weisen einen eher niedrigen sozialen bzw. sozio-ökonomischen Status auf. Eine Schule verweist zudem auf die (im Konzept erwünschte und durch die Jahrgangsmischung erst hergestellte) Altersheterogenität, eine andere auf unterschiedliche Lernausgangslagen hinsichtlich Lern- und Arbeitsverhalten, Leistungsvermögen und emotionaler Entwicklung. Eine Schule arbeitet im Gemeinsamen Unterricht, eine andere vertritt ein strikt inklusionspädagogisches Konzept.

Das Förderverständnis kann bei allen Schulen als ganzheitlich und entwicklungsorientiert bezeichnet werden. Individuelle Besonderheiten und Stärken werden von einer Schule explizit als Bereicherung angesehen. Förderansätze zielen durchgängig primär sowohl auf den Ausgleich von Defiziten im Bereich sprachlicher (insbesondere DaZ und Lesen), sozial-emotionaler und kultureller Kompetenzen als auch auf die Weiterentwicklung besonderer Stärken, Interessen und Begabungen. Zwei Schulen arbeiten ohne Schulnoten.

Lernkompetenzentwicklung durch offene Unterrichtsarrangements mit dem Ziel einer Selbstförderung wird in allen Schulen angestrebt. Dabei wird (in unterschiedlicher Ausprägung) eine Fülle unterschiedlicher Methodenkonzepte eingesetzt. Hervorzuheben sind »Lernen durch Lehren« in der jahrgangsgemischten Schuleingangsstufe oder Selbstlernzentren. Eine Schule setzt ein pädagogisch-diagnostisches Standardverfahren und bei Bedarf spezielle Diagnostikverfahren zur Erstellung individueller Förderpläne und -kontrakte ein. Fünf Schulen verwenden Lerntagebücher, Entwicklungsdokumentationen, individuelle Förderpläne oder zumindest Wochenpläne mit individuellen Übungssequenzen, die sechste setzt eher auf Niveaudifferenzierung innerhalb der Klassen und in klassenübergreifenden Lerngruppen und arbeitet an der Entwicklung eines Förderschienenkonzepts. Eine Schule hat die Jahrgangsklassen vollständig aufgelöst und unterrichtet und fördert in altersgemischten Lerngruppen von 6 bis 10 Jahren, denen jeweils ein Mentor zugeordnet ist, der für Lernreflexion, -beratung und -planung zuständig ist. Zusätzlich werden hochgradig individualisierte Lernangebote von multiprofessionellen Teams gestaltet. Alle Schulen setzen Sozialtrainings und Konfliktbewältigungsprogramme in unterschiedlichen Formen ein.

Multiprofessionelle Kooperation ist in allen Schulen in (unterschiedlichem Ausmaß) implementiert. Zwei Schulen arbeiten mit Präsenzzeitmodellen, die umfangreiche Team- und Planungszeiten vorsehen. Alle Schulen sind sozialräumlich vielfach vernetzt und pflegen zahlreiche externe Kooperationsbeziehungen.

Obwohl die Angaben zum familiären Hintergrund der Schüler/innen bei allen Schulen vermuten lassen, dass Kinder in schwierigen Lebens- und Bildungssituationen zur Klientel gehören, gehen nur drei Schulen explizit darauf ein. Diese Kinder werden dadurch charakterisiert, dass sie ein sozial unangemessenes Verhalten oder Hinweise auf Entwicklungsstörungen oder Behinderungen zeigen. Ursachen werden im prekären Sozialstatus der Herkunftsfamilien, divergierenden Erziehungsvorstellungen, biografischen Brüchen und Devianzerfahrungen gesehen. Die Schulen reagieren darauf mit verstärkter Beziehungsarbeit, der Bereitstellung verlässlicher Strukturen, sozialintegrativen Maßnahmen, verstärkter Elternarbeit und (in zwei Fällen) dem Einsatz des Programms SCHIPPE (Schulisch integrierte sozialpädagogisch-psychologische Erziehungshilfe), das auch Einzelfallhilfe, aufsuchende Familienarbeit und strukturverbessernde Maßnahmen umfasst. Eine Schule ergänzt dies um eine integrative heilpädagogische Tageserziehung (IHTE) eines freien Jugendhilfeträgers, die auch Beratungsarbeit in den Familien leistet.

4.1.6.5 Auswertung der Sekundarschulkonzepte in Bremen

In zwei der fünf untersuchten Schulkonzepte wird Heterogenität nicht explizit thematisiert bzw. nur auf schulleistungsrelevante Lernausgangslagen bezogen, obwohl bei der zweiten Schule ein beigefügter externer Evaluationsbericht auf problematische soziale Hintergründe, hohe ethnische Diversität mit verfestigten Abgrenzungen und verbreitete Gewaltbereitschaft verweist. Diese Faktoren werden in unterschiedlicher Gewichtung auch von den drei anderen Schulen angeführt.

Hinsichtlich des Förderverständnisses ergibt sich ein sehr uneinheitliches Bild. Tendenziell sind die Konzepte aber eher an formeller Bildung statt ganzheitlicher Entwicklung und an Zielgruppen statt an individuellen Bedarfen und Chancen orientiert. Eine Schule leitet aus der Sozialraumanalyse explizit keine Förderbedarfe ab und erwähnt Individuelle Förderung nur implizit und in der Umsetzung unscharf konturiert als Bestandteil des Leitbilds und des Vorsatzes einer entwicklungsbezogenen Förderung. Eine weitere Schule sieht Förderung weniger unter dem Aspekt der Individualisierung, sondern versucht, auf dem Wege der Binnendifferenzierung Defizitausgleiche und Stärkenförderung zu erwirken. Sie versteht sich aber zugleich als Lebensraum, der eine umfassende Entwicklung der Schüler/innenpersönlichkeit unterstützt.

Alle Schulen streben durch Veränderung des Unterrichts die Entwicklung von Lernkompetenzen und selbstständigem, eigenverantwortlichem Arbeiten der Schülerinnen und Schüler an. Zumeist wird aber eher eine zielgruppenorientierte als eine Individuelle Förderung realisiert, die vorrangig auf Defizitausgleich in fachlicher (Förderkurse, Binnendifferenzierung, Abbau von Frontalunterricht, Ferienkurse) und sozialer (Sozialtrainings, Trainingsraummodell) Hinsicht abstellt. Eine Schule arbeitet mit Arbeits- und Wochenplänen auf der Basis einer standardisierten Lese- und Rechtschreibdiagnostik sowie mit Formen kooperativen und reflexiven Lernens mit Hilfe von Lerntagebüchern. Ressourcenorientierung wird erkennbar in vielfältigen Neigungsangeboten. Eine Schule bietet ein Teamtraining und ein theaterpädagogisches Persönlichkeitstraining an.

Die Evaluationsergebnisse und Fortbildungsplanungen machen deutlich, dass sich die meisten der untersuchten Schulen gerade in Hinblick auf Individuelle Förderung in einem Reform- und Entwicklungsprozess befinden.

In vier Fällen arbeiten die Lehrkräfte in Klassen-, Jahrgangs- oder Fachteams zusammen. Multiprofessionelle Kooperation wird in keinem Fall explizit erwähnt, obwohl viele Schulen zumindest über Schulsozialarbeiter/innen bzw. Sozialpädagog/inn/en verfügen, die auch in der Schule und im Sozialraum wirken. Externe Kooperationsbeziehungen unterhalten alle Schulen, aber nur eine nutzt der Konzeption zufolge diese Kooperationen und sozialräumlichen Vernetzungen im Kontext Individueller Förderung der Sozialkompetenz.

Individuelle Förderung von Kindern in schwierigen Lebens- und Bildungssituationen wird in keinem der vorliegenden Konzepte ausdrücklich erwähnt. Im Wesentlichen scheint das Problem der Schulsozialarbeit zugeordnet und aus dem Schulprogramm ausgegrenzt zu werden. In einem Fall wird jedoch deutlich, dass die Schule auf die Problematik dieser Kinder erzieherisch und programmatisch reagiert (Schulvermeiderprojekt mit Beratungs- und Einzelbetreuungsmaßnahmen, Projekte sozialer Integration).

4.1.6.6 Vergleich der Schulstufen innerhalb Bremens

Aufgrund der sozialräumlichen Rahmenbedingungen ist für alle untersuchten Schulen von einem hohen Maß an Heterogenität auszugehen. Dennoch wird dieser Umstand von zwei der Sekundarschulen explizit nicht thematisiert.

Förderansätze sind in den Grundschulen durchgängig und explizit individualisierend, ganzheitlich und entwicklungsorientiert angelegt, während in den Sekundarschulen noch eine stärkere Akzentuierung formeller Bildungsarbeit und überwiegend zielgruppenorientierte Förderkonzepte festzustellen sind.

Alle untersuchten Schulen streben an, durch die Öffnung von Unterricht und Methodenlernen die Lern- und Selbstförderkompetenz von Schülerinnen und Schülern zu erweitern. Die Förderung kultureller und sozial-emotionaler Kompetenzen wird vor allem durch Sozialtrainings und Konfliktbewältigungsprogramme abgedeckt.

Im Hinblick auf unterrichtliche Förderung überwiegt in fast allen Schulen eine defizitorientierte Sichtweise, und zwar unabhängig von der Schulstufe. Eine Ressourcenorientierung wird vor allem in den begabungs- und neigungsorientierten sowie unterrichtsergänzenden Angeboten sichtbar.

Während an den Grundschulen multiprofessionelle Kooperation schon gut implementiert ist und teilweise auch (z.B. in Präsenzzeitmodellen) mit festen Teamzeiten und Angeboten über den gesamten Schultag realisiert wird, spielt diese in den Konzepten der Sekundarschulen eine eher untergeordnete Rolle, obgleich alle Schulen zumindest über eine Schulsozialarbeiterstelle/Schulsozialarbeiterinstelle verfügen; hier arbeiten eher noch Lehrerteams zusammen.

Alle Schulen sind sozialräumlich gut vernetzt und unterhalten vielfältige Kooperationsbeziehungen zu externen Partnern. Drei der Grundschulen und eine Sekundarschule stellen diese Außenbeziehungen explizit mit Individueller Förderung in einen Zusammenhang.

Obwohl die Angaben zum Sozialraum und zum familiären Hintergrund der Schüler/innen bei fast allen Schulen vermuten lassen, dass Kinder in schwierigen Lebens- und Bildungssituationen zu ihrer Klientel gehören, gehen nur drei Grundschulen und eine Sekundarschule explizit darauf ein. Diese Schulen reagieren mit einem programmatischen Maßnahmenspektrum, das von verstärkter Beziehungsarbeit, der Bereitstellung verlässlicher Strukturen, sozialintegrativen Maßnahmen und verstärkter Elternarbeit über schulisch integrierte sozialpädagogisch-psychologische Erziehungshilfe, Einzelfallhilfe, aufsuchende Familienarbeit und strukturverbessernde Maßnahmen bis zu integrativer heilpädagogischer Tageserziehung reicht.

Insgesamt entsteht der Eindruck, dass an den Sekundarschulen im Hinblick auf Individuelle Förderung, insbesondere auch von Kindern in schwierigen Lebens- und Bildungssituationen, ein höherer Entwicklungsbedarf besteht als in den Grundschulen.

Zusammenfassend kann man sagen: Hinsichtlich der sozialräumlichen Rahmenbedingungen stellen sich die untersuchten Schulen in Bremen und Nordrhein-Westfalen insgesamt vergleichbar situiert dar. Man kann von einer vergleichbaren Heterogenität ihrer Schülerschaft ausgehen. Dennoch wird diese Heterogenität in Bremen von zwei Sekundarschulen nicht explizit thematisiert – in Nordrhein-Westfalen von einer Grund- und zwei Hauptschulen.

Alle untersuchten nordrhein-westfälischen Schulkonzepte lassen ein ganzheitliches und weitgehend entwicklungsorientiertes Förderverständnis erkennen. In Bremen trifft dies für alle untersuchten Grundschulen zu, während die Sekundarschulen noch eher an formellen Bildungsbegriffen orientiert sind. Konsequent individualisierende Förderkonzepte weisen in Bremen alle Grundschulen auf, in Nordrhein-Westfalen trifft dies auf zwei Grund- und drei Hauptschulen zu; die übrigen arbeiten, ebenso wie alle untersuchten Bremer Sekundarschulen, eher zielgruppenorientiert.

Einheitlich setzen alle Schulen in beiden Bundesländern auf Ansätze der Selbstförderung durch Lern- und Methodenkompetenzerweiterung der Schülerinnen und Schüler und sind deshalb um die Öffnung von Unterricht und Formen eigenverantwortlichen Lernens bemüht.

Im Hinblick auf fachliche, aber auch sprachliche Kompetenzen überwiegen in beiden Bundesländern defizitorientierte Förderansätze. Hinsichtlich kultureller und sozialer Kompetenzen wird zwar von Defizitlagen ausgegangen, aber in den Maßnahmen oft bei der Entwicklung vorhandener Ressourcen angesetzt. Ein noch deutlicherer Ansatz der Förderung von Ressourcen ist in den begabungs-, neigungs- und interessenorientierten unterrichtsergänzenden Bildungsangeboten zu erkennen.

Multiprofessionelle Kooperation scheint an allen untersuchten Bremer Grundschulen gut implementiert zu sein. An den Bremer Sekundarschulen sowie in beiden Schulstufen in Nordrhein-Westfalen finden sich nur schwache Hinweise. Hier überwiegt die spezialisierte Arbeit in Professionsteams und die Entwicklung von »Schnittstellen« zwischen den Zuständigkeitsbereichen. Während in Bremen alle untersuchten Schulen unabhängig von der Schulstufe eine gute sozialräumliche Vernetzung dokumentieren und diese von drei Grund- und einer Sekundarschule auch expressis verbis in einen Zusammenhang mit Individueller Förderung gestellt wird, finden sich bei den nordrhein-westfälischen Schulen beider Schulstufen nur in jeweils zwei der Schulkonzepte Aussagen zu externen Kooperationsbeziehungen ohne Bezug zur Förderkonzeption.

Die Individuelle Förderung von Kindern in schwierigen Lebens- und Bildungssituationen wird in Nordrhein-Westfalen nur von jeweils einer Grund- und einer Hauptschule, in Bremen von drei Grund- und einer Sekundarschule thematisiert, obgleich in allen Fällen von einer Schülerschaft mit entsprechenden Bedarfslagen ausgegangen werden kann. In der Regel reagieren diese Schulen hierauf mit pädagogischen Gesamtkonzepten, die alle Schülerinnen und Schüler betreffen, zielgruppenspezifischen Förderangeboten und intensivierter Elternarbeit. Nur bei zwei Grund- und einer Sekundarschule in Bremen finden sich umfassendere Konzepte mit Einzelfallhilfe, aufsuchender Familienarbeit und strukturverbessernden Maßnahmen. Insgesamt lassen sich in diesem Feld sehr große Entwicklungspotenziale ausmachen.

4.2 Teilstudie qualitative Interviews (I): Professionalität und multiprofessionelle Kooperation im Kontext Individueller Förderung

In der hier vorgestellten Studie wollten wir prüfen, inwieweit sich die fachliche Maxime der Individuellen Förderung im Schulalltag realisiert. Genauer gesagt geht es darum, herauszufinden, ob und inwieweit das pädagogische Handeln der in den Ganztag eingebunden pädagogischen Akteure sich als anschlussfähig an diese Forderung erweist. Dabei wollen wir auch die Rolle der Kooperation der Akteure unterschiedlicher pädagogischer Provenienz in den Blick nehmen.

Die nachfolgende Darstellung basiert einerseits auf professionstheoretischen Reflexionen über die Ausgestaltung einer entsprechenden Handlungskompetenz dieser Akteure (vgl. Kapitel 2), andererseits auf empirisch gewonnenen Befunden aus 33 leitfadengestützten Interviews mit Lehrkräften und Akteuren des außerunterrichtlichen Bereichs (weiteres pädagogisch tätiges Personal) in Schulen in Bremen und Nordrhein-Westfalen (vgl. Kapitel 3). 21 dieser Interviews wurden an Schulen des Primarbereichs,

12 an Schulen der Sekundarstufe I durchgeführt. Die Gruppe des außerunterrichtlichen Personals setzt sich ausschließlich aus pädagogisch qualifiziertem Personal zusammen – sowohl Leitungspersonen des Ganztagsbereichs, sozialpädagogischen Fachkräften als auch Erzieher/innen. Bei der Interpretation der vorgestellten Ergebnisse ist nicht nur die Heterogenität der nicht unterrichtenden Pädagogen und Pädagoginnen hinsichtlich Qualifikation und Beschäftigungsformen zu berücksichtigen. Gleiches, womöglich abgeschwächter, gilt auch für die Lehrerschaft, deren Ausbildung und Tätigkeit ja keinesfalls homogen sind.

An dieser Stelle sollte noch auf einen fundamentalen, aber häufig nicht kritisch thematisierten Aspekt hingewiesen werden. Wir referieren und kommentieren Meinungen, Vorstellungen und Einschätzungen über Handeln und Kompetenzen. Wir legen – wie in erziehungswissenschaftlicher Forschung durchaus üblich – keine Ergebnisse einer Performanzforschung vor, die systematisch und langfristig Handeln und handlungsrelevante Kontexte beobachtet. Vielmehr reflektieren die Befragten hier, angeregt durch die Fragestellung der Interviewenden, eigene Kompetenzen und zeigen in ihren subjektiven Sichtweisen auf, wodurch sich (professionelles) Handeln im Hinblick auf die Realisierung von Individueller Förderung auszeichnet oder auszeichnen sollte und wie sie die Handlungskontexte sehen und bewerten. Wir haben die Aussagen der Befragten insofern ein wenig »bereinigt«, als wir grammatikalische Fehler korrigiert und die Sätze sprachlich etwas geglättet haben. Dies dient der besseren Lesbarkeit und hat nie dazu geführt, Inhalte zu verfälschen. Im Rahmen von Expert/inn/eninterviews halten wir dieses Verfahren für angemessen.

4.2.1 Professionelles Handeln im Kontext Individueller Förderung

Der nachfolgende Absatz befasst sich mit den Aussagen der Interviewten bezüglich vorhandener individueller beruflicher Kompetenzen und Kompetenzanforderungen, die eine Realisierung Individueller Förderung voraussetzen. Die ausgewählten Textpassagen liefern auch Hinweise auf vorhandene Kompetenzlücken und Weiterbildungsbedarfe. Darüber hinaus wurde der Einfluss von Rahmenbedingungen und beruflichen Haltungen auf das professionelle Handeln thematisiert.
Die identifizierten und nachfolgend exemplarisch aufgeführten Textstellen lassen darauf schließen, dass einem durch wissenschaftliche Erkenntnisse geleiteten Handeln in der Praxis eine geringere Bedeutung zukommt. Wir können eine große Differenz zwischen den eingangs skizzierten akademischen Professionsdiskursen und der pädagogischen Praxis ausmachen. Sowohl bei den befragten Lehrkräften als auch in der Gruppe des außerunterrichtlichen Personals spielen hingegen auf Lebens- und Berufserfahrung aufbauende Alltagstheorien (subjektive Theorien) eine entscheidende Rolle.

> »Ich denke mir, dass ich aufgrund meiner Berufserfahrung einen Blick dafür habe, wie Kinder z.B. agieren, und ich denke, dass ich auch ganz gut damit umgehen kann, wie Kinder agieren, und dass ich auch solche Situationen gut lösen kann […]« [DIPL.-SOZ.PÄD.; BREMEN; PRIMAR; GEBUNDEN].

Handlungsleitende »subjektive Theorien« sollen hier verstanden werden als »Überzeugungen, denen Gültigkeit unterstellt wird, und die auf die Wahrnehmung von Menschen und Situationen selektiven Einfluss haben« (Mägdefrau 2006:166). Subjektive Theorien sind somit unbewusste oder bewusste, handlungsleitende Dispositionen, die die Handlungsfähigkeit des Subjektes herstellen oder hinreichende Voraussetzung für ein funktionierendes Alltagshandeln darstellen. Im Kontext des komplexen Sozialsystems Schule scheint ein flexibles, situationsbezogenes (ad hoc) Handeln notwendige Voraussetzung für eine anschlussfähige Interaktion in der Schüler/innen-Lehrer/innen, respektive Schüler/innen-Sozialpädagog/inn/en-Beziehung zu sein.

> »[...] wir wissen morgens wirklich noch nicht, welche Bedingungen wir haben« [DIPL.-SOZ.PÄD.; BREMEN; PRIMAR; GEBUNDEN].

> »[...] weil man auch schnell reagieren muss, weil man viel im Auge haben muss. Es läuft ja nicht so einheitlich ab oder so ruhig ab, wie das sonst so ist« [LEHRKRAFT; BREMEN; PRIMAR; GEBUNDEN].

Insofern sind subjektive Theorien nicht per se geringer zu schätzen als elaborierte, auf abstraktes wissenschaftliches Wissen aufbauende Theorien. Professionelles Handeln gründet sich nicht allein auf ein wissenschaftliches Erklärungswissen (dies entspräche dem Typus des rein instrumentellen oder mechanischen Handelns), vielmehr bedarf es zusätzlich der Analyse des je konkreten Einzelfalls in einer je besonderen Situation. Zum individuellen Fallverstehen ist vom Professionellen ein »interpretatives, auf die individuelle Person orientiertes Sinn- und Bedeutungsverstehen gefordert« (Schroeter/Rosenthal 2005:15). Der/die Professionelle handelt auf Grundlage einer doppelten Wissensbasis, die sich durch unterschiedliche Kompetenzen begründet. Wissenschaftliche Kompetenz i.S. eines umfassenden Theorieverständnisses und des Wissens um wissenschaftliche Verfahren (Reflexionskompetenz) sowie die hermeneutische Kompetenz des individuellen Fallverstehens begründen den besonderen Handlungstyp des/der Professionellen (vgl. Pfadenhauer 2003:41). »Der Professionelle stellt in seinem Handeln die widersprüchliche Einheit von universalisierter Regelanwendung und Fallverstehen her. Seine Aufgabe und Leistung besteht in der Vermittlung von Theorie und Praxis mittels stellvertretender Deutung« (ebd.). Problemdeutung bedeutet hier, dass der/die Professionelle nach den methodischen Regeln zu rekonstruieren versucht, was der konkrete Fall ist, bzw. ihn erst dadurch erschließt.
In der Selbstbeschreibung der Befragten (beider Funktionsbereiche!) werden methodisch reflektiertes Handeln und professionsspezifische Abwägungsprozesse – im Sinne disziplinspezifischer Professionspraktiken – kaum zur Sprache gebracht. Dies ist bereits deshalb erstaunlich, da an den Stellen der Interviews, an denen nach allgemeinen Kompetenzanforderungen zur Realisierung von Individueller Förderung gefragt wurde, insbesondere Methodenkompetenz und Fachwissen als notwendige Voraussetzungen benannt wurden.

Aus Sicht des außerunterrichtlichen Personals bereitet es Lehrkräften häufig Schwierigkeiten, ein traditionelles Rollenverständnis zu überwinden. Sie sind in dieser Perspektive weniger in der Lage, Situationen professionell zu »lesen« und entsprechend zu reagieren.

> »Viele Lehrer – würde ich heute noch sagen – haben sehr große Probleme, weil sie immer noch sehr stark an ihrem Lehrplan hängen. Das ist natürlich aus Bildungssicht klar und gefordert, aber ich habe damals schon [Verweis auf frühere pädagogische Erfahrungen, Anm. d. Verf.] gelernt, ein Kind kann nur lernen, wenn die Lernbedingungen halt da sind, und es lernt manchmal in fünf Minu-

ten mehr als sonst in einer Woche, wenn es eben voll aufnahmefähig ist, und diese Situation müssen wir immer und immer wieder herstellen« [DIPL.-SOZ. PÄD.; BREMEN; PRIMAR; GEBUNDEN].

Die befragten außerunterrichtlichen Fachkräfte sehen dabei einen unmittelbaren Zusammenhang zu fehlenden Methodenkenntnissen der Lehrkräfte. Vorhandene Kenntnisse und Kompetenzen werden demnach nicht kontinuierlich erweitert bzw. angepasst und entsprechen demnach nicht den aktuellen Anforderungen, wie sie in Erlassen, Schulgesetzen und Qualitätspapieren formuliert sind (vgl. Kapitel 4.1).

»Auf der anderen Seite denke ich, dass Lehrer methodisch einfach weiter ausgebildet werden müssen. Wir sind aus den Zeiten des Frontalunterrichts raus« [DIPL.-SOZ.PÄD.; BREMEN; SEK I; GEBUNDEN].

Auch auf Seiten der Lehrkräfte wird die z.T. unzureichende Ausbildung an den Universitäten bemängelt. Demnach werden Ausbildungsinhalte und -strukturen den in der Praxis vorhandenen Ansprüchen einer modernen Schulpädagogik häufig nicht gerecht. Insbesondere bei der Vermittlung methodisch-didaktischer Kompetenzen wünschen sich einige der befragten Lehrkräfte stärker auf die Schulpraxis abgestimmte Konzepte.

»In der Ausbildung habe ich auch so gedacht und beigebracht bekommen, ich verteile Arbeitsblätter, und wenn ich Glück habe, haben alle nach dieser Stunde verstanden, was ich ihnen mit diesem Arbeitsblatt [...] mitteilen wollte. Und ich hatte das Gefühl, ich konnte das Lernen der Kinder kontrollieren, weil ich gewusst habe, was ich denen da hingelegt habe, und dann müssen die das auch gelernt haben. Und der größte Schritt ist, sich von dieser Illusion zu befreien. [...] Ich glaube, die Universitäten müssen in der Ausbildung den Schritt gehen, dass viel mehr berücksichtigt wird, wie gestalte ich den Unterricht. Ich glaube, das ist eigentlich das Thema, was viel mehr in der Ausbildung von Lehrern berücksichtigt werden muss« [LEHRKRAFT; BREMEN; PRIMAR; GEBUNDEN].

Von Lehrkräften wird dieser praxisbezogene Mangel der Ausbildung nicht selten angesprochen. Auch auf Seiten des außerunterrichtlichen Personals findet sich eine Kritik an der eigenen Arbeit im ganztagsschulischen Kontext. Eine Ursache wird in der Heterogenität der Qualifikationen gesehen und im Mangel kompensierender Nachqualifikationen.

»[...] beim sozialpädagogischen Fachpersonal muss ich sagen, da bin ich so ein bisschen traurig – da gibt es sehr, sehr unterschiedliche Standards.[...] Was ich an der Stelle vermisse, sind Fortbildungen, die gibt es nicht für uns« [DIPL.-SOZ.PÄD.; BREMEN; PRIMAR; GEBUNDEN].

Darüber hinaus wird aber auch ein strukturelles Problem vieler Ganztagsschulen angesprochen. Der als »Ganztag« bezeichnete Zeitabschnitt ist offenbar häufig mehr Tätigkeitsbereich als Berufsfeld. Der Ganztag erlaubt es, Personen zu beschäftigen, die kaum qualifiziert sind. Die vorhandenen Qualifikationen entsprechen häufig nicht dem Aufgabenfeld bzw. dessen Anforderungen.

> »Wir haben ja z.B. bei uns in der OGS nur zwei Erzieherinnen, der Rest sind einfach nur Leute, die meinen, sie könnten mit Kindern umgehen. Das muss man auch mal ganz ehrlich sagen, es sind keine Fachkräfte. Was nicht heißt, dass sie unbedingt schlecht sind, das muss es ja nicht heißen. Aber da fehlt es natürlich auch irgendwo. Man [...] müsste mehr Fachkräfte einstellen. Das wäre schon wichtig« [ERZIEHER/IN; NRW; PRIMAR; OFFEN].

Diese Aussage ist vor allem deshalb bedeutend, weil mit dem Ganztag ja außerordentlich anspruchsvolle Ziele verbunden sind, wie eben die »Herstellung von Chancengleichheit« durch Individuelle Förderung. Hier muss gefragt werden, wie adäquate professionelle pädagogische Begleitung und Förderung angesichts z.T. fehlender Basisqualifikationen und unzureichender Fort- und Weiterbildungen realisiert werden sollen. Auffällig ist, dass dem außerunterrichtlichen Personal – trotz deutlich benennbarer Defizite in den individuellen Kompetenzprofilen – Fortbildungen häufig versagt bleiben oder dass Fortbildungsthemen schlichtweg nicht bekannt sind. Einige Interviewte äußerten einen deutlichen Fortbildungsbedarf, da Hintergrundwissen mitunter nicht vorhanden sei. Umso enttäuschter zeigen sie sich, wenn es für Lehrkräfte (hier: in Bremen) eine »Weiterbildungspflicht« gibt, die einschlägigen Angebote dem außerunterrichtlichen Personal aber nicht zur Verfügung stünden.

> » [...] und für unsere 400-Euro-Kräfte gibt es überhaupt gar nichts. Auch die sollten ja gefördert werden, aber da passiert überhaupt nichts« [ERZIEHER/IN; NRW; PRIMAR; OFFEN].

> » [...] die Lehrer haben eine Fortbildungsverpflichtung in Bremen von 30 Stunden jährlich – das sollte bei uns auch sein, denn ich habe nun zufällig aus eigenem Interesse einige Bewerbungsgespräche geführt – im letzten Jahr – und wurde da und da und danach befragt – ich kann das zwar alles in etwa, ich wende das auch an, aber – ich sage jetzt mal – das wirkliche Hintergrundwissen, dass ich sagen kann, da bin ich nun 100% fit drin – das würde ich erst in der richtigen Fortbildung dazu kriegen« [DIPL.-SOZ.PÄD.; BREMEN; PRIMAR; GEBUNDEN].

Befragte aus dem Funktionsbereich »außerunterrichtliches Personal« berichten von einem strukturbedingten »Loyalitätsproblem«, dessen Ursache in der unterschiedlichen Trägerschaft von Schule und Ganztag liegt. Die Beschäftigung über verschiedene Träger (und teilweise »Unterauftragnehmer«) erschwert die Identifikation mit der »Einsatz-Organisation« – also der Schule. In dem nachfolgenden exemplarischen Beispiel beauftragt der Träger der OGS (hier ein e.V.) einen großen Wohlfahrtsverband mit der Planung und Durchführung der Ganztagsangebote:

> »[...] das ist ganz kompliziert. Die suchen sich einen Arbeitgeber für ihre Leute, damit sie da nichts mit zu tun haben. Und der Arbeitgeber stellt ja dann natürlich auch noch Anforderungen an einen. Es ist nicht nur, dass man dann die Bedürfnisse der Stadt X befriedigen muss, dann kommt der Arbeitgeber auch noch und möchte dieses und das und jenes« [ERZIEHER/IN; NRW; PRIMAR; OFFEN].

> »Ich habe drei Chefs. Ich habe Frau X, ich habe Träger Y, und ich habe die Gemeinde – und alle wollen über mich bestimmen und das ist manchmal ein Eiertanz. Ich weiß nicht, wie das in anderen Gemeinden ist, hier ist das zumindest so, dass mich die Gemeinde anruft und was will, dass mich der Träger anruft und was will. Ich kann jetzt machen was ich will, die Arschkarte ist bei mir« [ERZIEHER/IN; NRW; PRIMAR; OFFEN].

Die Befragten stimmen weitestgehend darin überein, dass die Arbeit mit und am Menschen eine besondere personale Qualität erfordert. Pädagogische Arbeit erfordert den Einbezug der eigenen Person.

> »Wenn man da denken würde, das ist irgendwie so ein Job, den ich einfach mache, das könnte man hier nicht leisten« [DIPL.-SOZ.PÄD.; BREMEN; PRIMAR; GEBUNDEN].

Beide Funktionsgruppen reflektieren gleichermaßen ihre Rolle als »Förderer und Unterstützer«. Damit wird die Bedeutung der beruflichen Haltung in der Interaktionsbeziehung als herausragender Einfluss und bedeutende personale Eigenschaft zur gelungenen Praxis Individueller Förderung benannt.

> »[…] wir müssen im Grunde genommen – und auch die Lehrer – immer wieder ganz viel Sozialpädagogik leisten. Das ist nicht nur Erzieherarbeit, sondern der Kontakt zu den Behörden, Familienhelfern, den Eltern. Die Elternarbeit ist unwahrscheinlich wichtig […] wir sind Allroundkraft für alles« [DIPL.-SOZ.PÄD.; BREMEN; PRIMAR; GEBUNDEN].

Insbesondere die außerunterrichtlichen Kräfte betonen die Bedeutung des persönlichen Engagements und die Bereitschaft, mehr einzubringen, als arbeitsvertraglich vereinbart wurde. Allerdings kann solch ein Selbst- oder Fremdbild häufig auch zu Überforderung führen. Angesichts eines von Politik und Gesellschaft formulierten erweiterten Auftrags zur »ganzheitlichen Förderung« der Kinder sehen sich Lehrkräfte, aber auch Sozialpädagog/inn/en und Erzieher/innen mit ihren professionellen Grenzen konfrontiert.

> »Sie stehen sich einfach selbst im Weg. Da ist einfach eine ganze, ganze Menge möglich, und das könnten wir schlicht und einfach nicht [nutzen, Anm. d. Verf.]. Da können wir noch so viel Ganztag machen, aber die Kompetenzen sind einfach nicht da« [LEHRKRAFT; BREMEN; PRIMAR; GEBUNDEN].

> »Wir haben keine Ausbildung in Psychologie, am Rande kriegen wir das halt alles mit, aber das ist ja auch nicht unser Berufsbild. Unser Berufsbild ist ja Vermittlung von Fakten und Wissen, und es steht natürlich wunderbar im Schulgesetz auch, dass wir einen Erziehungsauftrag haben. Das ist auch alles ganz nett und ein paar Sachen haben wir ja auch im Studium gemacht, aber die Ausbildung ging doch in das wirklich rein Sachliche hinein« [LEHRKRAFT; BREMEN; PRIMAR; GEBUNDEN].

Die Überforderung tritt deutlich zu Tage, wenn die Sprache auf verhaltensauffällige Kinder kommt:

> »[...] in jeder Klasse so immer zwei Schüler, ganz unabhängig von ihrer Herkunft, wo man – wenn ich das so sagen darf – wirklich sagen muss: die sind fast durchgeknallt. Also, die sind unheimlich schwierig hier. Mit manchen sind wir wirklich überfordert, total überfordert« [LEHRKRAFT; BREMEN; SEK I; GEBUNDEN].

> »[...] wenn jemand dann mal geht – kann ich Ihnen sagen, dass man auch sehr aufatmet und nicht unbedingt sagt: Ich bin hier gescheitert. Wir wissen sehr gut, dass wir ganz, ganz viel machen, aber dass wir das einfach manchmal nicht schaffen, und dann ist man wirklich richtig froh – das man sagt – den einen sind wir jetzt mal los. Obwohl es einem für das Kind total leid tut – das ist ganz klar« [LEHRKRAFT; BREMEN; SEK I; GEBUNDEN].

Bezogen auf die Frage, inwieweit Kompetenzen und Methoden zur Förderung von auffälligen Kindern vorhanden sind, finden sich Ausführungen wie die folgende:

> »Fast überhaupt keine. Da sind wir überfordert. [...] Unsere Sozialpädagogen sind auch von Haus aus keine Spezialisten für Schwererziehbare. Das ist eine andere Ausbildung. Obwohl die wirklich gute Arbeit leisten, aber es ist einfach etwas anderes, sie haben ja auch viele andere Aufgaben. Und wir haben sie ja nicht eingestellt für Schwererziehbare. Und Lehrer sind ja auch keine Spezialisten, natürlich nicht. Und diese individuelle Behandlung, die diese Schüler haben müssten, die können wir nicht leisten«. [LEHRKRAFT; BREMEN; SEK I; GEBUNDEN].

Je schwieriger die Schülerinnen und Schüler beschrieben werden, desto weniger klar ist den pädagogischen Akteuren, was ein individuelles Förderkonzept konkret bedeutet. Gerade also bei der Klientel, um die es bei der Reduktion um Chancenungleichheit geht, macht sich die Vagheit des Förderauftrags besonders negativ bemerkbar: Einer motivierten und fachlich interessierten Schüler/in ein individualisiertes (und erfolgreiches) Förderkonzept anzubieten, dürfte erheblich weniger Probleme bereiten als einem/einer Schüler/in, der kognitive, soziale oder motivationale Barrieren aufweist.

Unsere Befunde zeigen, dass die Wahrnehmung »schwieriger Lebens- und Bildungssituationen« sowohl bei Lehr- als auch bei außerunterrichtlichen Fachkräften vom schulischen Rahmen, schulischen Funktionen und Erwartungen determiniert ist. Auffällig ist Handeln dann, wenn schulische Normen jenseits gewisser Toleranzgrenzen überschritten werden. Neben fehlendem Wissen und Kompetenzen wird die Unfähigkeit, Regeln zu befolgen und sich auf Gruppenprozesse einzulassen, hervorgehoben. Auch werden Symptome der Vernachlässigung registriert. Erklärungen sind komplex und reflektieren verschiedene Faktoren wie individuelle Eigenschaften der Schülerin/des Schülers, die familiäre Situation, die Beziehung zwischen Eltern und Kind in Erziehungsprozessen sowie schulsystemspezifische Aspekte. Das pädagogische Personal ist nun vor die schwierige Aufgabe gestellt, die Komplexität dieser Problemlagen und sozialen Gefüge zu bearbeiten.

Bei der Erklärung schwieriger Bildungssituationen fällt die Überbetonung des familiären Hintergrundes als ursächliche Variable auf. Wenn die wesentlichen Gründe für nichtkonformes Verhalten oder Lerndefizite außerhalb der Schule zu finden sind, sollten sie demnach auch dort bearbeitet werden – so eine nicht selten geäußerte Meinung. Die Externalisierung der Ursachen führt allzu leicht zur Delegation der Problembehandlung. Einerseits ist dies – angesichts der Komplexität der Aufgaben und der Arbeitsbelastung – verständlich. Andererseits entzieht man sich so auch einer Mitverantwortung: Generell fällt auf, dass in den Interviews sehr selten der Anteil der Organisation und der Professionellen an den identifizierten Schwierigkeiten thematisiert wurde.

Wir sprechen im Rahmen der vorliegenden Studie von zwei ganztagsschulischen Funktionsgruppen (»außerunterrichtliches« und »unterrichtliches Personal«) und unterstellen damit voneinander getrennte Aufgabenbereiche. Diese Differenz wird in verschiedenen Interviews konkretisiert und verstärkt. Die selbst- und fremdzugewiesenen Kompetenzen und Aufgaben thematisieren dieses Thema.

Sowohl in der »Selbstcharakterisierung« des außerunterrichtlichen Personals als auch in der Fremdzuschreibung durch die Lehrkräfte werden die sozialen Kompetenzen des außerunterrichtlichen Personals hervorgehoben. Es besteht die verbreitete Vorstellung, dass das außerunterrichtliche Personal die »ganze Person« im Blick habe. Die eigene soziale Kompetenz wird dann auch zur Kernaufgabe der Vermittlung: Erzieher/innen und Sozialpädago/inn/en vermitteln selten (und nie im Zentrum ihrer Arbeit) schulisches Wissen, dafür aber wichtige Sozialkompetenzen. Sie haben einen systemischen Blick auf das Kind und beziehen mithin im Förderkonzept, stärker als Lehrer/innen dies tun, die Familien der Kinder mit ein. Die Interviewten nehmen eine deutliche fachliche Abgrenzung der Funktionsgruppen vor:

> »Wenn ich anfange, Deutsch-Nachhilfe zu geben, dreimal die Woche, dann verliere ich meinen Status bei den Kindern. [...] Die Schüler dürfen mich alle duzen, wenn ihnen danach ist. Ich bin auf einer ganz anderen Ebene mit denen, ich bin mehr auf Augenebene mit ihnen als eben ein Lehrer, und diese Rolle möchte ich gerade mit lernstofffachlicher Sache nicht kaputt machen. Sie sollen weiterhin sehen: Ich bin keine Lehrerin, ich werde sie nicht unterrichten. Ich verteile keine Noten. Bei mir muss keiner unter Druck arbeiten. Bei mir darf jeder so arbeiten, wie er das kann und wie er es auch möchte – ein stückweit« [DIPL.-SOZ.PÄD.; BREMEN; SEK I; GEBUNDEN].

Lehrkräfte dagegen verweisen im Gegensatz hierzu vor allem auf ihre Kompetenzen zur Realisierung rein schulischer Förderung und sehen darin im Wesentlichen auch ihre Kernaufgabe.

> »Ich denke, die Diagnostik – was Lernen anlangt – gelingt uns inzwischen – mir auch – gut. Wir haben uns tüchtig fortgebildet. Wir haben eine Menge Erfahrungen gesammelt, haben uns selber eine Menge Beobachtungs- und Diagnoseinstrumente gesucht, mit denen wir das gut hinkriegen und auch gut dokumentieren können« [LEHRKRAFT; NRW; PRIMAR; OFFEN].

Wenn es um die eigene pädagogische Arbeit geht, verstehen Lehrer/innen den Begriff »Diagnostik« in aller Regel unterrichtsbezogen. Bemerkenswert ist in diesem Zusammenhang auch, dass häufig die Diskrepanz zwischen theoretischem Wissen und praktischer Anwendung formuliert wird. Dabei kommen zunächst widrige Rahmenbedingungen in den Blick. Folgende Aussage bezieht sich ganz ausdrücklich auf den Zeitmangel:

> »Ich glaube, dass das theoretische Know-how ganz gut ist [...]. Ich nehme wahr, dass ich eigentlich ganz gut gerüstet bin zu diagnostizieren und auch festzustellen, auch durch Beobachtung, wo Probleme einzelner liegen, aber oft an meine Grenzen stoße, wenn ich versuche, meine Inhalte wirklich auf alle abzustimmen« [LEHRKRAFT; NRW; SEK I; GEBUNDEN].

Einige Befragte äußern sich zur Schwierigkeit, ihr theoretisches Wissen aus Aus- und Fortbildung nicht in geeigneter Weise umsetzen zu können. Hier wird das eher allgemeine Problem des Theorie-Praxis-Transfers adressiert.

> »In der Theorie wollen ja immer alle Kinder lernen, in der Praxis ist es leider nicht so. Wenn ich Werkstattarbeit mache und ich habe da zwei Kinder, die meinen, sie müssen die anderen nur verhauen oder was weiß ich nicht was, dann kann ich die ganze Werkstattarbeit vergessen.« [LEHRKRAFT; NRW; PRIMAR; OFFEN].

> »[...] viele haben vom Kopf her theoretisch alles drin. Die wissen auch, dass Individuelle Förderung mit fördern und fordern zu tun hat und mit offenem Unterricht, der schon seit 30 Jahren durch die Schullandschaft geistert, aber es fehlt irgendwie an Umsetzung« [LEHRKRAFT; NRW; PRIMAR; OFFEN].

Beide Befragtengruppen sprechen über die Wichtigkeit adäquater Rahmenbedingungen und ihren Einfluss auf das professionelle Handeln. Doch das außerschulische Personal beklagt ungleich häufiger und eindringlicher unzureichende Rahmen- und Arbeitsbedingungen. Ein evidenter Unterschied zwischen beiden Gruppen zeigt sich bei der Ausgestaltung der Beschäftigungsverhältnisse im OGS-Bereich. Obwohl nicht originärer Bestandteil unserer Untersuchung, erlangte dieses Thema in den Interviews ein hohes Gewicht.

Ein Großteil des außerunterrichtlichen Personals ist ausschließlich geringfügig beschäftigt und, strukturell bedingt, unzureichend in organisatorische Prozesse involviert. Strukturelle Grenzen werden durch die geringen Anwesenheitszeiten gesetzt. Womöglich hat diese Situation aber auch weitreichende Konsequenzen für die Personalrekrutierung. Es ist anzunehmen, dass vor dem Hintergrund der Beschäftigungsverhältnisse Fremd- und Selbstselektionseffekte wirken und eine Limitierung des potenziellen Bewerber/innen-Pools zur Folge haben. In der Regel bewirken die häufig prekären Arbeitsbedingungen, dass nur ein ganz spezifischer Beschäftigungstyp rekrutiert werden kann. Wenn man die Personalstruktur des außerunterrichtlichen Personals betrachtet, scheint es nicht zu weit hergeholt zu sein, wenn man den Ganztagsbereich als typischen »Arbeitsmarkt« für weibliche Teilzeitbeschäftigte mit geringfügiger Vergütung bezeichnet.

> «Es gibt sicher Menschen, die nicht mehr Stunden arbeiten möchten als wir, aber unter dem Strich muss ich auch sagen, wir haben zwei Leute, die können

> davon nicht leben. Die machen noch andere Jobs, wenn sie nicht verheiratet sind oder versorgt oder so. Es ist so« [ERZIEHER/IN; NRW; PRIMAR; OFFEN].

Darüber hinaus deutet es sich an, dass Träger der OGS möglicherweise zukünftig ein Rekrutierungsproblem haben werden, da sich Arbeits- und Rahmenbedingungen in benachbarten Tätigkeitsfeldern – zum Beispiel in Folge des Ausbaus der Versorgung im Elementarbereich – durchaus positiv verändern. Hierdurch kann es zu einer Abwanderung von qualifiziertem Personal kommen. Darüber hinaus ist die Fluktuation bei Teilzeit- und/oder Geringfügig-Beschäftigten sowie angelerntem Personal i.d.R. sehr hoch. Dies verhindert den Aufbau von individuellem Erfahrungswissen und erschwert organisationales Lernen. Hier lohnt eine genauere Betrachtung, denn die Zusammensetzung der Personalstruktur hat einen deutlichen Einfluss auf Qualität und Professionalität der erbrachten Leistungen – und der Kooperation.

Ebenso negativ beeinflusst die mangelhafte Ressourcenausstattung vieler Schulen die Qualität der Leistungen und das professionelle Handeln. In dieser Einschätzung stimmen beide Funktionsgruppen überein. Gruppen- bzw. Klassengröße sowie Qualität und Quantität geeigneter Räumlichkeiten seien häufige Probleme, die sich direkt auf die Effektivität und Effizienz des professionellen Handelns auswirkten. Eine effektive Individuelle Förderung setze eine günstige Fachkraft-Kind-Relation voraus, also möglichst kleine Gruppen- und Klassengrößen. Tatsächlich ist der Mehraufwand des Ganztags und der Individuellen Förderung nur zu finanzieren, wenn die Gruppen bzw. Klassen möglichst maximal ausgelastet sind:

> »Die Gruppengröße ist immens wichtig. Wir haben hier ja eigentlich gesagt [...], dass 22 Schüler höchstens in einer Klasse sind [...]. Aber man kriegt eben das Geld vom Senator eben nur Pro-Kopf-Schüler, und wir können uns den guten Ganztag und die gute Betreuung hier an der Schule in dem Sinne eben nur leisten, wenn wir auch volle Kanone fahren« [LEHRKRAFT; BREMEN; SEK I; TEILGEBUNDEN].

Daneben sind es insbesondere die fehlende Zeit und das fehlende Personal, die als »Hürde« zur Realisierung gehaltvoller pädagogischer Arbeit bemängelt werden.

> »[...] ich habe bei der Individuellen Förderung keine Schwierigkeiten, wenn genug Personal und Zeit da ist. Das sind so die ersten Stolpersteine. Man könnte viel mehr fördern, wenn jemand dafür da wäre« [ERZIEHER/IN; NRW; PRIMAR; OFFEN].

> »Uns fehlen Stunden, uns fehlt Material, die Räume. Ideen hätten wir mehr als genug, aber sie sind manchmal nicht immer umsetzbar« [ERZIEHER/IN; BREMEN; PRIMAR; GEBUNDEN].

Die hohe Identifikation des außerunterrichtlichen Personals mit seiner Aufgabe führt häufig dazu, dass das persönliche Engagement weit über vertraglich vereinbarte Leistungen hinausgeht. Unzureichende Rahmenbedingungen werden durch persönliches Engagement, hier vor allem durch die Bereitschaft, Freizeit zu opfern bzw. unbezahlte Arbeitszeit in Kauf zu nehmen, kompensiert. Es scheint, als wäre der Widerstand in der Gruppe des außerunterrichtlichen Personals bezogen auf diese unzureichenden Rahmenbedingungen geringer als in der Gruppe der Lehrkräfte. So »leiden« Lehrkräfte zwar auch unter Zeitmangel, sie ziehen aber ungleich häufiger daraus die Konsequenz, bestimmte Aufgaben nicht wahrzunehmen. Es gibt verschiedene, womöglich berufsspezifische Bewältigungsstrategien, mit den Unzulänglichkeiten der Rahmenbedingungen umzugehen.

> »Wir sind ja über den Senat angestellt und wir haben keine Vor- und Nachbereitungszeit. [...] Das beeinträchtigt natürlich die Arbeit auch, weil man das entweder am Wochenende macht oder man hängt noch Stunden dran. Oder man kommt früher oder tüddelt hier noch schnell und da noch schnell und improvisiert, weil die Zeit dann zu knapp ist« [ERZIEHER/IN; BREMEN; PRIMAR; GEBUNDEN].

> »Ich darf das jetzt nicht sagen, wie viele Überstunden ich habe. Ich darf nicht sagen, dass ich eigentlich jeden Tag eine Stunde eher komme, und das ist mein Privatvergnügen, um das Gefühl zu haben, ich mache meine Arbeit gut und ich schaffe alles, was ich möchte. Das ist die Regel« [ERZIEHER/IN; NRW; PRIMAR; OFFEN].

In einem Fragekomplex der Interviews ging es um »Reflexion eigener Kompetenzen im Rahmen Individueller Förderung«. Ein gemeinsam geteiltes Grundverständnis von Individueller Förderung lässt sich aus den Antworten nicht erkennen. Hier werden über alle Grenzen hinweg (Berufsgruppen, Bundesländer und Geschlecht) äußerst verschiedene Vorstellungen und Konzepte von Individueller Förderung genannt. Dabei reicht die Spannweite vom weit gefassten Verständnis, es ginge hierbei um die »Entwicklung der ganzen Persönlichkeit« (Arnoldt 2009:65), bis hin zu rein leistungsbezogenen Defizitansätzen. In der Summe überwiegen die Vorstellungen, Individuelle Förderung setze an – diagnostizierten – Defiziten an. Allerdings kann diese Einseitigkeit auch artifiziell durch die Fragestellung erzeugt worden sein. Der Fokus auf »Kinder in schwierigen Bildungs- und Lebenssituationen« dürfte die Aufmerksamkeitsrichtung der Interviewpartner/innen stark beeinflusst haben.
Auch in dieser reduzierten Perspektive finden sich kaum Hinweise auf ein einheitliches Verständnis handlungsleitender Professionalität im Umgang mit diesen Kindern. Somit bleibt Individuelle Förderung Gegenstand individueller Interpretation und ebenso individueller Interventionen. Und für die Entwicklung gemeinsamer Konzepte gibt es keine Anreize.

Manche Lehrer/innen tendieren dazu, einige unterrichtliche Probleme an den Nachmittag zu delegieren.

> »Ja, man erwartet natürlich, dass das, was man im Unterricht gemacht hat, fortgeführt wird von der OGS, soweit es möglich ist. Bei den Hausaufgaben, dass man die Art, wie man die Hausaufgaben gestellt hat, dass das weitergeführt wird. Und dass die Kinder entsprechend gefördert werden. Wie gesagt, das ist auch nur in gewissem Rahmen möglich, die haben ja auch ganz viele Kinder dort sitzen. Die können ja auch nicht die ganz Individuelle Förderung machen« [LEHRKRAFT; NRW; PRIMAR; OFFEN].

Im interprofessionellen Vergleich ist diese Tendenz relativ offensichtlich: Während Lehrkräfte einen eher leistungsorientierten und unterrichtsbezogenen Blick haben, betonen die weiteren Fachkräfte eine »sozialpädagogisierte« Sichtweise, indem sie ganzheitliche, alltags- und beziehungsorientierte sowie kommunikative Strategien der Förderung hervorheben. Die beiden Funktionsgruppen vergegenwärtigen vor diesem Hintergrund unterschiedliche Grundmerkmale der Interventionssituation, mithin ein anderes Förderverständnis. Die sozialpädagogischen Fachkräfte wollen um des Kindes und seiner Alltagsbewältigungskompetenz Willen fördern und nennen als Mittel Individualität, Beziehungsarbeit und Kommunikation.

Man könnte im Rückgriff auf die theoretischen Überlegungen im Kapitel 1 zu den unterschiedlichen Funktionen von Schule und Jugendhilfe sowie zu Professionalitätsmerkmalen von Lehr- und sozialpädagogischen Fachkräften sagen, dass hier eine Interventionskongruenz vorliegt, da die fachliche Maxime (individuelle, subjektorientierte pädagogische Arbeit) gleichzeitig auch das Ziel der Förderung darstellt (Individualität ermöglichen): Individualisierung als Handlungsstrategie ist die Antwort auf die Unterschiedlichkeit und Subjektivität der Handlungsanlässe. Bei Lehrkräften hingegen kann man von einem Interventionsparadox sprechen. Sie wollen Kinder um des Lernerfolgs willen fördern, den sie für alle als relativ gleichartig formulieren, wenngleich ihn die Kinder gegebenenfalls auf unterschiedlichen Wegen erreichen. Individualisierung ist hier eher ein Mittel zur Vereinheitlichung, denn es werden gleiche Lernziele für alle Schüler/innen als Orientierung angenommen. Die Betonung der Beziehungsarbeit als eine grundlegende Maxime der Individuellen Förderung, wie sie die sozialpädagogischen Fachkräfte hervorheben, erschwert die Operationalisierung von Individueller Förderung und damit die Spezifizierung der Handlungsstrategien. Eine stärkere Vergewisserung (Reflexion) über das eigene Handeln bei Individueller Förderung löst die bewusste Orientierung an diesem pädagogischen Ziel aus Sicht vieler Befragter aber trotz allem aus. Vereinzelt sind auch Widerstände und Unsicherheiten, Tendenzen der Überforderungen wahrzunehmen.

In einem weiteren Fragekomplex beschreiben die Befragten die notwendigen Kompetenzanforderungen zur Realisierung von Individueller Förderung vor dem Hintergrund ihrer individuellen Vorstellungen dieser Maxime. In beiden Funktionsgruppen finden sich Nennungen identischer Kompetenzen, und dies in einer relativen Häufigkeit. Dazu zählen die notwendige Diagnosekompetenz, die Fähigkeit methodisch angeleiteten Beobachtens und das Vermögen, Relevantes wahrzunehmen.

> »Sie müssen erstmal eine gute Diagnosekompetenz haben. Das ist wirklich das Wichtigste [...]« [LEHRKRAFT; BREMEN; PRIMAR; GEBUNDEN].

> »Auf jeden Fall erst mal so dieses genaue Hingucken, verschiedene Diagnostikverfahren kennen und überhaupt erst mal beobachten können, die Schüler einschätzen zu können und daraus dann natürlich die richtigen Schlüsse zu schließen für die einzelnen Schüler« [LEHRKRAFT-SONDERPÄD.; NRW; PRIMAR; OFFEN].

> »Ich brauche natürlich erstmal analytische Fähigkeiten« [LEHRKRAFT; BREMEN; PRIMAR; GEBUNDEN].

Durchaus bemerkenswert sind häufige Klagen über politische und finanzielle Rahmenbedingungen, die ein professionelles Handeln einschränken. Auf der einen Seite führen die häufigen und häufig wechselnden Anforderungen an die Pädagog/inn/

en zu großer Unzufriedenheit, auf der anderen Seite hat man den Eindruck, dass der Schule zunehmend Ressourcen entzogen werden:

> »Die Rahmenbedingungen machen uns alle sehr mürbe. [...] Wir reißen uns am einzelnen Kind immer wieder sehr zusammen und ich glaube, da wird auch das Beste was möglich ist geleistet. Aber die Rahmenbedingungen machen uns einfach traurig, wütend. Es wird Jahr für Jahr zusammengestrichen« [LEHRKRAFT; BREMEN; PRIMAR; GEBUNDEN].

> »[...] Jetzt sind wir zu diesem Schuljahr Oberschule geworden. Jetzt soll es wieder ein neues Curriculum geben. Wenn wir Pech haben, wird alles über den Haufen geschmissen und wir fangen wieder von vorne an. Dann war die Arbeit der letzten zwei, drei Jahre komplett umsonst. Das ist halt immer so ein bisschen ärgerlich. Diese Rahmenbedingungen, die man vorgesetzt bekommt, erschweren es dann teilweise« [LEHRKRAFT; BREMEN; SEK I; GEBUNDEN].

Mit dem Einzug von außerschulischer Pädagogik scheint eine erhöhte Wahrnehmung der Bedeutung von Teamfähigkeit und fachübergreifendem Wissensaustausch verbunden zu sein. Auf die Frage, was sich für die Pädagog/inn/en an neuen Kompetenzanforderungen einstellen, finden sich solche Aussagen:

> »Ich glaube: mehr und mehr Teamarbeit. Also die Kompetenz, sich zu vernetzen« [DIPL.-SOZ.PÄD.; BREMEN; SEK I; GEBUNDEN].

> »[...] und dann müssen sie schon auch teamfähig sein« [LEHRKRAFT; BREMEN; PRIMAR; GEBUNDEN].

> »[...] wir können viel lernen von den Sonderpädagogen. [...] Die haben gute Konzepte und viel Material, da müssten wir doch intensiver fortgebildet werden in der Richtung, denn was wir können, ist ja eigentlich nur das, was im Unterricht dran ist, aufarbeiten« [LEHRKRAFT; BREMEN; SEK I; GEBUNDEN].

Für manch eine Lehrkraft hat sich aber offenbar das professionelle Selbstverständnis bereits in Richtung auf eine stärkere sozialpädagogische Ausrichtung verändert:

> »Ich denke, meine Arbeit hat sich ständig verändert [...]. Also, ich bin immer weniger Lehrerin, sagen wir mal, immer weniger Fachlehrerin. Immer mehr Partner oder Erzieher für diese Schüler; ja, mehr Pädagoge. [...] Wenn ich überlege, was ich während meines Studiums gelernt habe und was ich jetzt mache: das steht in keinem Verhältnis [...] wie ich an die Schüler herankomme, an den einzelnen Schüler – das steht im Vordergrund und nicht das Mathematische« [LEHRKRAFT; BREMEN; SEK I; GEBUNDEN].

Auch wenn bei Lehrerinnen und Lehrern häufig die Notwendigkeit von Kooperation angesprochen wird, so ist das außerunterrichtliche Personal dennoch stärker auf Kooperation ausgerichtet. Mit Blick auf die Förderung von Kindern in schwierigen Lebens- und Bildungssituationen sind sie eher bereit, auch auf externe Akteure zuzugehen und diese in das Förderkonzept mit einzubeziehen. Lehrkräfte dagegen nehmen ihre professionellen Grenzen zwar wahr, verweisen aber deutlich häufiger auf den Zuständigkeitsbereich angrenzender Professionen.

> »Ich denke, dass es vielen Lehrern schon auch bewusst ist, dass Individuelle Förderung notwendig ist. Sie finden es auch gut, wenn es jemand anders tut« [DIPL.-SOZ.PÄD.; BREMEN; SEK I; GEBUNDEN].

Besonders die nichtschulischen Akteure betonen neben der Bereitschaft zur interdisziplinären Kooperation auch die Zusammenarbeit mit Familien der Kinder und Jugendlichen und scheinen in dieser Hinsicht auch aktiver zu sein. Mit Blick auf die Kompetenzen werden hier auch personale soziale Kompetenzen, Empathie, Lernbereitschaft und Veränderungswille angesprochen.

Von den sozialpädagogisch arbeitenden Personen wird auch häufiger als von Lehrer/innen die Chance der Kooperation mit pädagogisch relevanten und kompetenten Institutionen im Umfeld angesprochen. Zu vermuten ist, dass auf Seiten der Lehrerschaft eine unzureichende Kenntnis über andere Förder- und Hilfesysteme innerhalb der Kinder- und Jugendhilfe besteht.

4.2.2 Multiprofessionelle Kooperation als Gelingensfaktor Individueller Förderung?

Der durch diverse internationale Vergleichsstudien der Öffentlichkeit wieder in Erinnerung gebrachte Befund andauernder herkunftsspezifischer Ungleichheit hat die politische Motivation zum Ausbau der Ganztagsschulen deutlich befördert. Chancengleichheit oder Chancengerechtigkeit – meist synonym benutzt – sind hier einschlägige Leitbegriffe bildungspolitischer Diskurse. Die Stärkung und Förderung der Kinder, denen das Lernen – oftmals aufgrund von Herkunftseffekten – schwerfällt, gehört somit zu den prominentesten Zielen, die die Ganztagsschule realisieren soll. Den Lehrkräften werden im Konzept der Ganztagsschule andere pädagogische Fachkräfte aber auch pädagogische Laien an die Seite gestellt, von denen angenommen werden kann, dass sie das Spektrum schulischer Angebote – in pädagogisch wünschenswerter Weise – erweitern und bereichern (vgl. Kapitel 2).

Pädagogische Wirksamkeit, insbesondere auch im Sinne des Abbaus ungleicher Bildungschancen, soll idealerweise durch die Zusammenarbeit der pädagogischen Akteure in einem zeitlich neu strukturierten Tagesablauf möglich werden. Wir wollen uns im Folgenden mit der im letzten Abschnitt bereits angesprochenen Frage befassen, inwieweit diese normativ und regelmäßig geforderten kooperativen Organisationsstrukturen im Schulalltag realisiert sind. Nachfolgend soll das professionelle Selbstverständnis mit Blick auf die Akzeptanz und Realisierung von Kooperation innerhalb wie auch zwischen den Funktionsgruppen erörtert werden.

Es ist davon auszugehen, dass hinsichtlich der Bewertung und Akzeptanz von Kooperation berufsspezifische Differenzen vorliegen, die wahrscheinlich auf Ausbildung und berufliche Sozialisation der Akteure zurückzuführen sind. Maykus weist darauf hin, dass für das sozialpädagogisch tätige Personal – Erzieher/innen, Sozialpädagog/inn/en etc. – Kooperation Teil des professionellen Selbstverständnisses ist und die berufsspezifischen Handlungsweisen entscheidend beeinflusst (vgl. Maykus 2009). Die Profession der Lehrer/innen hingegen zeichnet sich tendenziell durch einen strukturellen Individualismus aus, der häufig als »Einzelkämpfertum« beschrieben wird. Man kann davon ausgehen, dass hierdurch die Entwicklung einer intensiven Kooperationskultur gehemmt wird. Allerdings gehen wir gleichzeitig davon aus, dass die zunehmenden pädagogischen Herausforderungen an die Lehrkräfte, die nicht nur durch erzieherische Probleme, sondern auch durch neue methodische Anforderungen an den Unterricht definiert sind, Kooperationsbereitschaft und -fähigkeit zu steigern. Auch ist es plausibel anzunehmen, dass die Anwesenheit des sozialpädagogischen und erzieherisch wirkenden Personals im Ganztag einschlägige Entwicklungsimpulse geben kann. Es kann bereits an dieser Stelle gesagt werden, dass diese Annahmen durch die Interviews nicht falsifiziert werden konnten.

Auch dieses sei bereits einleitend und zusammenfassend festgestellt: Während sich die Kooperation innerhalb der Funktionsgruppe des »außerunterrichtlichen Personals« durchaus auf einem hohen Niveau bewegen kann, finden wir in den meisten Fällen einen vergleichsweise geringen Kooperationsgrad zwischen Lehrkräften und außerunterrichtlichem Personal. Zwar gab es in dem vorliegenden Sample auch Gegenbeispiele. Hier könnte man durchaus von innovativen Versionen innerschulischer Kooperation sprechen, jedoch haben sie im Feld der untersuchten Schulen eine Ausnahmestellung inne. Die zwei nachfolgenden Beispiele sollen die Heterogenität des Samples deutlich machen:

Formen der Kooperation an zwei Beispielen

Beispiel 1: An einer Bremer Schule der Primarstufe (gebundene Form; seit 2001 im Ganztag; Interviews: ERZIEHER/IN & LEHRKRAFT; BREMEN; PRIMAR; GEBUNDEN) gehört die Kooperation innerhalb der Funktionsgruppen außerunterrichtliches Personal und Lehrkräfte nach mehreren Entwicklungsjahren nunmehr zur alltäglichen Berufspraxis. Neben dem einfachen Informationsaustausch in regelmäßigen funktionsgruppenübergreifenden Treffen gehören dazu auch konkrete Absprachen sowie die Verteilung von Aufgaben zwischen den Funktionsgruppen. Diese Formen der Kooperation finden sich auch jeweils innerhalb einer Funktionsgruppe. Das außerunterrichtliche Personal tauscht sich in wöchentlichen Teamsitzungen aus. In Kleinteams wird besprochen, »wo noch Bedürfnisse abgedeckt werden müssen« [ERZIEHER/IN; BREMEN; PRIMAR; GEBUNDEN]. Absprachen erfolgen dann hinsichtlich des Vorgehens und der konkreten Personalplanung. Das gemeinsame Vorgehen wird hier explizit als Teamarbeit verstanden. Neben dem Austausch von Informationen dienen diese Sitzungen auch der wechselseitigen Unterstützung sowie der professionellen Rückversicherung, adäquat zu handeln – eine Form der kollegialen Beratung. Im Hinblick auf funktionsgruppenübergreifende Austauschformen wie Fachkonferenzen dienen diese Teamsitzungen auch der internen Konsensherstellung: »Also durch diese verschiedenen Gremien sind viele Sachen, was nicht unbedingt immer diskutiert werden muss mit allen, vorab schon abgeklärt, und man kann zum Wesentlichen kommen und man kann produktiver arbeiten« [ERZIEHER/IN; BREMEN; PRIMAR; GEBUNDEN].

Analog dazu tauschen sich die Lehrkräfte jeweils zum Wochenanfang in Fachkonferenzen aus. Im Rahmen dieser Konferenzen geht es »[...] um Unterrichtsinhalte: Wie gestalten wir die Unterrichtsinhalte und wie erarbeiten wir Lernzugänge, welche Materialien setzen wir ein?« [LEHRKRAFT; BREMEN; PRIMAR; GEBUNDEN]. Den Brückenschlag zwischen den Funktionsgruppen übernehmen Steuerungsgruppen, die die Koordination aller Fachgruppen leisten. So erfolgen zum Beispiel auch Absprachen zwischen Lehrkräften und dem außerunterrichtlichen Personal, wenn eine Anschaffung von Arbeitsmaterialien ansteht.

Ein für die inhaltliche Ausgestaltung der Ganztagsschule bedeutendes funktionsgruppenübergreifendes Treffen findet jährlich zum Ende des Schuljahres statt: *»[...] wir reflektieren am Ende des Schuljahres über das ganze Schuljahr, was wir erreicht haben, was wir gemacht haben und wo Schwerpunkte waren, wo wir uns noch verändern können«* [LEHRKRAFT; BREMEN; PRIMAR; GEBUNDEN].

Im Rahmen dieser Sitzung werden die thematischen Schwerpunkte für das anstehende Schuljahr besprochen. Pro Schuljahr werden vier Projekte erarbeitet, die kontinuierlich fächerübergreifend unterrichtet werden: *»nicht nur vereinzelt, sondern eigentlich jeden Tag im mittleren Block«* [ebd.]. Gemeinsam wird für alle im Ganztag Tätigen Material erarbeitet und zusammengestellt:

»Dann wird dieses Material erarbeitet in der Fachkonferenz. Jeder Kollege übernimmt Aufgaben zur Vorbereitung, und das wird wieder zusammengetragen. Das nennen wir Mappe der Möglichkeiten, da wird das ganze Material vorgestellt, und jeder kann sich dann heraussuchen, was er für seine Gruppe benutzen möchte« [LEHRKRAFT; BREMEN; PRIMAR; GEBUNDEN].

Der Grad der funktionalen Verzahnung ist, gemessen an anderen Ganztagsschulen aus dem Sample, recht hoch, auch wenn sich das außerunterrichtliche Personal zusätzlich noch Tandemstrukturen wünschen würde. Neben den bereits genannten jährlichen Treffen gibt es Formen des Austauschs und der Zusammenarbeit auch auf untergeordneten Ebenen:

> »Wir bilden ja Teams auf verschiedenen Ebenen, es gibt diese Häuser-Teams, in denen arbeiten zwei bis drei Lehrer, zwei bis drei Erzieher, und das ist schon eine ganz enge Zusammenarbeit, wir planen gemeinsam z.B. dieses Projekt, wo ja auch Teile aus dem erzieherischen Bereich oder aus gestalterischen Fortbildungssachen reinfließen können. Das wird eben abgesprochen, wer übernimmt welche Teile [...] und suchen gemeinsam Lösungsmöglichkeiten, wenn Kinder Probleme haben [...]. Dann gibt es gemeinsame Dienstbesprechungen, gemeinsame Gesamtkonferenzen, die von Erziehern und Lehrern getragen werden« [LEHRKRAFT; BREMEN; PRIMAR; GEBUNDEN].

Voraussetzung für solch eine enge Kooperation sind ausreichende Ressourcen wie Zeiten und Räume sowie eine Kultur des Vertrauens: »Der Respekt untereinander, anzuerkennen, dass jeder seine Arbeit gut macht, und auch voneinander lernen. Also viele Dinge austauschen, darüber sprechen und gucken, was das Beste ist, was man auch für sich selber machen kann« [ERZIEHER/IN; BREMEN; PRIMAR; GEBUNDEN]. In Ergänzung dazu sagt die befragte Lehrkraft:

> »[...]wir haben natürlich Probleme und Konflikte, die werden aber gut besprochen und aufgearbeitet. Wir haben zwei Arbeitszimmer, wo alle ihren Arbeitsplatz haben, also sowohl Lehrer als auch Erzieher, alles durcheinander. Sie haben ja die beiden Räume gesehen, die stehen eher so zusammen, wer zusammen arbeitet, hat seinen Schreibtisch so in der Nähe, aber nicht nach Funktion sortiert« [LEHRKRAFT; BREMEN; PRIMAR; GEBUNDEN].

Resultat dieser engen Kooperation ist eine, wiederum gemessen an anderen Schulen im Sample, relativ hohe Zufriedenheit hinsichtlich der Wirkungen von Kooperation. Beide Funktionsgruppen heben den individuellen Nutzen hervor und empfinden Kooperation als eine große Entlastung: »Das Team spielt eine ganz große Rolle für die Arbeit hier. […] Es ist ja auch sehr entlastend, im Team zu arbeiten. Das ist ja auch wieder ein Vorteil, allein diese Fachkonferenzen, das ist ja eine enorme Entlastung, wenn man gemeinsam ganz viel Unterricht vorbereitet« [LEHRKRAFT; BREMEN; PRIMAR; GEBUNDEN].

Beispiel 2: An der seit 2006 im Ganztag befindlichen nordrhein-westfälischen Primarschule (offene Form, ca. 50% der Kinder im Ganztag; Interviews: ERZIEHER/IN; NRW; PRIMAR; OFFEN (Leiterin des Ganztags) & LEHRKRAFT; NRW; PRIMAR; OFFEN (Schulleiter)) ist die Intensität und das Niveau der Kooperation zwischen den Funktionsgruppen geringer ausgebildet. Insbesondere das außerunterrichtliche Personal äußert größeren Kooperationsbedarf:

> »[…] bin ich da auch ganz offen dran gegangen, bin dann ziemlich schnell auf den Boden der Tatsachen geholt worden, weil ich mir gedacht hatte, Mensch, da muss doch noch mehr miteinander funktionieren. Dass das einfach wirklich ein Weg ist. Da hatte ich am Anfang wirklich dran zu knacken, zu kämpfen« [ERZIEHER/IN; NRW; PRIMAR; OFFEN].

Man kann hier fast schon ein wenig Resignation erkennen. Der Wunsch nach einem intensiveren Wissensaustausch und einer wechselseitigen Unterstützung wird hier sehr deutlich formuliert:

> »Einfach, dass mehr Austausch ist, also zumindest wenn er von uns gesucht wird. Ich würde mir noch andersherum mehr wünschen, dass die Kollegen von sich aus uns mehr wahrnehmen würden« [ERZIEHER/IN; NRW; PRIMAR; OFFEN].

Die Kooperation scheint eher einseitig gewünscht zu sein. Fehlende formale Austauschformen erschweren zudem die Kommunikation und das Verständnis zwischen den Funktionsgruppen:

> »Wir hatten es auch mal angedacht: gegenseitige Hospitationen. Wir von unserer Seite haben im Unterricht hospitiert, andersherum ist die Bereitschaft nicht so da. […] Weil wir es auf freiwilliger Basis gemacht haben, eben unsere Freizeit dafür gelassen haben […]. Es wäre eigentlich auch schön, wenn da mehr Zeit zur Verfügung stehen würde. Ich glaube, dann wäre auch noch mal ein anderes Verständnis da, ich glaube, auch von Lehrerseite. Wenn die wirklich mal hier so einen Tagesablauf mitkriegen würden …« [ERZIEHER/IN; NRW; PRIMAR; OFFEN].

Die Idee der Kooperation reduziert sich auf die im folgenden Zitat gemeinte Zusammenarbeit des Schulleiters mit der Leiterin des Ganztags, das ist weniger als gedacht, aber immerhin etwas:

> »Ich hatte die Erwartung, dass wir gut zusammen arbeiten […] Also – erfüllt worden ist, dass ich hier zumindest ein Leitungsteam habe« [LEHRKRAFT; NRW; PRIMAR; OFFEN].

Die skizzierten Beispiele sollen – über unsere Stichprobe hinaus – verdeutlichen, dass Schulen sich sehr deutlich voneinander unterscheiden können und allgemeine Aussagen immer unter einem gewissen Vorbehalt gelesen werden müssen. Sie liefern aber auch Indizien dafür, dass die gebundene Form des Ganztags (verbindliche Teilnahme aller Schüler/innen am Ganztagsbetrieb) im Hinblick auf Kooperation gegenüber der offenen Variante (ein Teil der Schüler/innen nimmt in der Regel für ein Schuljahr nach Anmeldung am Ganztagsangebot teil) Vorteile bieten dürfte. Sie schaffen Zeitgefäße und erleichtern so, dass der Wunsch nach Zusammenarbeit auch umgesetzt werden kann.

Ungeachtet der Tatsache, dass sich das Sample durch unterschiedliche Formen und Intensitäten der interprofessionellen Kooperation auszeichnet, äußern die Befragten insgesamt gesehen eine erstaunlich hohe Zufriedenheit mit dem Ausmaß der Kooperation. Dabei sind aber die Lehrenden insgesamt positiver eingestellt. Konflikte werden selten, tendenziell aber eher in Nordrhein-Westfalen als in Bremen erwähnt. Allgemein lässt sich feststellen, dass das außerunterrichtliche Personal sich in der Schule anerkannt fühlt. Die Akzeptanzerfahrung im eher fremden »Terrain« verändert die Selbstwahrnehmung positiv, »[...] weil ich hier spüre, dass ich akzeptiert werde. Das hat mein Selbstbewusstsein ein bisschen verstärkt. Wenn man weiß, man hat jemanden im Rücken, gibt einem das natürlich auch Sicherheit« [ERZIEHER/IN; NRW; PRIMAR; OFFEN]. Von einer in der Vergangenheit oft beschriebenen Unterwertigkeit der nicht-unterrichtlichen pädagogischen Arbeit im schulpädagogisch dominierten Feld ist wenig zu spüren, die Kooperation führt bei einigen Befragten zu einer gefühlten Gleichwertigkeit: »[...] mittlerweile sind wir jetzt sozusagen auf Augenhöhe gerückt durch diese Geschichten« [DIPL.-SOZ.PÄD.; BREMEN; SEK I; GEBUNDEN]. Diese Einschätzung wird durch positive Erfahrungen gestützt: »[...] heute kommen die Lehrer auch zu uns. Ja, das hat sich verändert« [LEHRKRAFT; BREMEN; SEK I; TEILGEBUNDEN (FÖRDERUNTERRICHT)]. Dazu passt auch: » [...]man hat zueinander gefunden und ist besser geworden, weil man auch merkt, das läuft zu zweit besser« [DIPL.-SOZ.PÄD.; BREMEN; SEK I; GEBUNDEN]. Hier redet nicht jemand, der sich als pädagogisch zweitrangig empfindet. Im »zu zweit« klingt die Vorstellung der gleichberechtigten Verantwortung und Kompetenz an. Zwar ist klar, dass Lehrer/innen fachliche Aufgaben haben. Aber sie werden mit dieser Kompetenz allein ihre Arbeit nicht angemessen leisten können. Und auf dieser Ebene jenseits der Fachlichkeit greift die andere pädagogische Kompetenz:

> »Ich denke ja schon generell: Ein Hauptschullehrer ist ja nicht nur für das Fach da, sondern da spielen ja die ganzen sozialen Aspekte schon eine Rolle. Und dass man da in dem Bereich dann zusammenarbeitet, wie beispielsweise Elterngespräche zusammen führt, ich denke schon, dass wir da auf jeden Fall gut zusammen arbeiten« [DIPL.-SOZ.PÄD.; NRW; SEK I; GEBUNDEN].

Die außerunterrichtlich tätigen Akteure erleben Lehrkräfte, die bereit sind, ihr pädagogisches Handeln zu reflektieren und Anregungen aus dem Bereich der nicht-schulischen Pädagogik zu übernehmen. Gelegentlich scheint das sogar so weit zu gehen, dass sie in die unterrichtliche Arbeit aufgenommen werden:

> »Ja, die, mit denen ich zusammenarbeite, die setzen auch Anregungen um, die von unserer Seite aus kommen oder die wir aus Fortbildungen mitkriegen. Das

> ist anderer Unterricht, als ich ihn früher selber oder [...] von meinen Kindern her kenne« [DIPL.-SOZ.PÄD.; BREMEN; PRIMAR; GEBUNDEN].

Das außerunterrichtliche Personal hat also durchaus den Eindruck, als Bereicherung wahrgenommen zu werden. Von dieser Erfahrung, als Bereicherung gesehen zu werden, kann man eine andere unterscheiden, nämlich die, als Entlastung wahrgenommen zu werden:

> »Ich glaube schon, dass man von einigen Kollegen auch als große Entlastung gesehen wird und dass sie auch froh sind, dass es jemanden mal gibt, der sich um diese Themen kümmert. Es gibt auch Themen, wo sich Lehrer dann sehr unsicher sind: [...] familiäre Probleme, Gesetzeslagen. Das sind alles so Sachen, denke ich, wo ich entlastend auch wahrgenommen werde und sie froh sind, dass es mich gibt« [DIPL.-SOZ.PÄD.; NRW; SEK I; TEILGEBUNDEN].

Entlastung, also eine Übernahme von Problemen, wird gelegentlich auch als angemessener Austausch, also als Kooperation verstanden:

> »[...] dadurch dass man zusammenarbeitet, hat man auch dann eher die Zeit, auch individueller zu gucken. Also dann nehme ich ja dann auch dem Klassenlehrer so ein bisschen Arbeit ab, und der nimmt mir wiederum Arbeit ab, wenn ich den anspreche und der dann vielleicht auch mal gerade Kontakte zu den Eltern aufnimmt [...]« [DIPL.-SOZ.PÄD.; NRW; SEK I; GEBUNDEN].

Gegenseitige Entlastung erzeugt in der Wahrnehmung dieses Befragten offenbar auch den Eindruck, stärker individualisieren zu können. Es gibt also einen doppelten Gewinn: Erstens die Entlastung für beide und damit zweitens die Schaffung von Freiräumen für aufwändige pädagogische Tätigkeiten.

In der Summe wird deutlich, dass sich die außerunterrichtlichen Akteure als nützlich, entlastend und gelegentlich gar als bereichernd empfinden. Immer wieder, wenn auch nicht in der von uns erwarteten Deutlichkeit, finden sich Hinweise darauf, dass sich Kooperationen und die durch sie erzeugten Gewinne nicht ohne weiteres ergeben, sondern Zeit und Bereitschaft voraussetzen.

Als wichtig wird erwähnt, dass ein engerer Kontakt während des Tagesverlaufes das »Zusammenwachsen« ermöglicht: »Man sieht sich nicht nur in den Pausen irgendwie im Lehrerzimmer, sondern man ist von morgens bis nachmittags irgendwie zusammen« [ERZIEHER/IN; BREMEN; PRIMAR; GEBUNDEN]. Wenn man sich nicht im Alltag begegnet, so der eigentlich triviale Hinweis, kann man nicht ein wirklich gemeinsames Projekt verfolgen. Nicht mehr trivial ist der Hinweis dann, wenn man daraus den Schluss zieht, dass das Zeitmanagement der Tagesabläufe in Ganztagsschulen diese Gemeinsamkeit stützen muss. Die gebundene Form des Ganztags dürfte Kooperation fördern. Dies könnte erklären, weshalb die wenigen Aussagen, die eine fehlende Kooperation konstatieren, ausschließlich aus Nordrhein-Westfalen stammen.

Zusammenarbeit benötigt nicht nur aktuelle Zeitfenster, sie muss auch eingeübt werden. Immer wieder wird dieser Aspekt in die Antworten eingewoben: So wird betont, dass man Kooperation »über die Jahre gelernt« [ERZIEHER/IN; BREMEN; PRIMAR; GEBUNDEN] habe, dass man »zusammenwachsen« [ERZIEHER/IN; BREMEN;

PRIMAR; GEBUNDEN] musste oder dass ein »Zueinanderfinden« nötig sei: »Das ist ein Prozess, und der braucht Zeit« [DIPL.-SOZ.PÄD.; BREMEN; SEK I; GEBUNDEN].

Im Verlauf dieses Prozesses lernen die Akteure, sich zu respektieren und das Miteinander als Selbstverständlichkeit zu betrachten:

> »Ich glaube, dass durch diese Zusammenarbeit der Blick auf die einzelnen Felder ganz anders geworden ist [...] und wir über die Jahre gelernt haben, uns zu schätzen, dass jeder wirklich seinen Bereich reinbringt und dass es ohne den anderen gar nicht mehr gehen kann. Ich kann es mir auch gar nicht anders vorstellen, dass dadurch die Arbeit gemacht werden kann, weil wir über die Jahre wirklich sehr zusammengeschweißt sind« [ERZIEHER/IN; BREMEN; PRIMAR; GEBUNDEN].

Hervorgehoben wird ferner die notwendige Bereitschaft, sich auf die Perspektive des Anderen einzulassen. Aber auch hier lässt sich vermuten, dass die zeitliche Struktur die Entwicklung von Bereitschaft beeinflusst. So heißt in einem Interview in Nordrhein-Westfalen zur Frage, ob die außerschulischen Kräfte mit der Lehrerschaft kooperieren:

> »Eigentlich noch nicht. ... Es ist uns von Lehrerseite auch nicht gesagt worden, dass sie wünschen, dass wir etwas anders machen sollen oder so, und dass wir von uns aus Tipps reingegeben haben, das ist nicht erfolgt« [ERZIEHER/IN; NRW; PRIMAR; OFFEN].

Annäherung der Professionen ergibt sich über gemeinsam entwickelte Vorstellungen des Zusammenarbeitens. Andererseits ist damit aber auch ein Prozess der Abgrenzung durch eine Aushandlung von Kompetenzfeldern, die die jeweilige Berufsgruppe besetzt, nötig:

> »[...] Man hat auch inzwischen so seine Arbeitsbereiche abgesteckt, wer macht was, wo gibt es Überschneidungen, wo arbeiten wir zusammen, wo arbeiten wir getrennt?« [DIPL.-SOZ.PÄD.; BREMEN; SEK I; GEBUNDEN].

Abgrenzung der Professionen wird man kaum als Beispiel misslungener Kooperation interpretieren können. Im Gegenteil, erst diese Abgrenzung ermöglicht ein professionelles Selbstbewusstsein, mit dem die außerunterrichtlichen Kräfte dann in Aushandlungen über gemeinsame Ziele gehen und – wo nötig – gemeinsame Aktivitäten entwickeln können.

Wie sieht nun die Lehrerschaft die Rolle der »Neuen« im schulischen Milieu und die Zusammenarbeit mit diesen? Als höchst interessant erscheint uns der Tatbestand, dass der »pädagogische Blick« mancher Lehrkraft sich verändert hat. Noch deutlicher als die außerunterrichtlichen Kräfte betonen Lehrer/innen diese Veränderung. Die Wahrnehmung der eigenen Person im Kontext Schule, die des »ganzen« Kindes mit seinen vielfältigen Bedürfnissen und die Wahrnehmung der Institution Schule selbst haben sich durch die Kooperationserfahrungen gewandelt:

> »[...] mein Blick hat sich verändert. Einmal mein Blick auf das Kind [...], und dass ich noch intensiver den Austausch mit den Erzieherinnen habe. Bezüglich der Kinder, dass die das manchmal ganz anders sehen und dass es mir den Blick

öffnet, auch für meine schulische Arbeit, nicht nur die Kinder unter einem Leistungsaspekt zu sehen, sondern die ganze Persönlichkeit. Und dann auch mal zu fragen: muss ich das Kind nicht anders sehen? [...] Um das klar und deutlich zu sagen, und das ist, glaube ich, der schwierigste Punkt. Und den erfahre ich durch die Arbeit mit den Erzieherinnen immer wieder: Wenn ich mich nicht ändere, ändert sich gar nichts« [LEHRKRAFT; NRW; PRIMAR; OFFEN].

Der »pädagogische Mehrwert« der durch die zusätzliche außerunterrichtliche Perspektive mit einem veränderten Blick auf das Kind entsteht, wird auch hier eindrucksvoll geschildert:

»Wenn die Mitarbeiter erzählen, wie sich die Schüler in der OGS teilweise verhalten, das ist manchmal ganz interessant zu sehen, dass sie sich in der OGS ganz anders verhalten als in der Schule. [...] Und dass da natürlich so dieses ganzheitliche Bild von Schülern noch mal irgendwie auch rüberkommt« [LEHRKRAFT-SONDERPÄD.; NRW; PRIMAR; OFFEN].

Die Kooperation mit dem außerunterrichtlichen Personal erweitert das Handlungsspektrum und verändert pädagogische Reaktionsweisen. Dies führt dann auch zu besseren Ergebnissen:

»[...] aber große Handlungsmöglichkeiten hatten wir einfach nicht, weil viele andere Dinge einfach anstanden und da ist doch mehr mit Zwang – sag ich jetzt mal so – gearbeitet worden. Und dann oft eben auch ohne großes Ergebnis, ohne großen Fortschritt für diese Kinder«. [LEHRKRAFT; BREMEN; PRIMAR; GEBUNDEN]

Das außerunterrichtliche Personal bringt neues Wissen, Kenntnisse und Methoden mit in die Schule, die auch an das Lehrerkollegium vermittelt werden:

»[...] Die Methodenkompetenz, die hat sicherlich sehr zugenommen [...]. Es gibt so ein Selbstbehauptungstraining, das hat erst nur Frau XY gemacht, das machen mittlerweile die Kollegen, einige haben auch die Ausbildung gemacht ... – und das verändert auch Unterricht. Wenn Sie sich selbst verändern, haben neue Kompetenzen, Medien- oder Methodenkompetenz, [Wirkungen, Anm. d. Verf.]. Das verändert Ihren Unterricht. Und wenn sie den veränderten Unterricht haben, dann verändert das auch Schüler« [LEHRKRAFT; NRW; SEK I; TEILGEBUNDEN].

Offenbar sind viele Lehrer/innen davon überzeugt, dass sie in der Vergangenheit zu stark fachlich orientiert waren. Sie beurteilen insbesondere solche Wissensbestände und neue Handlungsmöglichkeiten als positiv, welche durch die Kooperation mit dem außerunterrichtlichen Personal gewonnen wurden und die ihnen helfen, das Verhalten der Kinder besser zu begreifen. Es wächst ihr Verständnis dafür, dass sie Kinder auch jenseits ihrer Schülerrolle sehen können, dass sie in nichtunterrichtlichen Situationen andere Personen sein können:

»Ich denke, dass auch unsere Kolleginnen immer mehr ein Gespür dafür bekommen: Was könnten die Gründe sein, weswegen sich Kinder so verhalten, wie sie sich verhalten? Ich spreche jetzt von den extrem sich verhaltenden Kindern, aber dass sie eben auch sehen, es gibt Möglichkeiten, diesen Kindern zu helfen. Und das ist einfach in der Zeit, sage ich jetzt mal, wo wir nur wir Grundschullehrer unter uns waren, einfach auch ganz schwer gewesen, darauf einzugehen« [LEHRKRAFT; BREMEN; PRIMAR; GEBUNDEN].

Die höhere allgemeine Arbeitszufriedenheit und die als entlastend empfundene Teamarbeit gehen Hand in Hand:

»Wir sind viel offener geworden. Das macht auch ein Stück Zufriedenheit. Wir wissen jederzeit, was mit allen anderen Kindern los ist. Also im Team besprechen wir auch unsere Sorgenkinder, unsere Fälle, um uns einen guten Rat zu holen oder zu überlegen, kannst du dir das Kind noch mal eben angucken, da müsste noch was sein, ich bin mit meinem Latein am Ende. Wir nutzen einfach so die Professionalität aller« [LEHRKRAFT; NRW; PRIMAR; OFFEN].

Neben der Weitung des pädagogischen Denkens wird aber auch die Tatsache goutiert, dass man als Lehrer nicht mehr alleine ist. Schon im vorigen Zitat klang an, dass mit der Arbeit der neuen Kräfte auch mehr Zeit ins System kam. Aber mehr noch: Arbeitsteilung ist möglich, und damit Entlastung. Der dem Schulischen in der Vergangenheit eher fremde Teamgedanke wird nun vermehrt realisiert und ermöglicht eine wenigstens zeitweise Beendigung der vereinzelten Arbeitsweise:

»[...] wir lernen viel voneinander [...]. Es gibt so viel Sicherheit und Verlässlichkeit, wenn man das mit fünf, sechs Leuten abgestimmt hat. Man hat mehr Dinge im Blick, als wenn man alleine irgendetwas vorbereitet. [...] Es läuft praktisch gar nichts mehr allein. Die Elternabende, ganz gleich, was passiert – wir machen alles im Team« [LEHRKRAFT; BREMEN; PRIMAR; GEBUNDEN].

»Insbesondere diese neue kooperative Perspektive führt dazu, dass man sich für ›professioneller‹ hält, für ›analytischer‹, ›weniger aus dem Bauch raus‹. [LEHRKRAFT; BREMEN; PRIMAR; GEBUNDEN].

Die Bildung arbeitsteiliger Strukturen und Teams entlastet und trägt zur eigenen pädagogischen Entwicklung bei. Unterschiedliche Kompetenzen werden wahrgenommen, die Expertise anderer Akteure wird nachgefragt. Nur selten wird darauf hingewiesen, dass zu Beginn der Neuerung, in der Umstellungsphase, Kooperation auch als Belastung empfunden wurde. Einmal etabliert, tritt der entlastende Effekt deutlich zu Tage und die allgemeine Arbeitszufriedenheit steigt:

»Es gibt ein Team für den Jahrgang eins und zwei, ein Team und für den Jahrgang drei und vier. Und die bereiten die nächste Woche vor oder bereiten neue Unterrichtsmaterialien gemeinsam vor, und das geht dann arbeitsteilig [...]. Dann profitieren wir gemeinsam davon und wir profitieren auch gemeinsam von unterschiedlichen Diagnosekompetenzen des Kollegiums. [...] Wenn man wirklich eine genauere Diagnostik braucht, dann fragt man schon eher den

Experten und sagt: Komm, da muss mal geguckt werden. Wir haben uns aber angewöhnt, überall an den Knackpunkten so im Lernprozess, kleine Zwischentests zu machen, um immer wieder zu gucken, hat er den nächsten Lernschritt vollzogen, kann das Nächste passieren? Dadurch hat sich hier im Kollegium ganz viel verändert. Die Arbeitszufriedenheit ist größer geworden. Es ist anfangs eine immense Belastung gewesen, inzwischen ist die Arbeitszufriedenheit besser« [LEHRKRAFT; NRW; PRIMAR; OFFEN].

»[...] die Überforderung der Lehrer durch diese schwierigen Schüler in Anführungszeichen – man fühlt sich dadurch nicht mehr so allein gelassen« [LEHRKRAFT; BREMEN; SEK I; GEBUNDEN].

Die neue Perspektive auf die Kinder hat auch zu einer anderen Einstellung im Hinblick auf die Schule und ihre Funktion geführt:

»Ja, mein Blick hat sich verändert, denke ich. Ich habe heute eine andere Haltung dazu [...], zumindest ein bisschen eine andere Haltung, wie Schule sein sollte und wo sie hin sollte« [LEHRKRAFT; BREMEN; PRIMAR; TEILGEBUNDEN].

Auch wird durch die interprofessionelle Kooperation im Rahmen der OGS Lehrer/innen womöglich erstmalig deutlich, dass sie nicht nur Eltern besser erreichen können, sondern auch, dass die Kinder- und Jugendhilfe ein Partner in der Bildung und Erziehung von Kindern sein kann:

»Da wir in vielen Fällen ganz eng mit dem Jugendamt zusammenarbeiten und da feste Ansprechpartner haben, ist es auch möglich, Familien mit Kindern in die OGS zu kriegen, die das sonst nicht machen würden« [LEHRKRAFT; NRW; PRIMAR; OFFEN].

Wie in den Interviews mit dem außerunterrichtlichen Personal, so wird auch aus der Perspektive der Lehrerschaft deutlich, dass die Zusammenarbeit in zwei Varianten vorkommt. Der erste Typus ist durch Absprachen, gemeinsame Aktivitäten oder Ergänzungen gekennzeichnet. Der zweite Typus ist durch Entlastung am besten beschrieben. Ob man hier von Kooperation sprechen kann, hängt sicherlich von der Definition von Zusammenarbeit ab. Auf die Frage, ob sich Veränderung durch die außerunterrichtlichen Partner ergeben hat, antwortet hier ein Befragter:

»Nein, [es ist, Anm. d. Verf.] eigentlich nicht [so, Anm. d. Verf.], dass sich da etwas geändert hat. Was gut ist, ist eben, dass Kinder, die Schwierigkeiten haben, dann noch zusätzlich gefördert werden können, dass man da die Möglichkeit hat, die Leute anzusprechen, die in der OGS sind« [LEHRKRAFT; NRW; PRIMAR; OFFEN].

Hier wird also der Entlastungseffekt als Gewinn beschrieben. Das klingt tendenziell eher nach »Abgabe«, nach »Delegation«, weniger nach Zusammenarbeit:

»Wir wissen [...], dass wir Kinder, die Sorgenkinder sind, unterbringen können in der OGS. Wir wissen, da sind die besser aufgehoben – das hat uns ganz neue Möglichkeiten gegeben« [LEHRKRAFT; NRW; PRIMAR; OFFEN].

Nützlichkeit kann also durchaus in unterschiedlicher Weise erfahren werden: als Bereicherung der eigenen pädagogischen Kompetenz, als Entlastung durch Arbeitsteilung oder als Entlastung durch die Möglichkeit, einen »Fall« – genauer: ein Problem – abzugeben.

Es wurde schon erwähnt, dass auf Seiten der Lehrerschaft Bereitschaft zur Kooperation und zur Veränderung der eigenen Arbeitsweise vorhanden sein muss. Nicht jede Lehrkraft hat den Willen, die Veränderungen im System Schule mitzumachen oder mitzutragen, mitunter wird Verständnis geäußert, wenn diese Bereitschaft nicht besteht. Mit Blick auf eine Kollegin, die die Veränderung nicht mitmacht, sagt ein Befragter:

»Sie findet das schön, wie wir arbeiten und toll und bewundert das auch, aber sie hat die Kraft nicht mehr, diese Veränderung mitzugehen. Sie hat für sich jetzt entschieden, dass sie die letzten Berufsjahre so weiterarbeiten will. Ich finde, das ist eine klare, gute Aussage« [LEHRKRAFT; BREMEN; PRIMAR; GEBUNDEN].

Obgleich Kooperation seitens der Politik als bedeutende Voraussetzung zur Realisierung Individueller Förderung dargestellt wird, sind die dafür bereitgestellten Ressourcen und Rahmenbedingungen unzureichend.

»Unser ganz großes Problem ist, dass wir stundenmäßig leider nicht regelmäßig Teamsitzungen machen können. [...] Das Problem ist eben, dass teilweise die Kollegen nur zwei Stunden da sind. Das ist wirklich ein ganz großes Problem, dass es da mit den Absprachen manchmal irgendwo hakt [...] und auch ich auch aus dem Blick verliere, wer hat jetzt welche Informationen gekriegt« [ERZIEHER/IN; NRW; PRIMAR; OFFEN].

Obgleich die zugewiesene hohe Bedeutung der multiprofessionellen Kooperation i.d.R. mit einer hohen Zufriedenheit einhergeht, gibt es auch einzelne Stimmen, die deutlich eine Asymmetrie wahrnehmen und kritisieren. Vorwurf ist hier, dass die verschiedenen Funktionsgruppen nicht auf Augenhöhe kooperieren. Das Funktionssystem Bildung/Schule ist zunächst eine Wissensdomäne der Lehrkräfte, die eine primäre Zuständigkeit reklamieren und letztendlich auch die »Regeln« des professionellen Handelns vorgeben:

»Das ist eben das Problem, dass Bildung sehr starr ist, und wir sind eben hinzugekommen. Wir haben in Bildung keine Lobby, denn wir haben auch andere Überlegungen, dass wir sagen – wir könnten uns ja auch mal lösen von den Teams, zwar in lockerer Anbindung an die Klassen, aber die Sozialpädagogen könnten ja auch mal einen ganz anderen Bereich machen, auch rein räumlich, schuloptisch – da und da ist ein großer Bereich, mehrere Räume, da finden halt sozialpädagogische Angebote statt oder wie auch immer, aber nicht mehr so an die Klasse, an den Lehrer angehängt. Wir sind ein bisschen zu sehr von Bildung geschluckt worden« [DIPL.-SOZ.PÄD.; BREMEN; PRIMAR; GEBUNDEN].

Zusammenfassend kann man sagen, dass die beiden Gruppen, hier die außerunterrichtlich Tätigen, dort die Lehrerschaft, zwar in unterschiedlicher Akzentuierung über Kooperation und über Kooperation erzeugte Veränderung berichten, aber es ergibt sich ein Bild, das wir als »komplementär« kennzeichnen wollen. Die hier vonstattengehende »Ergänzung« der Schulpädagogik kann beides sein: einerseits Addition, anderseits aber auch eine Veränderung des nunmehr »Aufaddierten«. Komplementarität kann lediglich zum »Mehr« führen oder auch eine stückweit eine neue Qualität erzeugen. Freilich haben wir in keinem der Interviews die Vorstellung vermittelt bekommen, dass sich nunmehr eine »ganz neue« Schule herausgebildet hätte, eine Schule mit radikal neuer Rhythmisierung, mit sozialpädagogischer Durchdringung des Unterrichtens oder Entstehung neuer curricularer Überlegungen in enger Teamarbeit. Interessanterweise lassen sich aber auch keine Konfliktlinien zwischen den früher eher verfeindeten pädagogischen Schwestern ausmachen. Kooperation weist für beide Seiten verschiedene nützliche Aspekte auf.

Einer Mehrheit der Antworten zufolge verändert sich durch Zusammenarbeit insbesondere das berufliche Handeln der Lehrerschaft. Oft wird über eine veränderte Wahrnehmung des Kindes berichtet, das stärker als in der Vergangenheit als ein Individuum mit vielfältigen Bedürfnissen betrachtet wird. Die Kinder werden nunmehr weniger ausschließlich in ihrer Rolle als Schüler/in gesehen. Zum neuen Bild trägt bereits bei, wenn Lehrer/innen hören, dass Schüler/innen sich im nichtschulischen Kontext offenbar anders verhalten als im Klassenzimmer. Grund ist auch eine veränderte Wahrnehmung und Vorstellung von Schule als Ort des Lernens, die durch das Einbringen anderer als fachlicher Lerninhalte entsteht. Die erzieherische Aufgabe der Schule kommt stärker in den Blick, wird aber gleichzeitig eben auch durch die außerunterrichtlichen Akteure »bedient«. Interessant ist, dass sowohl die außerunterrichtlich Tätigen als auch die Lehrerschaft selbst diesen Wandel beobachten. Die einschlägigen Kommentierungen findet man sogar vermehrt unter den Lehrer/innen. Kooperationen ermöglichen ihnen aber auch ganz grundsätzlich die neue Erfahrung, dass Teamarbeit von Vorteil sein kann. Es entlastet, Probleme zu bereden, sich gegenseitig abzusichern und sich nicht nur auf sich selbst zu verlassen. Durch die Etablierung von Teamstrukturen scheint sich die Kooperationsperspektive von Lehrern verbessert zu haben. Die Öffnung des Systems Schule für andere pädagogisch arbeitende Personen bewirkt offenbar ein »Aufweichen« der »Einzelkämpfer-Strukturen«. Letztlich aber wird ein Entlastungseffekt auch dadurch geschildert, dass die Arbeit mit »schwierigen« Kindern delegiert werden kann.

Eine funktionierende Kooperation fußt auf gegenseitigem Vertrauen und Anerkennung. Es zeichnet sich ein Bild, wonach die Anerkennung der Kompetenzen des jeweils anderen gelingt. Insbesondere dort, wo eine Zusammenarbeit schon seit einiger Zeit besteht, wird sie als Selbstverständlichkeit betrachtet, als geradezu unerlässlich. Kooperation gelingt aber nicht nur über gemeinsame Orientierungen, sie lässt sich auch gleichzeitig durch einen Prozess der Abgrenzung kennzeichnen. Eine Aushandlung von Kompetenzfeldern, die die jeweilige Berufsgruppe besetzt, stärkt die jeweilige Position und eröffnet die Komplementarität, die wir in den Interviewbeiträgen finden. Mehrfach wird darauf hingewiesen, dass eine vertrauensvolle Zusammenarbeit und ein respektvoller Umgang mit »schulfremden« oder ehedem »schulfernen« Personen und Professionen Zeit benötigt. Zeit kommt so als diachrones Element ins Spiel. Dass Kooperation auch Zeit »kostet«, wird nicht ins Gespräch gebracht. Auch dass der Lernprozess mit Mühen verbunden ist, wird nur punktuell erwähnt. Kooperation als Arbeitsaufwand wird im Unterschied zu Schilderung von Kooperationsgewinnen kaum kalkuliert.

Auffällig ist, dass Kooperation nicht als Technik beschrieben wird, die es zu managen gilt. Kaum wird darüber berichtet, dass und wie gemeinsame Ziele gefunden werden, welcher Aufwand dafür nötig war, welche Konflikte es gab oder wer die Abstimmung über Abgrenzungen erfolgte. Kooperation schien sich irgendwie automatisch einzustellen. Vokabeln wie »Zusammenwachsen« oder »Entwicklung« suggerieren so etwas wie eine Natürlichkeit der Kooperation, die lediglich Zeit und guten Willen benötigt.

In der überwiegenden Mehrzahl der Äußerungen wird die Kooperation zwischen dem außerschulischem Personal und den Lehrkräften in eher abstrakter Weise als gewinnbringend, entlastend und förderlich für die alltägliche Arbeit eingeschätzt. Es finden sich wenige konkrete Hinweise zur Art und zum genauen Nutzen der Kooperation. Vielmehr verbleiben die Aussagen im Vagen und in einer eher allgemeinen Zustimmung. Man könnte dies als eine Art von kollektivem Konsens bezeichnen. Dass außerschulisches Personal so reagiert, ist plausibel: Die »Schulfremden« können zufrieden sein, wenn sie das Gefühl haben, anerkannt zu sein und gefragt zu werden. Dass sie eine solche Situation bereits als gelungene Kooperation bezeichnen, liegt nahe. Für die Lehrerschaft ist es womöglich Ausweis der eigenen Professionalität, sich positiv zu den Externen zu äußern. Eine gegenteilige Position würde als Arroganz und professionelle Abschottung ausgelegt werden können.

Dass die Lehrerschaft so bereitwillig und positiv auf die Veränderungen reagiert, die durch die »Kooptierung« externer Kräfte entsteht, statt sich, wie in der Vergangenheit wohl üblich, gegen eine Invasion zu positionieren, kann vor dem Hintergrund der neueren bildungspolitischen Debatten erklärt werden. Die Lehrerschaft ist in ihren Grundfesten verunsichert und zunehmend weniger selbstbewusst. Seit die internationalen Studien vermeintliche Evidenz über die Leistungsprobleme beibringen, hat die öffentliche Unzufriedenheit hier ein Fundament. Allein die Vielzahl von Reformen, die »PISA & Co« nach sich zogen, beweist der interessierten Öffentlichkeit, dass mit der deutschen Schule und ihren Lehrer/inne/n etwas im Argen liegt. Die Reformen adressieren durchweg die Lehrerschaft und die von ihnen gestaltete Organisation, die Schule. Die fachliche Kritik manifestiert sich in der Einführung von Bildungsstandards. Vergleichsarbeiten und zentrale Abschlussprüfungen signalisieren, dass man sich auf die schulischen Selbsturteile nicht verlassen kann. Neue pädagogische Konzepte wie die »Kompetenzorientierung« oder die »Individualisierung« belegen die Schwäche des bisherigen Unterrichtens. Der gleichzeitige Bedeutungszuwachs überfachlicher Kompetenzen neben den fachlichen sowie die verstärkte Betonung der Erziehungsfunktion lassen sich von der Lehrerschaft nicht schultern. Die Übernahme solcher Verantwortungen durch andere Akteure kann von der kritisierten Profession nur als positiv bewertet werden.

Last but not least sind die »schwierigen« Schüler/innen in der heutigen Schulwirklichkeit fast schon zum Normalfall geworden. Problematische Einzelfälle ließen in der Vergangenheit durch Nichtbeachtung oder durch Aussortieren beherrschen. Heute hilft solches Handeln nicht mehr. Die Schule benötigt auch mehr als eine pädagogische »Feuerwehr«, wenn es ständig brennt. Die Aufwertung der externen Laienhelfer/

innen, insbesondere aber die Anerkennung der anderen Pädagog/inn/en (Erzieher/innen, Sozialpädagog/inn/en) durch die Lehrerschaft, ist geradezu taktische Notwendigkeit. Sie sind nicht nur Hilfe. Ihre Existenz ermöglicht es der Lehrerschaft, Verantwortung und im Fall des pädagogischen Nichtgelingens, »Schuld« auf mehrere Schultern zu verteilen. Die Existenz der Externen in der Ganztagsschule beweist, dass auch die Politik eingesehen hat, dass es bestimmte Probleme gibt, denen nicht ausschließlich schulpädagogisch beizukommen ist.

Eine weitergehende Hypothese, die dem Neoinstitutionalismus entlehnt ist, kann den Befund stützen, dass es eine so unbestritten und durchgängig positive Reaktion zu Kooperation und Interprofessionalität gibt. Zwar gestalten sich – insbesondere unter dem Thema Autonomie – interpersonelle und interprofessionelle Aushandlungsprozesse und deren Ergebnisse von Schule zu Schule unterschiedlich. Gleichzeitig tauschen sich die Ganztagsschulen über vielfältige Foren untereinander aus, betrachten untereinander, wie Probleme gelöst, wie Strukturen und Prozesse verändert und wie politische und gesellschaftliche Vorgaben und Anforderungen umgesetzt werden. Dadurch entsteht im Laufe der Zeit eine allgemein akzeptierte Vorstellung darüber, wie – allgemein – eine Ganztagsschule und wie – speziell – die Kooperation zwischen den verschiedenen Gruppen gestaltet sein sollte. Es setzt sich ein für rational erachtetes Modell durch, von dem kaum abzuweichen ist, und das kaum rational kritisiert werden darf (Rationalitätsmythos). »Erwartungs-Erwartungen«, die sich bei den Akteuren herausbilden, erzeugen einen gewissen Angleichungsdruck organisatorischer Strukturen oder Prozesse (Isomorphie). Und das schließt die subjektiven Bewertungen ein.

Bezogen auf die interprofessionelle oder zwischenberufliche Kooperation innerhalb der Schulen kann man davon ausgehen, dass die derzeit zu beobachtende Umbruchphase, welche noch von Instabilitäten, Such- und Aushandlungsprozessen gekennzeichnet ist, sukzessive in eine relative Stabilität münden kann, in der die »beruflichen oder professionellen Claims« abgesteckt sind. Zwischenberufliche Kooperation ist dann allgemein akzeptiert, und der schulische Alltag wird stärker als heute durch funktionale Differenzierung gekennzeichnet sein. Die bislang monoprofessionelle Organisation Schule wird – jedenfalls in Ansätzen – zu einer multiprofessionellen Organisation. Es wird interessant sein zu beobachten, ob sich eher eine additive oder eine integrierte bzw. koordinierte Arbeitsteilung durchsetzen wird. Können die Akteure gleiche Ziele entwickeln und verfügen sie über vergleichbare »Bilder« der Kinder? Entwickelt sich hinter der harmonischen Oberfläche der allgemeinen Akzeptanz eine eher additive oder eine eher integrierte Pädagogik? Der nicht seltene Verweis der Lehrer/innen auf »schwierige Schüler/innen« oder »Sorgenkinder« im Kontext der Thematisierung von Kooperation könnte Indiz dafür sein, dass Zusammenarbeit sich in die Richtung friedlicher Nebeneinanderarbeit gestaltet.

Die Autoren der vorliegenden Studie möchten anregen, Veränderung zu einer integrierten Kooperation bewusster zu gestalten. Ob sie sich automatisch entwickelt, darf bezweifelt werden. Nicht nur die Einsicht in die Notwendigkeit von Veränderungen müssen die Akteure mitbringen, sondern auch Bereitschaft zu durchgreifender Neuerung. Nicht minder wichtig sind daneben Methoden der Zusammenarbeit, die gelehrt und trainiert werden müssen. Hier sind Politik und Administration in der Verantwortung, Kooperation systematisch – statt nur rhetorisch – zu unterstützen.

Wir wissen zu wenig über die Qualität der Zusammenarbeit. Expert/inn/eninterviews und andere in quantitativen Analysen benutzten Instrumente, erfassen die subjektiven Wahrnehmungen und Deutungsmuster der Akteure zu einem bestimmten

Zeitpunkt, nicht aber die Realität der täglichen Arbeit. Will man die Komplexität des Alltagshandelns erfassen, bedarf es weitergehender Methoden wie z.B. einer längerfristigen teilnehmenden Beobachtung.

4.2.3 Externe Kooperationsbeziehungen

Wie im vorangegangenen Abschnitt deutlich wurde, ist multiprofessionelle Kooperation im Rahmen ganztägiger Bildung ein wesentliches Merkmal der Schulentwicklung. Ganztagsschulen erweitern ihr unterrichtsbezogenes Bildungsangebot, indem sie mit außerschulischen Anbietern – mehr oder weniger verbindlich und dauerhaft – kooperieren. Im Idealfall erscheinen diese kombinierten Angebote für einen Außenstehenden als »aus einem Guss« zu sein, soll heißen, sie ergänzen sich, sind abgestimmt oder sind schon gar nicht in ihrer unterschiedlichen Provenienz erkennbar.

Aus einer organisationstheoretischen Perspektive kann man Kooperation in zweifacher Hinsicht unterscheiden. Im ersten Fall sind die Partner der Zusammenarbeit in die Organisation eingebunden. Unabhängig von der Stärke oder Formalisierung dieser Bindung, kann von »vollständiger Inklusion« (interne Kooperation) gesprochen werden. Kooperationen, die eher anlassbezogen oder spontan mit organisationsexternen Personen oder Einrichtungen existieren, können als »partielle Inklusion« (externe Kooperation) bezeichnet werden. Gemeint sind hier z.B. Kooperationsbeziehungen mit Institutionen wie Behörden, Betrieben, öffentlichen Stellen oder fachlich interessanten Personen, die punktuelle Leistungen im Rahmen des Ganztags erbringen, aber eine geringere Einbindung aufweisen als die Mitarbeiterinnen und Mitarbeiter des außerunterrichtlichen Ganztagsbereichs.

Wir haben in unserer Untersuchung danach gefragt, welche Erfahrungen die Lehrer/innen und sozialpädagogischen Fachkräfte mit »schulexterner« Kooperation gemacht haben, wie sie diese bewerten und welcher Kooperationspartner u.U. noch notwendig wäre, um das Förderideal »Individuelle Förderung«, hier mit Blick auf Kinder in »schwierigen Lebens- und Bildungssituationen«, realisieren zu können.

Darüber hinaus haben wir mit Blick auf den besonderen Fokus auf diese spezifische Fördergruppe gefragt, inwieweit die Integration erzieherischer Hilfen (HzE) nach SGB VIII §§ 27–35 gewährleistet werden kann. Sofern die Befragten von besonderen erzieherischen Hilfen berichten, die noch »unterhalb« der rechtlich normierten Hilfe geleistet werden, wurden diese Beispiele ebenfalls aufgenommen. Bedeutsam ist in diesem Zusammenhang, dass es sich um Leistungen handelt, die besonders ausgewählten Kindern und ihren Familien zu Gute kommen. Gerade mit Blick auf diese spezifische Zielgruppe lässt sich feststellen, dass der außerschulische Lebensbereich einen evidenten Einfluss auf den schulischen Lebensbereich ausübt und umgekehrt. »Ein eindrückliches Beispiel dieser Interdependenz zwischen den unterschiedlichen Lebensbereichen der jungen Menschen bieten nicht zuletzt die nach wie vor sozial ungleich verteilten Bildungschancen« (Oelerich 2008:487).

Da die Jugendhilfe das Prinzip der Lebensweltorientierung als selbstgesetzte Handlungsmaxime betrachtet und auf der anderen Seite Schule über die Individuelle Förderung das Ziel verfolgt, den lebensweltlichen Hintergrund von Kindern zu berücksichtigen, kann Schule einerseits nicht den Kontext Erziehungshilfe und die Jugendhilfe andererseits nicht den Kontext Schule ausblenden. Beide »Bereiche« sind für das Kind relevante »Realitäten«, die nicht unverbunden bleiben dürfen, sondern wechselseitig aufeinander bezogen sein sollten. Dabei zeigen die nachfolgenden Beispiele anschaulich, das Erziehungshilfen im Vor- oder Umfeld von Bildung ansetzen, »indem sie damit befasst sind, Individuen psychisch und sozial überhaupt erst in die Lage zu versetzen, sich auf Selbstbildungsprozesse sowie organisiertes Lernen« (Scherr 2002:95; zitiert nach Oelerich 2008:488) einzulassen.

4.2.3.1 Erfahrungen mit externer Kooperation

Insbesondere der vieldiskutierte Ansatz zur Gestaltung des Übergangs von der Kita zur Schule hat zur verstärkten Kooperation mit Kindertageseinrichtungen geführt. In unseren Interviews wurden die Kitas in Bremen wesentlich häufiger als wichtige Kooperationspartner benannt. Die entstandenen Kooperationen unterscheiden sich hinsichtlich des Kooperationsniveaus und bewegen sich zwischen einfachem Informationsaustausch über die zukünftigen Schülerinnen und Schüler bis hin zur wechselseitigen Hospitation von Fach- und Lehrkräften:

> »[...] der Kindergarten, das ist ein wichtiger Kooperationspartner« [LEHRKRAFT; BREMEN; PRIMAR; GEBUNDEN].

> »[...] dadurch, dass wir dieses Kindergarten-Schulprojekt machen, [...]. Das hat uns natürlich geholfen, die Kinder schon mal vorab einschätzen zu können. Dann finden auch so noch Gespräche statt, wo die Erzieher und die Schule sich dann treffen, also die Lehrer aus den ersten Stufen und die Erzieher, die dort tätig sind. Man setzt sich dann auch zusammen und dann werden Sachen besprochen, was kann man noch tun, wo können wir unsere Arbeit noch verbessern, was müssen wir vielleicht noch tun, um Kinder auffangen zu können. Da erfahren wir vorher schon, wo die Defizite sind und wo wir noch weiter anknüpfen können. Und wir können ihnen zurückmelden, das und das könnt ihr noch mal ausprobieren.« [ERZIEHER/IN; BREMEN; PRIMAR; GEBUNDEN].

Neben institutionellen Kooperationen werden häufig auch individuelle Kooperationspartner einzelner Interviewter benannt. Hier spielen gute Kontakte oder Zwischenmenschliches eine bedeutende Rolle:

> »Ich arbeite gerne mit dem Ehepaar XY zusammen, mit dieser psychologischen Praxis. [...] Und dann gibt es ja diese freiwilligen Geschichten, wir haben z.B. ein Projekt [...] bei uns im Hause: Wir gehen ins Heimatmuseum oder wir wollen am Hafen forschen [...]. Dann haben wir herausgefunden, dass es einen Hafenmeister gibt. Und dann hat die mit uns eine Führung gemacht. Oder da stehen so Bronzefiguren, wer hat die gebaut [...]? Und dann sind wir zu dem Bildhauer gegangen. Das sind dann Sachen, die sich nach Themen entwickeln« [LEHRKRAFT; BREMEN; PRIMAR; GEBUNDEN].

Situative oder themenbezogene Kooperationen werden erprobt, sind aber von vornherein zeitlich befristet. Die hieraus resultierenden Erfahrungen sind aber durchaus positiv, so dass die Kooperation mit verschiedenen Professionen in den Blick genommen wird:

> »Wir haben jetzt neulich gerade dieses Tanzwerkprojekt mitgemacht und sind mit den beiden 5. Klassen hier im Schlachthof in Bremen aufgetreten, vor rich-

tig großem Publikum – das war grandios. Das hat die Kinder zwei Jahre in ihrem Selbstbewusstsein nach oben geschossen. Da haben wir auch für ein Vierteljahr mit einem Choreographen zusammen gearbeitet, die Kinder haben mal eben von einer ganz anderen Seite jemanden kennen gelernt, Erfahrungen gemacht und da auch Bereitschaft, mit Menschen von außerhalb zu kooperieren entwickelt. Wir haben gelernt, offen zu sein für Angebote, die eben nicht nur schulintern laufen, sondern auch von außen kommen« [LEHRKRAFT; BREMEN; PRIMAR; GEBUNDEN].

Ebenfalls von großer Bedeutung sind lokale Gremien und Arbeitskreise, die wichtig für den interprofessionellen Austausch und zur Informationsbeschaffung sind:

»Ja, es gibt Arbeitskreise hier im Stadtteil [...], in die wir eingebunden sind, einen Arbeitskreis Kinder, der trifft sich einmal im Monat [...]. Alle Bildungs- und sozialen Einrichtungen im Stadtteil kommen da zusammen [...] und reden über die Entwicklung des Angebotes für Kinder [...]. Dann gibt es einen Arbeitskreis [...], wo auch die Jugend- und Erwachseneneinrichtungen mit dabei sitzen [...], und dann gibt es noch das Parlament hier – das Stadtteilparlament [...]. Also wir nehmen an den Gremien teil und gestalten die auch aktiv mit« [DIPL.-SOZ.PÄD.; BREMEN; PRIMAR; TEILGEBUNDEN].

Allerdings beklagen einige Befragte aus dem außerunterrichtlichen Bereich, dass zwar die Schule, vertreten durch Lehrkräfte, an diesen Gremien teilnimmt, aber die Perspektive des außerunterrichtlichen Personals nicht vertreten ist:

»Die Schule wird in den Institutionen des Stadtteils durch die Schulleitung vertreten, gelegentlich wird immer mal jemand von uns dazu geholt, aber man kann jetzt nicht sagen, dass die Sozialpädagogen von unserer Schule an den und den Gremien beteiligt sind« [DIPL.-SOZ.PÄD.; BREMEN; PRIMAR; GEBUNDEN].

Zum Teil ist die mangelhafte Einbindung des außerunterrichtlichen Personals in Gremien und Arbeitskreise auf prekäre Beschäftigungsverhältnisse zurückzuführen:

»Es arbeiten ganz viele – jetzt auch in Bremen in der Stadt – z.B. mit Miniverträgen, ohne feste Anstellung [...]. Wenn dann irgendwelche Versammlungen sind, werden wir alle eingeladen. Dann sitzen da 700 Leute, aber auch 100, die nur zwei Stunden in der Woche in der Schule arbeiten und das ist so schwerfällig« [DIPL.-SOZ.PÄD.; BREMEN; PRIMAR; GEBUNDEN].

Neben den lokalen Gremien und Arbeitskreisen werden weitere Organisationen des Sozialraums genutzt:

»[...] die Lerngruppen gehen in die Bücherei – also, es wird viel genutzt, was hier im Stadtteil ist« [DIPL.-SOZ.PÄD.; BREMEN; PRIMAR; GEBUNDEN].

»Wir haben ja mit der Kreissparkasse auch diesen Kooperationsvertrag [...]. Bei denen kommt ja auch Geld – ein bisschen, das sie also bestimmte Projekte bei uns unterstützen [...] X, Y, unterstützen uns anders. Die lassen uns in ihre Lehrwerkstatt. Einen Nachmittag in der Woche geht eine Gruppe aus 9oder 10 dahin und die sind dann in deren Ausbildungswerkstatt. [...] Wir erhoffen uns natürlich einen Übergang in den Beruf. Dann die Kooperation mit der Sonderschule [...], dann mit Caritas, AWO, Blaues Kreuz [...] Dann haben wir eine Kooperation mit dem Haus der Familie. [...] Dann haben wir mit den Kirchen sehr guten Kontakt« [LEHRKRAFT; NRW; SEK I; TEILGEBUNDEN].

Schulen suchen sich gezielt Kooperationspartner, wenn sie wahrnehmen, dass sie bestimmte Bereiche nicht abdecken können. Sie nutzen Kooperationen strategisch:

»Ja, dass wir zusammenarbeiten mit dem Heilpädagogischen Zentrum in X, dass wir ganz stark auffällige Kinder in so eine soziale Gruppenarbeit geben, [...] sie werden dann individuell betreut, weil wir es einfach nicht leisten können« [ERZIEHER/IN; NRW; PRIMAR; OFFEN].

4.2.3.2 Integration der Hilfen zur Erziehung (HzE)

In einigen Schulen wurden positive Erfahrungen in der Zusammenarbeit mit sozialpädagogischen Familienhilfen gemacht. Im pädagogischen Alltag betrifft dies i.d.R. jedoch Einzelfälle:

»Ja, da haben wir zum Teil positive Erfahrungen gemacht, indem der Kontakt eben dann zu diesen Personen [Erziehungshilfen, Anm. d. Verf.] da war. Das ist richtig. Aber die kommen ja nicht mit in die Schule, sondern die betreuen die Kinder zwei Tage in der Woche zuhause – nachmittags –, führen mit den Eltern oder mit dem Kind Gespräche usw. Das sind dann zwei Nachmittage nach der Schule in den Familien, aber nicht hier in der Schule. Sie kommen hierher zum Gespräch« [LEHRKRAFT; BREMEN; SEK I; GEBUNDEN].

Häufig ist den Befragten – meistens den Lehrkräften, vereinzelt aber auch den sozialpädagogischen Fachkräften – die Abgrenzung von Hilfe zur Erziehung zu anderen sozialpädagogischen Leistungen schwergefallen. Hier bestehen z.T. Informationsdefizite über den Leistungskatalog des Jugendamtes. Gleichwohl berichten erstaunlich viele befragte Schulen vom regelmäßigen Austausch zwischen einzelnen Fach- und Lehrkräften oder auf institutioneller Ebene im Rahmen von Konferenzen:

»Wir haben regelmäßig Hilfekonferenzen zusammen mit dem Jugendamt, wo halt auch geguckt wird, in welchen Familien sind wir tätig, wie sind da die Fortschritte, wie ist die Situation? Also selbstverständliche Rückkoppelung« [DIPL.-SOZ.PÄD.; BREMEN; PRIMAR; GEBUNDEN].

»Da gibt es einerseits diese festen Sprechstunden, wo Herr XY [Mitarbeiter des Jugendamtes, d. Verf.] hier vor Ort ist. Und dann natürlich, dass man gerade bei Familien, die z.B. eine Familienhilfe haben oder so, dass da dann regelmäßig Gespräche sind, wo dann wirklich alle am runden Tisch sind, die beteiligt sind [...], also Lehrkräfte usw. [...]. Und zusätzlich, glaube ich, ist das auch ein Angebot vom Jugendamt, es gibt da so eine Jugendförderung. Also eine Gruppe von

Schülern, die auch alle die OGS besuchen. Und das läuft nachmittags, wo dann auch ein Mitarbeiter vom Jugendamt speziell mit zehn Jungen eine Gruppe hat, und das sind auch so gesehen eigentlich auch die schwierigen Schüler, die verhaltensauffälligen Schüler« [LEHRKRAFT-SONDERPÄD.; NRW; PRIMAR; OFFEN].

Hinsichtlich der Frage, wie oder durch wen die Kontaktaufnahme erfolgt, gibt es unterschiedliche Angaben. Sehr häufig sind die Familien oder Kinder bereits in der sozialpädagogischen Familienhilfe oder einer anderen Form der kinder- und jugendhilfespezifischen Unterstützung, der Kontakt zum Jugendamt bestand also bereits, bevor die Kinder die Ganztagschule besuchten:

> »Wir haben einige Kinder, die haben einen erzieherischen Beistand über die soziale Gruppenarbeit und über das XY-Stift [HzE-Einrichtung, Anm. d. Verf.]. Die soziale Gruppenarbeit arbeitet mit dem Jugendamt zusammen, das ist bei uns integriert. Und über das Jugendamt und über das XY-Stift wird auch Erziehungsbeihilfe und so etwas mit in die Familien reingebracht. Wir haben da vom offenen Ganztag eigentlich nur die Möglichkeit, wenn Interesse besteht, mit der Erziehungshilfe sich dann auseinander zu setzen. Wir haben außerdem ein Kind hier, da ist eine Erziehungsbeihilfe in der Familie, er wird im offenen Ganztag unterstützt, er hat jetzt sogar eine Nachhilfeschülerin, die mit ihm alleine im Einzelraum die Hausaufgaben macht und er schafft dort ein bisschen mehr« [ERZIEHER/IN; NRW; PRIMAR; OFFEN].

Auf der anderen Seite suchen aber auch Lehrkräfte oder das außerunterrichtliche Personal gezielt den Kontakt zum Jugendamt:

> »Der Kontakt wird aufgenommen durch die Lehrkraft, die dann [...] die ersten Gespräche führt. Da sind wir nicht ganz so involviert, weil dann die Lehrkräfte einfach da meistens auch ihre Schreiben aufsetzen müssen und so was alles, und wir dann dazu kommen, wenn dann noch irgendwelche intensiven Gespräche stattfinden, wo es wichtig ist, dass wir unseren Standpunkt noch mal dazu abgeben« [ERZIEHER/IN; BREMEN; PRIMAR; GEBUNDEN].

Andererseits findet die Kontaktaufnahme auch durch externe Kräfte statt, die gezielt Schulen aufsuchen. Die Information über Kinder in ihrer Lebenswelt wird offenbar durchaus geschätzt:

> »Ja, also diese z.B. Familienbetreuer, die kommen auch hier in die Schule. Dass dieser Mensch auch sagt: Ich möchte dieses Kind hier im Haus mal erleben, möchte Sie mal kennen lernen und ich kann Ihnen mal erzählen, was ich da so in der Familie erlebt habe. Das weiß ich ja nicht, und ich kann erzählen, wie sich das Kind bei uns so präsentiert« [ERZIEHER/IN; NRW; PRIMAR; OFFEN].

Positive Erfahrungen werden offenbar nicht nur mit externen pädagogischen Profis, sondern auch mit Laien gemacht, die in Schulen eingesetzt werden. Durch die Öffnung der Schule ändere sich ihr Charakter:

»[…] die Menschen die von außen kommen und den Kindern signalisieren, wir kommen für euch, wir freuen uns, dass wir hierhin kommen, wir fühlen uns hier bei euch wohl, die bringen ein Stück Normalität, ein Stück Alltag und ein Stück Wertschätzung rein« [LEHRKRAFT; BREMEN; PRIMAR; GEBUNDEN].

Sogar Aktivitäten aus den Familien werden – zumindest hier und da – akzeptiert:

»Und das schließt eben auch mit ein, dass ich eben sage: Ja, das ist ein Gewinn für jede Schule, wenn z.B. auch Großeltern mal kommen und sagen: Hier ich will mittun, ich kann auch was geben« [LEHRKRAFT; BREMEN; PRIMAR; TEILGEBUNDEN].

4.2.3.3 Gewünschte Kooperation

Die Antwortmuster auf die Frage nach der »gewünschten Kooperation« spiegeln die Diversität lokaler Strukturen wider. Die Bandbreite reicht von der allgemeinen Aussage »Wir suchen immer noch nach Möglichkeiten, mehr Angebote für Schüler zu machen« [LEHRKRAFT; BREMEN; PRIMAR; GEBUNDEN] bis hin zu »[…] wir haben eigentlich schon genug […], irgendwann ist auch mal Schluss« [ERZIEHER/IN; NRW; PRIMAR; OFFEN]. Sofern konkrete Kooperationswünsche benannt wurden, beziehen sich diese häufig auf spezifische lokale Anbieter wie Sportvereine, Kirchengemeinden, Freizeittreffs, Musikschulen, Freiwillige Feuerwehr, Kindergärten und lokale Beratungseinrichtungen. Die insgesamt geringe Nennung von zusätzlichen Kooperationswünschen ist sicherlich auch der Tatsache geschuldet, dass die untersuchten Schulen bereits vielfältige Angebote vorhalten und die Lehrkräfte wie auch sozialpädagogische Fachkräfte Grenzen abstecken. Eine extensive Ausweitung schulischer Hilfe- und Unterstützungsangebote sowie extracurricularer Aktivitäten kann durchaus zu einer Überforderung der Ganztagsakteure führen.

Zusammenfassend kann man an dieser Stelle sagen, dass ausnahmslos alle befragten Lehr- und Fachkräfte in Nordrhein-Westfalen und Bremen die Leistungen externer Kooperationspartner nutzen. Häufig sind es institutionelle Kooperationspartner der Schule, wie beispielsweise Familienbildungsstätten, Beratungseinrichtungen, Kommunale Einrichtungen und Kirchengemeinden. Ebenso häufig werden aber auch Kooperationsbeziehungen benannt, die aufgrund persönlicher Kontakte zustande kamen. Das Feld der Kooperationspartner ist vielschichtig und heterogen und orientiert sich im Allgemeinen an der vorhandenen sozialen Infrastruktur eines Sozialraums. Unklar bleibt aber, wie systematisch diese erschlossen ist.

In der Regel werden die Kooperationen positiv empfunden, decken sie doch Kompetenzen und Wissensgebiete ab, die innerhalb der Schulen nicht oder nur begrenzt vorhanden sind. Externe Kooperationen sind teilweise zeitlich befristet (bei themenbezogenen Kooperationen) und stehen lediglich einem kleineren Adressatenkreis zur Verfügung (spezialisierte Angebote). Dass Kooperationserfahrungen durchweg positiv beschrieben werden, trifft auch auf die überraschend häufige Zusammenarbeit mit dem Jugendamt bzw. von beauftragten Diensten (im Rahmen der Erbringung von Erziehungshilfen) zu.

4.3 Teilstudie qualitative Interviews (II): »Schwierige Kinder«: Besonderer erzieherischer Förderbedarf aus der Perspektive der Professionellen

4.3.1 Ursachen schwieriger Lebens- und Bildungssituationen

Wieso werden Kinder »schwierig«? Die in diesem Kapitel vorgestellten Befunde zeigen, dass die Pädagog/inn/en durchaus darüber nachgedacht haben, aus welchen Gründen manche Schüler/innen in der Schule als schwierig wahrgenommen werden. Unser qualitativer Ansatz vermag selbstverständlich keine verlässlichen Angaben über Verteilungen zu liefern. Ein Eindruck muss genügen: Es lassen sich zwischen beruflicher Provenienz, Bundesland und Schulform keine Differenzen der Einschätzungen erkennen. Auch bei einer Kategorisierung der Erklärungen für die Genese von als schwierig wahrgenommenem Handeln und Verhalten müssen wir im Hinblick auf eine quantitative Bewertung vorsichtig sein. Aber es lassen sich deutlich drei wesentliche Dimensionen der Erklärungen identifizieren: Die überwiegende Mehrheit der Befragten verortet die Ursachen, die Kinder in schwierige Lebens- und Bildungssituationen führen, primär in der sozialen bzw. familiären Herkunft. Von rund einem Drittel der Befragten werden die Ursachen vorwiegend im Kind selbst liegend gesehen. Nur einige wenige betonen schulsystemspezifische Aspekte, die zu entsprechenden Situationen führen.

4.3.1.1 Soziale und familiäre Herkunft

Für fast alle Akteure spielt das Elternhaus der Kinder eine entscheidende Rolle, wenn die Anpassung an die schulischen sozialen Bedingungen nicht gelingt oder erwartete Schulleistungen nicht erreicht werden. Der Standort der Schule bzw. die Komposition der Schülerschaft ist entscheidend für die Häufung von Problemen. Welche Schüler/innen machen Probleme?

> »Das sind trotz aller Vorurteile immer wieder meistens die, die auch ein doch sehr eingeschränktes Elternhaus haben – sei es nun in sozialen Kompetenzen oder in finanziellen Ressourcen. Ganz oft ist es ja eine Kombination aus beiden. Der Stadtteil ist ein Randstadtteil. Was das bedeutet, wissen wir ja alle, dass gerade zur Randbevölkerung nun nicht unbedingt die Klientel gehört, die sich der Stadtrat auf dem Marktplatz wünscht« [DIPL.-SOZ.PÄD.; BREMEN; SEK I; GEBUNDEN].

In unterschiedlichen Ausprägungen wird immer wieder betont, dass Kinder und Jugendliche vermehrt Defizite aufgrund mangelnder oder gar fehlender elterlicher Erziehungskompetenz aufweisen. Die Befragten berichten dann von einer Überforderung der Eltern und ihrer Unfähigkeit, ihren Kindern Grenzen aufzuzeigen, »dass viele von diesen Kindern nie Konsequenzen erfahren haben« [LEHRKRAFT; BREMEN; SEK I; GEBUNDEN], dass sie keine Wertvorstellungen sowohl anderen Menschen als auch materiellen Gegenständen gegenüber vermittelt bekommen haben und auch »in Bezug auf Computer und Fernsehen, dass da keine Grenzen gesetzt werden« [LEHRKRAFT; BREMEN; SEK I; GEBUNDEN]. Zudem verweisen die Befragten auf fehlende haltgebende und sinnstiftende Strukturen in diesen Familien: Nach Meinung der Befragten führen mangelnde elterliche Unterstützung und ein nicht geregelter Tagesablauf vermehrt zu Orientierungslosigkeit und Perspektivlosigkeit bei vielen Schüler/inne/n. Schwierige Kinder »kommen meistens aus sehr zerrütteten Familien, klassischerweise wirklich strukturlose Familien vor allem« [LEHRKRAFT-SONDERPÄD.; NRW; PRIMAR; OFFEN]. Es fehlen demnach gemeinsame Mahlzeiten, aufgrund von Arbeitslosigkeit oder aber Schichtarbeit fehlen zusätzlich geregelte zeitliche Strukturen. Solche Elternhäuser sind schlechte Vorbilder:

> »Das hat dann natürlich auch was damit zu tun, was im Elternhaus los ist, hat natürlich auch was damit zu tun, was für eine Einstellung Eltern und Kinder zur Schule haben. Wenn die Kinder aus Straßen kommen, in denen morgens niemand mehr zur Arbeit geht, in den von den älteren Geschwistern auch niemand einen Beruf hat, bestenfalls einen 400 Euro-Job, dann motiviert das die Kinder auch nicht gerade, in der Schule engagiert dabei zu sein und fleißig zu lernen« [LEHRKRAFT; BREMEN; SEK I; GEBUNDEN].

Einige der befragten Akteure berichten von körperlicher Gewalt und sexuellem Missbrauch in den Familien. Auch seien diese Kinder oftmals dem Einfluss psychischer Krankheiten der Eltern ausgesetzt. Genannt werden hier vielfältiger Drogenmissbrauch, aber beispielsweise auch Formen von affektiven Störungen, die den Alltag dieser jungen Menschen prägen. Hiermit einhergehend werden oftmals tiefgehende psychische, physische und materielle Vernachlässigungen dieser Kinder und Jugendlichen berichtet, was sich in deren – zumeist externalisierend auffälligem – Verhalten sowie in deren äußerem Erscheinungsbild in den Schulen zeigt. So formuliert eine Lehrkraft:

> »Das sind oft Kinder aus Familien, die eine große Last haben, die problembeladen sind und ich glaube, was sie zu Hause ertragen müssen, lassen sie hier raus« [LEHRKRAFT; BREMEN; PRIMAR; GEBUNDEN].

Vermehrt berichten die Befragten in diesem Kontext von mangelndem Interesse der Eltern aus bildungsfernen Milieus an schulischen Angelegenheiten. So seien es immer wieder die gleichen Eltern, die beispielsweise zu Elternabenden kommen oder sich aktiv in das Schulleben einbringen – eben diejenigen aus den Bildungsmilieus. Zudem entsteht seitens der Befragten vermehrt der Eindruck, dass erzieherische Aufgaben in immer größerem Maße an Schulen übertragen werden. Die Befunde verweisen hier übereinstimmend auf die sich daraus ergebende große Belastung für Lehrkräfte und außerunterrichtliche Mitarbeiter/innen. Folgendes Beispiel aus der Perspektive einer Grundschullehrerin macht dies deutlich:

> »Es ist sehr aufwendig und sehr intensiv. Die Bandbreite ist heute einfach ganz groß. Grundschule wird mit allem konfrontiert. Wir haben immer mehr Kinder, die keine Orientierung in Raum und Zeit haben, wenn die zur Schule kommen. Die wissen nicht, ob wir Sonntag oder Mittwoch haben. Die wissen nicht, ob man die Tageszeit Vormittag oder Nachmittag nennt. […] Wir würden hier ganz viel Elternschule machen wollen, wenn wir die Zeit dafür hätten. Die Eltern überlassen ganz viel der Schule. Ganz viel. Trotzdem sind viele Eltern der Meinung: Das wird entweder der Kindergarten oder die Schule schon richten

oder dass Mütter auch sagen: Das kann ich nicht, da habe ich keinen Kopf für, das ist doch Sache der Schule« [LEHRKRAFT; NRW; PRIMAR; OFFEN].

Vielfach werden die Gründe für dieses Phänomen auf veränderte gesellschaftliche Rahmenbedingungen zurückgeführt. So gebe es »die Familie als Institution nicht mehr« [DIPL.-SOZ.PÄD.; BREMEN; SEK I; GEBUNDEN, Pos.: 119]. Insbesondere Kinder und Jugendliche von Alleinerziehenden finden sich vermehrt in benachteiligten Lebenssituationen wieder. Dass die soziale Herkunft eine entscheidende Rolle spielt, wird an den Schulen mit schwierigem sozialen Umfeld deutlich: Hohe Arbeitslosigkeit und Armut prägen die tagtäglichen Lebensverhältnisse ihrer Schülerschaft.

Eine besondere Aufmerksamkeit im Kontext schwieriger Lebens- und Bildungssituationen erfährt hier die Gruppe der Kinder und Jugendlichen ausländischer Herkunft. Kulturelle Diversitäten, die sich in unterschiedlichen gesellschaftlichen Wert- und Lebensvorstellungen ausdrücken, führen vermehrt dazu, dass diese Schülerinnen und Schüler im schulischen Alltag in den Blick geraten. Insbesondere bei Flüchtlingskindern aus Krisengebieten zeigen sich Formen von Traumatisierungen, die in ihren Folgen auch das schulische Leben prägen.

Der zentrale Aspekt von Benachteiligung manifestiert sich nach übereinstimmender Meinung der Befragten in Form sprachlicher Defizite. Durch mangelnde Integration der Eltern wird im häuslichen Umfeld in der Regel nicht deutsch gesprochen. Zudem sind diese Eltern dadurch nicht in der Lage, ihre Kinder bei schulischen Erwartungen entsprechend zu unterstützen. Immer wieder wird Sprachkompetenz als wesentliche Bedingung für schulische Integration und als grundlegende Voraussetzung für gelingende Bildungsprozesse betont:

> »Da kommen sie in die Schule und können deutlich schlechter Deutsch sprechen als die Anderen. Sie kommen in die Schule und haben, auch wenn sie gut Deutsch sprechen können, selbst wenn sie ein Elternhaus haben, das sich darum kümmert, trotzdem einen Wortschatz, eine Wortgewandtheit, die einem deutschen Kind immer noch hinterher hinkt. Selbst wenn die Eltern wirklich drauf geachtet haben, wenn den Eltern das wichtig gewesen ist, dass die Kinder Deutsch gelernt haben: sie sind im Prinzip, wenn die hier starten, immer noch in einer schwierigeren Startposition. Das merkt man sofort, wenn man die ersten Bildergeschichten mit ihnen anguckt und fragt, wie bestimmte Begriffe heißen, dass es dann an ganz bestimmten Stellen halt fehlt. Den Grundwortschatz haben sie. Es gibt auch positive Überraschungen, aber es ist einfach so, ein ganz großer Teil der Kinder mit Migrationshintergrund es von der Sprache her einfach schwerer hat« [DIPL.-SOZ.PÄD.; BREMEN; PRIMAR; GEBUNDEN].

Soziale Herkunft spielt sehr gelegentlich auch mit umgekehrten Vorzeichen als Ursache für schwierige Lebens- und Bildungssituationen eine Rolle. Von wenigen außerunterrichtlichen Mitarbeitern werden auch bildungsnahe Familien und deren Umgang mit Erwartungen an die Leistungsbereitschaft der Kinder als problematisch bewertet. Demnach zeige sich »mitunter von Elternseite auch ein ganz großer Druck, sie möchten möglichst viel. Fördern heißt für sie, dass die Kinder an möglichst vielen Sachen teilnehmen« [ERZIEHER/IN; NRW; PRIMAR; OFFEN]. Ein Bremer Sozialpädagoge betont diesbezüglich:

»Es kann auf der anderen Seite auch heißen, dass von Seiten der Eltern, die das Beste für ihr Kind meinen, leistungsmäßig viel Druck auf das Kind ausgeübt wird und die von daher in meinen Augen eine schwierige Situation haben, weil die nämlich unter Druck arbeiten. Die Eltern stehen dauernd da und haben irgendetwas zu mäkeln an dem Kind, was es nicht gut gemacht hat. Wo wir dann denken, lasst doch das Kind in Ruhe, lass ihm doch sein eigenes Tempo und setze dich nicht am Wochenende noch mit ihm hin. Das ist genauso entwicklungshemmend wie Startschwierigkeiten von der anderen Seite« [DIPL.-SOZ.PÄD.; BREMEN; PRIMAR; GEBUNDEN].

4.3.1.2 Krankheiten und Entwicklungsstand

Rund ein Drittel der Befragten sieht die Ursachen für schwierige Lebens- und Bildungssituationen im Kind selbst liegend. Hier werden an erster Stelle biophysische Aspekte wie Stoffwechselstörungen oder schwere Krankheiten im Säuglingsalter genannt, die bei den Betroffenen zu Defiziten in schulischen Leistungs- und Sozialkontexten führen. Zudem berichten die Befragten in diesem Zusammenhang von einer Vielzahl verschiedener akuter Krankheitsbilder und psychischer Störungen, wie beispielsweise Depressionen, Anorexien, Aufmerksamkeitsdefizit- und Hyperaktivitätsstörungen, Lernstörungen oder auch Drogenmissbrauch. Als weitere Ursachen werden hier neben kognitiven Unterforderungen insbesondere auch Überforderungen gesehen, wo »dann die Frage ist, ob sie hier überhaupt mitkommen können« [LEHRKRAFT; BREMEN; SEK I; GEBUNDEN]. Mit der Flexibilisierung der Schuleingangsphase verschiebt sich das Einschulalter häufig nach vorne. Eine Ganztagskraft aus NRW stellt in diesem Kontext die Frage »Wie weit sind die Kinder schon reif für die Schule?« [LEHRKRAFT; NRW; PRIMAR; OFFEN].

4.3.1.3 Schul(system)spezifische Aspekte

Der letztgenannte Gesichtspunkt führt zu einem anderen Typus der Erklärung. Nach Ansicht einiger weniger Befragter lassen sich auch schul(system)spezifische Aspekte als Ursache für Schwierigkeiten identifizieren. Neben der fehlenden Passung von Anspruch und Kompetenz bzw. Reifungsgrad der einzelnen Schülerinnen und Schüler, die sich in Unter- oder Überforderung äußern, spielen auch – allerdings eher selten – Rahmenbedingungen des Lernens eine Rolle. Ein Schulsozialarbeiter aus NRW hebt zum Beispiel hervor, dass die bisherigen schulischen Erfahrungen mancher junger Menschen häufig von Misserfolgen geprägt sind und das zu negativen Einstellungen führe. Lediglich eine Lehrkraft verweist explizit auf die möglicherweise schlechte Passung der schulischen Rahmenbedingungen für diese Kinder und Jugendlichen:

»Ich glaube, dass die Schule von ihren Rahmenbedingungen nicht unbedingt das Beste ist. Ich glaube, dass die Kinder besser in einer kleineren Lerngruppe aufgehoben wären, wo sie mehr Zuwendung und Zeit vom Personal erfahren können. Das ist das eine. Ich glaub auch, dass diese Schüler nicht unbedingt gut aufgehoben sind in einer Schule, die klare Richtlinien hat und fachliche Inhalte abverlangt in Lernstandserhebungen und zentralen Prüfungen« [LEHRKRAFT; NRW; SEK I; GEBUNDEN].

4.3.1.4 Zusammenfassung

Zusammenfassend zeigen die Befunde ein Verständnis über Kinder in schwierigen Lebens- und Bildungssituationen, das sich nach Ansicht der befragten schulischen und außerschulischen Mitarbeiter/innen vornehmlich durch Defizite im familiären Umfeld der Betroffenen erklärt. Ausschlaggebend für diese Einschätzungen sind zuallererst die durch die tägliche Arbeit erlebten eigenen Erfahrungen im Umgang mit diesem Phänomen. Die Tatsache, dass es sich hierbei um einen zumeist hochmultifaktoriellen Kontext handelt, rückt in den Einschätzungen der Befragten durch eher spezifische und fokussierte Sichtweisen im Kontext der eigenen Handlungspraxis zumeist in den Hintergrund. Es werden auch biophysische Aspekte, psychische Auffälligkeiten und Krankheiten sowie kognitive Defizite genannt. Die Externalisierung entlastet gegenüber einem möglichen Vorwurf, nicht genug zur Unterstützung dieser Kinder innerhalb der Schule zu tun: Lebenssituationen und auch kognitive wie charakterliche »Anlagen« lassen sich durch die Schule eben nicht ändern.

Interessant ist auch, dass der Gedanke, es könne sich bei Problemen in der Schule um eher temporäre – und also vorübergehende – schwierige Lebens- und Bildungssituationen handeln, wird selten ausgesprochen. Hierauf verweisen lediglich zwei Lehrkräfte, indem sie betonen, dass »jedes Kind manchmal schwierig ist« [LEHRKRAFT; NRW; SEK I; GEBUNDEN], und dass es sich um Kinder handeln kann, »die jetzt so gerade in einer Lebenskrise sind. Zum Beispiel Tod eines Elternteiles oder eines nahen Verwandten« [DIPL.-SOZ.PÄD.; BREMEN; SEK I; GEBUNDEN].

Die beschriebenen häuslichen Defizitlagen, deren Auswirkungen sich in Handlungen und äußerer Erscheinung der Betroffenen im schulischen Alltag manifestieren, werden hingegen als äußerst vielfältig erkannt. Berichtet wird von mangelnden erzieherischen Kompetenzen und einer Überforderung der Eltern, die sich sowohl in fehlenden häuslichen Strukturen und mangelnder Wertevermittlung gegenüber anderen bis hin zu Formen körperlicher Gewalt zeigen. Als Ursache werden veränderte gesellschaftliche Rahmenbedingungen gesehen – hier insbesondere das Wegbrechen vom klassischen Familienmodell, Arbeitslosigkeit und Armut sowie die unterschiedliche kulturelle Herkunft. In der Summe münden diese Bedingungen oder strukturellen Voraussetzungen der Herkunftsfamilien für die betroffenen Kinder und Jugendlichen oftmals in schwierigen Lebens- und Bildungssituationen psychischer und materieller Natur. Insbesondere Kinder aus Familien mit Migrationshintergrund, in denen wenig oder kein Deutsch gesprochen wird, haben nach übereinstimmender Einschätzung wesentlich verschlechterte Ausgangsvoraussetzungen für eine gelingende Schullaufbahn.

Weiterhin entsteht bei einigen Befragten der Eindruck, dass seitens der Erziehungsberechtigten eine Übertragung der erzieherischen Verantwortung an die Schule erfolgt. Es wird die grundsätzliche Frage gestellt, wie insbesondere Eltern aus bildungsfernen Milieus mit dem Ziel höherer Verantwortungsübernahme für die schulischen Belange ihrer Kinder stärker in schulische Kontexte eingebunden werden können. Allerdings wird auch deutlich, dass eine Förderung der Kinder aus hochbelasteten Familien als eher unwahrscheinlich erscheint. Zur gleichen Zeit wird auch das Dilemma thematisiert, in dem sich Pädagogen befinden, die sich zu sehr diesen Kindern widmen. Stellvertretend für die Einschätzungen eines guten Teils der Befragten steht folgende Aussage:

»[…] das ist unsere Klientel, aber einfach auch ganz normale Kinder, um die man sich in dem Bereich dann leider zu wenig kümmert. Auch da habe ich manchmal ein schlechtes Gewissen, weil ich weiß, diese Kinder funktionieren. Das läuft und die bekommen deswegen ganz wenig Aufmerksamkeit, und das tut mir manchmal auch sehr leid« [ERZIEHER/IN; NRW; PRIMAR; OFFEN].

4.3.2 Berichtete Häufigkeit des Phänomens und wahrgenommene Schwierigkeiten der Kinder

Der folgende Abschnitt fasst die persönliche Einschätzung der Befragten hinsichtlich ihrer Wahrnehmung der *Häufigkeit des Phänomens* sowie der *Schwierigkeiten der Kinder und Jugendlichen*, mit denen Pädagogen im Alltag konfrontiert werden, zusammen.

4.3.2.1 Häufigkeit des Phänomens

Insgesamt zeigt sich deutlich, dass die Pädagog/inn/en höhere Förderbedarfe erkennen als Politik und Verwaltung. Schwierige Situationen sind gewissermaßen »normal« und keinesfalls die Ausnahme:

»Als Sozialpädagoge sind wir eigentlich im Prinzip den ganzen Tag damit beschäftigt, genau da zu sein, wo es schwierig ist. Da, wo es nicht schwierig ist, brauchen wir auch nicht sein. Das heißt – wir sind eigentlich im Wesentlichen da, wo es brennt. Wo jetzt was passieren muss« [DIPL.-SOZ.PÄD.; BREMEN; SEK I; GEBUNDEN].

Ein großer Teil der befragten Lehrkräfte und außerunterrichtlichen Mitarbeiter/innen ist der Ansicht, dass über Jahre hinweg eine steigende Anzahl der Schülerinnen und Schüler mit erzieherischem Förderbedarf zu verzeichnen ist. Auch hat in der subjektiven Wahrnehmung der Befragten die Intensität des Förderbedarfes oder die Komplexität der Problemlagen zugenommen. Individuelle Problemlagen werden »von Jahr zu Jahr intensiver« [ERZIEHER/IN; BREMEN; PRIMAR; GEBUNDEN]. Und das betrifft eben nicht nur die Kinder aus bildungsfernen Schichten.

»Das gibt es sowohl in sozial schwachen als auch in äußerst gut situierten Familien. Das geht durch die ganze Breite. Ich kann mir gar nicht erklären, wann es diesen Umschwung gegeben hat, aber dieses Problem der Kinder, die so Null-Bock haben, sich anzustrengen, oder sich Mühe bei etwas zu geben, wächst in den letzten Jahren rapide an und ich blicke schon auf 32 Jahre Schulerfahrung zurück. Also – es wächst wirklich rapide an« [LEHRKRAFT; NRW; PRIMAR; OFFEN].

Insgesamt weiß jeder der Interviewten vor dem Hintergrund der eigenen Arbeit von diesem Phänomen zu berichten. Auch wenn dies in unterschiedlich starker Ausprägung erfolgt, so wird doch deutlich, dass es sich hierbei nicht um Ausnahmefälle, sondern um die in den Schulen vorgefundene Normalität handelt, mit denen die Akteursgruppen zum Teil »tagtäglich, stündlich« [DIPL.-SOZ.PÄD.; NRW; SEK I; GEBUNDEN] konfrontiert werden: »Im Prinzip hat man hier jeden Tag …, irgendetwas ist immer. Das ist klar« [LEHRKRAFT; NRW; PRIMAR; OFFEN].

Ein starker Kontrast zeigt sich dennoch insbesondere im Vergleich der Schulen mit unterschiedlichen sozialen Rahmenbedingungen. Hier wird offensichtlich, wie sehr die einzelnen Schulen in ihrer Schülerschaft vom stadtteilspezifischen Milieu geprägt werden. Beispielhaft können hier die Äußerungen einiger Befragter, die an Schulen mit schwierigem sozialem Umfeld tätig sind, herangezogen werden. Eine Bremer Lehrkraft erzählt, dass der Bedarf an erzieherischer Förderarbeit »immens groß an dieser Schule ist« [LEHRKRAFT; BREMEN; PRIMAR; TEILGEBUNDEN] und auf gefühlt »98%« der Schülerschaft zutrifft. Ähnlich sieht es eine Sozialpädagogin einer anderen Bremer Schule: »In diesem Stadtteil, an dieser Schule? 95%« [DIPL.-SOZ.PÄD.; BREMEN; PRIMAR; GEBUNDEN].

Auch wenn nicht alle Befragten solche hohen Anteile problematischer Fälle berichten, wird von fast allen eine hohe Belastung geäußert. So »gibt es Tage, wo wir auch kaputt sind, weil wir eben diese Kinder permanent im Auge haben müssen, gucken müssen, sie schützen müssen, die anderen Kinder schützen müssen« [ERZIEHER/IN; BREMEN; PRIMAR; GEBUNDEN]. Auch wird mitunter auf die Grenzen der eigenen beruflichen Expertise verwiesen, wie folgende Lehrkraft deutlich zum Ausdruck bringt:

> »Und dann haben wir natürlich auch – kann man sagen – in jeder Klasse so immer zwei Schüler, ganz unabhängig von ihrer Herkunft, wo man – wenn ich das so sagen darf – wirklich sagen muss –, die sind fast durchgeknallt. Also, die sind unheimlich schwierig hier, mit manchen sind wir wirklich überfordert – total überfordert« [LEHRKRAFT; BREMEN; SEK I; GEBUNDEN].

Zum Vergleich: An Schulen mit nicht brennpunktspezifischem sozialem Umfeld liegt der Anteil an Kindern und Jugendlichen in schwierigen Bildungs- und Lebenssituationen durchschnittlich »nur« bei ca. zehn Prozent (subjektive Einschätzung der Befragten). Zwar ist dieser Wert deutlich niedriger als an den Schulstandorten bzw. Stadtteilen, in denen überwiegend Familien mit einem eher geringem »sozio-ökonomischen-Kapital« leben, aber auch hier offenbaren sich dem pädagogischem Personal erzieherische Förderbedarfe. Durchweg alle befragten Fach- und Lehrkräfte wissen von entsprechenden Fällen zu berichten.

Mit Blick auf die Häufigkeit des Phänomens sind zwei weitere Einschätzungen wichtig, aber nicht wirklich überraschend: Hinsichtlich der geschlechtsspezifischen Verteilung wird durch die Aussagen einiger Befragter klar, dass grundsätzlich mehr Jungen auffällig werden. Damit ist übrigens nicht gesagt, dass Mädchen weniger Probleme in der Schule haben, womöglich zeigen sie es nur weniger. Eine weitere Äußerung einer außerunterrichtlichen Kraft verweist auf den Aspekt der Verdichtung des Phänomens in schulspezifischen Übergangssituationen. Demnach kommt »gerade unter Leistungsdruck zum Ende des Schuljahres [...] eben viel an die Oberfläche« [DIPL.-SOZ.PÄD.; BREMEN; SEK I; GEBUNDEN].

4.3.2.2 Schwierigkeiten der Kinder und Jugendlichen

Wie äußern sich Schwierigkeiten der Kinder und Jugendlichen, die den Befragten in typischen Schulsituationen auffallen? Neben den bereits angesprochenen Problemen wie sprachlichen Defiziten, Formen von Vernachlässigung und Unterversorgung, die sich zumeist aus der familiären bzw. sozialen Herkunft der Schülerschaft ergeben, zeigen die Befunde hier ein eindeutiges Bild: Die in der Schule häufig als »schwierige« Kinder und Jugendliche bezeichneten Schüler/innen fallen durch eine Vielzahl unterschiedlicher verhaltensauffälliger Erscheinungsformen und Symptomkombinationen verschieden starker Ausprägung auf, die im Folgenden beispielhaft dargestellt werden sollen. In Anlehnung an die Klassifikation von Myschker (vgl. 2005:52) lassen sich diese externalisierenden, internalisierenden, sozial-unreifen sowie sozialisiert-delinquenten Verhaltensweisen zuordnen.

Insbesondere die externalisierenden, aggressiv-ausagierenden Verhaltensformen sind es, die von den befragten Lehrkräften und außerunterrichtlichen Mitarbeiter/inne/n in diesem Kontext geschildert und als Belastung empfunden werden. Neben einer oftmals erheblichen Destruktivität gegenüber schulischem Eigentum und dem der Mitschüler/innen wird vor allem von massiven körperlichen und verbalen Aggressionen berichtet, die zu Störungen in unterrichtlichen und außerunterrichtlichen Schulsituationen führen:

> »Ich bin gerade mit einem Kind aus meiner Klasse so am Ende, dass ich schon das Gefühl habe, bei der nächsten Gelegenheit schmeiße ich ihn aus dem Fenster. Situationen, wo ein Kind immer wieder während der ganzen Arbeitszeit Aufmerksamkeit fordert, indem es aufsteht, andere schlägt oder prügelt, man es gar nicht mehr alleine raus lassen kann – und das sind so Sachen, wo man an Grenzen kommt, wo man auch das Gefühl hat, ich weiß nicht, wie das hier in der Schule aufgefangen werden kann, und ich habe nun schon jahrelange Erfahrungen mit solchen Kindern« [LEHRKRAFT; BREMEN; PRIMAR; GEBUNDEN].

Gerade im Kontext von Unterricht berichten die Befragten zum großen Teil von massiven Störungen des Sozialverhaltens, die als Formen von Unterrichts- und Leistungsverweigerungen beschrieben werden können. Diese Schüler/innen zeigen ein gruppenresistentes Verhalten, »nehmen den Unterricht völlig auseinander« [DIPL.-SOZ. PÄD.; BREMEN; PRIMAR; GEBUNDEN], halten sich oftmals nicht an entsprechende Schul- und Klassenregeln, stören andere, »erkennen den Lehrer nicht an« [DIPL.-SOZ. PÄD.; BREMEN; PRIMAR; GEBUNDEN] und zeigen sich vermehrt disziplin- und distanzlos.

Auch wenn von den Befragten mehrheitlich betont wird, dass es die externalisierenden Verhaltensweisen sind, die zunächst Aufmerksamkeit erregen, so zeigt sich vereinzelt durchaus ein Bewusstsein für Kinder und Jugendliche mit internalisierenden, ängstlich-gehemmten Verhaltensweisen. Hier wird insbesondere von Schüler/inne/n mit depressiven Symptomen berichtet, die durch gruppenpassives Verhalten wie Interessenlosigkeit und Zurückgezogenheit auffällig werden. So berichtet eine außerunterrichtliche Mitarbeiterin beispielsweise von einem Mädchen, bei dem sie »wirklich auch aufpassen muss, im Blick zu haben, hat sie jetzt einen Spielpartner oder sitzt sie wieder irgendwo für sich alleine?« [ERZIEHER/IN; NRW; PRIMAR; OFFEN]. Auch einige weitere Befragte wissen ähnliche Fälle zu berichten. Zum Teil werden Verhaltensauffälligkeiten dieser Art an temporär belastenden Ereignissen festgemacht, wie beispielsweise akuten Lebenskrisen durch Trennung der Eltern oder Tod eines Elternteils.

Folgt man hingegen den empirischen Befunden, so sind Kinder und Jugendliche, die sich der Kategorie des sozial-unreifen Verhaltens zuordnen lassen, von größerer Bedeutung. Auffällig werden diese Kinder und Jugendlichen im Kontext Schule insbesondere aufgrund schulischer Leistungsschwächen. So berichten die befragten

Akteure, es sei ihre Aufgabe, diesen Schüler/innen »überhaupt die Notwendigkeit des Arbeitens, des Lernens nahe zu bringen« [LEHRKRAFT; BREMEN; SEK I; GEBUNDEN], da diese »mit dem Lernen erst einmal gar nichts anfangen können« [LEHRKRAFT; BREMEN; SEK I; GEBUNDEN]. Seitens der Befragten zeigen sich in diesem Kontext in aller Regel zudem bewusst wahrgenommene Kovariationen mit externalisierenden Verhaltensweisen. Diese äußern sich in Form von Kompensationsversuchen, die in den zuvor beschriebenen belastenden Unterrichtsstörungen münden:

> »Sie stören und können nicht lernen. Also – sie haben eine Strategie entwickelt, die macht, dass Unterricht verhindert wird. Wobei die ganze Klasse und auch der Lehrer darunter leiden. Sie stören also so permanent, damit kein Unterricht stattfindet, damit sie sich nicht in irgendeiner Weise in diesem System von Bewertung vergleichen und etwas leisten müssen« [DIPL.-SOZ.PÄD.; BREMEN; SEK I; GEBUNDEN].

Als letzte Klassifikationsgruppe lassen sich Kinder und Jugendliche mit *sozialisiert-delinquentem Verhalten* ausmachen. Für die befragten Lehr- und Fachkräfte offenbart sich hierbei ein deutlicher Bezug zu häuslichen Defizitlagen, die auffälligen Schüler/innen haben demnach häufig in ihren Herkunftsfamilien die Anwendung von Gewalt als Mittel der Konfliktlösung erfahren. Diese Erfahrungen führen nach Einschätzung der Befragten häufig zu soziogenen Entwicklungsstörungen. Beispielhaft sei dies mit folgender Aussage einer Lehrkraft veranschaulicht: Die Erfahrungen mit häuslicher Gewalt führen häufig dazu, dass ein Kind *»das hier auch macht und meint, das wäre so im Leben«* [LEHRKRAFT; NRW; SEK I; TEILGEBUNDEN]. Berichtet wird an dieser Stelle weiterhin von Schulvermeiderinnen/Schulvermeidern (oder -verweigerinnen/-verweigern) sowie auch von denjenigen *»mit einer dicken Akte, die also schon auffällig bei der Polizei geworden sind«* [DIPL.-SOZ.PÄD.; BREMEN; SEK I; GEBUNDEN]. Nach Ansicht der Befragten sind *»das dann die schweren Fälle. Was man tut, was man nicht tut. Das haben sie nicht gelernt«* [LEHRKRAFT; BREMEN; SEK I; GEBUNDEN]. Hier wissen einige der Fach- und Lehrkräfte auch von Formen des Mobbings gegenüber Schüler/inne/n zu berichten.

Schließlich werden vereinzelt weitere Störungen und Krankheiten aufgezählt, von denen zumeist nur einige wenige betroffen sind, die den Befragten allerdings trotzdem auffallen. Zu diesen Nennungen zählen Intelligenzminderungen, Aufmerksamkeitsdefizit-/Hyperaktivitätsstörungen (ADHS), Persönlichkeitsstörungen wie das Borderline-Syndrom, Angststörungen verschiedener Natur, Reaktionen auf schwere Belastungen bei Flüchtlingskindern, autoaggressive Verhaltensweisen wie Selbstverletzungen, Essstörungen wie Anorexie und Bulimie sowie sonstige Verhaltensstörungen wie Enuresis und Enkupresis.

4.3.2.3 Zusammenfassung

Die in diesem Abschnitt vorgestellten Befunde lassen sich im Wesentlichen nun wie folgt zusammenfassen: Zunächst wird offenbar, dass, folgt man den Einschätzungen des schulischen Personals, die Häufigkeit des Auftretens von »Kindern und Jugendlichen in schwierigen Lebens- und Bildungssituationen« und damit der tatsächliche Förderbedarf offensichtlich höher liegt, als Politik und Administration den Schulen an einschlägigen Ressourcen zugestehen. Jeder der Interviewten weiß vor dem Hintergrund der eigenen Tätigkeiten von diesem Phänomen zu berichten, das hinsichtlich

Intensität und Häufigkeit in direkter Abhängigkeit zum jeweiligen sozialen Umfeld der Schule steht. Die relative Häufigkeit sozial-emotionaler Auffälligkeiten in der Schülerschaft wird zum Standortmerkmal. Insbesondere die in »Brennpunkten« tätigen Fach- und Lehrkräfte beklagen einen hohen Anteil auffälliger Schüler/innen. Die meisten fühlen sich belastet und wissen nicht oder nicht genau, wie sie auf teilweise dramatische Situationen reagieren sollen. Nach Ansicht der Befragten und auf Basis ihrer gesammelten Erfahrungen steigt die Quote auffälliger Verhaltensweisen sukzessive an. Auch verändern sich die Problemlagen, die in ihrer zunehmenden Komplexität als eine neue Qualität wahrgenommen werden. Betroffen sind hierbei häufig Schüler, aber auch unter den Schülerinnen nehmen sozial-emotionale Auffälligkeiten zu.

Mit Blick auf unsere Befunde wird weiterhin deutlich, dass die in der Schule wahrgenommenen Schwierigkeiten dieser Kinder und Jugendlichen äußerst vielfältig und unterschiedlich ausfallen. Die Befragten erläutern das in aller Regel an konkreten schulischen Beispielen, sie verweisen darauf, dass »die Schwierigkeiten auch sehr unterschiedlich sind« [LEHRKRAFT; NRW; PRIMAR; OFFEN] und man sie »jetzt nicht mit zwei, drei Sachen benennen [kann, Anm. d. Verf.]« [DIPL.-SOZ.PÄD.; NRW; SEK I; TEILGEBUNDEN]. Wir haben aber kein Beispiel dafür gefunden, dass die Pädagog/inn/en diese Verhaltensweisen theoretischen Konzepten zugeordnet hätten. Insbesondere in Unterrichtssituationen, aber auch im Ganztag sind es die externalisierenden, aggressiv-ausagierenden Verhaltensformen, die von den Interviewten besonders in den Blick genommen werden. Gerade dieses abweichende, aggressive Sozialverhalten eines Teils der Schülerschaft wird als tagtägliche Belastung im Rahmen der schulischen Arbeit empfunden. Hiermit einher treten vermehrt sozial-unreife Verhaltensweisen auf, die als Entwicklungsstörung häufig im Kontext schulischer Leistungen auffallen. Es gibt aber auch Darstellungen vereinzelt auftretender weiterer Störungen und Krankheitsbilder. Mehrheitlich wird der Zusammenhang zum sozialen und häuslichen Umfeld dieser Schülerschaft hergestellt. Eine große Anzahl der Befragten sieht hier einen direkten Zusammenhang zwischen herkunftsspezifischen Defizitlagen und daraus resultierenden sozial-emotionalen Auffälligkeiten respektive manifesten (kognitiven) Entwicklungsstörungen der Kinder und Jugendlichen, die im schulischen Alltag häufig durch eine Dissozialität oder Delinquenz zu Tage tritt und zumeist einen negativen Einfluss auf Bildungsverläufe ausübt. Es bleibt anzumerken, dass aufgrund einer mangelnden Kenntnis von möglicherweise vorhandenen, aber eher wenig sichtbaren Störungen, die tatsächliche psycho-soziale Verfassung der Schülerschaft sogar noch unterschätzt wird.

4.3.3 Wahrgenommene allgemeine und erzieherische Förderbedarfe

Der folgende Abschnitt stellt zusammenfassend dar, welche *allgemeinen* und *erzieherischen Förderbedarfe* die befragten Akteursgruppen im Rahmen ihrer täglichen Arbeit mit Schülerinnen und Schülern wahrnehmen.

4.3.3.1 Allgemeine Förderbedarfe

Wenn die Interviewten von *allgemeinen Förderbedarfen* sprechen, so wird – unabhängig von Schulstufe und Bundesland – interessanterweise fast durchgängig und zuallererst auf sprachspezifische Aspekte Bezug genommen. Viele der Befragten stellen: *»einen großen Bedarf ganz generell im Bereich Deutsch [fest, Anm. d. Verf.]. Wenn das mit der deutschen Sprache nicht funktioniert, ist das für Kinder in allen Fächern schwie-*

rig, und mit Problemen bei der deutschen Sprache kann es auch an ganz anderen Sachen hapern« [DIPL.-SOZ.PÄD.; BREMEN; SEK I; GEBUNDEN]. Besonders ausgeprägte Förderbedarfe zeigen sich bei Kindern und Jugendlichen sowohl migrationsspezifischer als auch generell eher bildungsferner Herkunft. In der schulischen Arbeit ist aber *»die Sprache ein ganz, ganz elementares Ding bei der Förderung, bei der Integration«* [DIPL.-SOZ.PÄD.; BREMEN; PRIMAR; GEBUNDEN].

Zudem wird im Kontext wahrgenommener sprachentwicklungsspezifischer Förderbedarfe mitunter auch ein erzieherischer Anspruch formuliert. Hier geht es insbesondere darum, den Schüler/innen und Schülern die richtige Wortwahl und deren Bedeutung in Konfliktsituationen zu vermitteln und somit auch erfolgreiche Problemlösestrategien einzuüben. Daneben wird im Rahmen der Identifizierung allgemeiner Förderbedarfe weiterhin in hohem Maße auf defizitäre motorische bzw. psychomotorische Fertigkeiten der Schüler/innen verwiesen. Sowohl unterrichtliches als auch außerunterrichtliches Personal berichtet von Kindern, die nicht altersgemäß entwickelt sind, die *»nicht klettern oder auf einem Bein stehen können«* [ERZIEHER/IN; NRW; PRIMAR; OFFEN], nicht *»rückwärtsgehen können«* [LEHRKRAFT; BREMEN; PRIMAR; GEBUNDEN] und über keine Orientierung im Raum verfügen. Daneben berichteten die Befragten häufig von Förderbedarfen hinsichtlich der Feinmotorik, was an Problemen bei Tätigkeiten wie Ausschneiden, Malen, Stifthaltung, Schleife binden etc. deutlich wird.

4.3.3.2 Erzieherische Förderbedarfe

Wesentlich stärker ins Gewicht fallen allerdings – und dies mag zum Teil der Anlage der Studie geschuldet sein – ausdrücklich erzieherische Förderbedarfe. Eine erzieherische Förderung, so betonen die Befragten übereinstimmend, fängt bei vielen Kindern und Jugendlichen tendenziell »bei den kleinsten Sachen an« [DIPL.-SOZ.PÄD.; NRW; SEK I; GEBUNDEN]. Das nachfolgende Zitat einer Bremer Sozialpädagogin verdeutlicht diesen Aspekt auf mehrfacher Ebene:

> »Also – wir haben enorme Schwierigkeiten, dass Grundfertigkeiten, ganz allgemeine gesellschaftliche, die früher noch vorhanden waren, einfach fehlen. Das Essen mit Messer und Gabel, Tischsitten, Tischmanieren, überhaupt das gemeinsame Essen – alles wird quasi ganz neu eingeführt. Viele Kinder haben eben auch keine Orientierung in den Normen und Werten, die können oft tun und lassen, was sie wollen, haben Vorbilder, die nun auch wirklich schwach sind. Es ist für einige Kinder schon ein Erfolg, wenn sie es schaffen, vier Wochen pünktlich hier in der Schule zu sein, weil sie keine Unterstützung von ihrem Elternhaus haben« [LEHRKRAFT; BREMEN; PRIMAR; GEBUNDEN].

Deutlich werden – insbesondere aus Sicht der an Grundschulen tätigen Befragten – Förderbedarfe, die sich auf die selbstständige Bewältigung von akzeptierten Alltagshandlungen beziehen. Zudem wird ein weiterer Bereich angedeutet, der sich als erzieherischer Förderbedarf durch alle befragten Schulformen und Arbeitsfelder zieht und ganz allgemein unter der Überschrift »soziale Kompetenzen und Fertigkeiten« gefasst werden kann. Hier weiß jeder der Interviewten mehr oder weniger ausführlich von ausgewiesenen Bedarfen zu berichten. Mehrfach geht es hierbei um Defizite in der Selbst- und Fremdwahrnehmung der Schüler/innen, darum, dass ein guter Teil der nicht angemessen mit schulspezifischen Regeln und Grenzen umgehen kann, dass kein respektvoller Umgang untereinander und gegenüber materiellen Gegenständen herrscht. Immer wieder werden Förderbedarfe im Kontext des sozialen Miteinanders berichtet: *»Es gibt Kinder, die müssen das lernen, wie man mit anderen Kindern umgeht und wie man mit anderen Kindern Spaß hat«* [DIPL.-SOZ.PÄD.; BREMEN; SEK I; GEBUNDEN]. Weitere vereinzelte Nennungen heben Förderbedarfe hervor, die sich auf eine generelle Verantwortungsübernahme sowie Aspekte von Arbeitsverhalten wie Lernbereitschaft und Motivation beziehen. Schließlich stellen die Befragten auch an dieser Stelle ein Zusammenhang zwischen häuslichen Problemen der Schüler/innen und offenkundigen Förderbedarfen, die sich im Schulalltag niederschlagen, fest. Dabei wird die Rolle oder die Förderfähigkeit der Eltern häufig in Frage gestellt.

4.3.3.3 Zusammenfassung

Insbesondere sprachspezifische Defizite der Schülerinnen und Schüler werden in unseren Befragungen thematisiert und erfordern zusätzlichen Förderbedarf. Dieser Befund verwundert nicht, liegen doch viele der Schulen unserer Stichprobe in belasteten Sozialräumen. Aber nicht nur Kinder mit Migrationshintergrund und/oder aus bildungsfernen Schichten sollten in dieser Hinsicht eine besondere Aufmerksamkeit verdienen. Das Beherrschen der »Schulsprache« ist notwendige Verständnisgrundlage sämtlicher schulischer Fächer und im Prozess der Selektion somit von entscheidender Bedeutung.

Neben sprachbezogenen Aspekten werden vornehmlich auch Mängel bei motorischen bzw. psychomotorischen Fertigkeiten wahrgenommen. Erzieherischer Förderbedarf zeigt sich in vielfältigen Ausprägungen. Offenkundige Bedarfe sehen die Befragten in der Bewältigung von Alltagshandlungen ebenso wie im Kontext sozialer Kompetenzen. Thematisiert werden beispielsweise sowohl Aspekte des angemessenen Umgangs mit schulspezifischen Regeln und Grenzen, als auch sehr grundsätzlich der respektvolle Umgang untereinander. Letztlich wird auch hier der Einfluss des häuslichen Umfelds kritisch hinterfragt.

4.3.4 Erfahrungen mit erzieherischer Förderung in der schul- und sozialpädagogischen Praxis

Über welche Erfahrungen mit der systematischen Diagnose von Defiziten, die eine erzieherische Förderung nötig machen, verfügen die Lehrerschaft oder die nicht-unterrichtlichen Pädagog/inn/en? Wie reagieren sie auf Situationen, die sie als negativ wahrnehmen?

4.3.4.1 Typische Handlungsmuster der Professionellen und Erfahrungen mit Diagnoseverfahren oder Förderplanung

Dieser Abschnitt setzt sich mit Formen erzieherischer Förderung auseinander. Wir referieren typische Handlungsmuster der Professionellen. Über welche Diagnoseverfahren und Formen der Förderplanung in ihrer schulischen Praxis verfügen sie? Auch wenn vereinzelt seitens einiger Lehrkräfte im Sinne von »da sind wir überfordert« [LEHRKRAFT; BREMEN; SEK I; GEBUNDEN] betont wird, dass erzieherische Förderung mitunter kaum oder gar nicht möglich ist, so findet sich doch an allen Schulen auch ein aktiver Umgang mit den Problemen. Erzieherische Förderung findet man in teils gleichen, teils unterschiedlichen Ausprägungen und Ansätzen.

Die Ausführungen der Interviewten lassen sich nach zwei Mustern kategorisieren, die einerseits schulisch festgelegten Handlungsrichtlinien entsprechen, andererseits individuelle Maßnahmen je nach Situation und beteiligten Akteuren umfassen. Des Weiteren wird im Rahmen erzieherischer Förderung zwischen einer internen und einer externen Kooperation unterschieden. Hierbei geht es nicht nur um multiprofessionelle Kooperation oder Teams, in besonderem Maße wird auf die Kooperation mit den Eltern verwiesen.

Schulische Handlungsrichtlinien

Über die einzelnen Schulen hinweg finden sich in den Aussagen der Befragten typische Handlungsmuster erzieherischer Förderung. Auf Schul- oder Klassenebene werden häufig Handlungsrichtlinien eingeführt oder abgestimmt, die als verbindlich gelten. Wir finden solche Regeln auch auf der Gruppenebene des Ganztags. Manchmal gelten sie für den Schul- und Ganztagsbereich. Diese Verhaltensregeln, manchmal schriftlich fixiert, beanspruchen eingehalten zu werden. Gelegentlich wird von »Absprachen« gesprochen, womit der Eindruck einer konsensualen Einigung erweckt wird.

Einen ähnlichen Stellenwert haben Rituale im Schul- und Klassenleben, denen eine struktur- und ordnungsgebende, also eine erzieherische Funktion zugeschrieben wird:

> »Es gibt hier an der Schule ein Ritual, den Morgenkreis. Es geht darum, sich zu begrüßen, das Datum festzuhalten, zu gucken, wer da ist. Darüber zu sprechen, was an dem Tag gemacht wird, und da gibt es ja auch bestimmte Sachen, die jeden Tag gemacht werden, bestimmte Regeln, wie z.B. wenn man etwas sagen möchte, sich an entsprechender Stelle zu melden. Wenn Fragen gefragt sind, zu fragen und nicht Geschichten zu erzählen, oder bei der Begrüßung halt bestimmte Sachen, die einfach nachher auch im sozialen Leben üblich sind anzuwenden: Dass man sich bei der Begrüßung anschaut, dass man sich die rechte Hand gibt, dass man deutlich und klar spricht und so. Das sind Sachen, die werden jeden Tag geübt. Es ist ein Ritual, was jeden Morgen ca. eine Viertelstunde dauert, was aber so an der ganzen Schule das Eingangsritual ist« [DIPL.-SOZ. PÄD.; BREMEN; PRIMAR; GEBUNDEN].

Auch spricht ein Teil der Befragten von einer großen Bedeutung der aktiven Partizipation der Schülerschaft an demokratisch gelebten Strukturen und Prozessen als wichtiges Element erzieherischer Förderung: Genannt werden hier beispielsweise eine durch die sozialpädagogischen Fachkräfte angeleitete erfolgreiche Implementierung von Streitschlichterprogrammen oder auch das wöchentliche Ritual eines Klassenrates.

Im Nachhinein muss auffallen, dass die als erzieherisch definierten Maßnahmen, wie sie sich in den Schulgesetzen finden, nicht einmal erwähnt wurden. Kennen die Befragten die relevanten Gesetzesstellen nicht oder erkennen sie einschlägige Ausführungen nicht als »erzieherisch« an?

Individuelle Maßnahmen

Folgt man den Aussagen der Befragten, so zeigt sich bei der individuellen Umsetzung erzieherischer Förderung an den einzelnen Schulen ein heterogenes Bild. Vornehmlich bei den Interviewten aus Bremen findet sich das Ideal der inklusiven Beschulung. Dies betrifft selbstverständlich auch die Schüler, die einen besonderen erzieherischen Förderbedarf aufweisen:

> »Bei Kindern, die eigentlich die ganze Zeit hier schwierig sind, geht es darum, dass man die Kinder auch hierbehält an der Schule, dass man sie mitnimmt, dass man versucht, sie in die Klasse zu integrieren, und dass sie dann natürlich auch, wenn sie die Schule verlassen, einen ordentlichen Schulabschluss haben« [DIPL.-SOZ.PÄD.; BREMEN; SEK I; GEBUNDEN].

Diese Ansicht wird in Gänze allerdings nicht immer geteilt. So spricht sich eine Lehrerin aus NRW klar gegen eine solche Beschulung aus:

> »Ich bin auch absoluter Verfechter der Sonderschulen und bin nicht für Integration für solche Kinder, weil eine Integration in der Praxis nicht möglich ist. Die ist möglich, aber auf Kosten aller anderen Schüler« [LEHRKRAFT; NRW; PRIMAR; OFFEN].

An einigen Schulen scheint es keine verbindlich festgelegten Richtlinien für den Umgang mit erzieherischer Förderung zu geben. Insgesamt zeigt sich hier eine große Spannbreite an Reaktionen, die oftmals individuell und situationsabhängig ausfallen. Berichtet werden hier Vorgehensweisen wie

- (Lern-)Verträge mit klar definierten Konsequenzen
- Verhaltenspläne
- Belohnungssysteme (z.B. Smiley-Heft)
- Entwicklungspläne
- Reflexive Gespräche
- Einzelsozialtrainings
- Ausschluss von Aktivitäten (z.B. von AG)
- Einzelbetreuung in Extremsituationen durch außerunterrichtliches Personal (z.B. im Trainingsraum)
- Emotional positiv gestaltete Beziehungselemente

Aber auch die Gestaltung des Alltags kann bewusst erzieherisch genutzt werden. Mitunter wird von *»familienähnlichen Strukturen«* berichtet, so dass die Kinder sich *»auch zuhause fühlen«* [LEHRKRAFT; BREMEN; PRIMAR; TEILGEBUNDEN]. Von Bedeutung ist hierbei beispielsweise auch das gemeinsame Mittagessen:

> »Wir haben immer zwei längliche Tische zugeteilt, an denen sie dann sitzen, und da sitzt dann der Klassenlehrer mit und alle essen zusammen, [...] und wenn der Sozialpädagoge Zeit hat, ist der auch mit dabei. Wir haben festgestellt, dann lernt man die Kinder auch von einer ganz anderen Seite kennen und kriegt viele dieser Probleme, die sie haben, auch einfach so mit, nebenbei. Beim Essen sind sie nicht in dieser angespannten Situation, dass wir sie vorne sozusagen beurteilen, sondern sie können einfach ganz normal mit uns reden und dann klappt das besser. Dann kriegt man einfach viel mehr mit« [LEHRKRAFT; BREMEN; SEK I; GEBUNDEN].

Der außerunterrichtliche Bereich der Ganztagsangebote wird nach Auskunft einiger Interviewten als erweiterter Handlungsrahmen für erzieherische Förderung eingestuft. Dies trifft insbesondere auch auf die Erziehung für den Alltag zu. Hier geht es beispielsweise um Aspekte wie Ordnung, Aufräumen, Hygiene und Sauberkeit, die von den außerunterrichtlichen Mitarbeiter/inne/n unter erzieherischen Gesichtspunkten betrachtet werden.

Kooperation mit den Eltern

Dass angesichts des dominanten Erklärungsmusters für schulische Probleme der Wunsch besteht, Eltern stärker einzubeziehen, ist nicht verwunderlich. Für Lehrkräfte reduziert sich das aber in aller Regel auf Gespräche und Schulbesuche. Hier erweitern die ganztagsschulischen Kräfte das Spektrum der Optionen. Vermehrt nehmen auch in der Jugendhilfe angesiedelte externe Kooperationspartner durch ihre Angebote und Maßnahmen die Erziehungsberechtigten und das häusliche Umfeld in den Blick.

An den Schulen unserer Stichprobe wird durchgängig die Einbindung der Eltern bei besonderem erzieherischen Förderbedarf als notwendig erachtet. Es geht hier um Aushandlungsprozesse bzw. Handlungsrichtlinien zwischen den Schulen und den Erziehungsberechtigten, die von den Interviewten für bedeutsam gehalten werden. Letztlich wird die Kooperation mit den Eltern an vielen Stellen als defizitär und schwierig eingeschätzt. Oftmals stehen die Interviewten vor der Frage, wie Eltern überhaupt erreicht, eingebunden und motiviert werden können, sei es allgemein hinsichtlich schulspezifischer Themen, oder im Besonderen mit Blick auf erzieherische Maßnahmen. Nach Auskunft einiger Befragter haben sich hier insbesondere niedrigschwellige Angebote bewährt. Dabei wird auch auf externe Hilfe gesetzt. Beispielsweise wird von regelmäßigen Sprechstunden des Jugendamtes an den Schulen oder auch von der Einbindung von Erziehungsberatungsstellen an Elternsprechtagen berichtet.

Bemerkenswerte Beispiele externer Kooperation finden sich insbesondere an Bremer Schulen der Primarstufe: Befragte zweier Schulen berichten hier vom Programm »Schulisch integrierte sozialpädagogisch-psychologische Erziehungshilfe« (SCHIPPE), das seitens eines Jugendhilfeträgers in Kooperation mit den Schulen Einzelfallhilfe für Kinder leistet. Wichtiger Bestandteil des Programms ist dabei die aufsuchende Familienarbeit. Ein weiteres Beispiel ist die mit Stiftungsmitteln freier Jugendhilfeträger initiierte integrative heilpädagogische Tageserziehung (IHTE). Auch hier wird in den Familien der Betroffenen pädagogisch-psychologische Beratungsarbeit in Kooperation geleistet. Neben der Einbindung externer Kooperationspartner sind es zum Teil auch die sozialpädagogischen Fachkräfte der Schulen selbst, die entsprechende Familienarbeit leisten. Insbesondere an Schulen mit schwierigem sozialen Umfeld findet sich hier ein gewichtiger Bestandteil der Ausgestaltung von sozialer Arbeit an der Schule:

> »Wir haben ganz viele Kinder, wo Familienarbeit geleistet werden muss. Das ist wesentlicher Bestandteil auch unserer Arbeit, dass wir auch Familienarbeit leisten, dass wir auch in die Familien gehen, dass wir zum Teil lebenspraktische Hilfe geben, sozialpädagogische Hilfe, wenn es darum geht, den Alltag zu strukturieren, wenn es darum geht: wie gestalte ich meinen Alltag, wie stelle ich sicher, dass das Kind morgens pünktlich zur Schule kommt, dass es ein Brot dabei hat und dass es vielleicht gefrühstückt hat und saubere Klamotten anhat. Das ist das, was man mit Familien erarbeiten muss, was die lernen müssen« [DIPL.-SOZ.PÄD.; BREMEN; PRIMAR; GEBUNDEN].

Im Rahmen der berichteten Handlungsmuster und Maßnahmen erzieherischer Förderung hat uns ferner die Frage interessiert, inwieweit die Befragten über Erfahrungen mit Diagnoseverfahren und Förderplanung verfügen. Wie bereits in Kapitel 4.2 deutlich geworden sein dürfte, wird bei erzieherischer Förderung der multiprofessionellen Kooperation eine hohe Bedeutung zugeschrieben. Dies trifft in hohem Maße auch auf Diagnoseverfahren und Förderplanungen zu. Ein großer Teil der Befragten betont, über keine entsprechenden Erfahrungen und Kenntnisse zu verfügen. Vielmehr kommen hier Kooperationspartner wie Ärztinnen/Ärzte, Psychologinnen/Psychologen, kinder- und jugendpsychiatrischen Einrichtungen, Sonderschullehrkräften und Förderzentren ins Spiel.

Im Vergleich zwischen den Bundesländern lässt sich in Bremen eine insgesamt stärker ausgeprägte Diagnostik ausmachen. Nicht nur, dass die außerunterrichtlichen Mitarbeiter/innen hier insgesamt stärker einbezogen werden, darüber hinaus finden sich zum Teil auch standardisierte Tests, die multiprofessionell durchgeführt werden. Instrumente, die hier zum Einsatz kommen, sind u.a. der »Entwicklungspädagogische Lernziel-Diagnose-Bogen« (ELDiB) oder das Beobachtungsinstrument »Mit Mirola durch den Zauberwald«, das in der Schuleingangsphase neben fachlichen Kompetenzen auch Arbeitsverhalten und sozial-emotionales Verhalten erfasst.

In den Aussagen der Befragten aus NRW wird im Kontext von Diagnoseverfahren und Förderplanungen zumeist auf kognitive und fachspezifische Lernaspekte Bezug genommen. Entsprechende Abklärungen erzieherischen Förderbedarfs werden hier zum Teil an die Eltern delegiert. Auch verweisen diese überwiegend auf nicht-standardisierte Verfahren. Anstelle diagnostischer Abklärungen sind es insbesondere Besprechungsbücher oder selbstentwickelte Dokumentationen im Rahmen von Beobachtungen, die hier beschrieben werden.

Wenn die Befragten über keine standardisierten Vorgehensweisen zu berichten wissen, kommen »handgestrickte« Kommunikationsformen zum Tragen:

> »Nein, in dem Bereich jetzt noch nicht. Ich habe zwar vorher im Heimbereich gearbeitet – da kenne ich das. Also hier läuft das eher über die Schiene: Austausch mit der Lehrerin, mit den Eltern und mal ein Gespräch und dann gezielte Maßnahmen finden, die für das Kind dann notwendig sind« [ERZIEHER/IN; NRW; PRIMAR; OFFEN].

Formelle und informelle Gespräche ersetzen hier validierte Verfahren.

Zusammenfassung

Erzieherische Förderung bewegt sich an den befragten Schulen in einem breiten Spektrum. Es gibt an einigen Schulen verbindlich festgelegte Handlungsrichtlinien und Handlungsmaximen, an anderen agieren die Pädagog/inn/en eher individuell und spontan. So sind es auf der einen Seite verbindliche Strukturen und Regeln auf Schul-, Klassen- und Gruppenebene, die den Kindern und Jugendlichen erzieherisch Orientierung geben sollen. Ihre Einhaltung und Umsetzung wird von den einzelnen Mitarbeiter/inne/n als bedeutsam eingeschätzt. Auch Rituale im Schulleben und die aktive Partizipation der Schüler/innen sollen mittels struktur- und ordnungsgebenden Funktionen der Erziehung dienen. Hier zeigen sich Schulen als Organisationen, die über den Anspruch der reinen Wissensvermittlung hinausgehen und den gesetzlich vorgeschriebenen Erziehungsauftrag ernst nehmen.

Auf der anderen Seite zeigen unsere empirischen Ergebnisse, dass die Herausforderung zur Erziehung vielfach mittels unstandardisierter, individueller, zumeist situationsabhängiger Maßnahmen beantwortet wird.

Anders als an Halbtagsschulen bietet das Ganztagsschulleben aufgrund seiner Struktur Möglichkeiten alltäglicher erzieherischer Förderung, beispielsweise beim gemeinsamen Mittagessen oder im Rahmen der Ausgestaltung von Ganztagsangeboten.

Die Umsetzung erzieherischer Förderung scheint aber im Wesentlichen die Aufgabe des nicht unterrichtenden pädagogisch tätigen Personals zu sein. Lehrkräfte sind zwar auch erzieherisch tätig, verweisen aber eher auf die Grenzen der eigenen Belastbarkeit, darauf, dass eine solche Förderung mithin nicht immer möglich sei. Insbesondere seitens der sozialpädagogisch Tätigen wird mitunter der Eindruck erweckt, dass gerade Aspekte erzieherischer Förderung auch der Schärfung und der Legitimation des eigenen Arbeitsprofils dienen. Hier kann eine klare Abgrenzung zu den Tätigkeiten der Lehrerschaft erfolgen, und zwar hinsichtlich eines Aufgabenbereiches, der von Lehrer/innen nicht als deren eigenes oder jedenfalls nicht primäres Arbeitsgebiet wahrgenommen wird. Im Rahmen einer solchen Arbeitsteilung übernehmen sozialpädagogische Fachkräfte erzieherische Förderung beispielsweise durch Sozial- und Kompetenztrainings in Klassenverbänden, durch die Betreuung von Einzelfällen und durch aufsuchende Familienarbeit. Auch der Kooperation mit externen Partnern, vornehmlich den Jugendämtern und freien Jugendhilfeträgern, wird im Rahmen der Ausgestaltung erzieherischer Förderung eine ausgewiesene Bedeutung beigemessen. Sie wird aufgrund der besonderen Kompetenz dieser Akteure als bereichernd erlebt, wie sie auch die eigene Arbeit entlastet.

Im Ländervergleich zeigen sich den Aussagen der Interviewten zufolge durchaus unterschiedliche Ansätze entsprechender Fördermaßnahmen: Insbesondere die inklusive Beschulung in Bremen zieht hier ein insgesamt breiter aufgestelltes und stärker vernetztes System externer Hilfeleistungen nach sich: Zwar zeigen sich auch an den befragten Schulen in NRW Formen externer Kooperationen, deutlich strukturierter lässt sich das Bild hingegen in Bremen nachzeichnen. Hier sind es mitunter ausgewiesene Programme, die in Kooperation zwischen Schulen, Jugendamt und Jugendhilfeträgern erzieherische Förderung umfassend zu leisten versuchen. Deutlich wird dies auch mit Blick auf die entsprechende Einbindung der Erziehungsberechtigten der Schülerschaft, die oftmals als schwierig und problematisch eingestuft wird: Während die Kooperation mit den Eltern an den in NRW befragten Schulen häufig über direkte Aushandlungsprozesse an den Schulen selbst initiiert wird, beispielsweise durch niedrigschwellige Angebote externer Hilfeanbieter, begreifen die Bremer Kooperationsprogramme eine aufsuchende Familienarbeit, die auch therapeutische Elemente beinhalten kann, als wesentlichen Bestandteil ihrer Arbeit.

Auch offenbart sich bei den Bremer Befragten im Umgang mit Diagnoseverfahren und Elementen der Förderplanung ein größerer Erfahrungshintergrund. Zwar berichten die Befragten insgesamt eher davon, über keine oder nur geringe entsprechende Kenntnisse zu verfügen. Doch findet sich an Bremer Schulen eine diagnostische Praxis, die auch durch die weiteren pädagogisch Tätigen getragen wird und zum Teil in Form standardisierter Instrumente in der Schuleingangsphase zum Einsatz kommt. Im Prinzip kann man feststellen, dass Diagnostik und Förderplanung innerhalb der Schulen kaum professionell und systematisch betrieben werden, vergleicht man sie mit Aufwand und Systematik der Leistungsdiagnostik und curricularen Struktur im fachlichen Bereich.

4.3.4.2 Förderungsideale und deren Hemmnisse

Die pädagogischen Akteure haben Vorstellungen von einer gelingenden erzieherischen Förderung, gewissermaßen einem Förderungsideal. Aus unseren Interviewdaten lassen sich drei Kategorien konstruieren: das Betreuungsideal, das Zeitideal sowie das Kooperationsideal. Dieser Abschnitt befasst sich auch mit den Hemmnissen auf dem Weg zu einer Umsetzung dieser Ideale.

Betreuungsideal

Das *Betreuungsideal* formuliert eine sehr intensive und kontinuierliche Begleitung, die sich zum Beispiel im nachfolgenden Zitat wie folgt äußert:

> »Wünsche haben wir alle, von denen wir wissen, die können eh nicht erfüllt werden. Aber es ist natürlich auch so, dass manche Kinder gut eine Person für sich alleine gebrauchen könnten, die permanent um sie herum ist, um einfach zu gucken, früh genug zu erkennen. Manche Kinder können nur arbeiten, wenn neben ihnen jemand sitzt. Und das können wir nicht immer abdecken, das ist leider so« [ERZIEHER/IN; BREMEN; PRIMAR; GEBUNDEN].

Insbesondere ein Großteil der Lehrkräfte wünscht sich in hohem Maße eine enge Betreuung der Schüler/innen mit besonderem erzieherischem Förderbedarf. Idealerweise sollte ein Unterricht in Tandems möglich sein. Ein großer Teil der Interviewten betont eine grundsätzlich notwendige Verkleinerung von Gruppengrößen sowie die Notwendigkeit, entsprechende Kinder und Jugendliche zumindest temporär aus den Gruppen herauszunehmen. In diesem Zusammenhang fallen daher vermehrt Aussagen wie beispielsweise: »Das schaffen wir eh nicht« [DIPL.-SOZ.PÄD.; BREMEN; SEK I; GEBUNDEN] oder auch: »wir haben auch Kinder, wo wir sagen, wir sind überfordert« [LEHRKRAFT; BREMEN; PRIMAR; GEBUNDEN].

Im Betreuungsideal erwartet man kleinere Gruppengrößen bzw. einen verbesserten Personalschlüssel. Darüber hinaus formulieren einige der Befragten einen erhöhten Anspruch an die Professionalität der betreuenden Akteure. So bemerkt eine Bremer Lehrkraft diesbezüglich: »Es ist nicht so leicht. Die Leute sind auch nicht immer so gut ausgebildet, um das aufzufangen« [LEHRKRAFT; BREMEN; SEK I; GEBUNDEN]. Insbesondere im Ganztag wird in diesem Zusammenhang der Einsatz von Honorarkräften weniger positiv bewertet, wie nachfolgendes Zitat verdeutlicht:

> »Ich denke mal, dass die Förderung nicht ausreichend sein kann, weil die personelle Bestückung so nicht gut und auch nicht so reichhaltig ist. Da könnte natürlich schon eine ganze Menge mehr gemacht werden. Es müsste nur einer wirklich auch mehr Stunden mit den Kindern verbringen und noch mehr Zeit dafür haben. Solange man in der Ganztagsschule immer nur 400,00 Euro-Kräfte hat und wenig Leute, die da dauerbeschäftigt sind, solange wird sich da nichts dran ändern« [ERZIEHER/IN; NRW; PRIMAR; OFFEN].

Mitunter wird auch die eigene fehlende Kompetenz im Hinblick auf Vorbeugung von Stigmatisierungen und den reflexiven Umgang mit bestehenden Förderstrukturen angesprochen.

Zeitideal

Darüber hinaus wird, wie es in den vorangegangenen beiden Zitaten indirekt bereits zum Ausdruck kommt, auf ein Zeitideal verwiesen. Die nach Auskunft der Befragten notwendige Verfügung über mehr Zeit betrifft einerseits den Umgang mit den Kindern und Jugendlichen, die »allesamt ein gesteigertes Maß an Aufmerksamkeit [brauchen, Anm. d. Verf.]« [DIPL.-SOZ.PÄD.; BREMEN; SEK I; GEBUNDEN]. So betont die Mehrheit der Befragten, dass sie »mit mehr Zeit mehr ausrichten [könnten, Anm. d. Verf.]« [LEHRKRAFT; NRW; PRIMAR; OFFEN]. Andererseits bedarf kompetente Betreuung auch Vorbereitungs- und Nachbereitungszeiten. Die notwendigen Zeitressourcen seien aber nicht vorhanden.

Die außerunterrichtlichen Mitarbeiter im Ganztag scheinen die fehlenden Zeiten gelegentlich durch Mehrarbeit auszugleichen:

> »Die ganzen Beobachtungssachen, die ganzen entwicklungsgeschichtlichen Sachen, die dokumentiert werden müssten, das schaffen wir ja gar nicht mehr, weil die Zeit einfach nicht da ist. Die Zeit ist für Tür- und Angelgespräche da. Mehr eigentlich nicht. Also wir kommen freiwillig dann extra zu den Gesprächen und machen das, weil es für das Kind wichtig ist. Das muss man einfach noch mal dazu sagen« [ERZIEHER/IN; NRW; PRIMAR; OFFEN].

Kooperationsideal

Zu knappe zeitliche Ressourcen bedingen oftmals einen knappen und lediglich informellen Informationsfluss zwischen den unterrichtlichen und außerunterrichtlichen Mitarbeiter/inne/n. Diese reale Situation kollidiert mit einem Kooperationsideal. Ideal wäre für viele Lehrer/innen nicht nur eine Verkleinerung der Klassengrößen, sondern eine Doppelbesetzung im Unterricht:

> »Eigentlich geht es auch nur mit kleinen Gruppen, und dann muss das Umfeld stimmen. Da müssen auch Sozialpädagogen eigentlich ständig mit in der Klasse sein. Wenn man solche Kinder in der Klasse hat und alleine ist, dann kann man es nicht bewältigen. Das ist ein großes Problem« [LEHRKRAFT; BREMEN; PRIMAR; GEBUNDEN].

Unterstützung wird auch – und interessanterweise vornehmlich von der Lehrerschaft – von externen Kooperationsmöglichkeiten erwartet. Insbesondere die Kinder- und Jugendhilfe soll Angebote der erzieherischen Förderung ausbauen. Hier wird mitunter auch eine klare Abgrenzung zwischen dem, was Schule leisten kann, und dem Potential außerschulischer Förderung gezogen. Eine Mehrheit der befragten Lehrkräfte erwartet auch von den Eltern eine konstruktive Kooperation als eine notwendige Voraussetzung zur wirksamen Individuellen Förderung.

Das Bewusstsein, dass Fördermaßnahmen »nie ausreichend sein können« [LEHRKRAFT-SONDERPÄD.; NRW; PRIMAR; OFFEN], markiert eine – wenn auch verschwommene – Grenze der schulischen Einflussnahme. Und man gibt sich keinen Illusionen hin, dass notwendige Förderungsmaßnahmen und damit verbundene Ressourcen realisiert würden. Insbesondere die befragten Lehrkräfte verweisen hier auf die Grenzen schulischer Möglichkeiten. Man könnte es fast als resignativ werten, wenn angesichts der beschriebenen erzieherischen Probleme Förderung gewissermaßen nebenbei geschieht, als etwas, »was ja eigentlich auch im Alltag immer passiert, indem man sich einfach um diese Kinder kümmert, indem man sie wahrnimmt« [ERZIEHER/IN; NRW; PRIMAR; OFFEN].

Die außerunterrichtlichen Kräfte könnten kompensierend wirken. Im Rahmen des Ganztags wird allerdings der zeitlich eingeschränkte Einsatz der Honorarkräfte kritisch hinterfragt. Hohe Anforderungen versuchen sie häufig durch einen über die vergüteten Stunden hinausgehenden Arbeitseinsatz zu bewältigen.

4.3.5 Individuelle Förderung als Handlungskonzept – zwischen Anspruch und Wirklichkeit

4.3.5.1 Bedeutung und Notwendigkeit Individueller Förderung

Ganz offensichtlich ist die von der Politik und der Erziehungswissenschaft geforderte Individueller Förderung der Schüler/innen bei den Pädagog/inn/en »angekommen« und akzeptiert. Individuelle Förderung lässt sich auf Grundlage der von uns geführten Interviews aus drei Perspektiven beschreiben: *Unterricht und Schule, schulstrukturelle Veränderungen und Verpflichtung gegenüber der Vielfalt.* Die Notwendigkeit Individueller Förderung lässt auch auf Grundlage pädagogischer Herausforderungen beschreiben: *veränderte Voraussetzungen auf Seiten der Adressaten, Defizite kognitiver Lernleistungen sowie Chancengleichheit.*

Unterricht und Schule

Individuelle Förderung als Maxime des Handelns wird selbstverständlich für Lehrkräfte unmittelbar auf Ebene von Schule und Unterricht virulent:

> »In der Schule und auch in der Schulentwicklung ist es eigentlich Thema Nr. Eins. Wir beschäftigen uns damit auch aus unterschiedlichen Perspektiven. In der Schulentwicklung insoweit, als wir unser Konzept des jahrgangsübergreifenden Unterrichts umsetzen. Und dieser jahrgangsübergreifende Unterricht wird von den jeweiligen Jahrgangsteams Stück für Stück mit Inhalten gefüllt. Das heißt, dass die Jahrgangsteams sich zusammensetzen, Materialien erarbeiten, die für die Kinder so aufbereitet sind, dass sie individuell daran arbeiten können, und wir beschäftigen uns auch zum großen Teil mit einer guten Diagnose« [LEHRKRAFT; BREMEN; PRIMAR; GEBUNDEN].

Im jahrgangsübergreifenden Unterricht wird die Bedeutsamkeit Individueller Förderung besonders deutlich. Im jahrgangsspezifischen Unterricht schlägt sich die Debatte insbesondere in integrativ eingebetteten Förderangeboten und Formen offenen Unterrichts nieder. Lehrkräfte nennen in diesem Zusammenhang individuelle Wochen- und Arbeitspläne, Stationsarbeiten und Projektarbeiten. Schulen mit schwieriger Schülerschaft kennen und nutzen Prinzipien aber schon länger. So berichten sowohl ein Bremer Sozialpädagoge als auch eine nordrhein-westfälische Hauptschullehrerin, dass Individuelle Förderung an ihren Brennpunktschulen gerade aufgrund der Beschulung von Kindern und Jugendlichen mit starken Defiziten *»sowieso immer einen sehr, sehr großen Stellenwert gehabt«* [DIPL.-SOZ.PÄD.; BREMEN; PRIMAR; GEBUNDEN] habe. Eine Bremer Lehrkraft betont, dass Individuelle Förderung *»ja eigentlich immer zum Alltag der Lehrer«* [LEHRKRAFT; BREMEN; SEK I; GEBUNDEN] gehörte, und ein Lehrer aus NRW ist der Auffassung, dass *»es im Grunde genommen das ist, was wir früher auch schon gemacht haben – Förderunterricht oder offener Unterricht«* [LEHRKRAFT; NRW; PRIMAR; OFFEN]. Eine Schulsozialarbeiterin einer nordrhein-westfälischen Hauptschule erinnert auch daran, dass viele Schulen sich bemühen, den Anforderungen zur Erlangung des »Gütesiegels Individuelle Förderung« zu genügen.

Schulstrukturelle Veränderungen

Ein Teil der Interviewten erkennt eine zunehmende Bedeutung Individueller Förderung vor dem Hintergrund schulstruktureller Veränderungen. Hier spielt einerseits der Ausbau ganztagsschulischer Angebote eine große Rolle, da hiermit programmatisch Aufträge wie Rhythmisierung und Verzahnung der unterrichtlichen und außerunterrichtlichen Angebote sowie neue Prinzipien von Förderung verbunden sind.

Bedeutend sind aber vor allem die neuen Schultypen, die verschiedene Bildungsgänge umfassen und im »Bremer Schulkonsens« zum »Zwei-Säulen-Modell« führen. In Nordrhein-Westfalen gab es zum Zeitpunkt unserer Studie ähnliche Entwicklungen. Diese schulstrukturellen Veränderungen realisieren sich in den Klassenzimmern:

> »In Zukunft haben wir die Kinder mit den unterschiedlichsten Leistungsniveaus in einer Klasse sitzen, und da ist natürlich Individuelle Förderung eine ganz, ganz wichtige Sache. Unterricht muss sich verändern, ganz stark. Es kann kein Frontalunterricht in dem Sinne mehr stattfinden oder jedenfalls nur ganz begrenzt oder vielleicht nur noch für einzelne Gruppen. [...] Aber für die ganze Klasse muss es anders aussehen, dass sie andere Arbeitspläne bekommen usw., an denen sie dann individuell arbeiten können« [LEHRKRAFT; BREMEN; SEK I; GEBUNDEN].

Verpflichtung gegenüber der Vielfalt

Viele Pädagog/inn/en fühlen aber auch eine Verpflichtung gegenüber der Vielfalt. Hier zeigt sich nicht nur ein pädagogischer Ethos, sondern auch eine pragmatische Notwendigkeit:

So spricht eine Bremer Grundschullehrerin vom Anspruch, die *»Kinder eben da abzuholen, wo sie sind [und, Anm. d. Verf.] wie sie hier ankommen«* [LEHRKRAFT; BREMEN; PRIMAR; GEBUNDEN], und eine Bremer Sozialpädagogin ist der Meinung, dass Individuelle Förderung etwas ist, *»was jedem Kind zustehen soll«* [DIPL.-SOZ.PÄD.; BREMEN; PRIMAR; TEILGEBUNDEN]. Zwei außerunterrichtliche Mitarbeiter des Ganztags in NRW verweisen auf die besonderen Möglichkeiten des Ganztags, in welchem *»ja im Grunde genommen alle Kinder gefördert werden«* [ERZIEHER/IN; NRW; PRIMAR; OFFEN] und ihre Interessen entwickeln und ausleben können.

Und zum Pragmatismus: »*Ohne die Individuelle Förderung könnten wir hier überhaupt nichts machen. Wir haben ganz viele Individuen hier, und die Chancen in der Gruppe viel auszurichten, sind relativ gering*« [LEHRKRAFT; BREMEN; PRIMAR; GEBUNDEN].

Pädagogische Herausforderungen

So sehr Individuelle Förderung ein Hauptthema ist, so deutlich werden aber auch Probleme angesprochen. Es geht um die Voraussetzungen, die Kinder mitbringen, um intellektuelle Potentiale oder kaum zu realisierenden Chancenausgleich. Und letztlich um Praktikabilität. So sei es mit Blick auf schulische Standards gar nicht möglich, die Schüler/innen »*irgendwann auf einen Level zu bringen*« [LEHRKRAFT; BREMEN; PRIMAR; GEBUNDEN]. Eine Lehrkraft war schon immer der Ansicht, »*dass es einfach viel zu wenig Möglichkeiten gibt*« [LEHRKRAFT; BREMEN; SEK I; GEBUNDEN], und eine weitere betont die »*natürlich teilweise sehr, sehr schwierige praktische Umsetzung*« [LEHRKRAFT; BREMEN; SEK I; GEBUNDEN]. Satt individuell zu fördern, wird eher zielgruppenspezifisch fokussiert. So hat eine nordrhein-westfälische Grundschule »*mit den ganz schwachen und mit den ganz starken Kindern angefangen und den Mittelbereich erst mal raus gelassen*« [LEHRKRAFT; NRW; PRIMAR; OFFEN], und eine Ganztags-Teamleitung bemerkt mit Blick auf den Ausgleich herkunftsspezifischer Benachteiligungen:

> *»Nicht alle haben die gleiche Unterstützung von zuhause. Und ich finde, die Kinder, die eben von zuhause vielleicht auch schon benachteiligt sind, die müssen hier die Chance kriegen, ihre Fähigkeiten auszubauen. Was leider natürlich total untergeht ist, dass die Stärken gefördert werden« [ERZIEHER/IN; NRW; PRIMAR; OFFEN].*

Zu betonen ist allerdings, dass ein guter Teil der Befragten Konzepte Individueller Förderung grundsätzlich als schulisch bedeutsamen Weg zur Realisierung von Chancengleichheit betrachtet. Sie unterstütze eine erfolgreiche Gestaltung persönlicher Schullaufbahnen mit Übergängen und Zertifizierungen und habe damit eine hohe Bedeutung für die Lebenschancen der Kinder und Jugendlichen.

4.3.5.2 Individuelle Förderbereiche und Beispiele Individueller Förderung

Sowohl bei den befragten Lehrkräften als auch beim weiteren pädagogischen Personal werden Formen Individueller Förderung im Kontext der eigenen Schule und Handlungspraxis in unterschiedlicher Ausprägung benannt und aufgezählt. Es zeigt sich ein insgesamt äußerst vielfältiges Bild an Förderungsmaßnamen, wobei die Abgrenzung von Formen Individueller Förderung zu sonstigen schulischen Angeboten nicht immer klar und eindeutig verläuft, was nicht zuletzt auf das zumeist uneinheitliche Verständnis des Konzeptes zurückzuführen ist. Ein zusammenfassender Eindruck der berichteten Beispiele lässt sich aus der nachfolgenden Tabelle 1 gewinnen. Hierbei ist zu bedenken, dass es sich ohne Anspruch auf Vollständigkeit »nur« um einen Ausschnitt der an den Schulen durchgeführten Maßnahmen handeln kann. Oftmals sprechen die Befragten beispielsweise von Förderangeboten, die dann exemplarisch verdeutlicht, aber nicht in ihrer konzeptionellen Breite beschrieben werden. Zudem ist davon auszugehen, dass mitunter nicht immer alle Förderbereiche und Angebote allen Befragten bekannt sind.

Bremen Primarbereich (n = 5)	Sek. I (n = 4)	NRW Primarbereich (n = 6)	Sek. I (n = 2)
Unterrichtsformen			
- Wochenplanarbeit - Freiarbeit - Partnerarbeit - Gruppenarbeit - Lerntheken/Stationenlernen - Portfolio - Projektarbeit - Jahrgangsmischung	- Freiarbeit - Partnerarbeit - Gruppenarbeit - Kooperatives Lernen - Lerntheken/Stationenlernen - Projektarbeit - Einsatz von Medien - Binnendifferenzierung (Schulabschlüsse)	- Wochenplanarbeit - Freiarbeit - Selbstlernmaterialien (Themenkisten etc.) - Partnerarbeit	- Partnerarbeit - Projektarbeit
Integrative Förderung			
- Fachliche, z.B. Deutsch, Mathematik - Lese-Rechtschreibschwäche (LRS) - Deutsch als Zweitsprache (DaZ) - Entwicklungsförderung - Logopädie - Psychomotorik - weitere sonderpädagogische Förderung - Drehtürmodell	- Fachliche, z.B. Deutsch, Mathematik, Englisch - Lese-Rechtschreibschwäche (LRS) - Deutsch als Zweitsprache (DaZ) - weitere sonderpädagogische Förderung	- Förderbänder - Fachlich, z.B. Deutsch, Mathematik, Englisch - Lese-Rechtschreibschwäche (LRS) - Logopädie - Psychomotorik - weitere sonderpädagogische Förderung - Drehtürmodell	- Förderbänder - Fachlich, z.B. Deutsch, Mathematik, Englisch - Lese-Rechtschreibschwäche (LRS) - weitere sonderpädagogische Förderung
Inklusive Beschulung			
- durch Sonderschullehrer, Förderlehrer, Erzieher, Sozialpädagogen, Integrationspädagogen - in multiprofessionellen Teams		- Gemeinsamer Unterricht (GU)	

Tabelle 3: Beispiele Individueller Förderung und von Förderbereichen an den befragten Schulen

Bremen Primarbereich (n = 5)	Sek. I (n = 4)	NRW Primarbereich (n = 6)	Sek. I (n = 2)
Diagnostik			
– Entwicklungspläne – Standardisierte Testverfahren in der Schuleingangsphase – Lehr- und Entwicklungsberichte (anstelle von Ziffernbeurteilungen)	– Förderberichte – Kompetenzchecks – Lehr- und Entwicklungsberichte (anstelle von Ziffernbeurteilungen)	– Standardisierte Testverfahren in der Schuleingangsphase – Lehr- und Entwicklungsberichte (anstelle von Ziffernbeurteilungen) – Beobachtungsbögen für Eltern in der Schuleingangsphase	– Standardisierte Testverfahren nach Schulbeginn
Arbeitsgemeinschaften (AG)			
– Musik	– Musik – Theater – Zirkus – Kochen, Ernährung – Basteln und Malen – Sport – Garten – Robotik – Genderspezifisch – Sonstige (z.B. Latein)	– Tanz – Basteln und Malen – Sport – Neurobic – Tennis – Trampolin – Schach	– Basteln und Malen – Sport allgemein – Konzentrationstraining – genderspezifisch
Sonstige			
– außerschulische Lernorte (Kultur, Museen) – Schwimmbad	– Hausaufgabenhilfe – Ostercamps (Förderung in den Ferien)	– Hausaufgabenhilfe	– Hausaufgabenhilfe – Bücherei – Theaterstücke (Prävention) – außerschulische Lernorte (Kultur, Museen) – Berufswahlorientierung

Eine exemplarisch vertiefende Darstellung erfolgt nun entlang der einzelnen Kategorisierungen. Hier richtet sich der Blick zunächst auf die Förderaspekte, die seitens der Befragten im Kontext der Ausgestaltung von Unterricht geschildert werden.

Unterrichtsformen

Lehrkräfte – sowohl aus Bremen als auch aus NRW – berichten, zu Formen Individueller Förderung befragt, von ihrer eigenen didaktischen Unterrichtsgestaltung, sie sehen sie aber als typisch für die gesamte Schule. Es werden verschiedene Formen genannt, die sie selbst einem »offenen Unterricht« zurechnen. Hier finden sich beispielsweise im Rahmen von Freiarbeiten durchaus auch Elemente einer stoffbezogenen Selbstbestimmung sowie interessegeleiteten Lernens.

Im Primarbereich sind es vor allem individuelle Wochenpläne, die zum Zwecke der Selbstständigkeit und Individualisierung des Lernens zum Einsatz kommen. Differenzierung erfolgt hier unter Berücksichtigung der einzelnen Lernstände oftmals durch individuelle Zusammenstellungen in Form ergänzender Aufgaben oder der Variation des Schwierigkeitsgrades.

Im Zuge der Öffnung von Unterricht und Gestaltung von individuellen Lernwegen findet sich auch das organisatorische Prinzip der Jahrgangsmischung als didaktisches und pädagogisches Element an einigen Schulen der Primarstufe wieder. Zudem schildern die Befragten in großem Umfang Arbeitsformen, in denen kooperatives und soziales Lernen gefördert wird: Sowohl in den Primar- als auch in den Sekundarschulen finden sich Formen der Partner- und Gruppenarbeit, die zum Teil jahrgangsübergreifend angelegt sind und in denen ältere Schüler die jüngeren unterstützenden:

> »Ab 08:30 müssen alle dann da sein. Dann geht auch der Fachunterricht los und da haben wir schon in dieser ersten Dreiviertelstunde Schüler aus den höheren Jahrgängen, die die jüngeren Schüler betreuen, wo jeder sich dazusetzen kann« [DIPL.-SOZ.PÄD.; BREMEN; SEK I; GEBUNDEN].

Gemeinschaftliches Lernen wird schließlich auch durch Formen der Projektarbeit in den Vordergrund gestellt. Die gemeinsame Behandlung komplexer Themen erfolgt hierbei zumeist im Klassenverband, mitunter wird auch von jahrgangsübergreifenden Projekten gesprochen.

Im Zuge der Ausgestaltung verschiedener Unterrichtsformen heben die Interviewten schließlich häufig auch die Bedeutung der Verfügbarkeit entsprechender Arbeitsmaterialien hervor: Teils werden entsprechende Materialien direkt in den Klassen gelagert, häufiger aber wird von zentralisierten Beständen berichtet.

Integrative Förderung

Die Zusammenschau der von den Befragten genannten Beispiele Individueller Förderung offenbart an den einzelnen Schulen ein vielfältiges Angebot integrativer Fördermaßnahmen. Wie die tabellarische Übersicht zeigt, erfolgt eine vornehmliche Fokussierung auf die Bearbeitung unterschiedlicher Defizitlagen der Schüler/innen. So werden beispielsweise sprachspezifische fachliche Fördermaßnahmen insbesondere im Kontext der erfolgreichen Integration der Schülerschaft mit Migrationshintergrund erwähnt. Neben fachlicher Förderung spielen insbesondere auch sonderpädagogische Fördermaßnahmen wie die Bearbeitung von Lese-Rechtschreibschwächen eine gewichtige Rolle. An den Primarschulen wird zudem vermehrt auf Psychomotorik als

wichtiger Förderaspekt verwiesen. Betont werden im Kontext dieser Fördermaßnahmen insbesondere der organisatorische und zeitliche Rahmen der Ganztagsschule sowie die Notwendigkeit interner und externer Kooperationen.
Doch auch die Bedürfnisse besonders begabter Kinder finden an vielen der befragten Schulen entsprechende Berücksichtigung. Zumeist nicht verpflichtende Angebote der Förderung werden hier beispielsweise durch die sogenannten Förderbänder oder durch das Drehtürmodell realisiert.

Inklusive Beschulung

Mit der Festlegung des Rechtes auf Gemeinsamen Unterricht (GU) behinderter und nicht-behinderter Schüler/innen hatte das neue Bremische Schulgesetz den Rahmen zur Umsetzung inklusiver Beschulung geschaffen. Während sich in NRW nur eine der befragten Grundschulen findet, an der 2009 sonderpädagogischer Förderbedarf auch im Rahmen des Gemeinsamen Unterrichtes umgesetzt wird, zeigen sich in den Aussagen der befragten unterrichtlichen und außerunterrichtlichen Mitarbeiter/innen der Bremer Grundschulen vermehrt Aspekte entsprechender Kooperationen, beispielsweise mit den bisherigen Förderzentren. Sonderpädagogischem Förderbedarf wird so neben integrativen Maßnahmen durchaus inklusiv begegnet. Unterschiedliche Professionen tragen ihre beruflichen Expertisen in die Schulen hinein, wie das nachfolgende Beispiel verdeutlicht:

> »Das sieht so aus, dass wir an dieser Schule zwölf Plätze haben. Es gibt zwölf Kinder, zwölf Familien, die wir fördern können. Es geht ja nicht nur um Kinder, sondern auch um Familien, die gefördert werden, und für diese Kinder wird natürlich noch einmal ganz besonders geguckt: Wo haben die Förderbedarf, auch außerhalb von schulischen Geschichten? Auch in Bereichen wie Motorik, Sprache, soziale Fertigkeiten – Schule auch. Familie, was ist in der Familie los? Wir haben eine Psychologin hier bei uns, die die Diagnostik durchführt, und dann wird für jedes von diesen zwölf Kindern ein individueller Förderplan erstellt [...]. Ich bin ja einer von den Pädagogen, die diese zwölf Kinder betreuen. Fünf von den Kindern sind sozusagen mir zugeordnet, für die bin ich zuständig: Förderpläne schreiben, Diagnostik machen, solche Sachen, Förderangebote durchführen [...]. Auch in Zusammenarbeit mit den Lehrerkollegen gucken, was kann man an die Lehrerkollegen geben? Wie ist der Austausch?« [DIPL.-SOZ.PÄD.; BREMEN; PRIMAR; GEBUNDEN].

Diagnostik

Elementen der fachlichen Diagnostik wird im Zuge der Ausgestaltung individueller Fördermaßnahmen nach Auskunft insbesondere der befragten Lehrkräfte ein durchgängig hoher Stellenwert beigemessen. Während Diagnostik im Kontext erzieherischer und weiterer sonderpädagogischer Förderung zu überwiegenden Teilen im Verantwortungsbereich externer diagnostizierender Kooperationspartner liegt, zeigt sich im Rahmen fachspezifischer Diagnostik ein durchaus breites Handlungsrepertoire. So erfolgt die Erhebung individueller Lernstände je nach Fach und Schulstufe durch eine Vielzahl selbstentwickelter oder gängiger Diagnoseinstrumente. Auch wird, z.B. im Rahmen von Kompetenzchecks, vermehrt auf computergestützte Verfahren zurückgegriffen. Insbesondere in Übergangsprozessen spielen diagnostische Elemente zur Identifizierung der unterschiedlichen Lernausgangslagen und Entwicklung individueller Förderplanung der Schüler/innen eine verstärkte Rolle.

Ein weiterer Befund zeigt, dass an einigen Schulen des Primar- als auch Sekundarbereiches bis zu bestimmten Jahrgangsstufen zwischenzeitlich von Zeugnissen mit Ziffernbeurteilungen Abstand genommen wurde. An deren Stelle treten Lehr- und Entwicklungsberichte. Deren Erstellung ist allerdings insbesondere an den größeren weiterführenden Schulen mit erhöhtem Arbeitsaufwand für die Lehrkräfte verbunden.

Insgesamt zeigt sich, dass eine individuelle Gestaltung von Lernwegen und unterschiedliche Lernstände der Schülerschaft, die ihren Ausdruck auch in der entsprechenden Gestaltung von Zeugnissen findet, auch seitens der Eltern eine entsprechende Akzeptanz erfordert:

> »Das führt dazu, dass Eltern das anfangs nicht verstanden haben. Das Lernen läuft ganz auseinander bei den Kindern. Der eine hat erst den fünften Buchstaben, während der Andere schon lesen kann. Die Hausaufgaben sind jeden Tag unterschiedlich. Man kann nicht mehr beim Nachbarn fragen. Die Kinder kriegen eben auch ganz unterschiedliche Zeugnisse. Wir orientieren uns zwar an den Kompetenzen, die das Land anfordert, aber daraufhin wird jedes Kind einzeln gesehen, und da können eben auch ganz unterschiedliche Dinge drin stehen« [LEHRKRAFT; NRW; PRIMAR; OFFEN].

Abschließend sei darauf verwiesen, dass auch in diagnostischen Kontexten immer wieder die Bereitschaft zur Verantwortungsübernahme der Eltern für das Lernen ihrer Kinder gefordert wird. Ein nordrhein-westfälisches Beispiel zeigt, dass diese mitunter schon vor der eigentlichen Einschulung entsprechend eingebunden werden. So erhalten die Eltern dort nach Schulanmeldung gegen Ende des letzten Kindergartenjahres einen Selbsteinschätzungsbogen über ihr Kind, der sich am Schulfähigkeitsprofil des Landes NRW orientiert und der neben sozialen und motorischen auch sprachliche und mathematische Fähigkeiten abfragt.

Abschließend muss im Kontext diagnostischer Erhebungen auch die Stellung der außerunterrichtlichen Mitarbeiter/innen in den Blick genommen werden. Zwar sind diese in der Regel in die geregelten Verfahren eingebunden, aber sie bringen auch ihre individuellen beruflichen Kompetenzen und Interessen ein. Diese von einer Mehrheit der interviewten Ganztagsmitarbeiter getragene Ansicht wird durch das nachfolgende Beispiel verdeutlicht:

> »Zum Teil gibt es wirklich den Methodenkatalog, dass – sage ich mal –, wenn dieses Problem auftaucht, dann machen wir halt jenes. Das ist das eine, und zum anderen gibt es natürlich auch das, was jeder Pädagoge individuell macht. Es ist beides drin, zum einen sicher die standardisierten Verfahren, diese Förderprogramme oder Trainingsprogramme, die man anwenden kann, und dann aber auch die Sachen, die wirklich jeder aus seinen Vorlieben heraus macht – man muss ja auch ein bisschen das Feuer mitbringen, man muss irgendwie auch Lust dazu haben, zu dem, was man macht und das sind einfach die Sachen, die jeder individuell macht« [DIPL.-SOZ.PÄD.; BREMEN; PRIMAR; GEBUNDEN].

Ein großer Teil des befragten unterrichtlichen und außerunterrichtlichen Personals verweist auf den individuellen Fördercharakter der additiv angelegten Arbeitsgemeinschaften (AG). Im Gegensatz zu den Formen verpflichtender Förderkurse besteht im Rahmen dieser Angebote für die Schülerschaft Wahlfreiheit, sie sind zudem auch für die Halbtagsschüler/innen geöffnet.

Außerhalb des Unterrichts eröffnet der Ganztag vielfältige Erfahrungsangebote, die nicht der schulischen Logik folgen und auch Themen aus Lebensbereichen behandeln, die nicht Teil des schulischen Curriculums sind. Hierbei zeigt sich ein breites Spektrum an Möglichkeiten. Insbesondere Sport- und Musikangebote werden von den Befragten als Beispiele aufgezählt. Sekundarschulen halten oftmals auch genderspezifische Angebote vor.

Mit diesen AGs geht oftmals eine stadtteilbezogene Öffnung der Schulen nach außen einher. Als externe Kooperationspartner finden sich hierbeispielsweise glaubensgemeinschaftliche Institutionen, Musikschulen, Jugendkunstschulen, Jugendzentren, Büchereien, Polizei, Feuerwehr und Sportvereine:

> »Wir haben eine super Kooperation mit dem örtlichen Sportverein hier. Wir haben das jetzt so geregelt, dass die Kinder des Ganztages in die Veranstaltungen des Vereins mit hinein können, ohne Mitglied zu sein, das heißt, die haben bestimmte Bereiche, die für uns als Primarstufe gut sind, und die von der Altersstruktur passen, an den Nachmittag gelegt. Und da können unsere Kinder aus dem Ganztag einfach mitmachen, ohne dass sie in den Verein eintreten müssen. Wir haben neulich ein Sportfest gehabt, da sind sieben Leute vom Verein gekommen und haben uns unterstützt, haben Weitsprungweiten gemessen usw. Und wir arbeiten zusammen bei den Sportabzeichen und, und, und [...]« [LEHRKRAFT; NRW; PRIMAR; OFFEN].

Neben diesen institutionellen Kooperationspartnern sind es häufig auch Einzelpersonen, die entsprechende Angebote in die Schulen hineintragen. Hier zeigt sich eine ausgewiesene Vielfalt an unterschiedlichen beruflichen Expertisen und Qualifikationen, wie das nachfolgende Beispiel verdeutlicht:

> »Das sind keine Lehrkräfte, sondern diese Personen kommen aus total unterschiedlichen Bereichen. Das sind natürlich z.B. Sportübungsleiter, die kommen teilweise von den örtlichen Vereinen hier. Dann sind das Hausfrauen, die machen Kochkurse usw., [...] eine Diplom-Chemikerin, [...] die macht [...] Kurse hier. Es sind überhaupt keine Pädagogen, zum Beispiel der, der Lego-Technik macht, ist ein Ingenieur, der ist jetzt Senior, im Ruhestand. Es gibt auch Schüler, die machen einen Schachkurs. Oder Studenten, die hier Tanzveranstaltungen machen. Wir haben eine Hausfrau, die hat das Thema Märchen. Also die kommen aus total unterschiedlichen Bereichen, die müssen im Prinzip nur die Begeisterung mitbringen mit einer Gruppe von Kindern zu arbeiten. Wir suchen die bzw. wir werden angesprochen, und Voraussetzung ist einfach, dass ich ein Thema habe, das ich gerne machen möchte. Wir gucken dann, ist das geeignet, spricht das die Kinder an, ist das entsprechend auch für das Alter geeignet.

Und das Tolle ist eben, dass diese Person ihre Erfahrungen mitbringt und diese Erfahrungen den Kindern vermittelt« [LEHRKRAFT; NRW; PRIMAR; OFFEN].

Idealerweise erfolgt im Rahmen einer ganztagsorientierten Lehr- und Lernkultur eine entsprechende Verknüpfung der Bildungs- und Betreuungsangebote. Vor diesem Anspruch betonen einige der außerunterrichtlichen Mitarbeiter/innen die Notwendigkeit, Rückmeldungen aus den AGs an die unterrichtende Lehrerschaft zu geben:

»In diesem Bereich findet Förderung statt, wo die Kinder es einfach nicht merken. Das wird wiederum als Feedback in den Vormittagsbereich, in den Schulunterricht getragen, damit die Lehrer da gezielt darauf achten können. Denn im Unterricht ist es so, dass die Kinder sich ganz anders verhalten als im Offenen Ganztag« [ERZIEHER/IN; NRW; PRIMAR; OFFEN].

Sonstige Fördermaßnahmen

Schließlich finden sich in den Aussagen weitere Beispiele, die seitens der Interviewten als individuelle Fördermaßnahmen bewertet werden. Hier sind es zunächst die Hausaufgaben, die nicht nur in hohem Maße nach Lernständen differenziert werden. Oftmals ist es die Hausaufgabenbetreuung selbst, die für einen großen Teil der Befragten einen individuellen Fördercharakter aufweist. Da deren Organisation in der Regel im Rahmen der Ganztagsangebote angesiedelt ist, obliegt die Durchführung den weiteren pädagogisch Tätigen. Mitunter verfügen die Schulen hier über eigens für diese Aufgabe eingestelltes Personal oder eigens eingerichtete Schulstunden sowie zusätzlich beantragte Hausaufgabenhilfen.

Ein weiterer Punkt, den einige wenige Interviewten dem Typus Fördermaßnahmen zurechnen, ist das Aufsuchen außerschulischer Lernorte. Meist handelt es hierbei um »Klassiker«, also hochkulturelle Institutionen wie Museen oder Theater. Auch werden in diesem Kontext externe Anbieter von den Schulen eingeladen, die der Schülerschaft beispielsweise Theaterstücke im Rahmen von Suchtprävention oder Missbrauchsvorbeugung präsentieren.

Zusammenfassung

Es zeigt sich mit den aufgeführten Beispielen, die unsere Interviewten lieferten, eine Vielzahl institutionalisierter Formen Individueller Förderung an den Schulen des Primar- und Sekundarbereiches in NRW und Bremen. Es werden Verfahren innerer Differenzierung angesprochen, auch inhaltsbezogene Selbstbestimmung bzw. interessengeleitetes Lernen finden sich – wenigstens in Ansätzen – an einzelnen Schulen. Vielfach verbreitet ist insbesondere die Arbeit mit individuellen Lern- und Wochenplänen. Neben eigenverantwortlichem Lernen findet sich – auch unter dem Stichwort des sozialen Lernens – vermehrt jahrgangsübergreifender Unterricht. Des Weiteren verweist ein Großteil der Lehrkräfte auf die Bedeutung von Unterrichtsmaterialien, die innere Differenzierung unterstützen.

Es gibt eine Reihe von Wahlangeboten, die der Förderung der Kinder dienen sollen. Hierbei spielen auch Angebote für besonders begabte Kinder eine Rolle. Die zeitlichen Rahmenbedingungen der Ganztagsschule bieten günstige Voraussetzungen für solche extra-curricularen Erweiterungen. Bemerkenswert, dass hier nicht nur einschlägige Organisationen oder pädagogisch zertifizierte Kräfte eine Platz an der Schule finden.

Es kommen vermehrt Personen ins Spiel, die Inhalte anzubieten haben, die diejenigen Personen, die über Angebote zu entscheiden haben, interessant finden.

Die empirischen Befunde verdeutlichen weiterhin den hohen Stellenwert diagnostischer Elemente zur Ermittlung individueller Lernstände. Im Umgang mit Heterogenität werden hier vermehrt schulische Übergangsprozesse in den Blick genommen, in denen die Identifizierung der unterschiedlichen Lernausgangslagen einen wichtigen Beitrag zur individuellen Förderplanung leistet. Hausaufgabenbetreuung spielt auch eine erkennbar große Rolle. Hier haben Akteure des Ganztags oft einen einschlägigen Arbeitsauftrag. Dies ist eine Art Individueller Förderung, die sich auf schulische Lernziele reduziert und kompensatorische Funktion hat.

4.3.5.3 Gelingensbedingungen und Hemmnisse

Der folgende Absatz beschreibt die Einflussfaktoren, die nach Ansicht der Befragten entscheidend auf die Gestaltung Individueller Förderung Einfluss nehmen. Als strukturierende Elemente lassen sich die vier kategorisierenden Dimensionen der *Strukturen und Ressourcen*, der *professionellen Handlungskompetenz*, der Ausgestaltung von *Kooperation sowie schülerspezifische Merkmale* heranziehen. Schließlich lenken wir den Blick auf Befunde, die induktiv aus den vorliegenden empirischen Daten gewonnen wurden und die einen hohen Stellenwert bei den Pädagog/inn/en zu haben scheinen. Hierzu zählen *emotional positiv gestaltete Beziehungselemente* zu den Schüler/innen, die grundsätzliche Frage nach einer *gelingenden Partizipation und Kooperation der Eltern*, die Frage nach *offensichtlich hoch prekären Beschäftigungsverhältnissen* eines Teils der außerunterrichtlichen Mitarbeiter sowie nach der *Bedeutung der Schulleitungen* für die Steuerung notwendiger Schulentwicklungsmaßnahmen.

Strukturen und Ressourcen

Bei aller Akzeptanz der grundlegenden Forderung nach Individueller Förderung: Strukturen und Ressourcen determinieren, was tatsächlich in dieser Richtung getan werden kann. Fast allen Befragten ist das Thema wichtig. Der überwiegende Teil der unterrichtlichen und außerunterrichtlichen Mitarbeiter/innen verweist auf Probleme, die sich durch (zu) knappe zeitliche Ressourcen ergeben. Aus Sicht der Lehrkräfte wird insbesondere auf die Zeit verwiesen, die eine gute Vor- und Nachbereitung des Unterrichtes benötigt:

> »Individuelle Förderung bedeutet für mich, dass ich mich im besten Fall jedem Kind zuwenden kann. Ich weiß nach einer gewissen Zeit, welchen Stand das Kind hat, und dass ich dann entsprechend Arbeitsmaterial bereitstelle [...].. Es ist nicht möglich, für jedes Kind ein gesondertes Arbeitsblatt zu erstellen, das könnte man machen, wenn der Tag 48 Stunden hätte. Das ist aber nicht möglich, das ist nicht zu leisten, d.h. man muss im Grunde dann auf Material zurückgreifen, was man ohnehin in der Klasse hat« [LEHRKRAFT; NRW; PRIMAR; OFFEN].

Auch für das außerunterrichtliche Personal werden knappe zeitliche Ressourcen mit Blick auf eine umfassende Individuelle Förderung der Schüler/innen als bedeutsames Problem eingestuft. Hierbei werden vornehmlich zwei Aspekte hervorgehoben. Einerseits erfolgt der Verweis auf eingeschränkte Möglichkeiten der Kooperation durch sich nicht überschneidende Zeitfenster der unterrichtlichen und außerunterrichtlichen

Mitarbeiter/innen, zum anderen wird hier die Bedeutung von zeitlichen Ressourcen betont, die in der täglichen Arbeit im Umgang und Kontakt mit den einzelnen Schüler/innen zur Verfügung steht. Zeitliche Knappheit steht natürlich in enger Verbindung zu mangelnden finanziellen Ressourcen:

> »Andererseits habe ich hier auch so viele andere Aufgaben, dass ich nicht am Tag 90 Minuten oder länger individuelle Förderung leisten kann. Ich denke, das ist ganz oft einfach auch ein Zeitproblem, ein Zeitproblem, welches dann ein Bezahlungsproblem wird« [DIPL.-SOZ.PÄD.; BREMEN; SEK I; GEBUNDEN].

Auch wird mitunter eine Diskrepanz zwischen der zur Verfügung stehenden Zeit und dem Anspruch pädagogischer Arbeit wahrgenommen. Als wichtiges Anliegen wird hier auf den Beziehungsaspekt zwischen Betreuenden und Schülerinnen und Schülern hingewiesen:

> »Da hängt zum einen ab von dem Privileg, Zeit zu haben, pädagogische Arbeit ist Beziehungsarbeit. Das setzt Regelmäßigkeit voraus, und das setzt natürlich auch Zeit voraus. Das heißt, wir können nur das machen, wofür wir auch Personal und Zeit haben« [DIPL.-SOZ.PÄD.; BREMEN; SEK I; GEBUNDEN].

Auch rückt die personelle Besetzung in den Blickpunkt der Interviewten. Die befragten Akteursgruppen berichten größtenteils übereinstimmend, dass es in der Gänze zu wenig Personal gebe, um Individuelle Förderung gemäß dem je subjektiv zugrundeliegenden Verständnis angemessen umzusetzen. Seitens der Lehrkräfte wird hierbei auf schwierige Situationen im Unterricht verwiesen. Häufig wird beim Thema »große Klassen« der Wunsch einer Doppelbesetzung geäußert. Weitere Bedarfe der Lehr- und Fachkräfte beziehen sich auf Teamteaching und Supervision, wobei letzteres vornehmlich durch das außerunterrichtliche Personal benannt wurde.

Neben mangelhaften Zeit- und Personalressourcen wird auf zwei weitere Aspekte verwiesen, die nach vereinzelter Einschätzung entsprechenden Einfluss auf die Gestaltung Individueller Förderung nehmen. So betonen einige der befragten Lehrkräfte, dass im Rahmen Individueller Förderung angemessene und auch zusätzliche Räumlichkeiten vonnöten wären. Zudem wird die Notwendigkeit von zusätzlichen Räumlichkeiten auch im Kontext der gemeinsamen und auch eigenen Arbeitsplanung gesehen. Diese Ressource wird auch von außerunterrichtlichen Mitarbeiter/inne/n in den Fokus genommen. Hierbei wird neben der Notwendigkeit, ihre Gruppen kleiner halten zu können, insbesondere auf das Fehlen räumlicher Rückzugsmöglichkeiten für die Kinder und Jugendlichen im Ganztag verwiesen:

> »Schule ist auch anstrengend, und um 13.15 Uhr anschließend Hausaufgaben, dann sind Kinder auch platt. Der eine braucht dann Bewegung und der andere setzt sich am liebsten nur ruhig irgendwo in die Ecke und sagt, am liebsten würde ich mir eine Decke über den Kopf ziehen, ich brauche jetzt mal meine Ruhe. Und das ist z.B. auch, was man noch als Manko sehen kann. Bei uns ist es so, dass die Kinder wenige Rückzugsmöglichkeiten haben. Das ist ganz wichtig. Dass man einfach nur sagt, ich brauche jetzt mal meine Ruhe und ich möchte gar nicht angesprochen werden. Das geht eigentlich bei uns gar nicht« [ERZIEHER/IN; NRW; PRIMAR; OFFEN].

Eine weitere von vier Lehrkräften und einer außerunterrichtlichen Fachkraft als wichtig beschriebene Ressource ist schließlich die Ausstattung mit entsprechenden (Lehr-) Materialien zur Individuellen Förderung. Der notwendige Auf- und Ausbau muss ja nicht nur eine gute Qualität haben, er kostet auch Zeit.

Professionelle Handlungskompetenz

Nach Auskunft der Interviewten – sowohl der Lehr- als auch Fachkräfte – ist zur Umsetzung des Konzeptes Individuelle Förderung zunächst eine positive Einstellung und Haltung unverzichtbar.

Zum wesentlichen Kern erfolgreicher Fördergestaltung zählt demnach eine entsprechende Einstellung, eine grundlegende Bereitschaft der Beteiligten. Viele der Interviewten sprechen an dieser Stelle auch vom notwendigen Engagement, da nach deren Einschätzung die erfolgreiche Implementierung Individueller Förderung oftmals mit erhöhtem Arbeitsaufwand verbunden ist:

> »Individuelle Förderung hängt in erster Linie von dem Willen der Lehrkräfte ab, das zu tun. Das kann ich auch ganz klar sagen: Ich habe das sieben Jahre lang versucht, in der Schule umzusetzen, und wenn nicht jeder, der an der Schule ist, dabei mitmacht, dann geht das nicht. Es sind ja auch andere Bedingungen. Ich finde schon, die Belastungen sind ja auch ziemlich groß. Wo individuell gefördert wird, muss man halt auch anders arbeiten, und muss man sich umstellen. Es ist unheimlich viel Arbeit, die über den normalen Unterricht hinausgeht« [LEHRKRAFT; BREMEN; PRIMAR; GEBUNDEN].

Wenn die Interviewten vom Engagement und der Einstellung als Einflussfaktoren auf das Gelingen Individueller Förderaspekte berichten, so werden diese im Vergleich zu den zur Verfügung stehenden Ressourcen Zeit, Personal und Räumlichkeiten zumeist als wesentlich bedeutsamer geschildert. Individuelle Förderung ist hiernach auch unter nicht optimalen Bedingungen erfolgreich durchaus möglich:

> »Also 90% macht die Haltung der Akteure aus. Ich glaube, auch in einer alten Schule mit nicht optimaler Ausstattung kann man individuell fördern. Ja, ich sehe ja nun auch viele Schulen. Ich denke an eine Grundschule, die ich mal besucht habe. Das ist wirklich ein erbärmliches altes Gemäuer, und die haben das so toll hingekriegt. Es muss nicht das schöne Schulgebäude sein. Ich habe auch schon Schulen gesehen, in nagelneuen Schulgebäuden mit optimalen Räumen und optimalen Lernmaterialien, wo Individuelle Förderung überhaupt nicht gelingt. Man muss einfach den Blick wegkriegen, was man vorher mit Unterricht im Kopf hatte, man muss seine Arbeit auf das Kind ausrichten« [LEHRKRAFT; NRW; PRIMAR; OFFEN].

Aber es besteht auch eine große Unsicherheit hinsichtlich der eigenen Kompetenz:

> »Wir Lehrer haben wenig Erfahrung – das geht mir manchmal auch so – unsere Position zu ändern. Ich bin nicht mehr der Wissensvermittler, sondern ich bin der Bereitsteller. Ich gebe den Kindern Möglichkeiten. Mich muss ich dann zurücksetzen, zurücklehnen und gucken: Wie macht er denn das und wie konzentriert der sich und wie lange bleibt der bei der Arbeit und was nimmt der

überhaupt an? Ist das überhaupt das Richtige für ihn? Das ist äußerst schwierig und da fehlt es uns etwas, weil wir das nicht gelernt haben. Und das lernen die auch heute nicht [...]. Das ist ein ganz großes Problem« [LEHRKRAFT; NRW; PRIMAR; OFFEN].

Die Lehrerbildung wird auch hier angesprochen:

> »Ich muss mir ja irgendwo das Handwerkszeug herholen. Und das wird in den Ausbildungen noch nicht genug berücksichtigt. Das merkt man, wenn Studenten kommen und hospitieren«. [LEHRKRAFT; BREMEN; PRIMAR; GEBUNDEN].

Kooperation

Das vorangegangene Beispiel verweist implizit auf den Einflussfaktor der Kooperation, der nach Ansicht einiger Interviewter ebenfalls bedeutsam zur Ausgestaltung Individueller Förderung beiträgt und als eine weitere Dimension bereits in Kapitel 4 ff in den Blick genommen wurde.

Schülerspezifische Merkmale

Wenigstens ein Mal wurde auch die Bereitschaft der Schüler angesprochen, neue Unterrichtsformen zu akzeptieren und sich hier zu engagieren. Mit Blick auf die Ausgestaltung Individueller Förderung spricht eine Bremer Sozialpädagogin der Sekundarstufe vom »Willen auf beiden Seiten«:

> »Sie hängt natürlich ab vom Willen auf beiden Seiten – inwiefern möchte derjenige individuell gefördert werden, inwiefern möchte die andere Seite individuell fördern? Dieses gegenseitige Nehmen und Geben muss schon vorhanden sein« [DIPL.-SOZ.PÄD.; BREMEN; SEK I; GEBUNDEN].

Das vorangegangene Zitat verweist zugleich auf eine mögliche Qualität von Beziehung zwischen den Schülerinnen und Schülern und den pädagogisch Tätigen. Hierauf richtet sich der Blick im folgenden Abschnitt.

Emotional positiv gestaltete Beziehungselemente

Mehr als die Hälfte des befragten unterrichtlichen und außerunterrichtlichen Personals spricht dem Aufbau einer emotionalen Beziehung zwischen Erwachsenen und Schüler/innen eine gewichtige Rolle für gelingende Förderung zu. Eine erfolgreich gestaltete Beziehungsregulation ist für einen Teil der Befragten die entscheidende Voraussetzung zur Gestaltung erfolgreicher Lernprozesse. Eine typische Äußerung in diesem Kontext ist z.B.:

> »Man muss eine Beziehung herstellen zu dem, der etwas lernen soll. Unsere Arbeit hier ist hauptsächlich Beziehungsarbeit. Ich muss ganz viel Lust haben auf diese Kinder, auf den Unterricht, und die Kinder müssen sich natürlich auch einlassen auf die Lehrkraft oder die Erzieherin in der Klasse. Da muss eine Beziehung hergestellt werden, man muss gute gemeinsame Erlebnisse haben« [LEHRKRAFT; BREMEN; PRIMAR; TEILGEBUNDEN].

Zugleich wird angedeutet, dass Beziehungsarbeit zeitliche Ressourcen benötigt und personelle Konstanz voraussetzt. Insbesondere auch für Kinder und Jugendliche mit defizitärem häuslichem Umfeld ist die Beziehungsarbeit wichtig. Schule kann dann sogar so etwas wie ein Gegenpol sein, sie ist demnach *»für viele Kinder so eine Art Schutzraum geworden«* [LEHRKRAFT; NRW; PRIMAR; OFFEN].

Auch Verhaltensmodifikationen bedürfen als Voraussetzung der gefestigten Beziehung über einen entsprechend langen Zeitraum. Eine solche Perspektive geht auch ganz deutlich über eine Fokussierung auf kognitive Lernleistungen der Schülerschaft hinaus. So sieht das verständlicherweise vor allem das außerunterrichtliche Personal. Da der Aufbau einer verlässlichen Beziehung bei Kindern einen Beitrag zu ihrer Selbstsicherheit und Resilienz leisten kann, könnte sie auch Bildungschancen mancher Kinder erhöhen.

Partizipation und Kooperation der Eltern

Mehr als der Hälfte der Interviewten schätzt die Mitarbeit der Eltern als eine wichtige Bedingung für erfolgreiche Förderung der Schüler/innen ein. Dies gilt insbesondere für die Förderung der »schwierigen« Kinder. Aber im Fazit wird das Verhältnis von Eltern und Schule als defizitär geschildert. Oft wird nicht nur ein wenig ausgeprägtes Interesse mancher Eltern an der Entwicklung der eigenen Kinder beklagt, auch ein Desinteresse an den Angelegenheiten der gesamten Schule und des Schullebens wird konstatiert. Insbesondere an Schulen mit hohem Migrationsanteil und schwierigem sozialen Umfeld wird das Aktivieren der Eltern im Sinne der erfolgreichen Förderung ihrer Kinder und der Partizipation am Schulleben als Problem wahrgenommen.

Prekäre Beschäftigungsverhältnisse

Viele Mitarbeiter im Ganztag arbeiten unter unsicheren Bedingungen und in geringen Zeitkontingenten. Dies trifft insbesondere auf diejenigen zu, die über externe Träger angestellt sind. Sie berichten von Problemen, die sich nicht nur direkt negativ auf die Chancen zur Individuellen Förderung auswirken. Auch die eigene Zufriedenheit leidet. So fragen sich einzelne Mitarbeiter/innen, wie Förderung erfolgreich gestaltet werden soll, wenn beispielsweise Stunden der Vor- und Nachbereitung nicht vergütet werden oder, wie eine Bremer Ganztagsmitarbeiterin festhält, *»nur 15 Minuten wöchentlich offiziell für Elternarbeit zugewiesen [sind, Anm. d. Verf.]«* [DIPL.-SOZ.PÄD.; BREMEN; PRIMAR; GEBUNDEN].

Mit Blick auf die eigenen Arbeitsbedingungen äußern sich einige der Befragten äußerst unzufrieden. Beklagt werden vornehmlich niedrige Gehälter sowie die Tatsache, dass ein Großteil der außerunterrichtlich Beschäftigten nicht über Vollzeitstellen verfügt und mitunter noch in weiteren Nebenjobs tätig sein muss. Diese Unzufriedenheit wird durchaus auch seitens der Lehrkräfte wahrgenommen:

> »Jetzt gab es auf größerer Ebene Probleme wegen der Arbeitszeit der Erzieher. Das ist schon ein Problem, was einfach da ist, wo wir nichts dran ändern können. Die haben eine blöde Arbeitszeit, die haben keine Vorbereitungszeiten – von ihren Verträgen her. Und eine schlechte Bezahlung. Das macht die Erzieher schon sauer, zu Recht sauer. Aber das ist etwas, was nicht an der Schule gelöst werden kann« [LEHRKRAFT; BREMEN; PRIMAR; GEBUNDEN].

Auch wenn am Ende eines Schuljahres nicht klar ist, ob die Beschäftigung fortgeführt wird, schlägt sich das auf die Arbeit und die Arbeitszufriedenheit nieder. Zufriedenheit herrscht dort, wo diese Unsicherheit wegfällt:

> »Am Anfang haben wir das schon gemerkt, damals, als wir angefangen haben und immer nur diese Jahresverträge hatten ... Unsere Unsicherheit hat sich natürlich auf die Eltern und auf die Kinder übertragen. Und immer wieder aufs Neue zu kommen und zu gucken: »Sind die überhaupt noch da?«, das ist schon blöd. Aber jetzt haben wir, also die Kinder hier haben jetzt die Gewissheit, sie sehen uns jedes Mal nach den Ferien wieder, wir sind nicht weg. Das ist für viele ganz wichtig« [ERZIEHER/IN; BREMEN; PRIMAR; GEBUNDEN].

Bedeutung der Schulleitung

Für die Umsetzung Individueller Förderung ist nach Ansicht rund eines Drittels der Befragten die Schulleitung wichtig. Man braucht eine engagierte Schulleitung, die von *»Individueller Förderung überzeugt ist, und die auch in der Lage ist, das Team zu motivieren«* [LEHRKRAFT; BREMEN; PRIMAR; GEBUNDEN]. Verwiesen wird hier auf den grundsätzlichen Willen der Leitung, Schule verändern zu wollen, und dies trotz verdeckter oder offener Widerstände. Ein befragter Lehrer spricht am Beispiel seiner Schulleitung, dass es auf dieser Ebene *»einer Vision von Schule«* [LEHRKRAFT; NRW; SEK I; TEILGEBUNDEN] bedarf, um Wandel möglich zu machen. Folgt man den Aussagen einiger Interviewter, so kommt der Schulleitung eine doppelte Bedeutung – nach Innen und nach Außen – zu:

> »Die Schulleitung muss das Ganze zusammenhalten und auch diesen Geist selber leben. Und sie nach außen hin natürlich repräsentieren, verteidigen, unter Umständen vor der Schulbehörde und vor allen anderen [...]. Sie muss Kontakt haben zur Schulverwaltung, sich vor die Lehrerschaft stellen, auch Lehrer motivieren, zu sagen: »So wollen wir das und so brauchen wir das und das ist unser Profil«. Dieses Profil ist nach außen und nach innen zu vertreten. Das ist Aufgabe der Schulleitung« [DIPL.-SOZ.PÄD.; BREMEN; SEK I; GEBUNDEN].

Insbesondere für die außerunterrichtlichen Mitarbeiter/innen scheint die Rolle der Schulleitung von herausgehobener Bedeutung zu sein. So ist sie es, die mitunter für entsprechende Akzeptanz des Ganztags und seines Personals unter der Lehrerschaft sorgt, als wichtigstes Bindeglied fungiert und die fachlichen Inhalte der verschiedenen Professionen zusammenführt.

Zusammenfassung

Dass Individuelle Förderung eine Überschrift für ein sinnvolles pädagogisches Konzept ist, steht in den Augen der von uns Befragten außer Zweifel. Ob sie allerdings gelingt, hängt von vielen Faktoren ab. Insbesondere fehlende Ressourcen – Zeiten, Räume, Personal – und unsichere Kompetenzen sind hier zu nennen. Nicht nur was die Lehrerbildung der Vergangenheit betrifft, auch mit Blick auf die aktuelle Lehrerbildung gibt es Zweifel, ob angemessen auf den Umgang mit Heterogenität vorbereitet wird.

Ein bedeutender Teil der Befragten hält die persönliche Einstellung und das Engagement der Pädagogen für die entscheidenden Wirkungsfaktoren. Unter den jetzigen Bedingungen kann nur dadurch der erhöhte Arbeitsaufwand bewältigt werden.

In mehrfacher Hinsicht wird Kooperation als bedeutender Faktor für das Gelingen Individueller Förderung genannt. Als Hindernisse einer Kooperation zwischen den unterrichtlich und außerunterrichtlich Tätigen werden die schwierigen, manchmal auch prekären Beschäftigungsverhältnisse der zweiten Gruppe genannt. Hiermit wird nicht nur die Realisierung erfolgreicher Fördermaßnahmen in Frage gestellt, auch die damit verbundene Unzufriedenheit der Beschäftigten ist ein Faktor, der den politischen Protagonisten der Ganztagsschule zu denken geben sollte.

Unter dem Stichwort der Kooperation finden sich auch Wünsche, Eltern stärker in die Verantwortung zu nehmen. Insbesondere gilt das für Eltern aus bildungsfernem Milieu. Allerdings sind hier eher die sozialpädagogischen Akteure adressiert. Sie nehmen diesen Auftrag tatsächlich – wenigstens gelegentlich – an. Aber systematische Aktivitäten gibt es offenbar nicht. Und das gilt nicht nur für die Elternarbeit.

Diese Einschätzung schimmert durch die Aussagen der Befragten durch: So sehr die Idee der Individuellen Förderung akzeptiert ist, so wenig einheitlich sind die praktischen Antworten auf diese pädagogische Herausforderung. Das pädagogische Personal müht sich offenbar redlich, aber es fehlt an Vielem: an Kompetenzen, Standards, Ressourcen und vor allem an einer Evaluation der jeweiligen Aktivitäten: Wirkt die – manchmal – überaus engagiert erbrachte Arbeit in den Schulen im Sinne der Individuellen Förderung? Welche Maßnahmen sind erfolgreich, welche klingen lediglich gut? Hilft sie insbesondere den Schülerinnen und Schülern in »schwierigen Bildungs- und Lebenslagen«?

5 Individuelle Förderung und Kooperation in Ganztagsschulen: Zusammenfassung und vorsichtige Folgerungen

Unsere Studie repliziert nicht die Wirklichkeit. Sie versucht, die Sicht auf Wirklichkeit derjenigen Personen nachzuzeichnen, die diese Wirklichkeit erleben und konstruieren, die Sicht derjenigen, die ihre eigene reale Arbeit an ihrer Sichtweise ausrichten. Wir werden dabei in der Zusammenfassung womöglich ein wenig zuspitzend argumentieren, nicht nur um die Probleme zu verdeutlichen, sondern auch um konstruktive Hinweise zu formulieren. An der einen oder anderen Stelle werden wir unsere Befunde auch »gegen den Strich« interpretieren.

In diesem abschließenden Kapitel wollen wir versuchen, einige Schlussfolgerungen aus den Interviews mit Lehrer/inne/n und außerunterrichtlichem Personal an Ganztagsschulen zu ziehen. Der erste thematische Schwerpunkt der Gespräche war der gleichermaßen von der wissenschaftlichen Pädagogik wie der Bildungspolitik formulierte Anspruch, Individuelle Förderung der Schüler/innen zu realisieren. Der zweite Schwerpunkt lag in der Diskussion einer weiteren – wiederum von Wissenschaft und Politik unisono formulierten – Anforderung an die praktische Pädagogik: Die Umsetzung von Kooperation als Methode, komplexe pädagogische Aufgaben effektiver und effizienter zu bearbeiten. Im Kontext der Ganztagsschule geht es insbesondere um die Zusammenarbeit von unterschiedlichen Professionen, Lehrer/inne/n auf der einen, sozialpädagogischem Personal auf der anderen Seite.

Beide Ideen sind inhaltlich hoch aufgeladen. Die Individuelle Förderung gilt im Kontext Schule als ein neuer pädagogischer Ansatz, der das schulische Lernen und Lehren sowie die Bewertung erzielter Leistungen individualisieren will, statt einer heterogenen Schülergruppe so etwas wie einen einheitlichen, durchschnittlichen Standard zu überstülpen, an dem manche scheitern und der andere nicht hinreichend herausfordert. Das Prinzip gilt als anspruchsvoll und hoch innovativ.

Gleiches gilt für die Kooperation, die mit hohen Erwartungen verknüpft ist und insbesondere im Feld der Ganztagsschule eine besondere Bedeutung hat. Sie gilt hier als ein Ansatz, Schule zu verändern, Lernzeiten neu zu rhythmisieren und die fachliche Dominanz zu reduzieren. Die Ganztagsschule wird nicht nur durch eine Profession gestaltet, sondern es kommt eine zweite Gruppe solcher Pädagog/inn/en hinzu, die

die Klientel nicht primär in Hinsicht auf ihre kognitiven und fachlichen Kompetenzen beurteilt.

Man kann mit Blick auf die hier thematisierten Neuerungen im deutschen Schulsystem durchaus von einem drastischen Wandel der pädagogischen Praxis sprechen. Hier wird an mehr gedacht als eine kleine und vorsichtige Verbesserung einer im Prinzip erfolgreichen Praxis. Die ausschnitthaft vorgetragenen Ausführungen in Gesetzen und Verordnungen (Kap. 4.1) belegen zudem die These, wie sehr dieses komplexe Vorhaben mit Pathos beschwert ist.

In unserer Studie haben wir diese beiden Themen in einen spezifischen Kontext gestellt: Wir haben die Befragten dazu angeleitet, Kooperation und Förderung mit Blick auf Schüler/innen in schwierigen Bildungs- und Lebenslagen zu reflektieren. Wir haben nicht definiert, was wir unter »schwierigen Schüler/inne/n« verstehen. Auch für die Kernthemen Individuelle Förderung und Kooperation wollen wir keine »wasserdichten« Definitionen liefern. Es war ja gerade unsere Absicht, die Pädagog/inn/en über ihre Erfahrung zu befragen, herauszufinden, wie sie mit den politischen und fachlichen Vorgaben umgehen: theoretisch und praktisch.

Wir wollen unsere Interviewbefunde nicht überstrapazieren und wir werden nicht der Versuchung unterliegen, ein Konzept für gelingende Ganztagsschulen vorzulegen. Sowohl die Eloge auf die Ganztagsschule als auch das Rezept für die »gute Ganztagsschule« wollen wir anderen überlassen (vgl. z.B. Erdsiek-Rave/John-Ohnesorg 2013). Im Gegenteil hat unsere Studie eher gezeigt, dass noch nicht die Zeit gekommen ist, die pädagogische Praxis mit dem Bild einer »idealen« Ganztagsschule zu konfrontieren. Eher dürfte es sinnvoll sein, Schritt für Schritt zu beschreiben, wie der angestrebte Wandel aussehen und gestaltet werden kann.

Wir denken, dass wir im Folgenden mehr als lediglich eine historische und mittlerweile überwundene Situation in einigen wenigen Ganztagsschulen in zwei Bundesländern zusammenfassend diskutieren. Wir sind der festen Überzeugung, dass wir Probleme aufzeigen können, die symptomatisch und auch aktuell sind. Und mehr noch: Gerade mit Blick auf individuelle Förderung »schwieriger« Schüler/innen geht es ja nicht nur um Aufgabenstellungen für Ganztagsschulen. Alle Schulen sind mit Heterogenität konfrontiert und mit Schüler/inne/n, die sich, gemessen an den normativen Vorgaben der jeweiligen Schule als schwierig erweisen. Und auch in Halbtagsschulen findet sich, wenn auch in sehr spärlichen Ansätzen, nicht-unterrichtliches Personal. Langsam beginnt sich eine Einsicht durchzusetzen, dass Monoprofessionalität ein Managementprinzip ist, das die komplexen pädagogischen Anforderungen nicht erfolgreich lösen kann. Wir wollen zunächst die einzelnen Aspekte – »schwierige« Schüler/innen, Individuelle Förderung und Kooperation – separat ansprechen und uns dabei auf unsere Interviews beziehen. Wir versuchen dann ein Zwischenfazit (5.1.1 und 5.1.2). Im zweiten Teil des Schlusskapitels wollen wir aus der Perspektive der Sozialpädagogik einen Blick auf die Kooperation im Ganztag werfen. Hierbei werden wir zwar immer wieder Bezug auf unsere Daten nehmen, im Kern geht es uns aber um den Versuch, die Forderung nach Kooperation von Schul- und Sozialpädagogik auch allgemein zu interpretieren (5.2). Abschließend (5.3) adressieren wir zusammenfassend die Bildungspolitik, von der man den Eindruck haben könnte, dass sie zwar Aufträge an die pädagogischen Akteure formulieren kann…

> *»Die offene Ganztagsschule im Primarbereich soll durch die Zusammenarbeit von Schule, Kinder- und Jugendhilfe, gemeinwohlorientierten Institutionen und Orga-*

nisationen aus Kultur und Sport sowie weiteren außerschulischen Partnern eine Lernkultur entwickeln, die die Schülerinnen und Schüler in ihren Begabungen und Fähigkeiten unterstützt, fördert und fordert. Sie bietet mehr Zeit für Bildung und Erziehung, eine bessere Rhythmisierung des Schultages sowie umfassende Angebote zur Individuellen Förderung, zur musisch-künstlerischen Bildung, zu Bewegung, Spiel und Sport und zur sozialen Bildung. Sie sorgt für ein umfassendes Bildungs- und Erziehungsangebot, das sich an dem jeweiligen Bedarf der Kinder und der Eltern orientiert, sowie eine Stärkung der Erziehungskompetenz der Familie« (MSW 2009)

... jedoch versäumt zu realisieren, dass in aller Regel mit neuen Aufgaben auch erweiterte Ressourcen verknüpft werden müssen.

5.1 Wie sehen die von uns befragten Expertinnen und Experten ihre Ganztagsschulen?

Wir betrachten im Folgenden Ergebnisse unserer Studie im Hinblick auf die drei Schwerpunktthemen »Schwierige Schüler/innen«, »Individuelle Förderung« und »Kooperation«.

5.1.1 Ideale Vorstellungen und Realisierungschancen

Schwierige Schüler/innen, das sind diejenigen, die den als normal angesehenen Ablauf »stören«, die Routinen bedrohen, die irritieren. Nicht unverständlich, dass Menschen geneigt sind, lieber die Routinen aufrecht zu erhalten und Störungen zu beheben, statt die Ursachen für Störungen zu bearbeiten. Lehrkräften gelingt es offenbar immer weniger, ihre »Kerntätigkeit«, das (kompetente) Unterrichten störungslos zu erledigen. Mit ein wenig mehr Zeit und mit ein wenig mehr und anderem Personal, womöglich sogar mit einigen qualifizierten Sozialpädagog/inn/en, könnten die Herausforderungen wohl besser bearbeitet werden. Zumindest kann dies zu ihrer Entlastung beitragen.

In unseren Interviews verdichtet sich, dass das »Schwierige« an Kindern in aller Regel als negative Verhaltensauffälligkeiten oder Lernstörungen zum Ausdruck kommt. Diese Dominanz des Negativen dürfte nicht oder allenfalls in geringem Ausmaß unserer Fragestellung in den Interviews geschuldet sein. Schwierigkeiten, die sich zum Beispiel dadurch ergeben könnten, dass Schüler/innen kognitiv unterfordert sind, sie Lehrkräfte oder pädagogisches Personal durch zu viele »nervende« Fragen vor Probleme stellen oder derartige Interessen haben, die Lücken im Angebot aufdecken, werden in diesem Kontext nicht thematisiert.

Die Schwierigkeiten nehmen sehr unterschiedliche Ausprägungen und Erscheinungsformen an. So begegnen den Befragten aggressiv-ausagierende Verhaltensweisen ebenso wie introvertiertes, ängstlich-gehemmtes oder sozial defizitäres bzw. sogar delinquentes Verhalten junger Menschen. Diese Komplexität lässt kaum einheitliche Handlungsstrategien zu. Diese symptomatische Komplexität des Phänomens »schwierige Bildungs- und Lebenssituation« kann aber unter den Bedingungen der Ganztagsschule nicht dazu führen, dass nunmehr tatsächlich jeder Einzelfall »therapeutisch« bearbeitet wird. Die Differenz von Notwendigkeit (komplexe Reaktionen auf komplexe Probleme) und Realität (Komplexitätsreduktion) führt zu einer Überforderung der

Professionellen in ihrem je gegebenen Handlungsrahmen. Auch aus diesem Grund dürfte die multiprofessionelle Kooperation so hoch im Kurs der Befragten stehen. Sie wird als eine mögliche Antwort auf erlebte Normabweichung angesehen. Sie ist wohl mit der Hoffnung verbunden, dass hierdurch angemessener auf die Komplexität reagiert werden kann.

Beim zentralen Frageschwerpunkt wurde deutlich, dass die Pädagog/inn/en kein auch nur einigermaßen einheitliches Verständnis von Individueller Förderung hatten. Es lassen sich unterschiedliche Interventionsziele und -formen ausmachen, wobei präzisierende Beschreibungen von Maßnahmen fehlten. Erklärungen für einschlägige Aktivitäten erfolgen zudem durchweg aufgrund eigener Erfahrungen und Kausalitätsannahmen, weniger im Rückgriff auf fachlich geprägtes Wissen. Individuelle Förderung wird sowohl von Lehrkräften als auch den außerunterrichtlich tätigen Fachkräften vor allem defizitorientiert verstanden. Die Genese der Notwendigkeit von »problemkonzentrierter« Individueller Förderung wird sehr komplex erklärt, aber im Schwerpunkt externalisiert: Die Herkunftsfamilie ist wesentlich für erzieherische wie akademische Defizite verantwortlich. Welcher Anteil der Organisation Schule bei der Entstehung von Problemen zukommt, wird kaum reflektiert.

Zwar führt die (Über-) Betonung des familiären Hintergrundes als Grund für »schwierige Lebens- und Bildungssituationen« dazu, dass die Organisation Schule mit ihren institutionellen Zwängen allzu leicht aus der kritischen Ursachenanalyse herausfällt. Gleichzeitig wird aber dadurch auch eine in der deutschen Schulpädagogik bislang eher unterentwickelte Perspektive befeuert. Wenn Verhaltens- oder Lerndefizite durch häusliche Probleme, fehlende Förderung oder mangelhafte Alltagsstrukturierung durch die Eltern erklärt wird, muss die pädagogische Arbeit die organisationalen Grenzen überschreiten und Elternarbeit – die heute gelegentlich unter dem Begriff »Bildungs- und Erziehungspartnerschaft« firmiert – als einen ihrer Aufgabenbereiche definieren. Dass hierdurch eine zusätzliche Belastung entsteht, die nicht durch entsprechende Ressourcen abgedeckt ist, darf nicht aus dem Blick geraten.

Kaum verwunderlich sind diese Unterschiede: Während Lehrkräfte einen eher leistungsorientierten und unterrichtsbezogenen Blick einnehmen, betonen die weiteren Fachkräfte eine sozialpädagogisierte Sichtweise und verstehen Förderung eher ganzheitlich, alltags- und beziehungsorientiert sowie kommunikativ ausgerichtet. Die Förderung sozialer Kompetenzen wird eher zu einer Sache der Fachkräfte in den Ganztagsangeboten erklärt. Je stärker das Ziel der Förderung auf die Verbesserung von Lernleistungen gerichtet ist, desto eher wird es als Aufgabe den Lehrkräften zugeschrieben. Dieses Denken und Handeln in konzeptionell unterschiedlichen Förderzielen muss aber nicht der umfassenden Förderung widersprechen. In den Interviews wird häufig auf die Kompatibilität und Ergänzung der Ansätze hingewiesen.

Die sozialpädagogischen Fachkräfte fördern um des Kindes und seiner Alltagsbewältigungskompetenz willen. Sie nennen als begriffliche Kategorien Individualität, Beziehungsarbeit und Kommunikation: Individualisierung als Handlungsstrategie ist die Antwort auf die Unterschiedlichkeit und Subjektivität der Handlungsanlässe. Wir haben es hier mit einer »Interventionskongruenz« zu tun. Der individuelle Fall des »schwierigen Schülers/Schülerin« wird individuell bearbeitet. Bei Lehrkräften hingegen kann man von einem »Interventionsparadox« sprechen. Sie müssen Kinder um des Lernerfolgs willen fördern, den sie für alle als relativ gleichartig formulieren, schließlich müssen sie sich bei ihrer Arbeit an dem Auftrag der Zertifikatsvergabe orientieren. Sie legitimieren Zertifikate, die im deutschen Berechtigungswesen für das Einschlagen

weiterer Bildungs- und Ausbildungswege fundamentale Bedeutung haben. Individualisierung kann hier auch als didaktisches Mittel zur Vereinheitlichung im Hinblick auf standardisierte Lernziele verstanden werden.
Der hohe Anspruch, der mit der Idee Individueller Förderung verbunden wird, stößt vielfach auf begrenzte persönliche und qualifikatorische Möglichkeiten. Mehrheitlich wird daher auch die Bedeutung der Kooperation gesehen, die das eigene Handeln anregen, Variationen ermöglichen, den Blick auf Probleme verändern oder für Entlastung sorgen kann. Dabei geht es bei der Lehrerschaft auch um professionsinterne Kooperation, die ja in der Vergangenheit nicht stark ausgeprägt war. Im Ganztag geht es aber vor allem um die Kooperation von Schulpädagogik und Sozialpädagogik.

Vorstellungen und allgemeine Verständnisse von Individueller Förderung wurden von den Befragten in einen scharfen Kontrast zu den erlebten Rahmenbedingungen der pädagogischen Arbeit gesetzt. Diese werden mehrheitlich als unzureichend und erschwerend – wenn nicht verhindernd – für die Umsetzung Individueller Förderung angesehen. Die Analyse der Rahmenbedingungen fällt komplex aus: zu geringe Zahl und Qualifikation des Personals in den Ganztagsangeboten, Zeitmangel im Unterricht und in den Ganztagsangeboten für Förderung und Kooperation gleichermaßen sowie schwierige räumliche und sächliche Bedingungen. Sie bremsen auch die Planung und Erprobung innovativen Handelns aus.

Individuelle Förderung als praktisches Handeln steht demnach in einem »Hochspannungsfeld«. Einerseits gibt es hohe öffentliche, politische und auch erziehungswissenschaftliche Erwartungen, auch ist klar, dass es im Kontext der Diagnose komplexe Erklärungen gibt und potentiell vielfältige Interventionsmöglichkeiten existieren. Der Handlungsdruck steigt insbesondere in Ganztagsschulen, von denen ja – mehr als bei der »alten« Halbtagsschule – einschlägige Erfolge erwartet werden. Aber andererseits fehlen offenbar viele der Bedingungen, diesen Herausforderungen auch konstruktiv begegnen zu können. Das führt faktisch zu einer konzeptionellen Engführung Individueller Förderung – gewissermaßen als pragmatische Reaktion auf den Sachzwang, dass die Hinwendung zu allen einzelnen Kindern und ihren Lebenssituationen aus Zeit- und Personalmangel kaum möglich ist: Individuelle Förderung kann aus Sicht der Befragten nur wenigen Kindern zuteilwerden, und dann eben insbesondere den Kindern mit schwierigen Ausgangssituationen für Bildung. Denn diese sind es, die in besonderem Maße im Schulalltag auffallen, ihn erschweren und deshalb vordringlich pädagogische Reaktionen gefragt sind. Das führt zu einer problemzentrierten Sicht auf Individuelle Förderung, widerspricht dem Grundverständnis einer umfassenden Entwicklungsförderung für alle Kinder und zementiert eine reduzierte, zielgruppenspezifische Förderstrategie. Aber ob diese dann auch kompetent erfolgen kann und den Kindern hilft und nicht lediglich Probleme verdrängt, kann nicht beantwortet werden. Die skeptischen Antworten der von uns Befragten lassen allerdings wenig Raum für Optimismus.

Die nicht ausreichende fachliche Kompetenz zur Lösung komplexer – also vieler realer – Probleme betrifft beide Professionsgruppen gleichermaßen. Individuelle Förderung findet nach den Aussagen der Befragten kaum auf einer wissenschaftlich reflektierten, konzeptionellen und durch Fachwissen geleiteten Basis statt. Stattdessen dominiert eher ein situatives, relativ spontanes, den alltäglichen Ausprägungen von Förderbedarfen gerecht werdendes Handeln, das jedoch kaum in Bezug zu einem Meta-Wissen, einem Verweisungs- und Analysewissen gesetzt wird. Die Individuelle Förderung von Kindern in schwierigen Lebens- und Bildungssituationen ist auf fundierte diagnostische und – wenn man so will – therapeutische Kompetenzen angewiesen. Dies drücken fast alle Gesprächspartner/innen in den Interviews aus. Sie weisen gleichzeitig darauf hin, dass hierzu ein immenser Fortbildungsbedarf besteht. Möglichkeiten, Fortbildung wahrzunehmen und die eigenen Kompetenzen auszubauen, fehlen offenbar gerade für Fachkräfte aus den Ganztagsangeboten. Ohne die Möglichkeit der Fort- und Weiterbildung in diagnostischen sowie in weiteren methodischen Grundlagen kann man den einzelnen Akteuren kaum die alltägliche Umsetzung einer derart komplexen Förderpraxis abverlangen. Die oben beschriebenen tendenziellen Überlastungstendenzen und Neigungen zur Delegation in den als »schwierig« erlebten Fällen sind gegebenenfalls auch darin begründet, dass die Betreffenden eine zu große Lücke zwischen den eigenen Kompetenzen und situativ gestellten Anforderungen wahrnehmen. Zudem zeigen die Interviews, dass gerade bei den außerunterrichtlich tätigen Fachkräften ein eher diffuses Bild von den Standards eigenen Handelns herrscht. Das ist aus verschiedenen Gründen nicht verwunderlich. Bedeutend dürfte auch die Tatsache sein, dass diese Kräfte ja im Gegensatz zur Lehrerschaft über keinerlei »Tradition« für die Arbeit an Schulen verfügen. Dies wird auch aus Sicht von Lehrkräften beschrieben, die aus diesem Grund häufig nur ein verschwommenes Bild von den Kompetenzen der Kolleg/inn/en in den Ganztagsangeboten entwickeln können – was auch Auswirkungen auf die Entwicklung von Kooperation haben dürfte.

Aber auch viele befragte Lehrkräfte äußern, dass sie die Lehrerausbildung rückblickend als defizitär bewerten. Sie habe zu wenig auf die Anforderungen vorbereitet, die mit der Individuellen Förderung verbunden sind, und vor allem kaum auf die notwendige Sensibilität für soziale und familiäre Faktoren schwieriger Lebens- und Bildungssituationen junger Menschen. Damit sind handlungsleitende Maximen der Individuellen Förderung in der Ausbildung kaum vermittelt worden. Mehr noch als das Fehlen fachlicher Kompetenz muss die Verantwortung für solche Situationen nachträglich in das professionelle Selbstverständnis integriert werden.

Nicht nur die Verständigung über Förderkonzepte ist von Bedeutung, sondern auch die Klärung der jeweiligen fachlichen Orientierungen, methodischen Vorgehensweisen und individuellen Kompetenzen der Beteiligten, damit Berührungspunkte und Synergieeffekte abgeschätzt werden können. Grundsätzlich kann man sagen, dass sowohl innerhalb der Professionsgruppen als auch zwischen ihnen keine geteilten, abgestimmten Normen oder Standards des Handelns vorliegen. Individuelle Förderung, so könnte man zugespitzt die Situation beschreiben, drückt sich in einer doppelten Individualisierung aus: Die Hinwendung zum einzelnen Kind – also individuelles Fördern – erfolgt auf Basis individueller und persönlicher Erfahrungen, Alltagstheorien und Wahrnehmungsmuster. Das muss nicht automatisch bedeuten, dass Förderung nicht gelingt. Sie lässt sich jedoch kaum gezielt entwickeln, kommunizieren, abstimmen und evaluieren, was wichtige Kriterien einer professionellen Förderpraxis wären.

Der Vollzug der Individuellen Förderung scheint eher ein Konglomerat von Zielen, Erklärungen, Theorie-, Wahrnehmungs- und Deutungsmustern sowie Handlungsformen zu sein. Als ein Ergebnis der vorliegenden Studie können wir zeigen, dass es für Individuelle Förderung keine operationalisierbare und differenzierbare Matrix von Handlungsprozessen auf methodischer Grundlage gibt. Diese Situation betrifft alle beteiligten Berufsgruppen gleichermaßen. Individuelle Förderung findet nach den Aussagen der Befragten kaum auf einer wissenschaftlich reflektierten, konzeptionellen und durch Fachwissen geleiteten Basis statt. Stattdessen dominiert eher ein situatives, den alltäglichen Ausprägungen von Förderbedarfen gerecht werdendes Handeln, das sich nicht typisieren lässt.

Die beschriebenen Befunde zur Umsetzung Individueller Förderung können auf eine Frage hin pointiert werden: Inwiefern ist die insbesondere für ganztägig organisierte Schulen konstitutive fachliche Maxime der Individuellen Förderung anschlussfähig an das tatsächliche fachliche Können und Handeln der Lehrkräfte und der weiteren pädagogischen Fachkräfte?

Hinter dieser Frage steckt kein Vorwurf an die Pädagog/inn/en. Woher sollten sie wissen, wie systematische Förderkonzepte für Kinder mit komplexen Auffälligkeiten erstellt werden? Und selbst wenn sie es könnten, wie sollten sie dann umgesetzt werden?

Individuelle Förderung ist abhängig von den Kompetenzen der pädagogischen Akteure, die allerdings nicht nur individuell einen Beitrag leisten sollen. Das ist das erste Problem: In den Selbstberichten werden Kompetenzmängel deutlich. Darüber hinaus ist aber Förderung in der Sicht der Befragten strukturell an Kooperation gebunden. Eine Hoffnung könnte demnach in der Kooperation der unterschiedlichen Professionen der Ganztagsschule liegen, indem ihr Zusammenwirken synergetisch wirkt. Ob sich hierdurch im Idealfall tatsächlich die notwendige Kompetenz entwickeln würde, mag dahingestellt sein, denn auch hierfür gibt es fundamentale Umsetzungsprobleme.

Die Fragestellungen unserer Studie impliziert die Bedeutung der Kooperation für Individuelle Förderung. Diese These hat in der Tat niemand der Befragten prinzipiell kritisiert. Im Gegenteil: Individuelle Förderung bedarf aus Sicht vieler Befragter einer multiprofessionellen Kooperation. Die Umsetzung jedoch sei sehr voraussetzungsreich und benötige förderliche strukturelle Rahmenbedingungen. In solchen Fällen stünde ein Rahmen für mehr Reflexion und Auseinandersetzung mit dem eigenen Handeln zur Verfügung. In den Schilderungen der Befragten zu ihren Idealvorstellungen von Förderung werden strukturelle Defizite der Ganztagsschulen deutlich. Bestimmte Aktivitäten – partizipative Konzepte der Elternarbeit, Arbeit mit kleineren Gruppen oder mit einzelnen Kindern – können häufig schon aufgrund mangelnder räumlicher Angebote allenfalls schlecht bedient werden. Auch Zeitmangel im Rahmen von Unterrichtsverpflichtungen oder Angebotsabläufen im Nachmittagsangebot verhindere neben fehlenden sächlichen und räumlichen Ressourcen eine aufgabenadäquate Arbeit. Kommunikation, das Erlebens gemeinsamer Aktivitäten und seiner Reflexion sowie kollegiale Beratung benötigen Zeitgefäße. Die Kritik an fehlenden strukturellen und organisatorischen Rahmenbedingungen fällt sehr deutlich aus.

Die schlechten manifesten Rahmenbedingungen korrespondieren mit einer vor allem für aufwendige Formen der Kooperation noch nicht wirklich reifen Organisationskultur. Schulen stehen im Rahmen neuerer Entwicklungen zur Steigerung der Lehrer/innenkooperation, zur Implementierung von Steuergruppen und ihren schulbezogenen Aktivitäten sowie kollegialem Feedback erst am Anfang. Einschlägige Schulforschung kann – vorsichtig gesprochen – noch wenig klare Strukturierungen, verlässliche Vereinbarungen, kollektive Konzeptklärungen sowie verbindliche Regeln als Grundlagen für die Zusammenarbeit entdecken.

Viel Fragen blieben unbeantwortet: Welche pädagogischen Aktivitäten sollen zu einem Gesamtkonzept Individueller Förderung zusammengeführt werden? Was bringen die Kooperationspartner an Wissen und Können ein? Was fehlt? Ist dieses wirklich ergänzend oder womöglich auch konkurrierend? Wie werden z.B. die Hilfen zur Erziehung als Leistungen der Kinder- und Jugendhilfe einbezogen? Wodurch soll der

Lern- und Erfahrungsort Schule weiter ergänzt werden? Kann oder soll eine Weiterentwicklung der Schulkonzepte auch die Konzepte der Kinder- und Jugendhilfe stärker einbinden? Benötigt man verbindliche und formalisierte Vereinbarungen der Kooperation? Und vielleicht noch wichtiger: Welche Anforderungen darf auch eine entwickelte Ganztagsschule abwehren?

Generell wird Ganztagsschulen eine bessere Chance für Individuelle Förderung und Kooperation attestiert, vor allem aufgrund der Personalausweitung, des größeren Zeitumfangs, der entstehenden Angebotsvielfalt und der Möglichkeit, die unterschiedlichen Perspektiven verschiedener Berufsgruppen zu nutzen. Die vorliegende Studie bestätigt eine Vielzahl von vergleichbaren Befunden: Aus Sicht der Mehrheit der befragten Lehrkräfte und außerunterrichtlichen Fachkräfte kann das gebundene Modell der Ganztagsschule das größere Potenzial für solche Veränderungen entfalten. Hier referieren beide Gruppen Erfahrungen, die sie als Vorteile sehen: die stärkere Betonung der Rhythmisierung, dadurch vermehrte Chancen für Doppelbesetzungen und gemeinsame Gespräche, geteilte Erfahrungen, die geringere Trennung der Berufsgruppen durch gemeinsame Interventionen und bessere Absprachen. Das offene Modell hingegen begünstigt die Trennung: Zuständigkeiten der Lehrkräfte für den Vormittag und der anderen Kräfte für den Nachmittag.

Individuelle Förderung ist aus Sicht der Professionellen nicht nur eine Aufgabe der internen, sondern auch eine der externen Kooperation. Um allen Kindern zumindest annähernd in ihren Förderbedarfen gerecht werden zu können, ist die Zusammenarbeit mit dem Jugendamt, mit Jugendeinrichtungen im Sozialraum oder mit Vereinen bedeutsam. Aber auch für eine solche Kooperation fehlen zumindest zeitliche Ressourcen.

Auch die Notwendigkeit einer abgestimmten Förderung mit den Eltern wird durchaus gesehen, ist jedoch überlagert von häufig negativen Erfahrungen in der Zusammenarbeit (z.B. geringe Bereitschaft der Eltern, Vorurteile und Widerstände). Individuelle Förderung bedeutet für die Akteure aber dennoch nicht nur schülerbezogen zu arbeiten, sondern auch neue Konzepte der Elternarbeit zu entwickeln, die an ihren Möglichkeiten, Interessen und Erwartungen ansetzt sowie Konflikte eindämmt und ihnen vermittelt, dass sie wichtige Partner/innen für die Förderung ihrer Kinder sind. Die Einschränkung ist immer wieder identisch: Es fehlen Zeiten und durchaus auch Kompetenzen.

5.1.2 Ein Zwischenfazit

Wenn man an dieser Stelle ein Zwischenfazit aus den Befunden unserer Studie ziehen wollte, könnte man – aus Sicht der von uns Befragten – sicherlich diese sieben Aspekte hervorheben. Aus ihnen lassen sich Defizite der aktuellen Situation ablesen sowie Vorschläge für Aktivitäten, die das Handeln der Akteure im Ganztag zukünftig unterstützen und die Aufgaben besser konturieren könnten:

1. Die Politik muss die soziale Funktion der Schule stärker betonen und ihr Ressourcen dafür zur Verfügung zu stellen, dass sie sich als Stadtteil- oder Regionalzentrum entwickeln kann, das die umfassende Förderung junger Menschen und ihrer Familien als eine zentrale Aufgabe anerkennt.
2. Die Qualifikationsfunktion ist eine zentrale, aber nicht die einzige Funktion von Schule. Die erzieherische und beratende Seite der Schule sollte konzeptionell gestärkt werden. Eine umfassende Förderung relativiert auch die Selektionsfunktion

von Schule. Man muss daran erinnern, dass die von der KMK verantworteten Standards der Lehrerbildung für die Bildungswissenschaften den Lehrerberuf nicht auf das Unterrichten und Bewerten reduzieren.

3. In der Gesamtschau der Interviews zeigen sich deutlich materielle Hemmnisse für die Umsetzungschancen Individueller Förderung: fehlende Zeit, unangemessene Räume und mangelnde Ausstattungen.
4. Im Ganztagsbereich sind viele Akteure geringfügig beschäftigt. Von ihnen kann nicht ohne weiteres eine Identifikation mit der Schule erwartet werden. Bereits für ein schlichtes Kennenlernen ihrer Kultur und ihres Personals fehlt die Zeit. Solche Art der Beschäftigung sollte die Ausnahme und lediglich für bestimmte Tätigkeiten vorgesehen sein.
5. Der Wunsch nach einer hohen Fachlichkeit für die Förderung von Kindern in schwierigen Lebens- und Bildungssituationen ist in beiden Gruppen – Lehrkräfte und nicht unterrichtendem Personal – erkennbar hoch. Fortbildungen sollten hierfür vermehrt angeboten und evaluiert werden.
6. Falls die Entwicklung des Ganztags nicht den Einzelschulen autonom überlassen werden soll, könnten Qualitätskriterien für ein schulinternes Konzept als sinnvoll erachtet werden, das der Tatsache gerecht wird, heterogene Lebens- und Bildungssituationen der Kinder auch entsprechend komplex, vernetzt und partizipativ zu bearbeiten.
7. Die vom schulischen Förderkonzept und den spezifischen Notwendigkeiten geforderten Kompetenzen müssen in einem staatlichen Personalmanagement berücksichtigt werden. Die ehedem monoprofessionell organisierte Schule wird im Ganztag zwar durch nicht-unterrichtliche Kräfte – manche von ihnen pädagogische Fachkräfte, manche qualifizierte Sozialpädagog/inn/en – arrondiert. Aber ob hiermit alle Herausforderungen bereits beantwortet werden können, ist angesichts der vielen und unterschiedlichen Problemlagen zu bezweifeln.

5.2 Sozialpädagogik an der Ganztagsschule – Grenzen und Chancen der Kooperation

In diesem Abschnitt werden wir das Verhältnis von Schulpädagogik und Sozialpädagogik an Ganztagsschulen auf unserer Datengrundlage zusammenfassend beschreiben. Angesichts der langen Tradition ausgeprägter und geradezu feindlicher Differenzen zwischen »Schule und Sozialpädagogik« (vgl. Bayer/Karsten/Sünker 1981) könnte man hier ein eher problematisches Verhältnis erwarten. Diese Vermutung bestätigte sich nicht. Wir skizzieren zunächst sozialpädagogisches Denken und beschreiben vor diesem Hintergrund die gegenseitige Wahrnehmung, so wie sie sich in unserer Stichprobe dargestellt hat (5.2.1). Danach wollen wir einige generalisierende Folgerungen für das Zusammenwirken der beiden einstmals verfeindeten pädagogischen Schwestern ziehen. Wir werden die meist hohen Erwartungen an Kooperation durch die Beschreibung der realen Formen der Zusammenarbeit abkühlen. Aus unserer Sicht schwingt bei der Beschreibung »idealer« Kooperation in aller Regel das Bild mit, wonach mehr und vertiefte Kooperation pädagogisch besser ist als seltene und oberflächliche. Wir wollen auch diskutieren, ob diese Qualitätserwartung gerechtfertigt ist (5.2.2).

5.2.1 Sozialpädagogik: Konflikte oder Anerkennung?

Man muss die Idee der Sozialpädagogik den Sozialpädagog/inn/en nicht erläutern, womöglich aber den Schulpädagog/inn/en: Sozialpädagogik bietet Hilfe zur Lebensbewältigung und Sozialintegration (vgl. Böhnisch 2012) in einer konsequent lebensweltorientierten Perspektive (vgl. Thiersch 1993). Sie hat sich als Praxis der Kinder- und Jugendhilfe von einer ursprünglich repressiven und eingriffsorientierten Not- und Kontrollagentur zu einem modernen leistungs- und angebotsorientierten Hilfe- und Unterstützungssystem entwickelt, das seine Aufgaben an tendenziell alle Kinder und Jugendliche richtet. Die Jugendhilfe erfüllt ihre gesellschaftliche Integrations-Funktion durch allgemein fördernde, direkt helfende und politische Aufgabenfelder (vgl. Jordan/Maykus/Stuckstätte 2012). Die Funktionen der Kinder- und Jugendhilfe sind vor allem Sozialintegration, Hilfe zur Lebensbewältigung, Entwicklungsförderung, Legitimation (Normvermittlung, z.B. Demokratiebildung) sowie Personalisation. Die Kinder- und Jugendhilfe hat den sozialrechtlich festgeschriebenen Auftrag (§1 Abs. 1 SGB VIII), das Recht eines jeden jungen Menschen auf Förderung seiner Entwicklung und auf Erziehung zu einer eigenverantwortlichen und gemeinschaftsfähigen Persönlichkeit zu unterstützen. Dieses Leitziel soll realisiert werden mittels der Förderung des jungen Menschen in seiner individuellen und sozialen Entwicklung und Abbau von Benachteiligungen, Beratung und Unterstützung der Eltern und anderer Erziehungsberechtigter, Schutz der Kinder und Jugendlichen vor Gefahren für ihr Wohl sowie das Mitwirken bei der Erhaltung und Schaffung positiver Lebensbedingungen sowie einer kinder- und familienfreundlichen Umwelt (§ 2 SGB VIII).

Es verhält sich keinesfalls so, dass die Pädagogik der Schule die Aufgaben der Förderung, Unterstützung, Erziehung oder Integration ablehnen würde. Allerdings sind die dominanten Leitprinzipien der schulischen Praxis Qualifizierung durch fachliches Unterrichten und Selektieren durch eine Unterscheidung zwischen Erfolg und Misserfolg, wobei innerhalb beider Gruppen (insbesondere aber in der Gruppe der Erfolgreichen) zusätzlich unterscheidende Bewertungen durch hierarchische Notensysteme wirken. Realistisch betrachtet wird sich hieran in absehbarer Zukunft nichts ändern. In Zeiten der »Outcome-Orientierung«, die eine Vermessung von Bildungsergebnissen in den Mittelpunkt stellt, dürften – in Politik, Erziehungswissenschaft und Öffentlichkeit – langfristig die fachlichen Leistungen der Schüler/innen als das zentrale Qualitätsmerkmal der Schule gelten.

Diese strukturelle Differenz zwischen Sozial- und Schulpädagogik ist im Prinzip nicht aufhebbar. Sie wird – sofern beide »Pädagogiken« sich begegnen, allenfalls konkurrierend ausgetragen. Und wenn der Raum der Begegnung die Schule ist, also das »Haus des Unterrichtens und Bewertens«, dürfte eine Balancierung kaum möglich sein. Der »Sieger« steht fest. Die Frage ist nur, ob die andere Seite nun automatisch ein »Verlierer« ist. Unsere Befunde würde eine solche Sicht keinesfalls unterstützen.

Betrachten wir unsere Befunde: Generell kann festgehalten werden, dass die Befragung ein sehr uneinheitliches Bild sozialpädagogischer Leistungen aufdeckt. Sozialpädagogik ist kein einheitliches Programm. Die Aktivitäten folgen unterschiedlichen Methoden und Zielen in divergenten Organisationsformen. Und das ist ein erster Kontrast zur Schulpädagogik, die allein schon durch Lehrpläne und Unterrichtsmaterial relativ stark standardisiert ist. Das Fehlen theoretischer und praktischer Standards als Vorgabe für die Gestaltung von Ganztagsschulen verhinderte bislang eine Profilbildung der Kinder- und Jugendhilfe als Profession in der Schule. Welche der in den politischen Vorgaben beschriebenen Ziele sind eigentlich von wem und wie in den Blick zu nehmen?

Die Dominanz des unterrichtlichen Lernens führt tendenziell zur Gefahr einer reduktionistischen Problemzentrierung der nicht-unterrichtlichen Pädagogik auf schulbezogene Fragen. Falls aber Sozialpädagogik lediglich die Qualifizierung der Schüler/innen fördert und einen Beitrag zur Normalisierung von »Problemschülerinnen/Problemschülern« leistet, würde ihr Status kaum mehr sein als der einer »nachgeordneten« Pädagogik. Einerseits zeigte unsere Studie, dass sozialpädagogische Arbeit genau diese Erwartung, die seitens der Lehrerschaft häufig formuliert wurde, bedient. Die Kinder- und Jugendhilfe spielt in der Ganztagsschulentwicklung damit nicht die hervorgehobene Rolle, wie sie fachlich ableitbar und denkbar wäre (vgl. Maykus 2011a; b; 2012b). Andererseits belegen unsere Interviews eine erhöhte Bedeutung der Sozialpädagogik im Konzert der pädagogischen Akteure der Ganztagsschule. Wir finden durchaus Bezeugungen von mehr als lediglich oberflächlicher Anerkennung seitens der Lehrer/innen.

Wie sieht also die Lehrerschaft die Rolle der »Neuen« im schulischen Milieu und die Zusammenarbeit mit diesen? Als höchst interessant erscheint uns der Tatbestand, dass der »pädagogische Blick« mancher Lehrkraft sich in der Selbsteinschätzung verändert hat. Noch deutlicher als die außerunterrichtlichen Kräfte betonen Lehrer/innen diese Veränderung. Die Wahrnehmung der eigenen Person im Kontext Schule, die des »ganzen« Kindes mit seinen vielfältigen Bedürfnissen und die Wahrnehmung der Institution Schule selbst haben sich durch die Kooperationserfahrungen verändert. Offenbar sind viele Lehrkräfte davon überzeugt, dass sie in der Vergangenheit zu stark fachlich orientiert waren. Sie beurteilen insbesondere solche Wissensbestände und neue Handlungsmöglichkeiten als positiv, welche durch die Kooperation mit dem außerunterrichtlichen Personal gewonnen wurden und die ihnen helfen, das Verhalten der Kinder besser zu begreifen und dadurch ein Verständnis dafür zu entwickeln, dass sie in ihrer Schülerrolle andere Personen sein können als in nichtunterrichtlichen Situationen.

Ein Sozialpädagoge: *»Mittlerweile – wir sind jetzt sozusagen auf Augenhöhe gerückt durch diese Geschichten«*. Diese Einschätzung wird durch positive Erfahrungen gestützt: *»[...] heute kommen die Lehrer auch zu uns. Ja, das hat sich verändert«*. Dazu passt auch: *»[...] man hat zueinander gefunden und ist besser geworden, weil man auch merkt, das läuft zu zweit besser«*. Hier redet nicht jemand, der sich als pädagogisch zweitrangig empfindet. Im »zu zweit« klingt die Vorstellung der gleichberechtigten Verantwortung und Kompetenz an.

Sozialpädagogin/Sozialpädagoge an der Ganztagsschule zu sein, ist aber vor allem als Differenz zur in diesem Feld dominanten schulpädagogischen Profession zu beschreiben. Allerdings wird diese Differenz von keiner Seite als problematisch empfunden. Sozialpädagog/inn/en tun anderes als die Schulpädagog/inn/en, aber ihre Arbeit schließt an deren Arbeit an, und zwar dort, wo die Lehrerschaft, sei es aus Zeitgründen, sei es aus Kompetenzdefiziten, überfordert ist oder sich als nicht zuständig erklärt. Zusammenarbeit auf dieser Grundlage kann, muss aber keine intensiven und systematischen Formen annehmen. Auf Seiten der Sozialpädagogik besteht nicht unbedingt das Gefühl, hier missbraucht zu werden, da schließlich wesentliche Elemente des professionellen Selbstverständnisses in die Schule transportiert werden können: die Realisierung der Integrations- und Kompensationsfunktion oder die Beschäftigung mit sozialen und personalen Kompetenzen der Schüler/innen.

Sowohl in der »Selbstcharakterisierung« als auch in der Fremdzuschreibung durch die Lehrkräfte werden die sozialen Kompetenzen des außerunterrichtlichen Personals hervorgehoben. Es besteht auch aus der Perspektive der Lehrerschaft die Vorstellung, dass das sozialpädagogische Personal idealerweise »das Ganze« im Blick hat. Es vermittele zudem wichtige Sozialkompetenzen, und es habe einen systemischen Blick auf das Kind, d.h. es beziehe im Förderkonzept, stärker als Lehrkräfte dies tun, die Lebenswelten der Kinder mit ein. Die sozialpädagogische Sichtweise betone ganzheitliche, alltags- und beziehungsorientierte sowie kommunikative Strategien der Förderung. Die sozialpädagogischen Fachkräfte wollen um des Kindes und seiner Alltagsbewältigungskompetenz willen fördern und nennen als Mittel Anerkennung, Berücksichtigung und Wahrnehmung der Individualität, Beziehungsarbeit und Kommunikation. Alle Sozialpädagog/innen/en reflektieren und betonen ihre Rolle als »Förderer und Unterstützer« der Schüler/innen. Lehrkräfte hingegen verweisen deutlich häufiger auf ihre Aufgaben zur Realisierung rein schulischer Förderung. Aber auch diese haben – selbst im vorherrschenden Paradigma der Outcomeorientierung – eine Veränderung erfahren. Wenigstens auf Ebene der Rhetorik werden soziale und personale Kompetenzen der Schüler/innen als bedeutende Erziehungsziele genannt. Was genau darunter verstanden wird, ist schwierig zu ermitteln. Sie dürften sich aber aus Lehrersicht vor allem auf solche Kompetenzen beziehen, die es ermöglichen, das schulische Kernprogramm – also den bewertenden Fachunterricht – möglichst störungsfrei durchzuführen.

Interessant ist aus unserer Sicht, dass die sozialpädagogische Perspektive von den Lehrer/inne/n in der Regel positiv bewertet wird. Sozialpädagogik ist akzeptiert! Diese Akzeptanzerfahrung im eher fremden »Terrain« verändert auch die Selbstwahrnehmung der Sozialpädagog/inn/en positiv. Von einer in der Vergangenheit oft beschriebenen Unterwertigkeit der nicht-unterrichtlichen pädagogischen Arbeit im schulpädagogisch dominierten Feld ist wenig zu spüren. Zumal auch, trotz der fachlichen Orientierung der Lehrer/innen, diese häufiger betonen, dass sie pädagogisch mehr im Blick haben müssten als die fachlichen Kompetenzen der Schüler/innen. Die Erfahrungen, die durch die außerunterrichtlichen Pädagog/inn/en vermittelt werden, führen tendenziell dazu, dass Lehrkräfte ein Verständnis dafür entwickeln, dass Kinder in ihrer Schülerrolle andere Personen sein können als in nichtunterrichtlichen Situationen.

Das dominierende Modell der innerschulischen Kooperation beruht offenbar auf einer akzeptierten funktionalen Differenzierung, die wir als Komplementärmodell bezeichnen können. Der Begriff der Komplementarität hat aus unserer Sicht eine positivere Konnotation als eine Charakterisierung als »additives« Modell. Wir haben – in den Selbstbeschreibungen der pädagogischen Akteure – sich ergänzende Vorstellungen der Arbeitsteilung identifiziert. Lehrkräfte und außerunterrichtliches Personal bilden im Rahmen der Ganztagsschule Funktionsgruppen mit zugewiesenen bzw. zugeschriebenen Handlungsdomänen. Dabei ist der »Ganztagsbereich« i.d.R. Betätigungsfeld des außerunterrichtlichen Personals, der »Schulbereich« bleibt eine Domäne der Lehrkräfte. Aber interessant ist, dass im Prinzip beide Akteursgruppen dieses deutliche Bild einer komplementär ausgerichteten Ganztagsschule zeichnen. Diese Art der Kooperationserfahrungen wird mehrheitlich positiv bewertet, vorgängige Erwartungen an Kooperation werden erfüllt, es werden kaum Konfliktlinien beschrieben. Zudem wird ein hohes Maß an persönlichen und beruflichen Gewinnen durch Kooperation mitgeteilt. Alles in allem ist das ein harmonisches Meinungsbild. Problematisch ist vielmehr, dass zur Bewältigung der Herausforderungen durch schwierige Kinder innerhalb des Stettings Schule beide Funktionsgruppe in Bezug auf ihre Kompetenzen eher unsicher sind.

Eine Verzahnung von außerschulischen und curricularen Inhalten im Sinne einer »Integration« ist relativ selten und bleibt auch im Kontext der Ganztagsschule eine auffällige Innovation. Nur sehr gelegentlich werden sozialpädagogische Aspekte in die unterrichtliche Arbeit aufgenommen. Eine Interpretation dieser Ergebnisse muss erstens vor dem Hintergrund der pädagogischen Wirklichkeit der Schule betrachtet werden, zweitens vor dem Hintergrund der Organisationsformen der Ganztagsschule. Dass die Mehrheit der befragten Lehrerschaft sich so bereitwillig und positiv auf die »Kooptierung« externer Kräfte eingestellt hat, dürfte auch damit zusammenhängen, dass die Lehrerschaft in ihrem pädagogischen Handeln verunsichert ist. Die im internationalen Vergleich wenig zufriedenstellenden Leistungsergebnisse und die darauf folgende Einführung eines systematischen Monitorings auf nationaler Ebene durch Vergleichsarbeiten oder Schulinspektion lässt den Schluss zu, dass die Politik der Schule und ihrer Pädagogik misstraut. Gleichzeitig wachsen die politischen und gesellschaftlichen Ansprüche an die pädagogische Arbeit, was besonders in der politisch gesetzten Forderung einer Individuellen Förderung zum Ausdruck kommt. In diesem Zusammenhang ist auch die (wenigstens tendenzielle) Erweiterung des pädagogischen Zielspektrums hin zu überfachlichen Kompetenzen und zu einer Betonung der Erziehungsfunktion zu erwähnen.

Selbst wenn theoretisch über das Verhältnis von Schulpädagogik und Sozialpädagogik gesprochen wird, dürfen die grundlegenden Bedingungen nicht vernachlässigt werden, die die Realität ausmachen, sie sind am wenigstens trivial: Die sozialpädagogischen Fachkräfte sind häufig Solitäre in Schulen: ein Sozialpädagoge/eine Sozialpädagogin im Feld von 20 Lehrkräften. Zudem sind sie in aller Regel nicht vom Land beschäftigt.

Eine zusammenfassende Bewertung fällt schwer. Nimmt man anspruchsvolle Vorstellungen von Kooperation zum Maßstab, also eine regelmäßige gemeinsame – integrierte – Arbeit von Schul- und Sozialpädagogik, eine neue Rhythmisierung der pädagogischen Organisation oder eine Reduktion der akademischen Dominanz, dann könnte man nach einer etwa zehnjährigen Ausbauphase enttäuscht sein. Die sozialpädagogischen Kompetenzen und Aufgaben sind eindeutig den unterrichtlichen nachgeordnet. Aber wenn sie an die unterrichtliche Arbeit anschließen und eine Zusammenarbeit, wenn auch nicht systematisch, unter gegenseitigem Respekt erfolgt, kann man darin wenigstens einen »guten Anfang« für ein neues Verhältnis zwischen vorher verfeindeten Schwestern erkennen. Zumal beide nicht unzufrieden sind. Die festgestellte Abgrenzung der Professionen wird man kaum als Beispiel misslungener Kooperation interpretieren können.

Im Ergebnis kann man sagen: Sozialpädagoge/Sozialpädagogin in der Ganztagsschule zu sein, ist vor allem im Modus der Komplementarität in einem dominanten schulpädagogischen Feld zu beschreiben, weder antagonistisch noch integrativ oder ko-konstruktiv. Sozialpädagog/inn/en tun anderes als die Schulpädagog/inn/en, aber ihre Arbeit schließt an deren Arbeit an, und zwar dort, wo die Lehrerschaft, sei es aus Zeitgründen, sei es aus Kompetenzdefiziten, überfordert ist oder sich als nicht zuständig erklärt. Zusammenarbeit auf dieser Grundlage kann, muss aber keine intensiven und systematischen Formen annehmen. Auch auf Seiten der Sozialpädagogik besteht nicht unbedingt das Gefühl, hier missbraucht zu werden. Die außerunterrichtlich tätigen Akteure erleben Lehrkräfte, die bereit sind, ihr pädagogisches Handeln zu reflektieren und Anregungen aus dem Bereich der nicht-schulischen Pädagogik zu übernehmen.

5.2.2 Die Bewertung der Kooperation

Wir wollen nun einen kritischen Blick auf die allgemeine Forderung nach Kooperation im Ganztag werfen. Er geht etwas über die Interpretation unserer Daten hinaus. Ein Grund dafür ist die Tatsache, dass in unserer Studie neben den Lehrkräften pädagogisch qualifizierte Mitarbeiter/innen befragt wurden. Tatsächlich arbeiten in Ganztagsschulen aber häufig eben nicht Schulpädagog/inn/en mit Sozialpädagog/inn/en. Der Ganztagsbereich ist häufig nicht mit professionellem Personal ausgestattet.

Einerseits muss festgehalten werden, dass Sozialpädagog/inn/en mit spezifischen sozialpädagogischen Methoden und Zielen in die Schule kommen, wo sie innerhalb der Organisation oder im unmittelbaren Schulumfeld tätig werden. Ihre konkreten Tätigkeiten können von den Idealen mehr oder weniger deutlich abweichen. Sie können Gegenstand von Vereinbarung oder auf eher informeller Ebene angesiedelt sein. Sie können beobachtet und diskutiert werden oder weitgehend unbeachtet bleiben. Sie können mehr oder weniger, intensivere oder oberflächliche, kurzfristige oder kontinuierliche Zusammenarbeit von Jugendhilfe und Schule bedeuten.

Andererseits: Die neue StEG-Studie (2013) zeigt, dass das weitere pädagogische Personal eben nicht durch Sozialpädagogen kompiliert ist. Lettau, Niehoff et al. (2013) unterlegen quantitativ, was auch in unserer Studie durchaus sichtbar wurde. In ihrem Projekt zur Kooperation von pädagogischem Personal und Lehrern an Ganztagsschulen in Nordrhein-Westfalen stellen sie von ihrer Stichprobe zunächst fest, dass viele Mitarbeiter/innen im Ganztag keine ausgebildeten Sozialpädagog/inn/en sind, viele sind nicht einmal »irgendwie« pädagogisch qualifiziert. Lettau, Niehoff et al. (2013) referieren in einem Vorbericht, dass in ihrer Stichprobe lediglich 57% über eine pädagogische Ausbildung (n=123) verfügen. Mehr noch: Lediglich 7% des nicht-unterrichtenden Personals sind in Vollzeit beschäftigt, etwa drei Viertel hingegen arbeiten stundenweise. Somit ist strukturell eine unzureichende Einbindung in organisatorische Prozesse programmiert. In der Regel bewirken die häufig prekären Arbeitsbedingungen auch, dass nur ein ganz spezifischer Beschäftigungstyp rekrutiert werden kann. Wir haben dieses Argument ja weiter oben schon diskutiert.

Wir haben es also bei Ganztagsschulen im nicht-unterrichtenden Bereich um eine in jeder Hinsicht »unterlegene Gruppe« zu tun. Man kann hier nicht einmal von einer Profession sprechen. Wenn also die Rede von interprofessioneller Kooperation als wesentliches Ziel der Ganztagsschule ist, könnte man schon deshalb eine sehr unrealistische Illusion konstatieren.

Die skizzierten Bedingungen haben selbstverständlich Auswirkungen auf das Verhältnis der beiden Funktionsgruppen. Eine Kooperation mit wechselndem und nicht immer professionellem Personal dürfte für überbelastete Lehrer keine günstige Kosten-Nutzen-Relation in Aussicht stellen. Diese skizzierten Bedingungen beschränken die Chancen zur Entfaltung eines sozialpädagogischen Potentials für die gesamte Schule, es bleibt in aller Regel bei einem zumeist kursartig organisierten Ganztag, der kaum eine konsequente Schulentwicklung auslöst.

Der Ausbau ganztägiger Schulangebote hat für die Soziale Arbeit bzw. die Kinder- und Jugendhilfe erhebliche Konsequenzen. »Nichtschulisches« pädagogisches Personal – eben auch professionelle Kräfte aus der Sozialen Arbeit – ist nunmehr konstitutiver Bestandteil einer bisher durch seine monoprofessionelle Personalstruktur geprägte deutsche Schule. Wenn Kooperation erwartet wird, dann wäre womöglich zunächst eine vorsichtige Variante zu empfehlen. Um zu verstehen, was gemeint ist, könnten die möglichen Beziehungen zwischen Schule und Jugendhilfe in einem Modell der Zusammenarbeit in Institutionalisierungsformen abgebildet werden (vgl. Hartnuß/Maykus 2004). Dabei kann analytisch – und in aufsteigender Reihung – unterschieden werden zwischen einer

1. additiven Struktur (keine organisatorischen und inhaltlichen Berührungen zwischen Schule und Jugendhilfe, im Sinne eines Nebeneinanders ohne Wechselseitigkeit), einer
2. delegativen Struktur (der Sozialpädagogik werden die Aufgaben von der Schule zugewiesen, keine Eigenständigkeit der Jugendhilfe), einer
3. kooperativen Struktur (Schule und Jugendhilfe sehen sich als gleichwertige und -berechtigte Partner an, lösen gemeinsam und arbeitsteilig Aufgaben in Eigenständigkeit) oder einer
4. integrativen Struktur (umfassende Integration der Sozialpädagog/inn/en in die Schule als Dienstleister und Verstärkungskapazität für sie).

Solche Strukturmodelle können als Idealtypen im Sinne von Max Weber begriffen werden. Wissenschaftstheoretisch sind Idealtypen hier als theoretische Konstrukte zu verstehen, die mit dem Ziel gebildet werden, soziale Phänomene trennscharf zu beschreiben oder »Wirklichkeit« zu ordnen. Als solche sind sie in ihrer Abstraktion nicht Abbilder der sozialen Wirklichkeit. Aus unserer Sicht kann man weder aktuell noch in absehbarer Zukunft mehr als die Typen 1 und 2 finden. Und womöglich ist auch angemessen, dass die Zusammenarbeit in genau diesen Formen erfolgt, weil sie so »funktioniert«.

Entsprechend kann man, so unsere Sicht, die Realität der Kooperation mit anderen Stufenmodellen nur unzutreffend beschreiben. Populäre Modelle, die zum Beispiel eine Hierarchie von »Austausch – Synchronismus bzw. Parallelität – Koproduktion« formulieren, sind in verschiedener Hinsicht unterkomplex. Erstens fehlen Formen der Aktivitäten, die man unter dem Konzept der Kooperation einordnen kann: Warum gilt Austausch als Kooperation, nicht jedoch Delegation? Kein/e Arzt/Ärztin würde es für falsch halten, wenn man Grenzen der eigenen Fähigkeiten erkennt und anderen die Aufgaben übergibt, die dort (wahrscheinlich) besser erledigt werden können. Auch Konsultation ist ein Verfahren ärztlicher Kooperation. Es entwertet keine/n Ärztin/Arzt, wenn er einen anderen um Rat fragt. Obwohl weniger als Austausch, weil eher einseitig, kann man doch hier durchaus von Kooperation reden. Wie verhält es sich, wenn zum Beispiel eine Lehrkraft eine Sozialpädagogin/einen Sozialpädagogen fragt, wie sie mit einem/einer allzu stillen Schüler/in umgehen soll?

Auch ein anderer Typus gemeinschaftlichen Handeln kann durchaus als Kooperation bezeichnet werden. Hier geht es um weiter gar nicht mehr zu begründende (hoffentlich freundliche) Anweisungen von einem (individuellen oder kollektiven) Akteur an einen zweiten, weil das gemeinsame Interesse offensichtlich ist. Nicht einmal Absprachen sind nötig, lediglich Informationen. Das Beispiel aus einem Londoner Pub an diejenigen, die – wegen der Luft oder wegen des Rauchens – gerne vor dem Lokal stehen: »No drinking is allowed outside after 21:30. Thank you for your cooperation«. Allenfalls ist hier noch eine Erinnerung an die Information fällig, wenn ein Barmann kurz vor halb zehn auf die Uhrzeit und die Notiz aufmerksam macht.

Arbeitsteilung kann – ist sie etabliert – häufig ohne Austausch oder weitere Formen der Kooperation gut funktionieren. Auch wenn hier womöglich eine Subsummierung unter den Kooperationsbegriff kritisiert werden kann, so ist nicht von der Hand zu weisen, dass in vielen Fällen genau dies die richtige Form des abgestimmten Handelns sein kann: ausreichend und zweckmäßig.

Hiermit sind wir beim zweiten Hinweis auf die Unterkomplexität der Stufenmodelle. Tatsächlich macht es in Organisationen wenig Sinn, für alle Aufgaben einen anspruchsvollen Typ der Kooperation vorzusehen. Zusammenarbeit muss sich an Problemen orientieren und in Rechnung stellen, dass die anspruchsvollen Formen auch aufwendig sind. Der Aufwand lohnt sich nur, wenn damit auch Gewinne erzielt werden, die eine Rendite abwerfen. Je nach Aufgaben, die zu bewältigen sind, muss Handeln angemessen und damit auch flexibel erfolgen. Kooperation, insbesondere in seinen anspruchsvollen Varianten, sollte ja nicht Zweck, sie sollte Mittel zur Erreichung von spezifischen (hier: pädagogischen) Zielen sein. Arbeitsteilung kann auch ohne Kooperation der operativen Akteure, womöglich gerade wegen ihrer Autonomie, funktionieren.

Wer nicht will, muss solche Formen ja nicht Kooperation nennen, womöglich kann man hier auch von (Handlungs-) Koordination sprechen: nicht Zusammenarbeit, aber Zusammenwirken. Es kommt darauf an, ob auf diese Art und Weise Prozesse und Ergebnisse verbessert werden können.

Man kann pauschal sagen: Addition und Delegation gelten bei den Protagonist/inn/en der Ganztagsschule als suboptimale und mithin unerwünschte Realisierung der professionellen Erweiterung an Ganztagsschulen. Vielmehr wird ein Modell favorisiert, das eine Verknüpfung der Professionen vorsieht. Auch in der zeitlichen Organisation soll es sich widerspiegeln, wenn von Rhythmisierung des schulischen Alltags gesprochen wird und damit eine Teilung in einen schulpädagogischen Vormittag und einen sozialpädagogischen Nachmittag kritisiert wird (vgl. Holtappels 2003; 2005; 2006). Es schwingt meist mit, dass mehr oder tiefere Kooperation besser ist.

Uns scheint ein im Sinne von Qualitätsstufen angelegtes Kooperationsmodell, das zur Typisierung Indikatoren festlegt, nicht zweckmäßig und vor allem der praktischen Situation an den Schulen nicht angemessen zu sein. Wir gehen davon aus, dass Anteile all dieser (und anderer) Typen in unterschiedlicher Ausprägung und eben zeit-, aufgaben- und zielbezogen die je konkrete Kooperation gleichermaßen ausmachen können (vgl. Maykus 2011a). Wir schlagen vor, Kooperation eher als Kontinuum zu betrachten, wobei wir mit den jeweiligen Polen keine qualitative Bewertung (schlecht versus gut) vornehmen. Nimmt man ein »Kooperationskontinuum« als Maßstab, dann sind Bewertungen immer in Abhängigkeit von organisatorischen, arbeitsrechtlichen und »schulkulturellen« Orientierung der Einzelschulen sowie fallspezifisch zu bewerten. Inwieweit kooperatives (oder koordiniertes) Handeln gelungen ist, lässt sich nur angemessen beurteilen, wenn man Anforderungen und Lösungen kennt und Ergebnisse positiv evaluiert hat.

Das Verständnis von Kooperation als Kontinuum hat nicht nur eine Bedeutung für die Analyse und Bewertung der operativen Zusammenarbeit zwischen pädagogischen Professionen (wie etwa zwischen Sozialpädagog/inn/en und Lehrkräften), sondern ist auch für die Klärung einer infrastrukturellen und fachpolitischen Relation von Kooperation wichtig, wie es sich aktuell in den Auswirkungen der Ganztagschulentwicklung auf das Feld der Kinder- und Jugendhilfe zeigt: Das Grundverständnis von Kooperation als Kontinuum erklärt demnach nicht die möglichst reibungslose Integration der Erziehungshilfe in die Ganztagsangebote als infrastrukturelles Entwicklungsziel, es vergegenwärtigt vielmehr die Relevanz eines neujustierten Gesamtsystems der erzieherischen Förderung junger Menschen mit unterschiedlichen Bedarfen. Also: Kooperation als Kontinuum zu verstehen, heißt nicht, dass die Sozialpädagogik darauf verzichten sollte, ihren Optionsraum zu vergrößern. Das Gegenteil ist der Fall. Nur kann man diese Aufgabe nicht dem neuen pädagogischen Personal überlassen. Hier sind Wissenschaft wie Politik gefragt.

5.3 Zur Zukunft der Ganztagsschule und kooperativer Pädagogik

Mit der drastischen Expansion ganztagsschulischer Angebote im 21. Jahrhundert wird eine Forderung umgesetzt, die in der BRD – anders in der DDR, die auch in dieser Hinsicht ganz andere Wege ging – bereits in den 60er und 70er Jahren von solch renommierten Institutionen wie der Struktur- und Bildungskommission oder dem Deutschen Bildungsrat erhoben wurden (vgl. auch Klemm et al. 1990). Sicherlich waren die Gründe und Ziele für den Ausbau auch damals komplex. Sie umfassten neben frauenpolitischen, arbeitsmarktpolitischen und allgemeinen ökonomischen Argumenten auch pädagogische. Letztere waren kritisch gegenüber der hochselektiven Schule und plädierten für einen Wandel der Didaktik und für die Einbeziehung sozialpädagogischer Kompetenzen in die Schule.

5.3.1 Von der Vision zum Programm

Der Appell zur sozialpädagogischen Anreicherung von Schule beginnt zu Beginn dieses Jahrhunderts mit dem Ausbau der Ganztagsangebote realistische Chancen zu bekommen. Die ganztägige Organisation von Schulen bietet hierfür prinzipiell geeignetere Rahmenbedingungen als die Halbtagsschule. Und mit der ganztagsschulischen Erweiterung kommen nunmehr nicht nur »andere« und »neue« pädagogische Kräfte in die Schule. Es kommen auch, selbst wenn sie noch deutlich unterrepräsentiert sind, qualifizierte Sozialpädagog/inn/en.

Mit dem Ausbau des Ganztags könnte die Sozialpädagogik nunmehr einen beträchtlichen Beitrag zur Chancengleichheit leisten. Die Sozialpädagogik an der Ganztagsschule könnte sich schrittweise dafür engagieren, ein zentrales Ziel ihres Denkens – nämlich Integration – zu realisieren. Sie kann das durch kompensatorische Maßnahmen tun. Sozialpädagogik könnte auch mehr tun. Sie könnte helfen, Schulen grundsätzlich zu verändern: eine sozialpädagogische – inklusive – Schule. Freilich scheint schon die erste Aufgabe schwierig genug zu sein. Bislang ist das kompensatorische Handeln eher unsystematisch und in seinen Wirkungen unsicher.

Eine dritte Möglichkeit wäre eine Ganztagsschule, in der Sozialpädagogik lediglich Aufbewahrungsfunktion übernimmt oder die Lücken füllt, die die Schule lässt und sich als schulinterne Nachhilfeeinrichtung versteht. Das kann einer selbstbewussten Sozialpädagogik selbstverständlich nicht genügen.

Es sieht so aus, als befände sich Sozialpädagogik auf dem mittleren Weg. Wir finden eine Vielzahl von unterschiedlichen Vorgehensweisen und Kooperation. Aber alles scheint unsystematisch zu sein, zufällig, von den einzelnen Akteuren abhängig. Kooperation ist aber offenbar kein lösungsdringliches Thema. Es herrschen Bescheidenheit und Harmonie. Wichtiger schien die Unsicherheit bezüglich der Kompetenzen zu sein, die sie benötigen, um Kinder in der Schule individuell zu fördern. Es geht bei der Individuellen Förderung um alle Kinder. Aber es geht auch – und offenbar in der Praxis vor allem – darum, diejenigen, die an den schulischen Anforderungen scheitern – ob sie auffällig werden oder nicht – zu unterstützen. Die Lehrer/innen, die ihre einschlägigen Kompetenzdefizite sehr deutlich bemerken, hoffen aber darauf, dass die Sozialpädagog/inn/en über genau diese Kompetenzen verfügen.

Individuelle Förderung klingt nach einem pädagogisch wünschenswerten Programm. Freilich ist sie kein Programm, wenn man mit diesem Begriff eine Intervention verbindet, die Ziele deutlich benennt sowie Ressourcen, die zur Zielerreichung nötig sind, die kompetent die Handlungskontexte analysiert und beschreibt, wie Absichten in Maßnahmen übersetzt werden können, die (wahrscheinlich) erfolgreich sind. So intuitiv positiv Individuelle Förderung auch sein mag, sie ist kaum mehr als ein plakativer Begriff, der allerdings – selbst in Gesetzestexten, wie wir sahen – wortreich illustriert wird. Aber es fehlt ein Programm.

Die Aufforderung zur Programmentwicklung adressiert die Ebenen oberhalb der pädagogischen Praxis angesiedelt. Für verbindliche Aufgabenformulierungen und Strukturbildung muss die strategische Führungsebene Verantwortung übernehmen, mithin Schulpolitik und Schulverwaltung. Aber auch die Erziehungswissenschaft ist aufgefordert, hier ihren Beitrag zu leisten.

Es ist die Politik, von der man erwarten muss, dass sie den pädagogischen Akteuren Aufgaben gibt, die klar und verständlich und mit Ressourcen ausgestattet sind. Bei der Programmbeschreibung muss es darum geben, den schulischen Bildungsauftrag ernst zu nehmen, aber ihn auch zu erweitern. Ein erweitertes Bildungsverständnis impliziert Fragen des biografischen Kompetenzerwerbs und rückt daher die Kinder- und Jugendhilfe als Expertin für die Vermittlung von Kompetenzen zur Lebensbewältigung in den Mittelpunkt (vgl. Olk 2006:183ff). Individuelle Förderung kann sich – jedenfalls aus sozialpädagogischer Perspektive – nicht auf das kognitive, erst recht nicht auf das rein fachliche Lernen reduzieren. Zu fragen ist, ob die aktuellen Bildungsdebatten diesen Spielraum eröffnen oder ob sich angesichts der schulpädagogischen Dominanz von PISA-affinen akademischen Kompetenzmessungen das Tor, das durch die verstärkte Einführung von Ganztagsschulen geöffnet wurde, schnell wieder schließt. Ohne angemessene Rahmenbedingungen und eine gezielte Entwicklung von öffentlichen pädagogischen Debatten dürften Chancen eher ungenutzt bleiben.

Hier ist aber die Sozialpädagogik als Wissenschaft gefragt. Sie muss die Notwendigkeit einer durch Kinder- und Jugendhilfe beeinflussten – oder sogar gewandelten – Schule begründen. Das kann nicht der pädagogischen Praxis – weder den sozialpädagogisch aufgeklärten Lehrkräften, noch dem wenig einflussreichen außerunterrichtlichem Personal – überlassen werden.

Eine Schule mit erweitertem Bildungsverständnis ist Zukunft. Was kann aktuell getan werden? Es dürfte zunächst darum gehen, die sozialpädagogische Kompetenz zu stärken und Individuelle Förderung in ein umsetzbares Programm zu transformieren. Hier könnte eine Verknüpfung mit den aktuellen schulpädagogischen Debatten vorgenommen werden, die die Reduktion sozial oder ethnisch bedingter Chancenungleichheit anstrebt. Auch das wird nicht leicht fallen. Die Schulpolitik ist – trotz der Klagen über die hohe sozial bedingte Ungleichheit im Schulwesen in »Sonntagsreden« – auf Maßnahmen zur Reduktion von Ungleichheit kaum ausgerichtet. Sie setzt mehr auf die Überprüfung ausgewählter akademischer Leistungen mittels standardisierter Tests und will mit diesen »Outcomes« über die Qualität von Schule urteilen. Aber hier genau könnte ein kinderorientiertes sozialpädagogisches Programm substantielle Ergänzungen bewirken. Spricht etwas dagegen, diese Aktivitäten zunächst aus dem schulischen Alltag zu lösen und spezifische Ziele zur – zum Beispiel – Entwicklung sozialer oder personaler Kompetenzen, zur Stärkung der Selbstwirksamkeit oder Resilienz in den Blick zu nehmen? Ein solches Vorgehen würde sich im Übrigen in den aktuellen Diskurs der empirisch aufgestellten Erziehungswissenschaft einfügen können, wo die Frage nach den Belegen für Wirkungsbelege für Interventionen eine bedeutende Rolle spielt. Der wissenschaftlichen Sozialpädagogik ist die Debatte um Evidenzen ja auch nicht fremd.

Einige Bemerkungen zur Kooperation sind aus unserer Sicht erforderlich. Man könnte fragen, ob die extensive Debatte um dieses Thema nicht geradezu von einer Zieldebatte ablenkt. Kooperation kann nur Mittel sein, Ziele besser zu verwirklichen. Welche Art von Kooperation mit wem kann helfen, welches Problem unter welchen Bedingungen erfolgreich zu bearbeiten? Kooperation sollte kein Prinzip sein. Kooperation ist lediglich ein – vielleicht ein besonders wichtiges – Element in einem komplexen pädagogischen Prozess.

Kooperation verlangt eine Differenz. Um in kooperativen Prozessen erfolgreich zu sein, ist es wichtig, ein professionelles Selbstbewusstsein zu haben. So können auch außerunterrichtliche Kräfte in Aushandlungen über die Formulierung und Umsetzung gemeinsamer Ziele gehen können. Wie gesagt: Aus unserer Sicht muss die Kinder- und Jugendhilfe unterstützend tätig werden, um »ihre« Vertreter im Kontext der – von der ehedem ungeliebten Schwester – beherrschten Schule so zu positionieren, dass hier kompetente Debatten um die Frage entstehen, wie eine moderne Schule im Hinblick auf akademische und sozialpädagogische Zielsetzungen aufgestellt sein muss. Erst nach der Zielklärung ergibt sich ein Bild der notwendigen und angemessenen Kompetenzen und Kooperationen. Dass solche Debatten durchaus strittig ausfallen, ist anzunehmen. Aber sie müssen nicht in die Falle einer unsinnigen Konfrontation laufen. Sie können, und das ist ein sehr interessantes Ergebnis unserer Studie, auf einem harmonischen Bild aufbauen, das beide Akteursgruppen zeichnen.

Aus unserer Sicht muss die Jugendhilfe deutliche Markierungen setzen und ihre Zielsetzungen in fachlicher und organisatorischer Hinsicht schlüssig erläutern. Auch ein weiterer Akteur muss hier eingreifen: Man kann einen deutlichen Nachholbedarf kommunaler Steuerung und Planung schulbezogener Strukturen und Angebotsformen der Kinder- und Jugendhilfe konzedieren. Die fachpolitisch untermauerten Praxisentwicklungen sind auch von den Akteuren in den Städten und Landkreisen abhängig. Welchen Stellenwert die Kinder- und Jugendhilfe bei der Entwicklung und Realisierung von Ganztagsschule und kommunaler Bildungslandschaften hat und haben könnte, das ist offen – und es führt zu einem Spannungsverhältnis, das die Kinder- und Jugendhilfe gegenwärtig in einer widersprüchlichen Rolle zeigt (vgl. Maykus 2012a): Sie ist einerseits ein vermehrt einbezogener und gefragter Partner, wenn es um die Durchführung von Angeboten in Ganztagsschulen, Tagesbetreuung oder Jugendarbeit geht. Andererseits ist sie bei der Bedarfsklärung, Planung, Ressourcenverteilung und politischen Verankerung abgestimmter Systeme von Bildung, Betreuung und Erziehung häufig nicht oder nur randständig beteiligt. Die Kinder- und Jugendhilfe muss deshalb mit handlungs- und konzeptbezogenen, strukturell-fachpolitischen und adressatenbezogenen Entscheidungen reagieren – und darin auch eine agierende Rolle entfalten, indem sie – und das wirkt zunächst paradox – die Ziele der Ganztagschule und einer umfassenden Bildungsförderung junger Menschen unterstützen hilft, mithin sich nicht vorrangig schulbezogen, sondern kommunal orientiert (vgl. Maykus 2012b). Nur so munitioniert sie auch die Akteure an der Schule. Im Kooperationsmodell würde die Zusammenarbeit von Schule und Jugendhilfe in Form von Dienstleistungsverträgen organisiert sein. Beide Systeme erhalten hier ihre »Logik« und Eigenständigkeit, so dass die Kinder- und Jugendhilfe ihr größtmögliches Potenzial als komplementäre Instanz entfalten kann.

Die Spielräume für Individuelle Förderung allgemein und für die Unterstützung junger Menschen in schwierigen Lebens- und Bildungssituationen im Besonderen hängen entscheidend von den strukturellen Rahmenbedingungen sowie personellen Ausstattungen an den Schulen ab. Unsere Studie, obwohl nicht darauf ausgelegt, Ressourcen zu analysieren, weist auf gravierende Mängel in diesem Bereich hin. Ohne aufgabenangemessene Ressourcenausstauung leidet das Anliegen und das Potenzial von Ganztagsschulen, Bildungsbenachteiligung abfedern zu helfen und die Chancengerechtigkeit durch differenzierte pädagogische Konzepte zu erhöhen, wird kaum einlösbar sein. Schulen und ihre Akteure müssen in die Lage versetzt werden, diesen Ansprüchen gerecht werden zu können, was Umfang und Qualifikation des Personals, Zeiten und Räume für Teamarbeit sowie Konzeptentwicklung betrifft. Die Akteure, ihre Kompetenz und ihre Motivation sind für den Erfolg entscheidend. Sind sie überfordert und unsicher, beklagen sie mangelhafte Ressourcenausstattung, dann könnten die Verantwortlichen in Politik und Verwaltung das mit dem Verweis abtun, es handele sich um routinemäßige Abwehrreaktionen. Wir denken, die Wahrnehmungen sollten ernst genommen werden. Wir haben keine Indizien dafür gefunden, dass die Akteure die Vision der Individuellen Förderung ablehnen. Wir haben eher den Eindruck, dass sie sehr positiv eingestellt, aber noch orientierungslos sind.

Finanzielle Unterstützung ist nicht nur für die operative Arbeit in den Schulen nötig. Es sollte ergänzt werden, dass auch für die Ausweitung kommunaler Verantwortung, integrierte Budgets, sachgerechte Personalressourcen für Planung in den Kooperationsfeldern sowie eine Verzahnung von Schul- und Jugendhilfeverwaltungen im Zuge entsprechender kommunalpolitischer Prioritätensetzungen notwendig ist. Auf der Ebene der Bundesländer sollten allerdings nicht nur die finanziellen Ausstattungen der Landesprogramme entsprechend geprüft werden. Auch das Überfrachten von Schulen mit wechselnden Anforderungen, diskontinuierlichen Schulentwicklungszielen sowie Modellprogrammen fördert nicht unbedingt die Innovationsbereitschaft in den Schulen, sondern wahrscheinlich eher Abwehrhaltungen. Gut, dass Pädagog/inn/en selten juristische Texte lesen. Was hier zu finden ist, kann angesichts der Wirklichkeit der pädagogischen Praxis als Zumutung verstanden werden.

Individuelle Förderung ist eine methodisch kaum reflektierte und kommunizierte Vision, weit entfernt von Konkretion. Eine Vergewisserung über die Implikationen Individueller Förderung und die daraus resultierenden praktischen Konsequenzen stellen eine wichtige Grundlage dafür da, dass nicht nur das je eigene Handeln fundiert wird, sondern auch Schnittstellen zu den Handlungsprozessen anderer Akteure (professionsintern und -übergreifend) entstehen können, indem die unterschiedlichen Interventionskontexte der Förderung und ihre Grundlagen bzw. Bedingungen abgestimmt werden. Ziele einer verstärkten Klärung der Implikationen von Individueller Förderung bestehen für alle Beteiligten darin, zu verstehen, was damit konkret gemeint ist und die Konsequenzen dieses Anspruches in der Praxis auszuloten, Umsetzungsmöglichkeiten und -bedingungen zu bestimmen und individuelle Handlungsroutinen (vor allem die eigenen Erklärungsmuster zu Förderbedarf, adressatenbezogene Zuschreibungseffekte im Kontext schwieriger Lebens- und Bildungssituationen und resultierende Interventionen) zu überprüfen.

Schließlich wollen wir noch einen Blick auf die pädagogischen Praktiker/innen werfen. Sie realisieren Individuelle Förderung und Kooperation angesichts mangelnder Konkretheit der ganztagschulischen Aufträge sowie des unklaren Profils von sozialer Arbeit in der Ganztagsschule unsystematisch. Schulen lösen die komplexe Situation, wie könnte man es anders erwarten, individuell und pragmatisch. Es fehlt eine pädagogische Steuerung. Aber die Handlungsmöglichkeiten sind gleichzeitig sehr begrenzt. Die Unklarheit führt kaum zu einer Spreizung von Aktivitäten. Wir haben es im Prinzip mit trivialen Auslegungen der individuellen Förderung zu tun. Das theoretische Potenzial ist bei Weitem nicht ausgenutzt. Aber das ist nicht den Pädagog/inn/en anzulasten.

Wie muss man sich das Personal der Schulen, wie müssen sich insbesondere die außerunterrichtlichen Pädagogen fühlen? Das alltägliche pädagogische Handeln ist beschränkt: Keine klaren Orientierungen, fehlende Strukturen, unsichere Kompetenzen oder mangelnde Ressourcen sind hierfür Gründe. Dabei ist eine hoch anspruchsvolle Strecke zu bewältigen, die in farbenfroher Rhetorik aber eben auch wenig konkret daherkommt: Eine wackelige Reise im Stehen, ohne Haltegriffe.

Die Politik wie die Erziehungswissenschaft sollten klären, was unter welchen Bedingungen mit welchen Mitteln erwartet werden kann. Individuelle Förderung muss ein Programm werden, sie darf kein Etikett oder buntes Plakat bleiben. Und dann muss es den Praktiker/inne/n erklärt werden.

Hierzu gehört eine Evaluation der Ganztagsschulentwicklung. Die ist aber erst dann möglich, wenn es, wie skizziert, ein Programm bzw. Programme gibt. Die aktuelle wissenschaftliche Forschung zur Ganztagsschule mag das anders sehen und daran interessiert sein, aus ihrer Sicht interessante Forschungsfragen zu beantworten. Eine systematische Evaluation hingegen ist auch auf Nützlichkeit ausgerichtet und bezieht nicht zuletzt deshalb die Akteure in die Formulierung von Untersuchungsfragen ein.

Will Erziehungswissenschaft und hier insbesondere die wissenschaftliche Sozialpädagogik einen theoretischen wie praktischen Beitrag leisten, Schule zu verändern, dann sollte sie Fragen der Praxis aufnehmen. Es ist ein legitimes Anliegen von Wissenschaft, sich eigenen Fragestellungen zu widmen. Aber genauso ist es auch Aufgabe einer öffentlich subventionierten Forschung, die Probleme der Praxis zum Maßstab ihrer Arbeit zu machen.

5.3.2 Inklusion als zusätzlicher Anforderungsbereich kooperativer Förderung

Inklusion stellt zukünftig den Rahmen für die Konzipierung einer schulischen und durch Sozialpädagogik unterstützten Förderung dar, die sich in diesem Themenbereich vor allem auf den sozial-emotionalen Förderbedarf junger Menschen bezieht. Hier ist aufgrund der recht diffusen und wenig eindeutig bestimmbaren Problem- und Handlungssituation ein sehr hoher Bedarf in den Schulen zu erwarten. Mit Inklusion als prominent verhandelter Leitorientierung ist dabei die Gefahr verbunden, dass Fachkräfte immer mehr den (politisch begründeten) Verheißungen einer veränderten, besseren und gerechteren Gesellschaft erliegen und sie damit sofort auch zur positiv besetzten Kategorie in Theorie und Praxis erheben (vgl. Dannenbeck 2012; Stichweh/Windolf

2009). Dies ist zwar nicht falsch, darf aber nicht zu einer ungenauen Bestätigung eines Themas führen, das selbst kaum noch kritisch hinterfragt wird. Der Verweis auf Ausgrenzungen scheint bereits anrüchig, geradezu unmodern, ist aber unerlässlich: Denn Inklusion ist ohne Exklusion nicht erklärbar, beides sind Elemente der modernen und funktional geprägten Vergesellschaftung. Und genauso müssen wir theoretisch genau bleiben in der Beschreibung von Differenz in der pädagogischen Praxis, in den Aufträgen und Funktion der Institutionen sowie zwischen den Lebenswelten und Lebenslagen der Adressaten, ohne die wir kaum professionell agieren können. So paradox es klingt, aber nur die fortwährende Auseinandersetzung mit Exklusionserfahrungen ermöglicht die Etablierung einer inklusiven Praxis, die ihre Grenzen genauso kennt wie die notwendigen Bedingungen, um diese zu überschreiten. Gesellschaftstheorie, Systemtheorie und die Theorie des professionellen Handelns in der Kinder- und Jugendhilfe und der Schule gehören zusammen, sind in ihren auch widersprüchlichen Blickwinkeln auf Inklusion immer wieder zu diskutieren, damit nicht ein »Handeln für alle« zu einem kontextlosen und leeren Agieren unbedachter, aber gerecht anmutender Praxis wird (vgl. Maykus/Beck 2013). Politische Programmatik, professionelle Praxis und wissenschaftliche Analyse müssen in ihren je eigenen Perspektiven auf Inklusion erkennbar bleiben. Unsere Studie mahnt diese notwendige Differenzierung allein für den Handlungskontext der besonderen erzieherischen Förderung an.

5.4 Der Versuch eines Schlusswortes

Die Ergebnisse der zugrundeliegenden qualitativen Studie zur Individuellen Förderung von Kindern in schwierigen Lebens- und Bildungssituationen hat das komplexe Zusammenspiel von fünf Kontexten in den Blick genommen – Förderung als Handlungskonzept, professionsgebundene Grundverständnisse, Handlungsmuster der Lehr- und außerunterrichtlichen Fachkräfte, Merkmale von Professionalität sowie multiprofessionelle Kooperation. Dabei hat sie einen deutlichen Veränderungsbedarf in der Umsetzung praktischer Konzepte sowie in der Entwicklung organisatorischer Strukturen für Förderstrategien zutage gefördert. Es konnte ein komplementäres Modell von der Umsetzungsqualität Individueller Förderung mit der Ausbauqualität von Ganztagsschulen entworfen werden, das einen Horizont für weitere Praxisentwicklung wie für Forschung bietet. Die vorliegende Studie vergegenwärtigt eine weitgehend »programmlose« Idee von Individueller Förderung und Kooperation in Ganztagsschulen, eine strukturelle Vielfalt und Willkür sowie tendenzielle Überforderung der Akteure. Dabei handelt es sich aber in aller Regel um wenig innovative Praxen. Insbesondere das Potenzial eines erweiterten Bildungsverständnisses in der Ganztagsschule, das Individuelle Förderung als Entwicklungsförderung junger Menschen fundieren könnte, ist noch bei weitem nicht fachliche Leitlinie der Akteure, die zudem kaum explizit diagnostische Grundlagen für die Förderung heranziehen.

Vor allem sind auch überanspruchsvolle und in ihre Wirkung unklare Kooperationsformen zu reflektieren: Delegation oder Arbeitsteilung ohne Kooperation. Beide Formen der Handlungskoordination können aufgrund der Autonomie der operativen Akteure ein erfolgreiches Kooperationskonzept sein. Es ist Aufgabe empirischer Forschung, genau dies zu klären: Für welche Probleme sind welche Kooperationsformen ein adäquates Handeln?

Eine nicht koproduzierende oder integrierende Kooperation kann produktiv sein, nur wenn die Akteure ihre Professionalität beherrschen. Dieses schlicht vorauszusetzen, birgt die Gefahr, dass dem hohen Anspruch Individueller Förderung der Boden an fachlichen Kompetenzen entzogen wird. Und dies bezieht sich auf die beiden Akteursgruppen.

Bildungspolitik und -verwaltung machen es sich zu einfach, wenn sie plakative und emotional aufgeladene Ideen als Konzept ausgeben, das andere – die Pädagog/inn/en an den Schulen – umsetzen müssen. Dabei gibt es gute Gründe, in konzertierter Aktion die Reduktion von sozial bedingter Ungleichheit als Programm mit Unterprogrammen zu beschreiben.

Der viel zu späte, aber immerhin doch nunmehr recht expansive Umbau des deutschen Halbtagsschulsystems zum Ganztagssystem basiert mehr auf pädagogischem und familienpolitischem Jargon als auf der realen Ermöglichung, konsensuale Ziele mittels angemessener Ressourcen und Kompetenzen umzusetzen. Die staatlichen Vorgaben sind kaum anderes als von den Akteuren der Schulen zu füllende leere Fässer. Es ist durchaus bemerkenswert, dass ein massiver Umbau des Halbtagsschulsystems nahezu frei von Leitlinien zur konkreten Umsetzung ist. Eine strategische Regie, die die »operative« Arbeit »vor Ort« strukturieren könnte, fehlt. Die Delegation von wichtigen, wenn nicht zentralen Entscheidungen in die »Arenen« vor Ort ist offensichtlich ein Konzept, das die Idee der Politik als »Regisseurin« aufgibt (vgl. Böttcher 2012): Was immer dann in den Aushandlungsprozessen in den Schulen oder in den Kommunen nicht gelingen mag, kann den jeweiligen Akteuren angelastet werden. Insofern allerdings ist die Politik dann doch ziemlich klug, Delegation auf ein »lass mal die anderen machen« zu reduzieren. Aber die Ungleichheit oder Ungerechtigkeit im deutschen Bildungswesen, die sich besonders bei den »schwierigen« Kindern manifestiert, ist zu groß, um diese Art der politischen Strategie zu tolerieren.

Literatur

Arnoldt, B. (2009): Der Beitrag von Kooperationspartnern zur Individuellen Förderung an Ganztagsschulen. In: Stecher, L.; Allemann-Ghionda, C.; Helsper, W.; Klieme, E. (Hg.): Ganztägige Bildung und Betreuung. Zeitschrift für Pädagogik, Sonderheft Nr. 54. Weinheim, Basel, S. 63–80.

Arnoldt, B. (2007a): Öffnung von Ganztagsschule. In: Holtappels, H. G.; Klieme, E.; Rauschenbach, T.; Stecher, L. (Hg.): Ganztagsschule in Deutschland. Weinheim, München, S. 86–105.

Arnoldt, B. (2007b): Kooperationsformen – Bedingungen für gelingende Zusammenarbeit? In: Holtappels, H. G.; Klieme, E.; Rauschenbach, T.; Stecher, L. (Hg.): Ganztagsschule in Deutschland. Weinheim, München, S. 123–138.

Arnold, K.-H. (2004): Von den Schwierigkeiten der Diagnostik »verhaltensgestörter« Schülerinnen und Schüler. In: Preuss-Lausitz, U. (Hg.): Schwierige Kinder – schwierige Schule. Konzepte und Praxisprojekte zur integrativen Förderung verhaltensauffälliger Schülerinnen und Schüler. Weinheim, Basel, S. 24–36.

Bankmann, C.; Schulte-Markwort, M. (2004): Prävalenz psychischer Auffälligkeit bei Kindern und Jugendlichen in Deutschland – ein systematischer Literaturüberblick. Psychiatrische Praxis 6, S. 278–287.

Bauer, K.-O.; Kopka, A. (1994): Vom Unterrichtsbeamten zum pädagogischen Profi – Lehrerarbeit auf neuen Wegen. In: Rolff, H.-G. u.a. (Hg.): Jahrbuch der Schulentwicklung, Band 8, S. 267–307.

Bayer, M.; Karsten, M.E.; Sünker, H. (Hg.) (1981): Schule und Sozialpädagogik. Annäherung durch Kooperation oder Abgrenzung durch neue Positionsbestimmungen? Bielefeld: DGfE.

Becker-Lenz, R.; Busse, S.; Ehlert, G; Müller, S. (Hg.) (2009): Professionalität in der Sozialen Arbeit. Standpunkte, Kontroversen, Perspektiven. 2. Auflage. Wiesbaden.

Beher, K.; Haenisch, H.; Hermens, C. et al. (2007): Die offene Ganztagsschule in der Entwicklung. Weinheim, München.

Beher, K.; Haenisch, H.; Hermens, C. et al. (2005): Offene Ganztagsschule im Primarbereich. Weinheim, München.

Behr-Heintze, A.; Lipski, J. (2005): Schulkooperationen. Stand und Perspektiven der Zusammenarbeit zwischen Schulen und ihren Partnern. Ein Forschungsbericht des DJI. Schwalbach/Ts.

Berndt, W. (2007): Förderung in der Offenen Ganztagsschule. Versuch einer Positionsbestimmung aus schulischer Sicht zum Einstieg in das Gespräch mit der Jugendhilfe. In: Besonderer erzieherischer Förderbedarf und Offene Ganztagsschule – Positionsbestimmungen und Beispiele guter Praxis (Die Offene Ganztagsschule in NRW – Beiträge zur Qualitätsentwicklung, 3), S. 7–19.

Berntzen, D.; Rabenow I.-L.; Stiller, E.; Krüger S. (Hg.) (2006): Pädagogische Diagnostik und Individuelle Förderung. Münster.

Bettmer, F.; Maykus, S.; Prüß, F.; Richter, A. (Hg.) (2007): Ganztagsschule als Forschungsfeld. Theoretische Klärungen, Forschungsdesigns und Konsequenzen für die Praxisentwicklung. Wiesbaden.

Bollinger, H. (2005): Profession-Dienst-Beruf. Der Wandel der Gesundheitsberufe aus berufssoziologischer Perspektive. In: Bollinger, H.; Gerlach, A.; Pfadenhauer, M. (Hg.) (2005): Gesundheitsberufe im Wandel. Soziologische Beobachtungen und Interpretationen. Frankfurt a. M., S. 13–30.

BMBF – Bundesministerium für Bildung und Forschung (2003): Ganztagsschulen. Zeit für mehr. Investitionsprogramm »Zukunft Bildung und Betreuung«. Bonn.

BMFSFJ (2005): 12. Kinder- und Jugendbericht. Bericht über die Lebenssituation junger Menschen und die Leistungen der Kinder- und Jugendhilfe in Deutschland. [Onlinedokument: http://www.bmfsfj.de/doku/kjb/data/download/kjb_060228_ak3.pdf. Letzter Zugriff: April 2010].

Bogner, A.; Menz, W. (2002): Das theoriegenerierende Experteninterview. Erkenntnisinteresse, Wissensformen, Interaktion. In: Bogner, A.; Littig, B.; Menz, W. (Hg.): Das Experteninterview. Theorie, Methode, Anwendung. Opladen, S. 217–232.

Böhnisch, L. (1997): Sozialpädagogik der Lebensalter. Weinheim, München.

Böhnisch, L. (1992): Sozialpädagogik des Kindes- und Jugendalters. Weinheim, München.

Bolay, E. (2004): Kooperation von Jugendhilfe und Schule. Forschungsstand und Forschungsbedarf. In: Archiv für Wissenschaft und Praxis der sozialen Arbeit, S. 18–39.

Böttcher, W.; Maykus, S. (2013): Sozialpädagoge/in sein in der Ganztagsschule. In: Appel, S.; Rother, U. (Hg.): Jahrbuch Ganztagsschule 2013. Schwalbach/Ts.

Böttcher, W. (2012): Zur Kritik des Regierens in der Schulpolitik. Zentralisierung und Vertrauen statt Dezentralisierung und Kontrolle. In: Hornberg, S.; Parreira do Amaral, M. (Hg.): Deregulierung im Bildungswesen. Münster.

Böttcher, W.; Maykus, S.; Liesegang, T.; Altermann, A. (2011): Individuelle Förderung in Ganztagsschulen – Inwiefern gelingt sie bei Kindern in schwierigen Lebens- und Bildungssituationen? Studie zu Chancen und Problematiken besonderer erzieherischer Förderung in Ganztagsschulen. Unveröffentlichter Projektbericht. Münster/Osnabrück.

Böttcher, W.; Terhart, E. (Hg.) (2004): Organisationstheorie in pädagogischen Feldern – Analyse und Gestaltung. Wiesbaden.

Böttcher, W. (2002): Kann eine ökonomische Schule auch eine pädagogische sein? Schulentwicklung zwischen Neuer Steuerung, Organisation, Leistungsevaluation und Bildung. Weinheim, München.

Böttcher, W. (Hg.) (1992): Mehr Ganztagsangebote für Kinder und Jugendliche. Bonn.

Brandt, H. (1994): Eine realistische Wende im Lehrerberuf? In: Verband Bildung und Erziehung (Hg.): Zwischen Deformation und Reform. Bonn, S. 52–55.

Bräu, K. (2005): Individualisierung des Lernens – Zum Lehrerhandeln bei der Bewältigung eines Balanceproblems. In: Bräu, K.; Schwerdt, U. (Hg.): Heterogenität als Chance. Vom produktiven Umgang mit Gleichheit und Differenz in der Schule. Münster, S. 129–149.

Brügelmann, H. (2002): Heterogenität, Integration, Differenzierung: empirische Befunde – pädagogische Perspektiven. In: Heinzel, F. (Hg.): Heterogenität, Integration und Differenzierung in der Primarstufe. Jahrbuch Grundschulforschung, Band 6. Opladen, S. 31–43.

Brüsemeister, T. (2004): Schulische Inklusion und neue Governance. Münster.

Coelen, T. (2007): Dimensionen der empirischen Ganztagsschulforschung aus sozialpädagogischer Sicht. In: Bettmer, F.; Maykus, S.; Prüß, F.; Richter, A. (Hg.): Ganztagsschule als Forschungsfeld. Wiesbaden; S. 43–72.

Combe, A.; Helsper, W. (Hg.) (2009): Pädagogische Professionalität. Untersuchungen zum Typus pädagogischen Handelns. 6. Aufl. Frankfurt am Main.

Dannenbeck, C. (2012): Jugendhilfe und Schule auf dem Weg zu inklusiven Verhältnissen – theoretische (Re-) Fundierung, politischer Auftrag und Praxisreflexion. In: Markowetz, R.; Schwab, J. E. (Hg.): Die Zusammenarbeit von Jugendhilfe und Schule. Inklusion und Chancengerechtigkeit zwischen Anspruch und Wirklichkeit. Bad Heilbrunn, S. 16–27.

Deutsche Gesellschaft für Soziologie, Sektion Professionssoziologie (o. J.): Programmatik. [Online-Dokument: http://www.professionssoziologie.de/?page_id=16: Letzter Zugriff: November 2010).

Dewe, B.; Wagner, H.-J. (2006): Professionalität und Identität in der Pädagogik. In: Rapold, M. (Hg.): Pädagogische Kompetenz, Identität und Professionalität. Baltmannsweiler, S. 51–76.

Dieckmann, K.; Höhmann, K.; Tillmann, K. (2007): Schulorganisation, Organisationskultur und Schulklima. In: Holtappels, H. G.; Klieme, E.; Rauschenbach, T.; Stecher, L. (Hg.): Ganztagsschule in Deutschland. Weinheim, München, S. 164–185.

DiMaggio, P. J.; Powell, W. W. (1983): The Iron Cage Reviseted: Institutional Isomorphism and Collective Rationality in Organisational Fields. American Sociological Review (48).

Dirks, U.; Feindt, A. (2002): Fallarbeit als Brückenschlag zwischen Theorie und Praxis. In: Dirks, U.; Hansmann, W.; Meyer, H. (Hg.): Forschendes Lernen in der Lehrerbildung. Auf dem Weg zu einer professionellen Unterrichts- und Schulentwicklung [Hilbert Meyer zum 60. Geburtstag; 6. Fachtagung des Nordverbunds Schulbegleitforschung]. Bad Heilbrunn, S. 37–45.

Döbrich, P.; Klieme, E.; Avenarius, H.; Blum, W.; Gruber, H.; Prenzel, M.; Reiss, K.; Riquarts, K.; Rost, J.; Tenorth, H.-E.; Vollmer, H., J. (2003): Zur Entwicklung nationaler Bildungsstandards – Grundpositionen einer Expertise. In: Forum E, 56, 17, Frankfurt, S. 7–11.

Ehninger, F.; Melzer, W. (2005): Der mögliche Beitrag der Ganztagsschule zur Kompetenzentwicklung von Schülerinnen und Schülern. In: Spies, A.; Stecklina, G. (Hg.): Die Ganztagsschule – Herausforderungen an Schule und Jugendhilfe (Band 1). Bad Heilbrunn, S. 35–54.

Erdsiek-Rave, Ute/ John-Ohnesorg, Marei (Hg.) (2013): Gute Ganztagsschulen. Berlin: Friedrich-Ebert-Stiftung,

Etzioni; A. (1969): Semiprofessions and their Organization. Teachers, Nurses, Social Workers. New York.

European Agency for Development in Special Needs Education (Hg.) (2003): Integrative Schulbildung und Unterrichtspraxis. Abschlussbericht. Middlefart.

Fischer, N.; Kuhn, H.-P.; Klieme, E. (2009): Was kann die Ganztagsschule leisten? Wirkungen ganztägiger Beschulung auf die Entwicklung von Lernmotivation und schulischer Performanz nach dem Übergang in die Sekundarstufe. In: Stecher, L.; Allemann-Ghionda, C.; Helsper, W.; Klieme, E. (Hg.): Ganztägige Bildung und Betreuung. Zeitschrift für Pädagogik, Sonderheft Nr. 54. Weinheim, Basel, S. 143–167.

Fischer, N.; Radisch, F.; Stecher, L. (2007): Wer nutzt Ganztagsangebote? In: Holtappels, Heinz G. et al. (Hg.): Ganztagsschule in Deutschland. Weinheim, München, S. 261–282.

Flick, U. (1995): Qualitative Forschung. Theorie, Methoden, Anwendung in Psychologie und Sozialwissenschaften. Reinbek bei Hamburg.

Friebertshäuser, B. (2003a): Feldforschung und teilnehmende Beobachtung. In: Friebertshäuser, B.; Prengel, A. (Hg.): Handbuch Qualitative Forschungsmethoden in der Erziehungswissenschaft. Weinheim, München, S. 503–534.

Friebertshäuser, B. (2003b): Interviewtechniken – ein Überblick. In: Friebertshäuser, B.; Prengel, A. (Hg.): Handbuch Qualitative Forschungsmethoden in der Erziehungswissenschaft. Weinheim, München, S. 371–395.

Fuchs, K.; Züchner, I. (2006): Kompetenzen: Berufliches Selbstbild und pädagogische Leitbilder von Diplom-Pädagoginnen. In: Rapold, M. (Hg.): Pädagogische Kompetenz, Identität und Professionalität. Baltmannsweiler, S. 131-150.

Galuske, M. (1998): Methoden der Sozialen Arbeit. Eine Einführung. Weinheim, München.

Giesecke-Kopp, T. (2006): Subjektive Theorien zu Heterogenität – Einstellungen und Strategien von Lehrerinnen und Lehrern. In: Kastirke, N; Jennessen, S. (Hg.): Die Neue Schuleingangsphase als Thema der Schulentwicklung. Forschung – Stolpersteine – Praxisempfehlungen. Baltmannsweiler, S. 79–99.

Giesecke, Hermann (2001): Was Lehrer leisten. Porträt eines schwierigen Berufes. Weinheim, München.

Giesecke, Hermann (1996): Wozu ist die Schule da? Stuttgart.

Gläser, J.; Laudel, G. (2004): Experteninterviews und qualitative Inhaltsanalyse als Instrumente rekonstruierender Untersuchungen. Wiesbaden.

Goetze, H. (2007): Probleme der integrativen Beschulung von Schülern mit Verhaltensstörungen. Sonderpädagogik in Brandenburg, H. 1.

Goetze, H. (2001): Grundriß der Verhaltensgestörtenpädagogik. Berlin.

Göhlich, M.; Hopf, C.; Sausele, I. (Hg.) (2005): Pädagogische Organisationsforschung. Wiesbaden.

Göhlich, M. (2001): System, Handeln, Lernen unterstützen. Eine Theorie der Praxis pädagogischer Institutionen. Weinheim.

Gomolla, M.; Radtke, F.-O. (2002): Institutionelle Diskriminierung. Opladen.

Grothues, R. (2009): Träger der offenen Ganztagsangebote im Primarbereich in NRW – Kooperation im Kontext von Qualitätsanspruch und Rahmenbedingungen. In: Wissenschaftlicher Kooperationsverbund (Hg.): Kooperation im Ganztag. Erste Ergebnisse aus der Vertiefungsstudie der wissenschaftlichen Begleitung OGS. Serviceagentur »Ganztägig lernen in Nordrhein-Westfalen«, Münster, S. 17–30.

Gruschka, A. (1997): Didaktik – ein ungedecktes Versprechen der Pädagogik. In: Jahrbuch für Pädagogik. Frankfurt a. M., S. 231-250.

Haenisch, H. (2010): Bedingungen, Determinanten und Wirkungen der schulinternen Kooperation von Lehr- und Fachkräften in offenen Ganztagsschulen. In: Serviceagentur »Ganztägig lernen in Nordrhein-Westfalen« (Hg.): Der GanzTag in NRW – Beiträge zur Qualitätsentwicklung, Bd. 14 Münster S. 31–51.

Haenisch, H. (2009): Verzahnung zwischen Unterricht und außerunterrichtlichen Angeboten im offenen Ganztag. Eine qualitative Studie zu praktischen Ansätzen der Verzahnung in ausgewählten Schulen. In: Serviceagentur »Ganztägig lernen in Nordrhein-Westfalen« (Hg.): Der GanzTag in NRW – Beiträge zur Qualitätsentwicklung, Bd. 11. Münster.

Hamburger, F.; Müller, H.; Porr, C. (1998): Innovation und Steuerung aus der Praxis. Mainz.

Hansbauer, P. (2001): Fachlichkeit in den erzieherischen Hilfen – Konzepte, Methoden und Kompetenzen. In: Birtsch, V.; Münstermann, K.; Trede, W. (Hg.): Handbuch Erziehungshilfen. Leitfaden für Ausbildung, Praxis und Forschung. Münster, S. 353–375.

Hasse, R.; Krücken, G. (1999): Neo-Institutionalismus. Bielefeld.

Hartnuß, B.; Maykus, S. (Hg.) (2004): Handbuch Kooperation von Jugendhilfe und Schule. Freiburg i. Br.

Heiner, M. (Hg.) (1996): Qualitätsentwicklung durch Evaluation. Freiburg i. Br.

Helmke, A. (2003): Unterrichtsqualität. Erfassen, Bewerten, Verbessern. Seelze-Velber.

Helsper, W.; Busse, S.; Hummrich, M.; Kramer, R.-T. (Hg.) (2006): Pädagogische Profession in Organisationen. Wiesbaden.

Heyer, P.; Preuss-Lausitz, U.; Sack, L. (2003): Heterogenität aus der Sicht der Schulforschung. In: Heyer, Preuss-Lausitz und Sack (Hg.): Länger gemeinsam lernen. Positionen – Forschungsergebnisse – Beispiele. Frankfurt a. M., S. 56–59.

Höhmann, K. (2009): Heterogenität: Eine begriffliche Klärung. In: Höhmann, K.; Kopp, R.; Schäfers, H.; Demmer, M. (Hg.): Lernen über Grenzen. Auf dem Weg zu einer Lernkultur, die vom Individuum ausgeht. Opladen & Farmington Hills, S. 27–36.

Höhmann, K.; Bergmann, K.; Gebauer, M. (2007): Das Personal. In: Holtappels, H. G.; Klieme, E.; Rauschenbach, T.: Stecher, L. (Hg.): Ganztagsschule in Deutschland. Weinheim, München, S. 77–85.

Hörmann, G. (2006): Deprofessionalisierung als Transprofessionalisierung oder Qualifizierung als Strategie? In: Rapold, M. (Hg.): Pädagogische Kompetenz, Identität und Professionalität. Baltmannsweiler, S. 93–130.

Holtappels, H. G.; Rollet, W. (2009): Individuelle Förderung an Ganztagsschulen. In: Kunze, I.; Solzbacher, C. (Hg.): Individuelle Förderung in der Sekundarstufe I und II. 2., unveränd. Aufl. Baltmannsweiler, S. 291–308.

Holtappels, H. G.; Klieme, E.; Thomas Rauschenbach, Th.; Stecher, L. (Hg.) (2008): Ganztagsschule in Deutschland. Ergebnisse der Ausgangserhebung der »Studie zur Entwicklung von Ganztagsschulen« (StEG). 2., korr. Aufl. Weinheim.

Holtappels, H. G.; Klieme, E.; Rauschenbach, T.; Stecher, L. (Hg.) (2007): Ganztagsschule in Deutschland. Weinheim; München.

Holtappels, H. G.; Rollett, W. (2007): Organsiationskultur, Entwicklung und Ganztagsschulausbau. In: Holtappels, H. G.; Klieme, E.; Rauschenbach, T.; Stecher, L. (Hg.): Ganztagsschule in Deutschland. Weinheim, München 2007, S. 209-227.

Holtappels, H. G. (2006): Stichwort: Ganztagsschule. In: Zeitschrift für Erziehungswissenschaft 2006/9, S. 5–29.

Holtappels, H. G. (2005): Ganztagsschulen entwickeln und gestalten – Zielorientierungen und Gestaltungsansätze. In: Höhmann, K.; Holtappels, H. G.; Kamski, I.; Schnetzer, T. (Hg.): Entwicklung und Organisation von Ganztagsschulen. Anregungen, Konzepte, Praxisbeispiele. Dortmund, S. 7–44.

Holtappels, H. G. (2003): Ganztagsschule und Schulöffnung als Rahmen pädagogischer Schulreform. In: Appel, S.; Ludwig, H.; Rother, U.; Rutz, G. (Hg.): Jahrbuch Ganztagsschule. Neue Chancen für die Bildung. Schwalbach/Ts., S. 164–187.

Holtappels, H. G.; Klieme, E.; Rauschenbach, T.; Stecher, L. (Hg.): Ganztagsschule in Deutschland. Weinheim; München, S. 209–227.

Hopf, C. (1979): Soziologie und qualitative Sozialforschung, In: Hopf, C.; Weingarten, E. (Hg.) Qualitative Sozialforschung. Stuttgart, S. 11–37.

Hoyle, Eric (1952): Teachers as Professionals. In: Anderson, Lorin W. (Hg.): International Encyclopedia of Teaching and Teacher Education. Cambridge (UK), S. 11–15.

Ihle, W.; Esser, G. (2002): Epidemiologie psychischer Störungen im Kindes- und Jugendalter: Prävalenz, Verlauf, Komorbidität und Geschlechtsunterschiede. Psychologische Rundschau 53, S. 170–183.

Institut für sozialpädagogische Forschung Mainz (ISM) (Hg.) (2007): Qualifizierte Kooperation von Jugendhilfe und Schule im (Vor-) Feld der Hilfen zur Erziehung: Eine Arbeitshilfe für die Praxis. [Onlinedokument: http://www.ism-mainz.de/fileadmin/Publikationen/Bericht_Kuegler_Mueller_Koop_JH_Schule_2007.pdf. Letzter Zugriff: Oktober 2013].

Jerusalem, M.: Bessere Individuelle Förderung durch Ganztagsschulen? Berlin 2005 (unveröffentlichtes Vortragsmanuskript).

Jordan, E.; Maykus, S.; Stuckstäte, E. (2012): Kinder- und Jugendhilfe. Einführung in Geschichte und Handlungsfelder, Organisationsformen und gesellschaftliche Problemlagen. Weinheim; München.

Kaufmann, E. (2007): Individuelle Förderung in ganztägig organisierten Schulformen im Primarbereich. München: Deutsches Jugendinstitut.

Klatetzki, T.; Tacke, V. (Hg.) (2005): Organisation und Profession. 1. Aufl. Wiesbaden.

Klemm, K. et al. (1990): Bildungsgesamtplan 90. Weinheim, München.

Klieme, E.; Holtappels, H. G.; Rauschenbach, T.; Stecher, L. (2007): Ganztagsschule in Deutschland. Bilanz und Perspektiven. In: Holtappels, H. G.; Klieme, E.; Rauschenbach, T.; Stecher, L. (Hg.): Ganztagsschule in Deutschland. Weinheim, München, S. 353–381.

KMK (Ständige Konferenz der Kultusminister der Länder in der Bundesrepublik Deutschland) (2000): Empfehlungen zum Förderschwerpunkt emotionale und soziale Entwicklung. In: Drave, W.; Rumpler, F.; Wachtel, P. (Hg.): Empfehlungen zur sonderpädagogischen Förderung. Allgemeine Grundlagen und Förderschwerpunkte (KMK). Würzburg, S. 343–365.

Knauer, S. (2007): Zur schulischen Situation von Kindern mit »Lernbehinderungen« und »Verhaltensauffälligkeiten« in Deutschland. In: Overwien, B.; Prengel, A. (Hg.): Recht auf Bildung. Opladen, S. 180–189.

Knauer, S. (2005): Verstehen und Fördern: Von der Diagnostik zum pädagogischen Handeln. Herausgegeben von Deutsche Kinder- und Jugendstiftung. [Onlinedokument: http://www.ganztaegig-lernen.org/media/web/download/themenmaterial_50.pdf. Letzter Zugriff: 27.04.2008].

Kolbe, F.-U.; Reh, S. (2009): Addressierung und Aktionsofferten. Möglichkeiten und Grenzen der Bearbeitung der Differenz von Aneignen und Vermitteln in pädagogischen Praktiken von Ganztagsschulen. Zwischenergebnisse aus dem Projekt »Lernkultur- und Unterrichtsentwicklung an Gantagsschulen« (LUGS). In: Stecher, L.; Allemann-Ghionda, C.; Helsper, W.; Klieme, E. (Hg.): Ganztägige Bildung und Betreuung. Zeitschrift für Pädagogik, Sonderheft Nr. 54. Weinheim, Basel, S. 168–187.

Kraimer, K. (2007): Professionalisierung. In: Deutscher Verein (Hg.): Fachlexikon der sozialen Arbeit. 6. Aufl. Baden-Baden, S. 726–727.

Kunze, I. (2009): Begründungen und Problembereiche Individueller Förderung in der Schule – Vorüberlegungen zu einer empirischen Untersuchung. In: Kunze, I.; Solzbacher, C. (Hg.): Individuelle Förderung in der Sekundarstufe I und II. 2., unveränd. Aufl. Baltmannsweiler, S. 13–25.

Kunze, I. (2008): Begründungen und Problembereiche Individueller Förderung in der Schule – Vorüberlegungen zu einer empirischen Untersuchung. In: Kunze, I.; Solzbacher, C. (Hg.): Individuelle Förderung in der Sekundarstufe I und II. Baltmannsweiler, S. 13–25.

Kurtz, T. (2004): Organisation und Profession im Erziehungssystem. In: Böttcher, W.; Terhart, E. (Hg.): Organisationstheorie. Beiträge zur Analyse und Gestaltung pädagogischer Felder. Wiesbaden, S. 43–53.

Kurtz, T. (2000): Moderne Professionen und Gesellschaftliche Kommunikation. In: Soziale Systeme. Zeitschrift für soziologische Theorie 6, S. 169–194.

Landschaftsverband Westfalen-Lippe, Landschaftsverband Rheinland (2008): Empfehlungen zur Kooperation von Trägern der Hilfe zur Erziehung mit Schulträgern, Schulaufsicht und Schulen. Landschaftsverband Westfalen-Lippe, Landschaftsverband Rheinland. Münster, Köln. [Onlinedokument: http://www.schulministerium.nrw.de/BP/Schulpolitik/SchuleJugendhilfe/Kooperation/Empf_Kooperation_HzE_Schule.pdf. Letzter Zugriff: 24.10.2009].

Lamnek, S. (1995): Qualitative Sozialforschung, Band 2, Methoden und Techniken. Weinheim.

Legewie, H. (1987): Interpretation und Validierung biographischer Interviews. In: Juttemann, G. (Hg.): Biographie und Psychologie. Berlin; Heidelberg, S. 138–150.

Leitner, G.; Ortner, A.; Ortner R. (2008): Handbuch Verhaltens- und Lernschwierigkeiten. Weinheim, Basel.

Lettau, W.-D.; Niehoff, S.; Fussangel, K.; Radisch, F. (2013): Kooperation von Lehrkräften und pädagogischem Personal an nordrhein-westfälischen Ganztagsgrundschulen. PowerPoint-Präsentation, Vortrag bei der Tagung der Sektion Empirische Bildungsforschung der DGfE, Dortmund.

Liesegang, T.; Maykus, S.; Nüsken, D.; Böttcher, W. (2009): Individuelle Förderung – Inwiefern gelingt sie bei Kindern in schwierigen Lebens- und Bildungssituationen? In: Institut für soziale Arbeit e.V. (Hg.): ISA-Jahrbuch zur Sozialen Arbeit 2009. Münster, S. 139–160.

Luhmann, N. (2002): Das Erziehungssystem der Gesellschaft. Frankfurt a. M.

Mack, W. (2009): Von der Konfrontation zur Kooperation. In: Prüß, F.; Kortas, S.; Schöpka, M. (Hg.): Die Ganztagsschule: Von der Theorie zur Praxis. Anforderungen und Perspektiven für Erziehungswissenschaft und Schulentwicklung. Weinheim; München, S. 295–305.

Mack, W. (1999): Bildung und Bewältigung. Weinheim.

Mägdefrau, J. (2006): Arbeitsfeldspezifische oder disziplinspezifische Professionalität? Subjektive Theorien über professionelles Handeln von Experten und Expertinnen in Feldern Sozialer Arbeit. In: Raphold, M. (Hg.): Pädagogische Kompetenz, Identität und Professionalität. Baltmannsweiler, S. 161–186.

Mattejat, F. (1980): Norm(en). In: Arnold, W.; Eysenck, H.J.; Meili, R. (Hg.): Lexikon der Psychologie. Freiburg i. Br., S. 1488–1491.

Maykus, S.; Beck, A. (2013): Inklusion in der Kinder- und Jugenhilfe. In: LWL-Jugendhilfe aktuell 2013 (H. 2), S. 6–10.

Maykus, S. (2012a): Zu Innovationspotenzialen und Integrationsdefiziten der Kinderund Jugendhilfe in kommunalen Bildungsnetzwerken. In: Ratermann, M.; Stöbe-Blossey, S. (Hg.): Governance von Schul- und Elementarbildung. Vergleichende Betrachtungen und Ansätze der Vernetzung. Wiesbaden, S.213-252.

Maykus, S. (2012b): Ganztagsschulentwicklung in Deutschland – Herausforderungen für die Kinder- und Jugendhilfe. In: Archiv für Wissenschaft und Praxis der sozialen Arbeit 2012 (H. 2).

Maykus, S. (2011a): Kooperation als Kontinuum. Erweiterte Perspektive einer schulbezogenen Kinder- und Jugendhilfe. Wiesbaden.

Maykus, S. (2011b): Kinder- und Jugendhilfe im Zwiespalt. Kritische Reflexionen zu professionsbezogenen und fachpolitischen Widersprüchen einer generalisierten Öffnungs- und Vernetzungstendenz. In: Institut für soziale Arbeit e.V. (Hg.): ISA-Jahrbuch zur Sozialen Arbeit. Münster, S. 71–110.

Maykus, S. (2011c): Bildungslandschaften. In: Online-Enzyklopädie des Beltz Juventa-Verlages (www.erzwiss-online.de).

Maykus, S. (2010): Bildung als kommunale Gestaltungsaufgabe – Gegenstand und Aufgabe von Jugendhilfeplanung!? In: Maykus, S.; Schone, R. (Hg.): Handbuch Jugendhilfeplanung. 3. völlig überarb. Auflage. Wiesbaden, S. 269–289.

Maykus; S. (2009): Kooperation: Mythos oder Mehrwert? Der Nutzen multiprofessioneller Kooperation der Akteure schulbezogener Jugendhilfe. In: Prüß, F.; Kortas, S.; Schöpka, M. (Hg.): Die Ganztagsschule: Von der Theorie zur Praxis. Anforderungen und Perspektiven für Erziehungswissenschaft und Schulentwicklung. Weinheim; München, S. 307–321.

Maykus, S.; Schulz, U.; Szacknys-Kurhofer, S. (2008): Qualifikationsprofile und Fortbildungsbausteine für pädagogisches Personal an Ganztagsschulen. Münster, Düsseldorf (Lernen für den GanzTag).

Maykus, S. (2007a): Praxischeck Schritte und Herausforderungen auf dem Weg zur gemeinsamen Förderung. In: Besonderer erzieherischer Förderbedarf und Offene Ganztagsschule – Positionsbestimmungen und Beispiele guter Praxis (Die Offene Ganztagsschule in NRW – Beiträge zur Qualitätsentwicklung, 3), S. 37–41.

Maykus, S.; Schulz, U. (2007b): Transferprozesse: Von der Ganztagsschulforschung zur Ganztagsschulentwicklung. In: Bettmer, F.; Maykus, S.; Prüß, F.; Richter, A. (Hg.): Ganztagsschule als Forschungsfeld. Theoretische Klärungen, Forschungsdesigns und Konsequenzen für die Praxisentwicklung. Wiesbaden.

Maykus, S. (2007c): Planungspraxis konkret. Themen, Methoden und Schritte auf dem Weg zur integrierten Planung. In: Landesjugendamt des Landschaftsverbandes Westfalen-Lippe/Institut für soziale Arbeit e.V. (Hg.): Zwei Systeme auf dem Weg zur integrierten Schulentwicklungs- und Jugendhilfeplanung. Münster, S. 81–88.

Maykus, S. (2006): Kinder fördern – eine Aufgabe von Schule und außerschulischen Partnern. In: Burk, K.; Decker-Peaceman, H. (Hg.): Auf dem Weg zur Ganztags-Grundschule. Frankfurt a.M.; S. 101–113.

Maykus, S. (2005): Jugendhilfe und Ganztagsschule. Kooperation als Herausforderung und Chance für die Gestaltung von Bildungsbedingungen junger Menschen. In: Serviceagentur »Ganztägig lernen in Nordrhein-Westfalen«: Beiträger zur Qualitätsentwicklung, Bd. 1. Münster.

Maykus, S. (2003): Sozialpädagogisches Können ohne Grenzen? Grundlagen der Handlungskompetenz und Kompetenzformen im Bereich der Erziehungshilfen – Balance zwischen Überforderungsstrukturen und Innovationspotentialen. In: Evangelische Jugendhilfe (H. 4), S. 49–65.

Maykus, S. (2001): Selbstreflexion und Selbstverortung der modernen Jugendhilfe – mit welchen Anforderungen sind Mitarbeiter der Erziehungshilfen konfrontiert? In: Forum Erziehungshilfen (H. 4), S. 150–155.

Mayring, P. (2000): Qualitative Inhaltsanalyse. In: Flick, U.; von Kardoff, E.; Steinke, I. (Hg.): Qualitative Sozialforschung – Ein Handbuch. Reinbek bei Hamburg, S. 468–474.

Mayring, P. (1995): Qualitative Inhaltsanalyse: Grundlagen und Techniken. Weinheim.

Merten, R. (2005): Bildung und soziale Ungleichheiten. Oder: »...die sozialen Bedingungen der Bildung und die Bildungsbedingungen des sozialen Lebens.« In: Spies, A.; Stecklina, G. (Hg.): Die Ganztagsschule – Herausforderungen an Schule und Jugendhilfe (Band 1). Bad Heilbrunn, S. 110–129.

Merten, K. (1983): Inhaltsanalyse: Einführung in Theorie, Methode und Praxis. Opladen.

Meyer, H. (2004): Was ist guter Unterricht? Berlin.

Meyer, J.; Rowan, B. (1977): Institutionalized Organisations: Formal structures as myth and ceremony. American Journal of Sociology (83).

Ministerium für Schule und Weiterbildung des Landes Nordrhein-Westfalen (MSW) (2006): Individuelle Förderung. [Onlinedokument: http://www.chancen-nrw.de/test/cms/front_content.php?idcat=234, Letzter Zugriff: 27.08.2009].

Müller, B. (2002): Professionalisierung. In: Thole, W. (Hg.): Grundriss Soziale Arbeit. Ein einführendes Handbuch. Opladen; S. 725–744.

Müller, B. (1993): Sozialpädagogisches Können: ein Lehrbuch zur multiperspektivischen Fallarbeit. Freiburg i. Br.

Mutzeck, W. (2007): Sehen und Verstehen von Verhaltensstörungen. In: Mutzeck, W.; Pallasch, W.; Popp, K. (Hg.): Integration von Schülern mit Verhaltensstörungen. Grundlagen, Modelle, Praxiserfahrungen. Weinheim, Basel, S. 10–22.

Mutzeck, W. (2007): Prävention, integrative und rehabilitative Förderung. In: Mutzeck, W.; Pallasch, W.; Popp, K. (Hg.): Integration von Schülern mit Verhaltensstörungen. Grundlagen, Modelle, Praxiserfahrungen. Weinheim, Basel, S. 23–45.

Myschker, N. (2005): Verhaltensstörungen bei Kindern und Jugendlichen. Erscheinungsformen. Ursachen. Hilfreiche Maßnahmen. 5. Auflage. Stuttgart.

Nieke, W. (2006): Professionelle pädagogische Handlungskompetenz zwischen Qualifikation und Bildung. In: Rapold, M. (Hg.): Pädagogische Kompetenz, Identität und Professionalität. Baltmannsweiler, S. 35–49.

Nittel, D. (2000): Von der Mission zur Profession? Bielefeld.

Nüsken, Dirk (2008): Regionale Disparitäten in der Kinder- und Jugendhilfe, Eine empirische Untersuchung zu den Hilfen für junge Volljährige, Münster, 2008.

Obrecht, W. (2009): Die Struktur professionellen Wissens. Ein integrativer Beitrag zur Theorie der Professionalisierung. In: Becker-Lenz, R.; Busse, S.; Ehlert, G.; Müller, S. (Hg.): Professionalität in der Sozialen Arbeit. Standpunkte, Kontroversen, Perspektiven. 2. Auflage. Wiesbaden; S. 47–72.

Oelerich, G (2008): Hilfen zur Erzeihung. In: Coelen, T.; Otto, H.-U. (Hg.): Grundbegriffe Ganztagsbildung. Das Handbuch. Wiesbaden: VS Verlag, S. 485–494.

Oelerich, G. (1998): Zum Verhältnis der Jugendhilfe zur Schule. Systematische Restrukturierung und empirische Analyse inter-institutioneller Beziehungen. Heidelberg.

Oelkers, J. (1995): Schulreform und Schulkritik. Würzburg.

Oevermann, U. (2009): Die Problematik der Strukturlogik des Arbeitsbündnisses und der Dynamik von Übertragung und Gegenübertragung in einer professionalisierten Praxis von Sozialarbeit. In: Becker-Lenz, R.; Busse, S.; Ehlert, G.; Müller, S. (Hg.): Professionalität in der Sozialen Arbeit. Standpunkte, Kontroversen, Perspektiven. 2. Auflage. Wiesbaden, S. 113–142.

Oevermann, U. (1996): Theoretische Skizze einer revidierten Theorie professionalisierten Handelns. In: Combe, A., Helsper, W. (Hg.): Pädagogische Professionalität. Untersuchungen zum Typus pädagogischen Handelns. Frankfurt a. M., S.70–182.

Olk, T. (2006): Kooperation von Jugendhilfe und Schule. In: AWO Bundesverband (Hg.): Chancengerechtigkeit durch Bildung. Chancengerechtigkeit in der Bildung. Essen, S. 179–196.

Palentien, C. (2007): Die Ganztagsschule – als Möglichkeit zur Überwindung ungleicher Bildungschancen. In: Harring, M.; Rohlfs, C.; Palentien, C: (Hg.): Perspektiven der Bildung. Wiesbaden, S. 203–217.

Perrow, Charles (1967): A Framework for the Comparative Analysis of Organizations. In: American Sociological Review, Vol. 32, No. 2, S. 194–208.

Peters, F. (2002): Welche Rolle spielt Fachwissen? In: Krause, H.-U.; Peters, F. (Hg.): Grundwissen erzieherische Hilfen. Ausgangsfragen, Schlüsselthemen, Herausforderungen. Münster; S. 126–133.

Pfadenhauer, M. (2003): Professionalität. Eine wissenssoziologische Rekonstruktion institutionalisierter Kompetenzdarstellungskompetenz. Opladen.

Preuss-Lausitz, U. (2006): Verhaltensauffällige Kinder sinnvoll integrieren – eine Alternative zur Schule für Erziehungshilfe. Zeitschrift für Heilpädagogik 57/1, S. 2–8.

Preuss-Lausitz, U. (2005): »Die Kinder werden immer schwieriger! Was kann man tun?«. Fragen, Annahmen und Wege einer Qualitätsuntersuchung. In: Preuss-Lausitz, U. (Hg.): Verhaltensauffällige Kinder integrieren. Zur Förderung der emotionalen und sozialen Entwicklung. Weinheim und Basel, S. 13–26.

Preuss-Lausitz, U. (2004): Gemeinsam auf dem Weg. Zu Perspektiven integrativer Arbeit mit schwierigen Kindern und Jugendlichen. In: Preuss-Lausitz, U. (Hg.): Schwierige Kinder – schwierige Schule. Konzepte und Praxisprojekte zur integrativen Förderung verhaltensauffälliger Schülerinnen und Schüler. Weinheim, Basel, S. 11–23.

Prüß, F.; Kortas, S.; Richter, A.; Schöpa, M. (2007): Die Praxis der Ganztagsschulforschung – Ein Überblick zur wissenschaftlichen Begleitung der Ganztagsschulentwicklung. In: Bettmer, F.; Maykus, S.; Prüß, F.; Richter, A. (Hg.): Ganztagsschule als Forschungsfeld. Wiesbaden, S. 109–152.

Radisch, F.; Stecher, L.; Klieme, E.; Kühnbach, O. (2007): Unterrichts- und Angebotsqualität aus Schülersicht. In: Holtappels, H. G.; Klieme, E.; Rauschenbach, T.; Stecher, L. (Hg.): Ganztagsschule in Deutschland. Weinheim, München, S. 227–260.

Rapold, M. (Hg.) (2006): Pädagogische Kompetenz, Identität und Professionalität. Baltmannsweiler.

Rauschenbach, T.; Thole, W. (1998): Sozialpädagogische Forschung. Weinheim, München.

Rauschenbach, T.; Züchner, I. (2001): Lebenschancen benachteiligter junger Menschen – Risiken heutiger Sozialisation. In: Birtsch, V.; Münstermann, K.; Trede, W. et al. (Hg.): Handbuch Erziehungshilfen. Münster; S. 69–102.

Ratzki, A (2007): Chancen der Vielfalt. Wie Schülerinnen und Schüler in Europa erfolgreich lernen. In: Boller, S.; Rosowski, E.; Stroot, T. (Hg.): Heterogenität in Schule und Unterricht. Handlungsansätze zum pädagogischen Umgang mit Vielfalt. Weinheim, Basel, S. 66–77.

Reinhardt, S. (2009): Gelingene Lehrerbildung – Professionstheorie und Fachdidaktik, Erfahrungen und Konsequenzen. Journal of Social Science Education, Jg. Volume 8, H. 2, S. 23–31.

Rolff, H.-G. (1993) Wandel durch Selbstorganisation. Weinheim, München: Juventa.

Rosenbusch, H. S. (2005): Organisationspädagogik der Schule. Grundlagen pädagogischen Führungshandelns. Neuwied.

Rollett, W.; Tillmann, K. (2009): Personaleinsatz an Ganztagsschulen. In: Qualität von Ganztagsschule. Konzepte und Orientierungen für die Praxis. Münster.

Santen, E. v.; Mamier, J.; Pluto, L.; Seckinger, M.; Zink, G. (2003): Kinder- und Jugendhilfe in Bewegung – Aktion oder Reaktion? Eine empirische Analyse. München.

Schroeder, J. (2004): Offene Rechnungen. Benachteiligte Kinder und Jugendliche als Herausforderung für die Schulentwicklung. In: Diskurs (H. 1), S. 9–17.

Schroeter, K.; Rosenthal, T. (Hg.) (2005): Soziologie der Pflege. Grundlagen, Wissensbestände und Perspektiven. Weinheim, München.

Sekretariat der Ständigen Konferenz der Kultusminister der Länder in der Bundesrepublik Deutschland (KMK) (2004): Standards für die Lehrerbildung: Bildungswissenschaften. (Beschluss der Kultusministerkonferenz vom 16.12.2004). [Onlinedokument: http://www.kmk.org/fileadmin/veroeffentlichungen_beschluesse/2004/2004_12_16-Standards-Lehrerbildung.pdf. Letzter Zugriff: Oktober 2013].

Sekretariat der Ständigen Konferenz der Kultusminister der Länder in der Bundesrepublik Deutschland (KMK) (2004): Standards für die Lehrerbildung: Bericht der Arbeitsgruppe. [Onlinedokument: http://www.kmk.org/fileadmin/veroeffentlichungen_beschluesse/2004/2004_12_16-Standards_Lehrerbildung-Bericht_der_AG.pdf. Letzter Zugriff: Oktober 2013].

Scherr, A. (2002): Der Bildungsauftrag der Jugendarbeit. Aufgaben und Selbstverständnis im Spannungsfeld von sozialpolitischer Indienstnahme und aktueller Bildungsdebatte. In: Münchmeier, R.; Otto, H.-U.; Rabe-Kleberg, U. (Hg.): Bildung und Lebenskompetenz. Kinder und Jugendhilfe vor neuen Aufgaben. Opladen, S. 93–106.

Schlee, J. (1993): Zur Problematik der Terminologie in der Pädagogik bei Verhaltensstörungen. In: Goetze, H.; Neukäter, H. (Hg.): Handbuch der Sonderpädagogik. Band 6: Pädagogik bei Verhaltensstörungen. Berlin, S. 36–49.

Schmidt, W. (1996): Historische Wurzeln der Schule für Erziehungshilfe und deren Entwicklung zur Sonderschule. Frankfurt a. M.

Schröer, S. (2010): Kooperation im Ganztag. Aus Sicht der Leitungskräfte. In: Serviceagentur »Ganztägig lernen in Nordrhein-Westfalen« (Hg.): Kooperation im Ganztag. Erste Ergebnisse aus der Vertiefungsstudie der wissenschaftlichen Begleitung OGS. Serviceagentur »Ganztägig lernen in Nordrhein-Westfalen«. Münster (Der GanzTag in NRW – Beiträge zur Qualitätsentwicklung, 14), S. 52–61.

Schumacher, A.; Möller-Bach, C. (2006): Zur Notwendigkeit von pädagogischer Diagnostik und Individueller Förderung. In: Berntzen, D.; Rabenow, I.-L.; Stiller, E.; Krüger, S. (Hg.): Pädagogische Diagnostik und Individuelle Förderung. Münster, S. 6–16.

Schütz, A.; Luckmann, T. (1975): Strukturen der Lebenswelt. Neuwied, Darmstadt.

Seewald, Jürgen (2006): Individuelle Förderung im Ganztag. BLK-Projekt »Lernen für den GanzTag«. [Onlinedokument: http://www.ganztag-blk.de/cms/upload/pdf/nrw/Seewald_Individuelle_Foerderung.pdf. Letzter Zugriff: 31.03.2008].

Solzbacher, C. (2009): Positionen von Lehrerinnen und Lehrern zur Individuellen Förderung in der Sekundarstufe I – Ergebnisse einer empirischen Untersuchung. In: Kunze, I.; Solzbacher, C. (Hg.): Individuelle Förderung in der Sekundarstufe I und II. 2., unveränd. Aufl. Baltmannsweiler, S. 27–42.

Spiegel, H. v. (2002): Methodisches Handeln und professionelle Handlungskompetenz im Spannungsfeld von Fallarbeit und Management. In: Thole, W. (Hg.): Grundriss Soziale Arbeit. Ein einführendes Handbuch. Opladen, S. 589–602.

Sprondel, W. (1972): Emanzipation und Professionalisierung des Pflegeberufs.

Soziologische Analyse einer beruflichen Selbstdeutung. In: Pinding, M. (Hg.): Krankenpflege in unserer Gesellschaft. Stuttgart, S. 17–26.

Stark, W. (1996): Empowerment. Neue Handlungsstrategien in der psychosozialen Praxis. Freiburg i. Br.

Stein, R. (2008): Grundwissen Verhaltensstörungen. Baltmannsweiler.

Steiner, C. (2009): Mehr Chancengleichheit durch die Ganztagsschule? In: Stecher, L.; Allemann-Ghionda, C.; Helsper, W.; Klieme, E. (Hg.): Ganztägige Bildung und Betreuung. Zeitschrift für Pädagogik, Sonderheft Nr. 54. Weinheim, Basel, S. 81–105.

Stecher, L.; Allemann-Ghionda, C.; Helsper, W.; Klieme, E. (Hg.) (2009): Ganztägige Bildung und Betreuung. Zeitschrift für Pädagogik, Sonderheft, 54. Weinheim, Basel, S. 143-. 167.

Stichweh, R. (2009): Professionen in einer funktional differenzierten Gesellschaft. In: Combe, A.; Helsper, W. (Hg.): Pädagogische Professionalität. Untersuchungen zum Typus pädagogischen Handelns. 6. Aufl. Frankfurt a. M., S. 49–69.

Stichweh, R.; Windolf, P. (2009). Inklusion und Exklusion: Analysen zur Sozialstruktur und sozialen Ungleichheit. Wiesbaden.

Stichweh, R. (2005): Wissen und die Professionen in einer Gesellschaft. In: Klatetzki, T.; Tacke, V. (Hg.): Organisation und Profession. 1. Aufl. Wiesbaden, S. 31–44.

Stichweh, R. (1997): Professions in Modern Society. International Review of Sociology 7, S. 95–102.

Stolz, H.-J. (2007): Resümee. In: Kaufmann, E. (2007): Individuelle Förderung in ganztägig organisierten Schulformen im Primarbereich. München, S. 170–177.

Stolz, H.-J.; Arnoldt, B. (2007): Ansätze einer empirischen Rekonstruktion von Bildungsprozessen im Zusammenwirken von Jugendhilfe und Schule. In: Bettmer, F.; Maykus, S.; Prüß, F.; Richter, A. (Hg.): Ganztagsschule als Forschungsfeld. Theoretische Klärungen, Forschungsdesign und Konsequenzen für die Praxisentwicklung. Wiesbaden, S. 213–235.

Tacke, V. (2005): Schulreform als aktive Deprofessionalisierung? Zur Semantik der Lernenden Organisation im Kontext der Erziehung. In: Klatetzki, T.; Tacke, V. (Hg.): Organisation und Profession. Wiesbaden, S. 165–198.

Tacke, V. (2004): Organisation im Kontext der Erziehung. In: Böttcher, W.; Terhart, E. (Hg.): Organisationstheorie. Beiträge zur Analyse und Gestaltung pädagogischer Felder. Wiesbaden, S. 19–42.

Terhart, E. (1994): Zur Berufskultur der Lehrerschaft: Fremd- und Selbstdeutung. In: Erziehungswissenschaft und Beruf, 2, S. 132–144.

Thiersch, H. (1993): Strukturierte Offenheit. Zur Methodenfrage einer lebensweltorientierten Sozialen Arbeit. In: Rauschenbach, T.; Ortmann, F.; Karsten, M.E. (Hg.): Der sozialpädagogische Blick. Lebensweltorientierte Methoden in der Sozialen Arbeit. Weinheim, München, S. 11–28.

Thimm, K. (2006): Jugendarbeit und Ganztagsschule – Ein Kooperationsplädoyer für ein Risiko mit ungewissem Ausgang. In: Deinet, U.; Icking, M. (Hg.): Jugendhilfe und Schule. Analysen und Konzepte für die Kommunale Kooperation. Opladen, S. 67–87.

Thole, W.; Küster-Schapfl, E.-U. (1997): Sozialpädagogische Profis. Opladen.

Thoring, W. (2007): Hilfe zur Erziehung und Offene Ganztagsschule. Positionsbestimmung aus Sicht der Kinder- und Jugendhilfe. In: Besonderer erzieherischer Förderbedarf und Offene Ganztagsschule – Positionsbestimmungen und Beispiele guter Praxis (Die Offene Ganztagsschule in NRW – Beiträge zur Qualitätsentwicklung, 3), S. 20–36.

Urban, K. K. (1990): Besonders begabte Kinder im Vorschulalter. Grundlagen, Erfahrungen und Untersuchungen der pädagogisch-psychologischen Arbeit. Heidelberg.

Wahler, P.; Preiß, C.; Schaub, G. (2005): Ganztagsangebote an der Schule. München: Deutsches Jugendinstitut.

Walgenbach, P. (1995): Institutionalistische Ansätze in der Organisationstheorie. In: Kieser, A. (Hg.): Organisationstheorien. Stuttgart, S. 269–301.

Walkenhorst, U. (2008): Potenziale der Ergotherapie in der Gesundheits- und Krankenversorgung – eine handlungsorientierte professionssoziologische Analyse. Idstein.

Wehling, Peter (2001): Jenseits des Wissens? Wissenschaftliches Nichtwissen aus soziologischer Perspektive. Zeitschrift für Soziologie, 30/6, S. 465–484.

Weick, K.E.; Bourgon, M.G. (1986): Organizations as cognitive maps: Charting ways to success and failure. In: Sims, H.P.; Gioia, D.A. (Hg.): The thinking organization. San Francisco, S. 102–135.

Wenning, N. (2007): Heterogenität als Dilemma für Bildungseinrichtungen. In: Boller, S.; Rosowski, E.; Stroot, T. (Hg.): Heterogenität in Schule und Unterricht. Handlungsansätze zum pädagogischen Umgang mit Vielfalt. Weinheim, Basel, S. 21–31.

Wiater, W. (2009): Von der Schwierigkeit, das Verhalten von Schülern zu ändern. In: Menzel, D.; Wiater, W. (Hg.): Verhaltensauffällige Schüler. Symptome, Ursachen und Handlungsmöglichkeiten. Bad Heilbrunn, S. 38–62.

Winkler, M. (2008): Förderung. In: Coelen, T.; Otto, H.-U. (Hg.): Grundbegriffe Ganztagsbildung. Wiesbaden, S. 173–181.

Winkler, M. (1999): Methodisches Handeln. In: Colla, H.E. u. a. (Hg.): Handbuch Heimerziehung und Pflegekinderwesen in Europa. München, S. 1113–1120.

Wissenschaftlicher Kooperationsverbund (2010): Kooperation im Ganztag. Erste Ergebnisse aus der Vertiefungsstudie der wissenschaftlichen Begleitung OGS. In: Serviceagentur »Ganztägig lernen in Nordrhein-Westfalen« (Hg.): Der GanzTag in NRW – Beiträge zur Qualitätsentwicklung, Bd. 14. Münster.

Witzel, A. (2000). Das problemzentrierte Interview. Forum Qualitative Sozialforschung. [Onlinedokument: http://www.qualitative-research.net/fqs-texte/1-00/1-00witzel-d.htm. Letzter Zugriff: 18.09.2007].

Wischer, B. (2007): Heterogenität als komplexe Anforderung an das Lehrerhandeln. Eine kritische Betrachtung schulpädagogischer Erwartungen. In: Boller, S.; Rosowski, E.; Stroot, T. (Hg.): Heterogenität in Schule und Unterricht. Handlungsansätze zum pädagogischen Umgang mit Vielfalt. Weinheim, Basel, S. 32–41.

Zöllner, H.; Vollstädt, W. (2008): Dimensionen und Strategien Individueller Förderung. BLK-Projekt »Lernen für den GanzTag«. [Onlinedokument: http://www.ganztag-blk.de/ganztags-box/cms/front_content.php?idcat=674. Letzter Zugriff: 01.12.2009].

Züchner, I. (2007): Ganztagsschule und Familie. In: Holtappels, H. G.; Klieme, E.; Rauschenbach, T.; Stecher, L. (Hg.): Ganztagsschule in Deutschland. Weinheim, München, S. 314–332.

Züchner, I.; Arnoldt, B.; Vossler, A. (2007): Kinder und Jugendliche in Ganztagsangeboten. In: Holtappels, H. G.; Klieme, E.; Rauschenbach, T.; Stecher, L. (Hg.): Ganztagsschule in Deutschland. Weinheim, München, S. 106–122.

Landesrecht und Erlasse

Bremen

Senat der Freien Hansestadt Bremen (2009): Bremisches Schulgesetz (BremSchulG). BremSchulG, vom 28. Juni 2005 (Brem.GBl. S. 260–223-a-5), zuletzt geändert durch Gesetz vom 17. Juni 2009 (Brem.GBl. S. 237). [Onlinedokument: http://www2.bildung.bremen.de/sfb/behoerde/gesetze/html/210_01.htm#210_01. Letzter Zugriff: 27.10.2009].

Senat der Freien Hansestadt Bremen (2009): Bremisches Schulverwaltungsgesetz (BremSchVwG) vom 28. Juni 2005 (Brem.GBl. S. 280). [Onlinedokument: http://www2.bildung.bremen.de/sfb/behoerde/gesetze/html/210_01.htm #210_01 zuletzt geändert durch Gesetz vom 23. Juni 2009. Letzter Zugriff: 27.10.2009].

Freie Hansestadt Bremen – Die Senatorin für Bildung und Wissenschaft (2008): Arbeitshilfen zum Vorgehen bei Schulvermeidungsverhalten – Bremer Schulblatt 221.01. [Onlinedokument: http://www2.bildung.bremen.de/sfb/behoerde/gesetze/html/221_01.htm#221_01, zuletzt geprüft am 27.10.2009. Sekretariat der Ständigen Konferenz der Kultusminister der Länder in der Bundesrepublik Deutschland (KMK) (2006): Überblick: Gesamtstrategie zum Bildungsmonitoring. http://www.kmk.org/index.php?id=162. Letzter Zugriff: 29.04.2013].

Freie Hansestadt Bremen – Die Senatorin für Bildung und Wissenschaft (2008): Richtlinien zur Förderung von Schülerinnen und Schülern mit besonderen Schwierigkeiten im Lesen und Schreiben (LRS-Erlass). [Onlinedokument: http://www2.bildung.bremen.de/sfb/behoerde/gesetze/html/234_09.htm#234_09, zuletzt aktualisiert am 15.12.2008. Letzter Zugriff: 08.12.2009].

Freie Hansestadt Bremen – Die Senatorin für Bildung und Wissenschaft (2008): Verordnung über die Ganztagsschule. [Onlinedokument: http://www2.bildung.bremen.de/sfb/behoerde/gesetze/html/310_01.htm#319_01, zuletzt aktualisiert am 15.12.2008. Letzter Zugriff: 08.12.2009].

Freie Hansestadt Bremen – Die Senatorin für Bildung und Wissenschaft (2007): Der Bremer Orientierungsrahmen Schulqualität. [Onlinedokument: http://www.bildung.bremen.de/fastmedia/13/orientierungsrahmen.pdf. Letzter Zugriff: 08.12.2009].

Freie Hansestadt Bremen – Die Senatorin für Bildung und Wissenschaft (1997): Fördern in der Grundschule. [Onlinedokument: http://www2.bildung.bremen.de/sfb/behoerde/gesetze/html/321_03.htm#321_03. Letzter Zugriff: 08.12.2009].

NRW

Ministerium für Schule und Weiterbildung des Landes Nordrhein-Westfalen (MSW) (2009): Offene Ganztagsschule im Primarbereich; RdErl. d. Ministeriums für Schule und Weiterbildung vom 26. 1. 2006 (ABl. NRW. S. 29). BASS 12–63 Nr. 4, vom 01.07.2009. [Onlinedokument: http://www.schulministerium.nrw.de/BP/Schulrecht/Erlasse/OGS_Erlass.pdf. Letzter Zugriff: 24.10.2009].

Ministerium für Schule und Weiterbildung des Landes Nordrhein-Westfalen (MSW) (2009): Zusätzliche Stellen für besondere Förderung und für Vertretungsaufgaben in der Grundschule. BASS 11 – 11 Nr. 6, vom RdErl. d. Ministeriums für Schule und Weiterbildung vom 29. 6. 2006 (ABl. NRW. S. 406).

Ministerium für Schule und Weiterbildung des Landes Nordrhein-Westfalen (MSW) (2008): Beschäftigung von Fachkräften für Schulsozialarbeit in Nordrhein-Westfalen. BASS 21–13 Nr. 6, vom RdErl. d. Ministeriums für Schule und Weiterbildung vom 23.01.2008 (ABl. NRW. S. 97, 142). Eingearbeitet: RdErl. v. 25.4.2008 (ABl. NRW. S. 246).

Ministerium für Schule und Weiterbildung des Landes Nordrhein-Westfalen (MSW) (2006): Qualitätsoffensive Hauptschule / Ausbau des Ganztagsangebotes an Hauptschulen; Genehmigung des erweiterten Ganztagsbetriebs / Zuweisung und Verwendung des Ganztagszuschlags. BASS 11 – 02 Nr. 21.

Ministerium für Schule und Weiterbildung des Landes Nordrhein-Westfalen (MSW) (2006): Qualitätstableau für die Qualitätsanalyse an Schulen in Nordrhein-Westfalen. [Onlinedokument: http://www.schulministerium.nrw.de/BP/Schulsystem/Qualitaetssicherung/Qualitaetsanalyse/Das_Qualitaetstableau.pdf. Letzter Zugriff: 03.12.2009].

Ministerium für Schule und Weiterbildung des Landes Nordrhein-Westfalen (MSW) (2005): Verordnung über den Bildungsgang in der Grundschule (Ausbildungsordnung Grundschule – AO-GS) mit Verwaltungsvorschriften zur Verordnung über den Bildungsgang in der Grundschule (VVZAO-GS), vom 23. März 2005, zuletzt geändert durch Verordnung vom 5. November 2008 (SGV. NRW. 223).

Ministerium für Schule und Weiterbildung des Landes Nordrhein-Westfalen (MSW) (2005): Verordnung über die Ausbildung und die Abschlussprüfungen in der Sekundarstufe I (APO-SI) und Verwaltungsvorschriften zur Verordnung über die Ausbildung und die Abschlussprüfungen in der Sekundarstufe I (VVzAPO-S I). BASS 13–21 Nr. 1.2, vom 26.06.2007.

Ministerium für Schule und Weiterbildung des Landes Nordrhein-Westfalen (MSW) (1991): Förderung von Schülerinnen und Schülern bei besonderen Schwierigkeiten im Erlernen des Lesens und Rechtschreibens (LRS). BASS 14–01 Nr.1, vom RdErl. d. Kultusministeriums v. 19.7.1991.

Ministerium für Schule und Weiterbildung des Landes Nordrhein-Westfalen (MSW): Ganztagsschulen in der Primarstufe und in der Sekundarstufe I/ Neue erweiterte Ganztagshaupt- und Ganztagsförderschulen. RdErl. d. Ministeriums für Schule und Weiterbildung vom 25.1.2006 (ABl. NRW. S. 39). BASS 12 – 63 Nr. 2, eingearbeitet Runderlass vom 31.7.2008 (ABl. NRW. 8/08). [Onlinedokument: http://www.schulministerium.nrw.de/BP/Schulrecht/Erlasse/12–63Nr2.pdf. Letzter Zugriff: 24.10.2009].

Ministerium für Schule und Weiterbildung des Landes Nordrhein-Westfalen (MSW): Förderung von Kindern und Jugendlichen mit Migrationshintergrund; Verwendung der Stellen für Integrationshilfen. BASS 14 – 01 Nr. 4, vom RdErl. d. Ministeriums für Schule, Jugend und Kinder v. 19.7.2004 (ABl. NRW. S. 298); Eingearbeitet: RdErl. vom 17.2.2005 (ABl. NRW. S. 68).

Weitere Rechtstexte zu Mittelbereitstellung in Nordrhein-Westfalen

Ministerium für Schule und Weiterbildung des Landes Nordrhein-Westfalen (MSW) (2009): Geld oder Stelle – Sekundarstufe I; Pädagogische Übermittagbetreuung / Ganztagsangebote. BASS 12 – 63 Nr. 6, vom RdErl. vom 31.7.2008 (ABl. NRW. S. 403); eingearbeitet: RdErl. vom 24.4.2005 (ABl. NRW. 5/09). [Onlinedokument: http://www.schulministerium.nrw.de/BP/Schulsystem/Ganztagsbetreuung/Ganztagsoffensive/Programm_Geld_Stelle/Geld_oder_Stelle/12-63_Nr6.pdf. Letzter Zugriff: 24.10.2009].

Ministerium für Schule und Weiterbildung des Landes Nordrhein-Westfalen (MSW) (2009): Geld oder Stelle – Sekundarstufe I; Zuwendungen zur pädagogischen Übermittagbetreuung/ Ganztagsangebote. BASS 11 – 02 Nr. 24, vom RdErl. vom 31.7.2008 (ABl. NRW. S. 403, 10/08 S. 524), Eingearbeitet: RdErl. vom 24.4.2009 (ABl.NRW. S. 238, berichtigt 7/09). [Onlinedokument: http://www.schulministerium.nrw.de/BP/Schulsystem/Ganztagsbetreuung/Ganztagsoffensive/Programm_Geld_Stelle/Geld_oder_Stelle/11-02_Nr24.pdf. Letzter Zugriff: 24.10.2009].

Ministerium für Schule und Weiterbildung des Landes Nordrhein-Westfalen (MSW) (2009): Offene Ganztagsschule im Primarbereich; RdErl. d. Ministeriums für Schule und Weiterbildung v. 26.1.2006 (ABl. NRW. S. 29). BASS 12–63 Nr. 4, vom 01.07.2009. [Onlinedokument: http://www.schulministerium.nrw.de/BP/Schulrecht/Erlasse/OGS_Erlass.pdf. Letzter Zugriff: 24.10.2009].

Ministerium für Schule und Weiterbildung des Landes Nordrhein-Westfalen (MSW) (2009): Schulgesetz für das Land Nordrhein-Westfalen (Schulgesetz NRW – SchulG). SchG, vom 15. Februar 2005, zuletzt geändert durch Gesetz vom 21. April 2009. [Onlinedokument: http://www.schulministerium.nrw.de/BP/Schulrecht/Gesetze/SchulG_Info/Schulgesetz.pdf. Letzter Zugriff: 24.10.2009].

Ministerium für Schule und Weiterbildung des Landes Nordrhein-Westfalen (MSW) (2008): 1.000-Schulen-Programm – Sekundarstufe I; Zuwendungen für Investitionen in Ganztagsschulen, Ganztagsangeboten und pädagogischer Übermittagbetreuung. BASS 11 – 02 Nr. 25, vom RdErl. d. Ministeriums für Schule und Weiterbildung vom 31.7.2008 (ABl. NRW. S. 403).

Ministerium für Schule und Weiterbildung des Landes Nordrhein-Westfalen (MSW) (2003): Zuwendungen für die Durchführung außerunterrichtlicher Angebote offener Ganztagsschulen im Primarbereich. RdErl. d. Ministeriums für Schule, Jugend und Kinderv. 12.2.2003 (ABl. NRW. S. 43). BASS 11 – 02 Nr. 19, vom 01.07.2009; Bereinigt. Eingearbeitet: RdErl. vom 2. 2. 2004 (ABl. NRW. S. 42); RdErl. v 26. 1. 2006 (ABl. NRW. S. 29).

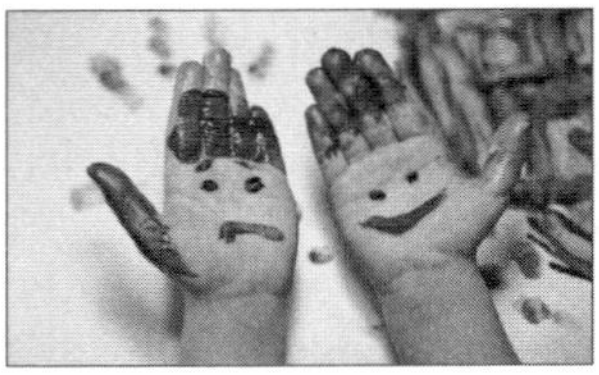

Christina Günther

Bindung und Lernbehinderung

Der Einfluss von Bindungsqualität auf Beziehungsgestaltung und Sozialverhalten

Soziale Praxis
2012, 192 Seiten, br., 24,90 €
ISBN 978-3-8309-2683-2
E-Book-Preis: 21,99 €

Dieser Band beschäftigt sich erstmals mit den Bindungsrepräsentationen lernbehinderter Schulanfänger und untersucht, ob und inwiefern sich diese von denen gleichalter Regelschüler unterscheiden. Zudem wird untersucht, ob sich die frühen Bindungserfahrungen der Kinder im Förderschwerpunkt Lernen auf die Qualität der Lehrer-Schüler-Beziehung auswirken und inwieweit unterschiedliche akademische Ausbildungen der Lehrkräfte und das wahrgenommene Sozialverhalten der Schüler deren beziehungsbezogene Einstellungen zu den Projektkindern beeinflussen.

WAXMANN

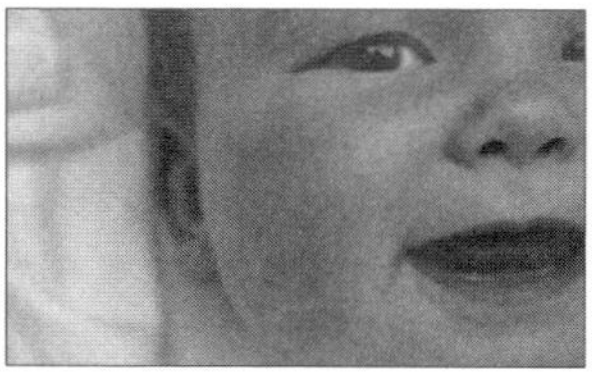

Désirée Frese, Christina Günther

Willkommensbesuche für Neugeborene

Konzepte, Erfahrungen und Nutzen

Soziale Praxis
2013, 314 Seiten, br., 29,90 €
ISBN 978-3-8309-2689-4
E-Book-Preis: 26,99 €

Die Publikation gibt einen Überblick über die Verbreitung der Babybegrüßungsdienste in Nordrhein-Westfalen und informiert über typische Besuchsvarianten und Ergebnisse zu Nutzen und zur Zufriedenheit mit den Willkommensbesuchen aus Sicht der Eltern und Fachkräfte. Darüber hinaus werden Gelingensbedingungen und Handlungsempfehlungen zur Durchführung von Willkommensbesuchen formuliert.

Neben den informativen Aussagen zum Bestand der Angebotsstruktur in NRW und der Darstellung konzeptioneller Angebotsvarianten sind es vor allem diese Ergebnisse und die abschließend formulierten Handlungsempfehlungen für die Praxis, die das Buch zu einer aufschlussreichen und interessanten Fachlektüre machen. Empfehlenswert!
Aus: Jugendhilfe aktuell, 4/2013

Regine Müller, Dirk Nüskens (Hrsg.)

Child Protection in Europe

Von den Nachbarn lernen – Kinderschutz qualifizieren

Soziale Praxis
2010, 226 Seiten, br., 29,90 €
ISBN 978-3-8309-2403-6
E-Book-Preis: 26,90 €

In vielen Ländern findet eine lebendige innerstaatliche Diskussion über die Situation und die Zukunft des jeweiligen nationalen Kinderschutzsystems statt. Kevin, Lea-Sophie, Lara, Victoria Climbié, Savanna oder Baby P.: Die Namen dieser Kinder stehen für tragische Fälle von Misshandlung und Vernachlässigung. Als Reaktion darauf entstand eine Vielzahl von durch Politik und Praxis initiierten Initiativen und Programme.

Dank seiner internationalen Ausrichtung vermittelt der Band eine Vielzahl unterschiedlicher Kinderschutz-Philosophien, die vor dem Hintergrund wechselseitiger Lernprozesse im Kontext der rechtlichen Rahmenbedingungen diskutiert und auf ihre Potentiale und Risiken für einen zeitgemäßen Kinderschutz untersucht werden können.

[E]s gelingt dem Band, die LeserInnen über Unterschiede und Gemeinsamkeiten in der europäischen Diskussion um und über die Praxis des Kinderschutzes wie auch über Forschungsmehtoden erste Ergebnisse in aufschlussreicher Weise zu informieren.

Aus: Forum Erziehungshilfen, 3/2011.